KB268716

구속사로 푼 거룩한 공동체

구속사로 푼 거룩한 공동체

발행일 2026년 2월 27일

지은이 김현덕
펴낸이 손형국
펴낸곳 (주)북랩

출판등록 2004. 12. 1(제2012-000051호)
주소 서울특별시 금천구 가산디지털 1로 168, 우림라이온스밸리 B동 B111호, B113~115호
홈페이지 www.book.co.kr
전화번호 (02)2026-5777   팩스 (02)3159-9637

ISBN 979-11-7598-151-5 03230 (종이책)   979-11-7598-152-2 05230 (전자책)

작가 연락처 문의 ▶ ask.book.co.kr

전용 게시판에 문의를 남기시면 저자에게 직접 전달됩니다.

(주)북랩 성공출판의 파트너

북랩 홈페이지와 SNS에서 다양한 출판 솔루션을 만나 보세요!

홈페이지 book.co.kr   •   **블로그** blog.naver.com/essaybook   •   **출판문의** text@book.co.kr
카톡채널 북랩

모세오경
원어 연구로
교회의 기원을
다시 묻다

구속사로 푼 거룩한 공동체

김현덕 지음

북랩

서언

　예수 그리스도는 교회의 머리요 교회는 그분의 몸이며, 만물을 충만하게 하시는 충만이다. 즉, 교회는 하나님의 구원 계획의 충만한 성취이자 완성이다. 교회는 세상 유혹과 핍박을 물리칠 수 있는 능력을 오직 그리스도를 통해 공급받는다. 예수 그리스도 안에 있는 하나님의 능력은 교회를 교회 되게 성도를 성도 되게 한다. 바로 성경 말씀에 이른 바이다.

　"모든 통치와 권세와 능력과 주권과 이 세상뿐 아니라 오는 세상에 일컫는 모든 이름 위에 뛰어나게 하시고, 또 만물을 그의 발아래에 복종하게 하시고 그를 만물 위에 교회의 머리로 삼으셨느니라. 교회는 그의 몸이니 만물 안에서 만물을 충만하게 하시는 이의 충만함이니라."[1] 이 본문은 헬라어 원어로는 다음과 같다.

---

1)　개역한글판, <u>성경 전서</u>, (서울: 대한 성서공회, 1956). 엡 1:21-23, p. 311.

ὑπεράνω πάσης ἀρχῆς καὶ ἐξουσίας καὶ δυνάμεως καὶ
κυριότητος, καὶ παντὸς ὀνόματος ὀνομαζομένου οὐ μόνον ἐν τῷ
αἰῶνι τούτῳ, ἀλλὰ καὶ ἐν τῷ μέλλοντι·

καὶ πάντα ὑπέταξεν ὑπὸ τοὺς πόδας αὐτοῦ· καὶ αὐτὸν ἔδωκεν
κεφαλὴν ὑπὲρ πάντα τῇ ἐκκλησίᾳ, ἥτις ἐστὶν τὸ σῶμα αὐτοῦ,
τὸ πλήρωμα τοῦ τὰ πάντα ἐν πᾶσιν πληρουμένου[2]

우리는 지금 변화와 혁명의 소용돌이 속에서 몸부림치고 있다. 겉
으로는 웃고 있지만 속으로는 내일을 기약할 수 없는 불안에 떨고
있다. 겉으로는 확신을 가지고 살아가지만 실상은 방향감각을 상실
하고 자포자기에 빠져 있다. 이와 같은 현상은 이 시대의 빛과 소금
이 되어야 할 그리스도인도 마찬가지다. 그들 역시 방향감각을 상실
한 채 방황하고 있다.[3]

지금 이 시대의 사람들이 이와 같이 방황하고 있는 가장 큰 이유
는 누가 뭐라 해도 교회가 예수 그리스도의 십자가의 진리 위에 세
워지지 않고 제도와 금력과 형식 위에 세워져 있기 때문이 아닐까 생
각한다.[4]

한국교회는 날이 갈수록 중세교회를 그대로 닮아가고 있다. 교회
나 교역자가 어느 교단에 소속하느냐가 중요한 문제로 생각되거나,
자신이 특정한 교회에 속해 있다는 것을 자랑스럽게 생각하는 것이
이런 조짐 중의 하나다. 각자의 신앙생활은 성경 위주의 신앙생활이

---

2) 김용환, 헬라어 분해대조 성경 5-II, (서울: 도서출판 로고스, 2013), 엡 1:21-23, pp. 2130-2131.

3) 최인식 외, 세상을 변화시키는 기독교, (서울: 도서출판 대장간, 1993), p. 1.

4) John E. Hunter, 김용화 옮김, 타락한 사회의 그리스도인, (서울: 기독지혜사, 1988). p. 16

아니라 특수한 신학사상 중심의 신앙생활로 변질되어 있으며, 장소
와 건물로서의 교회가 강조되고 있다. 직무 중심의 교역자 상이 퇴조
하고 한 인간이 신성시된다. 교회는 보이지 않는 고유의 힘, 영적 능
력이 아니라 눈에 보이는 구조, 조직에 의해 유지된다. 조직으로서의
교회는 눈덩이처럼 불어나며 스스로 군림하기도 하고 세속적인 세력
과 자주 야합하기도 한다. 그것은 잔체가 만들어 내는 어마어마한
경제력을 바탕으로 집단체를 키우는 데 혈안이 되어 있다.[5]

기독교의 핵심적인 메시지는 복음이다. 복음은 기독교가 가진 영
원한 보화요 자랑이다. 그런데 이 복음이 심각하게 변질되고 있다.
먼저 소위 "복음주의자들"에 의해 변질되고 있다. 목회자들이 존귀
한 복음을 아주 천박하게 만들고 있다. 그들은 복음을 누구나 손
들고 일어나면 받을 수 있는 천국행 공짜 표처럼 만들고 있다 많은
목회자들이 복음을 장사하듯 설교하며, 실제로는 복음을 목회사업
(buiness)의 도구로 사용하고 있다.[6]

신학자들은 흔히 교회를 '택함받은 자들의 집단' 혹은 '신자들의
공동체'라고 정의한다. 이것은 교회를 넓은 의미로 정의하는 것인데
이러한 관점에서 보면 교회의 시발점은 멀리 구약시대 아담으로부터
찾아야 한다. 구약시대에는 하나님의 백성들을 이스라엘이라 불렀
고 이스라엘 사람들이 모인 모임을 '집회, 회중' 혹은 '하나님의 총회'
라 불렀다. 그리고 그 구성 원리는 이스라엘이란 혈연공동체와 그 민

---

5)　최인식, *op. cit.*, p. 37.
6)　정주채, <u>우리는 그리스도의 교회인가?</u>, (서울: 도서출판 생명의 양식, 2017), p. 29.

족에 결부되어 있는 하나님의 선택, 축복, 그리고 약속이었다.[7]

먼저 필자는 교회는 선택받은 사람들이 하나님을 만나는 데부터 출발한다는 점에 인식한다. 출 25:22를 보면 "내가 거기서 너와 만나고"라고 하는 말씀이 나타난다.

"거기서 내가 너와 만나고 속죄소 위 곧 증거궤 위에 있는 두 그룹 사이에서 내가 이스라엘 자손을 위하여 네게 명령할 모든 일을 네게 이르리라."[8]고 하였다.

וְנוֹעַדְתִּי לְךָ שָׁם וְדִבַּרְתִּי אִתְּךָ מֵעַל הַכַּפֹּרֶת מִבֵּין שְׁנֵי הַכְּרֻבִים אֲשֶׁר עַל־ אֲרֹן הָעֵדֻת אֵת כָּל־ אֲשֶׁר אֲצַוֶּה אוֹתְךָ אֶל־ בְּנֵי יִשְׂרָאֵל:[9]

필자가 생각하기로는 선택받은 사람들이 하나님을 만나는 데서부터 교회는 출발한다. 위 본문에서 '만나고'란 단어는 יָעַד(3259, 야아드)이다. יָעַד(3259, 야아드)는 '상관하지 아니하다, 정하다, 주다, 만나다, 모이다, 뜻이 같다, 약속하다, 서로 약속하다, 소환하다'[10]를 의미한다.

신약성경에서는 '교회'로 불린 사람들이다. 에클레시아는 '교회'를 뜻하는 헬라어인데, 이것은 일방적으로 어떤 도시에 살고 있는 시민들이 특별한 목적을 가지고 모이는 경우에 그 모임이나 그곳에 모인 사람들을 가리킬 때 쓰는 말이었다. 그러나 신약성경에서는 에클레시아가 대부분 독특한 의미로 그리스도의 교회를 뜻한다. 그래서 신

---

7) 최인식, *op. cit.,*

8) 개역한글성경, *op. cit.,* 출 25:22

9) 김용환, 히브리어 분해대조 성경(모세오경), (서울: 도서출판 로고스, 2011), 출 25:22.

10) 김용환, 히브리어헬라어사전, (서울: 도서출판 로고스, 2011), p. 274.

약에 사용된 '교회'를 자세하게 한정하려는 사람들은 교회를 대개 복음이나 예수와 관련지어 설명한다. 즉 그들은 교회란 복음에 접촉했고 그로 인해 변화된 사람들의 집단 또는 예수와의 새로운 관계로 인하여 다른 사람들과 새로운 관계에 돌입한 사람들의 모임이라고 정의한다. 그러므로 신약성경에서 사용된 교회라는 말은 예수와의 관계성 속에서 먼저 이해될 수 있다는 사실은 명백하다. 사실 신약성경을 통해 볼 때 교회라는 말을 가장 먼저 사용한 분도 예수시다(마 16:18, 18:17). 그러므로 보다 명백하게 교회를 '예수를 받아들인 사람들의 공동체', '부활하신 그리스도의 공동체'라고 하는 것도 결코 무리가 아니다.[11]

이상에서 볼 때 교회의 시발점은 당연히 예수와 관련해서 찾아야 함을 알 수 있다. 그리고 교회라는 말을 예수께서 감당하신 구속사역의 결과로 탄생한 집단이라는 의미에서 신약시대의 하나님의 백성으로 이해해야 한다. 하지만 정확하게 어디를 그 시작으로 볼 것인가? 통상적으로는 사도행전 2장에 기록된 오순절 성령강림을 출발점으로 꼽는다. 이것은 이때 예수의 사역과 성령의 사역이 교대되었다고 보기 때문이다. 그러므로 교회는 예수의 지상사역의 결과로 빚어진 성령의 강림과 함께 출범한 것으로 볼 수 있다. 그러나 교회란 예수나 성령과 관련된 것이면서도 막상 그 초점은 예수나 성령이 아니라 그 사역의 대상인 사람들에게 놓여 있다.[12]

기독교는 행위를 진리의 시금석으로 삼고 있다는 점에서 마르크

---

11) 최인식, *op. cit.*, p. 39.
12) *ibid.*,

스 사상과 유사하다. 그러나 오늘날 교회의 가르침은 기독교의 가르침과 너무 대조적이어서 반성경적으로 뒤틀려졌다.[13]

필자는 뒤틀려지고 변질되어 가는 교회를 바라보며 예수 그리스도와 성령의 사역으로 세워진 교회의 본질을 다시 회복하기를 바라는 마음으로 본서를 통하여 신약의 뿌리인 구약에서 그 해답을 찾아보기로 하겠다.

본서는 필자의 원어학 박사 학위논문을 책으로 수정 정리 한 것이다. "모세오경을 통한 거룩한 공동체에 관한 구속사 연구"가 원어학 박사학위(Doctor of the original language of the Bible) 논문으로 나올 수 있도록 인도해주신 전능하신 "하나님의 크신 사랑과 은혜에 깊은 감사와 영광을 드립니다."

그리고 사랑으로 부족하고 부족한 종을 위해 기도하며 도와주신 분토교회 당회원과 성도들에게도 진심으로 감사를 드립니다.

또한, 여러 교수님과 특별히 본서가 오늘에 이르기까지 바쁘신 중에도 많은 관심으로 지도해주신 지도교수 이성호 박사님과 이건호 박사님께 감사를 드립니다.

코헨 신학대학교 총장이신 코헨 박사님과 대학원장 벤드메이 박사님과 코헨 신학대학교의 설립자이시며 박사원장이신 강신권 박사님께 진심으로 감사를 드립니다.

끝으로 오늘이 있기까지 물심양면으로 도와주신 아내 이영희, 사위 박선준, 딸 평안이와 본서가 나오도록 격려를 아끼지 않았던 사

---

13)   Jacques Ellul, 자크 엘룰 번역위원회 옮김, *La Subversion du Christinisme*, 뒤틀려진 기독교, (서울: 도서출판 대장간, 1990), p. 14.

돈이시고 세인트 미션대학교 총장이신 박상원 박사님께도 감사를 드립니다.

　본서가 한국 교계의 좀 더 바른 신앙을 조명하는 데 있어서 조금이나마 도움이 된다면 큰 보람으로 삼겠습니다.

2025년 12월 2일
김현덕

차례

제3장
결론

제1장

거룩한 공동체의 개념 고찰

01

구약의 용어들

1) קָהָל(6951, 카할)

קָהָל(6951, 카할)은 '족속, 백성, 집회, 회중, 무리, 성회, 대회, 군대'[14]의 뜻이 있다.

카할(קָהַל, 6950)에서 유래되었으며, '모이다, 함께 모이다, 모여들다, 모으다, 모아놓다, 소집하다, 잡아가두다'[15]의 뜻이 있다.

또한 이 단어는 קָהַל(카할) '모으다, 짜맞추다, 집합하다, 같이, 일제히' (대하 20:26, 에 9:2)[16]의 뜻이 있다.

카할은 이스라엘 전체 백성의 수효보다는 적은 수의 모임을 의미

---

14) 김용환, *op. cit.*, p. 597.

15) *Ibid.,*

16) 이동환, <u>신구약 원어은유 대사전(제9권)</u>, (서울: 도서출판 로고스, 2003), p. 605.

한다. 다윗이 백성들에게 성전 건축을 독려할 때의 모임도 그러한 것이었다(대상 29:1, 20). 우리는 회중(카할)을 모은다는 생각에 접하게 되는데(민 10:7; 20:10), 이것을 보면 모여든 회중과 모여들지 않는 회중 사이에 구별이 있는 것 같다.17)

혹자들은 이 단어가 콜(קוֹל, 6963: 음성, 말하는 것, 어근은 '부르다'라는 의미를 지님, Gesenius)에서 파생된 것으로 추정한다. 그러므로 결국 집회를 의미하게 된다는 것이다. 카할은 구약성경에서 약 120회 이상 나온다. 카할은 70인 역본에서 거의 항상 에클레시아로 번역되었으며, 하지만 카할이 항상 엑클레시아로 번역되지 않았다. 예를 들어, 엑클레시아는 창세기에서 민수기까지 23개절, 예레미아 5개절, 에스겔 15개절에 나오지 않는다. 그 대신 쉬나고게(회중, 회당; 창세기에서 민수기까지 21개절, 에스겔, 예레미아 등에서 나옴), 쉬스타세이스(모임, 연합; 창 49:6), 오클로스(군중, 다수; 렘 31:8 겔 16:40; 17:17; 23:24 등), 플레도스(큰 수, 회중, 무리; 출 12:6 대하 31:18)가 역어로 사용되었다.18)

카할의 동의어로 사용되는 단어들을 또한 다음과 같이 살펴볼 수 있다.

(1) מַקְהֵל(4721, 막헬)

מַקְהֵל(4721, 막헬)은 '대회, 회중'19)의 뜻이 있다.

구약성경에서 이 단어는 시 26:12에서 한번 나오며, 예배를 위한

---

17) R. Laird Harris, et al., 번역편찬위원회, <u>구약원어신학사전(하)</u>, (서울: 요단출판사, 1986). p. 986.

18) 이병철, <u>성경원어해석대사전 바이블렉스 10.0,</u> 브니엘성경연구소, 2018. cord 6951.

19) 김용환, *op. cit.,* p. 397.

'모임, 집회'에 대해 사용되었다.[20]

רַגְלִי עָמְדָה בְמִישׁוֹר בְּמַקְהֵלִים אֲבָרֵךְ יְהוָה:[21]

(2) קְהִלָּה(6952, 케힐라)

קְהִלָּה(6952, 케힐라)는 '총회, 대회'[22]의 뜻이 있다.

케힐라는 카할(קָהַל, 6950)에서 유래했으며, '모이다, 함께 모이다, 모여들다, 모으다, 소집하다'[23]을 의미한다.

특별히 카할(קָהַל, 6950)은 종교적 목적을 가진 모임으로 나타난다. 호렙에서 율법을 받았던 날은 "총회 날"이었다(신 9:10; 10:4; 18:16). 그 외의 경우도 절기, 금식, 예배들을 위한 모임도 있었다(대하 20:5; 30:25; 느 5:13; 욜 2:16).[24]

(3) קֹהֶלֶת(6953, 코헤레트)

קֹהֶלֶת(6953, 코헤레트)는 '전도자'[25]의 뜻이 있다.

코헤레트는 카할(קָהַל, 6950)에서 유래했다. 이 단어는 명사 카할(모임, 집회)과 관련되어 있다. 70인 역본은 카할 엑클레시아(모임, 집회)와 관련된다고 추정함으로써 엑클레시아스테스(모임의 일원)라는 역어를

---

20)　이병철, *op. cit.*, 4721
21)　분해대조 성경, *op. cit.*, 시 26:12
22)　김용환, *op. cit.*, p. 597.
23)　*Ibid.*,
24)　이병철, <u>성서원어 구약신학사전Ⅱ</u>, (서울: 브니엘 출판사, 1989), p. 1254.
25)　김용환, *op. cit.*, p. 597.

선택하였다. 영역 "Preacher"(설교자)는 제롬의 라틴어 역어 꼰치오나투르(concionatur: 회중 앞에서의 연설자)를 따른 것이다(참조: 한글개역은 모두 "전도자"로 번역함). 그러나 히브리어 명칭의 의미는 뚜렷하지 않다. 이 단어가 나오는 책의 내용으로 볼 때 설교의 범주보다는 지혜 문학의 범주에 더 알맞다. 둘째로는 칼형 코헤레트가 마치 히필 형처럼 사용되어 '모임을 소집하는 자'를 의미한다고 주장하는 견해가 있다. 전 12:8에서 이 단어가 정관사를 취하므로, 이 단어가 인격적 칭호가 아니라 하나의 특징 묘사에 불과하다는 주장이 있다.[26]

구약성경에서 코헬레트는 전도서에서 7회 나오며(전 1:1, 전 1:2, 전 1:12, 전 7:27, 전 12:8, 전 12:10), 그 밖의 다른 성경에서는 전혀 나오지 않는다. 이 단어는 설교자를 뜻하는 명사일 뿐만 아니라 전도서 자체의 히브리어 명칭도 코헬렛이다.[27]

2) עֵדָה(5712, 에다)

עֵדָה(5712, 에다)는 '회중, 무리, 벌떼, 공회, 모임, 당'[28]의 뜻이 있나.

에다는 야아드(יָעַד, 3259)에서 유래했으며, '상관하지 아니하다, 정하다, 주다, 만나다, 모이다, 뜻과 같다, 가다, 서로 약속하다, 거역하다, 소환하다, 다투다, 놓이다'[29]를 의미한다.

에다는 야아드(יָעַד, 3259: 지정하다)에서 나온 여성명사로, 따라서 약

---

26) 이병철, *op. cit.*, 6953

27) R. Laird Harris, et al., *op. cit.*, p. 987.

28) 김용환, *op. cit.*, p. 495.

29) *Ibid.*, p. 274.

속에 의한 회합을 의미하며 KJV에서는 가장 자주 "회중"으로 번역된다. 70인 역본은 에다의 145회 중 127회를 쉬나고게로 번역했다. 그렇지만 이 명사 그 자체는 모이는 목적을 암시하고 있지 않다. 그래서 우리는 한 떼의 꿀벌(삿 14:8)과 수많은 황소들(시 68:30, H31)에 관한 언급도 보게 된다. 이 단어는 의인의 회합도 나타내지만(시 1:5), 악한 자(시 22:16, H17), 난폭한 사람들(시 86:14), 그리고 하나님을 믿지 않는 자(욥 15:34)의 회합도 나타낸다. 고라의 추종자들(민 16:5)과 아비람의 추종자들(시 106:17-18)은 자주 동료로 칭해지곤 한다. '회합' assembly은 때로 KJV에서 에다가 '회중' congregation으로 번역되는 다른 몇몇 비슷한 단어들과 함께 나올 때, 그런 단어들과의 차이를 나타내기 위해 이 단어의 뜻으로 사용되었다.[30]

이스라엘의 회중을 가리키는 עֵדָה(5712, 에다)의 용법은 구약에서는 매우 특징적인 것이다. "회중"(הָעֵדָה)이라는 말은 출애굽기, 레위기, 민수기 및 여호수아에서 70회 나온다. 또한 성경에는 "여호와의 회중"(민 27:17; 31:16; 수 22:16-17), "이스라엘의 회중"(출 12:3; 수 22:20), "모든 회중"이라는 문구도 나온다. 또한 "이스라엘의 회중의 모임"(כֹּל קְהַל עֲדַת יִשְׂרָאֵל, 출 12:6)과 "이스라엘 자손의 회중의 모임"(לִפְנֵי כָּל קְהַל עֲדַת בְּנֵי יִשְׂרָאֵל, 민 14:5)이라는 문구도 있다.[31]

모세는 '에다'가 광야에 있을 때 '에다'를 거느렸다. 그러나 지명된 다른 관리들도 있었다. 즉 두목들(출 16:22; 34:31; 민 4:34 등) 장로들(레

---

30)   이병철, *op. cit.*, 3259

31)   R. Laird Harris, et al., 번역편찬위원회, <u>구약원어신학사전(상)</u>, (서울: 요단출판사, 1986). p. 482.

4:15; 삿 21:16), 족장들(민 31:26), 그리고 유명한 사람들(민 1:16; 26:9), "조사를 받은 회중"이란 전투에 참가할 수 있는 나이의 남자를 의미했다(출 38:25).[32]

עֵדָה는 심판 때에 여호와 앞에 모인 백성들의 회합을 나타낸다(시 7:7, H8). 하나님의 신하들의 회합에 관한 명칭도 이와 비슷하다(시 82:1). 우리가 "회중과 회합"(카할 웨에다, 잠 5:14)이란 어구를 볼 수 있다는 사실에도 불구하고, 카할과 에다는 모든 실제적인 목적에 있어서는 동의어인 것 같다. 에다는 짐승들의 무리에 대해서도 사용되었지만, 카할은 그렇지 않다. 에다는 출애굽기, 레위기, 그리고 민수기에서 가장 자주 나오며, 예언서들에서는 오직 3회 나온다(렘 6:18, 렘 30:20, 호 7:12). 다른 한편 카할은 오경의 이 부분들에서는 드물게 나오며 신명기에서 자주 나온다.[33]

이 단어의 동의어 또는 파생어는 다음과 같다.

(1) עֵד(5707, 에드)

עֵד(5707, 에드)는 '증거, 증인, (위)증자, (위)증하는 자'[34]의 뜻이 있다.

에드는 우드(עוּד, 5749)에서 유래했으며, '증거하다, 증언하다, 얽히다, 경고하다, 경계하다, 명령하다, 권면하다, 세우다, 증언을 하다, 증거를 삼다'[35]의 뜻이다.

하나님께서는 친히 궁극적인 증인이시다. 하나님께서는 인간의 진

---

32) 이병철, <u>성서원어 구약신학사전 I</u>, (서울: 브니엘 출판사, 1989), p. 670.

33) R. Laird Harris, et al., *op. cit.,*

34) 김용환, *op. cit.,* p. 494.

35) *Ibid.,* pp. 497-498.

실(삼상 12:5; 욥 16:19)뿐만 아니라 인간의 악(렘 29:23; 말 3:5)도 예리하게 알고 계심을 보여주신다.[36]

(2) עוד(5749, 우드)

עוד(5749, 우드)는 '증거하다, 증언하다, 붙들다, 경고를 받다, 바로 서다, 증거를 삼다'[37]의 뜻이 있다.

우드는 레 32:10, 렘 32:25, 렘 32:44에서 장사 거래와 관련하여 사용되는 데 여기에서 예레미야는 아나돗에서 그가 새로이 소유지를 구입할 때 증인을 세웠다. 이세벨은 아합이 나봇의 포도원을 가질 수 있도록 하기 위해 나봇을 고발할(나봇에 대해 거짓 증거할) 두 사람을 확보하였다(왕상 21:10, 왕상 21:13), 이사야는 아하스에게 그의 증거를 입증해 줄 확실한 증인을 얻었다(사 8:2). 욥은 그의 역경 이전에 누렸던 그 많은 존경을 회상했다(욥 29:11). 하나님은 하늘과 땅을 불러 증거로 삼아 말씀하시기를 이스라엘은 생명과 사망 중에서 택하여야 할 것이며 그 택한 것을 받을 것이라고 하셨다(신 4:26, 신 30:19). 이것은 구약성경에서 일반적인 주제이다(참조: 사 1:2). 모세는 장차 예견되는 이스라엘 패역에 대하여 하늘과 땅에 호소한다(하늘과 땅을 증거로 삼아 말한다, 신 31:28). 매우 빈번히 이 단어는 강한 경고라는 의미로 사용된다.[38]

---

36) R. Laird Harris, et al., 번역편찬위원회, <u>구약원어신학사전(하)</u>, (서울: 요단출판사, 1986), p. 807.

37) 김용환, *op. cit.*, pp. 497-498.

38) 이병철, *op. cit.*, 5749

(3) עֵדָה(5713, 에다)

עֵדָה(5713, 에다)는 '증거, 증언'[39)]의 뜻이 있다.

에다는 우드(עוד, 5749)에서 유래했다.

이 단어는 항상 하나님의 증거와 관련하여 사용된다. 이 단어는 장막(출 38:21; 민 1:50, 53) 및 언약궤(출 25:22; 26:33; 34; 30:6; 26)와 매우 빈번히 관련되어 있으며, 전자와 관련될 때는 "증거막"이라고 표현되고 후자와 관련될 때는 "증거궤"라고 표현한다.[40)]

עוד는 '우드/증거하다, 권면, 경책하다'(창 43:3, 삼상 8:9, 왕상 2:42)[41)]의 뜻이 있다.

필자가 살펴본 대로 עֵד(5707, 에드)와 עוד(5749, 우드)와 עֵדָה(5713, 에다)는 회집이나 회합과 같은 것과는 직접적인 관계는 없어 보인다. 그러나 증인을 세우고 증언을 하기 위해서는 공중 앞에서나 많은 사람들이 모인 곳에서 해야 함으로 모이는 것과 연결되어 쓰이는 것으로 보여진다.

3) יָעַד(3259, 야아드)

יָעַד(3259, 야아드)는 '상관하지 아니하다, 정하다, 주다, 만나다, 모이다, 뜻이 같다, 서로 약속하다, 소환하다'[42)]의 뜻이 있다.

---

39) 김용환, *op. cit.*, p.495
40) R. Laird Harris, et al., *op. cit.*, p. 808.
41) 이동환, *op. cit.*, p. 392.
42) 김용환, *op. cit.*, p. 274.

또 다른 뜻으로는, 임명하다, 약혼하다, 모이다, 만나다, 정하다,[43] 의 뜻이 있다.

야아드(동사)는 기본어근이며, '지명(인명)하다, 정하다, 모으다, 소집하다, 만나다, 놓다'를 의미한다. 구약성경에서 이 단어는 약 30회 나오며, 칼, 니팔, 히필, 호팔형으로 사용되었다. 칼 형에서 이 단어는 '정하다, 명시하다'라는 의미를 나타낸다. 이 단어는 때(삼하 20:5), 장소(렘 47:7), 매(미 6:9)를 정하는 것, 첩으로 정하는 것(출 21:8)을 묘사한다. 니팔 형에서 이 단어는 '지정한 장소에서 만나다'라는 의미를 나타낸다. 니팔 형은 성소에서 하나님을 만나는 이스라엘에 대해 사용되었다(출 25:22, 출 29:42, 출 29:43, 출 30:6, 출 30:36, 민 17:19).[44] 이 단어도 동의어 또는 파생어가 다음과 같은 것이 있다.

(1) יַחַד(3162, 야하드)

יַחַד(3162, 야하드)는 '동거, 동행, 겨리, 섞어 짠 것, 함께 함, 하나가 됨, 함께 들어감, 하나도 없음, 한마음, 처소, 일제히, 다같이, 더불어, 온전히'[45]의 뜻이 있다.

야하드는 야하드(יָחַד, 3161)에서 유래했으며, '참여하다, 하나가 되다, 연합하다, 가입하다, 일심으로, 함께'[46]의 뜻이다.

야하드는 '연합, 하나됨'이란 의미를 나타낸다. 형제가 연합하는 것(시 133:1), 백체를 하나로 이루는 것(욥 10:8)을 묘사한다. 야하드는 '함

---

43)   R. Laird Harris, et al., *op. cit.*, p. 878.

44)   이병철, *op. cit.*, 3259

45)   김용환, *op. cit.*, pp. 264-265.

46)   *Ibid.*,

께'라는 의미로 사용되었다. 이 단어는 어떤 문맥에서는 '행동의 일치'를 나타낸다. 골리앗은 이스라엘에게 도전하여 다음과 같이 말한다: "내가 오늘날 이스라엘의 군대를 모욕하였으니 사람을 나로 더불어('함께') 싸우게 하라"(삼상 7:10). 때때로는 '장소의 일치'를 강조하기도 한다: "남은 자가 다 흩어져서 둘도 함께 한 자가 없었더라."(삼상 11:11). 이 단어는 동시에 동일한 장소에 존재한다는 의미로 사용되기도 한다: "저희를 기브온 사람의 손에 붙이니 기브온 사람이 저희를 산 위에서 여호와 앞에 목매어 달매 저희 일곱 사람이 함께 죽으니…"(삼하 21:9). 야하드는 '함께', 즉 '동시에'라는 의미를 나타낸다. "나의 분한을 달아 보며 나의 모든 재앙을(나의 재앙을 함께) 저울에 둘 수 있으면"(욥 6:2). 야하드는 '모두 동시에, 모두 함께, 일제히, 똑같이'라는 의미로 사용되었다(출 19:8, 사 45:21, 사 46:2, 사 48:13, 사 52:8, 슥 10:4, 신 33:5, 시 62:9, 욥 31:38, 사 43:7, 시 49:10 등).[47]

이 단어는 대격으로 쓰일 때는 "일치 속에서, 함께, 모두다"를 의미하는 부사로 사용된다. 또한 "…함께, 다같이"라는 뜻을 지닌 부사 יַחְדָּו(3163, 야흐도)로 사용되며, 이 두 단어는 합해서 134회 나온다. LXX은 일차적으로 이 단어를 ομοθυμαδον "한 마음으로, 만장일치로" 번역한다.[48]

---

47)　이병철, *op. cit.* 3162

48)　R. Laird Harris, et al., *op. cit.*, 463.

(2)יָחַד(3161, 야하드)

יָחַד(3161, 야하드)는 '참여하다, 일심으로, 함께'[49]의 뜻이다.

결합하다, 참여하다의 뜻이며, Qal 형으로 3회, Piel 형으로 1회 나온다.[50]

피엘 형에서 '연합시키다, 합치다, 하나 되게 하다'를 의미한다. 구약성경에서 이 단어는 3회 나온다. 창 49:6에서는 '참가하다'라는 의미로, 사 14:20에서는 너는 그들과 장사 '되지' 못 한다고 한다. 시 86:11에서는 피엘 형이 사용되어, '나의 마음을 분리 않고(하나 되게 하소서)'라고 한다.[51]

(3) יָחִיד(3173, 야히드)

יָחִיד(3173, 야히드)는 '독자, 무남독녀, 유일한, 단 하나의, 외아들,[52]의 뜻이 있다.

야히드는 야하드(יָחַד, 3161: 결합하다, 연결하다)에서 유래했다.

4) מוֹעֵד(4150, 모에드)

מוֹעֵד(4150, 모에드)는 '계절, 기한, 때, 회막, 성막, 회막문, 성회, 절기, 절기제, 회중, 기약, 한 해, 절기의 날, 돌아오다, 정하다'[53]의 뜻이

---

49)   김용환, *op. cit.*, p. 264.

50)   R. Laird Harris, et al., *op. cit.*, p. 462.

51)   이병철, *op. cit.*, 3161

52)   김용환, *op. cit.*, p. 265.

53)   김용환, *op. cit.*, p. 353.

있다.

이 단어는 지정된 목적과는 무관하게 이미 확정된 시간이나 장소를 가리키는 말로 빈번히 사용된다. 이 단어는 아이를 출산할 때(창 17:21; 18:14; 21:2), 재앙이 임할 때(출 9:5), 새가 이주할 때(렘 8:7), 정해진 때(삼상 13:8; 20:35), 이상이 나타날 때(합 2:3), 끝날 때(단 8:19) 또는 절기들(레 23:2)과 의식들(신 31:10)의 때를 가리킬 수 있다.[54]

구약성경에서 이 단어는 223회 나오며, 다음과 같은 의미로 사용되었다. (a) '정한 때'(정한 때와 계절, 그리고 절기)의 뜻이 있다. 모에드는 어린아이 출산 때(창 17:21, 창 18:14, 창 21:2), 전염병이 생길 때(출 9:5), 새가 이주하는 계절(렘 8:7), 정해진 때(삼상 13:8, 삼상 20:35), 묵시가 의도하는 때(합 2:3), 마지막 때(단 8:19), 혹은 절기(레 23:2)와 거룩한 때(신 31:10)를 나타낸다. 천체들은 계절을 결정해 준다(창 1:14, 시 104:19). 각 절기는 모에드이지만, 이 절기들은 집합적으로 "여호와의 절기"(모아데 야훼, 레 23:2, 등)이다. 때로 하그(hag, 이 단어는 매년 행해지는 3가지의 대절기를 가리킨다)와 함께 나오는 모에드(호 9:5)는 모든 종교 회합을 뜻하는 광범위한 의미로 사용되었다고 생각된다. 예루살렘은 큰 기쁨으로 특징이 지워지고 포로기 동안 몹시 그리워했던(습 3:18, 애 1:4) 회합의 도성이 되었다(사 33:20, 참조: 겔 36:38).[55]

역시 이 단어도 동의어 또는 파생어가 다음과 같다.

---

54)   R. Laird Harris, et al., *op. cit.*, p. 482.
55)   이병철, *op. cit.*, 4150

(1) מוֹעָד(4151, 모아드)

מוֹעָד(4151, 모아드)는 회중,[56]의 뜻이 있다.

모아드는 야아드(יָעַד, 3259: 정하다, 지정하다, 지명하다)에서 유래했으며, '지정된 장소, 모임의 장소'를 의미한다. 구약성경에서 이 단어는 사 14:31에 한 번 나온다: "성문이여 슬피 울찌어다 성읍이여 부르짖을찌어다 너 블레셋이여 다 소멸되게 되었도다 대저 연기가 북방에서 오는데 그 항오를 떨어져 행하는 자 없느니라". 여기서 모아드는 군대에서 군사의 '지정된 장소' 즉, 그의 편성된 대열(항오)을 의미한다.[57]

(2) מוֹעָדָה(4152, 무아다)

מוֹעָדָה(4152, 무아다)는 만남을 위해 지정 된 곳, 도피성, 선정된,[58]의 뜻이 있다. 무아다(명여)는 야아드(יָעַד, 3259: 정하다, 지정하다, 지명하다)에서 유래했으며, '지정된, 선정된'을 의미한다. 구약성경에서 이 단어는 수 20:9에 한번 나온다.[59]

5) 개념 정리

필자가 지금까지 살펴본 용어들을 개념을 정리를 해보면 가장 대표적으로 קָהָל(6951, 카할)이라는 용어가 나타난다.

---

56) 김용환, *op. cit.*, p. 353.
57) 이병철, *op. cit.*,
58) 김용환, *op. cit.*, p. 354.
59) 이병철, *op. cit.*, 4152

어떤 종류의 그리고 어떤 목적을 가진 모임이든 모두 카할이라고 부를 수 있다. 이 모임이 악한 모의나 행위(창 49:6, 시 26:5), 민간 업무(왕상 2:3, 잠 5:14, 잠 26:26, 욥 30:28) 또는 전쟁(민 22:4, 삿 20:2 등등)을 위해 이루어진다. 회집한 군대가 다윗과 골리앗의 싸움을 구경한다(삼상 17:47). 기타 문맥에서는 이 용어가 국가들의 회중(창 35:11), 백성들의 회중(창 28:3, 창 48:4), 심지어 죽은 자들의 회중(잠 21:16)을 가리키기도 한다. 이 단어는 포로 생활에서 귀환하는 자들과 관련하여 사용되며(렘 31:8, 스 2:64), 다음으로는 재 회복된 예루살렘 공동체가 카할이라 명령된다(스 10:12, 10:14, 느 8:2, 8:17).[60]

여기에서 파생된 단어들이 다음과 같은 것들이다. ① קָהָל, 6951(카할). 모임, 집회 assembly, 모인 무리, 회중 company, congregation. ② קְהִלָּה, 6952(케힐라). 모임, 집회 assembly, 회중 congregation(느 5:7 신 33:4). ③ קֹהֶלֶת, 6953(코헬레트). 모임(집회)에서의 설교자 speaker in an assembly. 코헬렛 Qoheleth. ④ מַקְהֵל, 4721(마크헬). 모임, 집회 assembly이 있다.

그 다음으로 주목할 단어는 עֵדָה(5712, 에다)가 있다.

에다(명여)는 야아드(יָעַד, 3259: 지정하다, 모으다, 소집하다)에서 유래했으며, '모임, 집회, 회중, 떼, 무리'를 의미한다. 에다는 야아드(יָעַד, 3259: 지정하다)에서 나온 여성명사로, 따라서 약속에 의한 회합을 의미하며 KJV에서는 가장 자주 "회중"으로 번역된다. 이 단어는 다음 동사에서 유래 되었다. יָעַד, 3259(야아드). 지명하다, 임명하다(appoint), 약혼시키다(betrothed), 모으다, 소집하다(assemble), 만나다(meet), 두다, 놓

다(set)라는 뜻이 있다.[61]

필자가 살펴본 대로 여기에서 나타난 파생어는 다음과 같은 것들이 있다. ① עֵדָה, 5712(에다). 모임, 집회, 회중(congregation). ② מוֹעֵד, 4150(모에드). 지정된 장소(appointed place). ③ מוֹעָד, 4151(모아드). 집회 장소(place of assembly). 사 14:31에서만 나온다. ④ מוּעָדָה, 4152(무아다). '아레 함무아다'(지정된 도시들 cities appointed)로만 나온다(수 20:9). 성소에서 하나님을 만나는 이스라엘에 대해 사용되었고(출 25:22 출 29:43 이하; 출 30:6, 출 30:36), '나아온다.'라는 의미에서 예배드리기 위해(민 10:3 왕상 8:5 대하 5:6) 혹은 다른 목적으로 모인 회중의 회합에 대해 사용되었다. 하나님께서 "속죄소"(캅포렛[kapporet])에서 이스라엘의 대표자와 만나는 것이 정해진 만남이라는 사실은 흥미 있다(출 25:22). 하나님께서 장막 앞에서 백성들을 만난 다른 때도 그러했다. 백성들은 올 것으로 기대되었으며 하나님은 거기에서 그들을 만나시겠다고 약속했다. 하나님은 자기의 약속을 지키신다.

---

61)   이병철, *op. cit.*, p. 670.

02

신약의 용어들

1) ἐκκλησία(1577, 엑클레시아)

ἐκκλησία(1577, 엑클레시아)는 '교회, 모인 무리, 민회, 모임'[62]의 뜻이 있다.

명사 엑클레시아는 에크(ἐκ, ἐξ, 1537: …로부터)와 칼레오(καλέω, 2564: 부르다 call)에서 유래되었으며, 따라서 이 단어는 '불러낸 자들(의 전체)'라는 의미를 가진다.[63]

일반적인 사전들은 ἐκκλησία를 1. "집회", 2. "교회"로 정의한다. 그리고 신약사전들은 교회를 a. 온전한 한 몸으로서의 교회와, b. 지역 회중 또는 개교회로 구분한다. 때때로 기본적인 일치를 인식하고

---

62) 김용환, *op. cit.*, pp. 905-906.
63) 이병철, *op. cit.*, 1577

있기는 하지만 교파에 따라 강조점이 다르다. 신약이 하나의 용어를
사용하고 있기 때문에 여러 역본들도 하나의 용어로 번역하려고 한
다. 그러나 이와 같이 번역할 때 "교회"나 "회중"이라는 용어가 항상
적절한 것인가에 대한 문제가 제기된다. 왜냐하면 집회라는 말이 구
체적인 의미와 추상적인 의미 즉 "집회, 모임"이라는 두 가지 의미를
모두 가지고 있기 때문이다.[64]

이 용어의 동의어 또는 파생어는 다음과 같은 것들이 나타난다.

(1) ἐπαθροίζω(1865, 에파드로이조)

ἐπαθροίζω(1865, 에파드로이조) '모이다'[65]의 뜻이 있다. 동사 에파드로
이조는 에피(ejpiv, 1909: 위에)와 아드로이조(ἀθροίζω: 모으다)에서 유래
했으며, '더욱 더 모이다'를 의미한다.[66] 이 용어가 사용된 예를 보면
다음과 같다.

Τῶν δὲ ὄχλων ἐπαθροιζομένων ἤρξατο λέγειν· Ἡ γενεὰ αὕτη
γενεὰ πονηρά ἐστιν· σημεῖον ζητεῖ, καὶ σημεῖον οὐ δοθήσεται
αὐτῇ εἰ μὴ τὸ σημεῖον Ἰωνᾶ.[67]

---

64) Gerhard Kittel, et al., 번역위원회 옮김, <u>Theological Dictionary of the New Testa-
    ment, 신약성서 신학사전</u>, (서울: 요단 출판사, 1986). p. 455.
65) 김용환, *op. cit.*, p. 927.
66) 이병철, *op. cit.*, 1865
67) 분해대조 성경, *op. cit.*, 눅 11:29.

(2) ἐπισυντρέχω(1998, 에피쉰트레코)

ἐπισυντρέχω(1998, 에피쉰트레코)은, '달려와 모이다'[68]의 뜻이 있다. 동사 에피쉰트레코는 에피(ἐπί, 1909)와 쉰트레코(συντρέχω, 4936: 함께 달리다)에서 유래했으며, '에 더하여 함께 달려가다(오다)'를 의미한다.[69]

'Ιδὼν δὲ ὁ 'Ιησοῦς ὅτι ἐπισυντρέχει ὄχλος, ἐπετίμησεν τῷ πνεύματι τῷ ἀκαθάρτῳ, λέγων αὐτῷ· τὸ ἄλαλον καὶ κωφὸν πνεῦμα, ἐγὼ ἐπιτάσσω, σοι, ἔξελθε ἐξ αὐτοῦ καὶ μηκέτι εἰσέλθῃς εἰς αὐτόν.[70]

(3) ἐπισυνάγω(1996, 에피쉬나고)

ἐπισυνάγω(1996, 에피쉬나고)는 '모으다, 모이다'[71]의 뜻이 있다.

동사 에피쉬나고는 에피(ἐπί, 1909: 위에)와 쉬나고(συνάγω, 4863: 모으다)에서 유래했으며 '함께 모으다'를 의미하며, 추가로 모으거나 어떤 것(자)에 대항하여 모으거나 한 장소로 모으는 것에 대히여 사용되었다. 동사 에피쉬나고는 70인 역본에서 50회 이상 나오며, 아사프, 카바츠, 카할 등 12개의 어형의 단어들의 역어로 사용되었다.[72]

에피쉬나고(ἐπισυνάγω)는 예루살렘을 향한 예수의 한탄(마 23:37;

---

68) 김용환, *op. cit.*, p. 943.

69) 이병철, *op. cit.*, 1998

70) 분해대조 성경, *op. cit.*, 막 9:25.

71) 김용환, *op. cit.* p. 942.

72) 이병철, *op. cit.*, 1996

눅 13:34)과 선택돈 자들을 모은다는 내용을 언급한 종말론적인 구절들(막 13:27; 마 24:31), 그리고 예수 주위의 모여든 무리들과 관련해서(막 1:33; 눅 12:1) 사용되고 있다.[73]

이 용어에서 파생된 또 다른 용어는 ἐπισυνάγω(1997, 에피쉬나고게)가 있다. ἐπισυνάγω(1997, 에피쉬나고게)은 '모임, 모이기'[74]의 뜻이다.

명사 에피쉬나고게는 ἐπισυνάγω(1996, 에피쉬나고)에서 유래했으며, '모으다, 모이다'[75]를 의미한다.

일반 헬라어에 극히 드물게 사용되어 있는 이 용어는 이용어의 단순형과 거의 동일한 의미를, 즉 모임이나 수집이라는 의미를 지니고 있다.[76]

히 10:25를 보면, "[모이기를] 폐하는 어떤 사람들의 습관과 같이 하지 말고 오직 권하여 그날이 가까움을 볼수록 더욱 그리하자."[77]라고 하였다. 이것의 헬라어 원문은 다음과 같다.

μὴ ἐγκαταλείποντες τὴν ἐπισυναγωγὴν ἑαυτῶν, καθὼς ἔθος τισίν, ἀλλὰ παρακαλοῦντες, καὶ τοσούτῳ μᾶλλον ὅσῳ βλέπετε ἐγγίζουσαν τὴν ἡμέραν.[78]

---

73) 이병철, 성서원어 신약신학사전 I, (서울: 브니엘 출판사, 1989), p. 753.

74) 김용환, op. cit., p. 943.

75) Ibid., p. 942.

76) Gerhard Kittel, et al., op. cit., p. 1234.

77) 개역한글 성경, op. cit., 히 10:25.

78) 분해대조 성경, op. cit., 히 10:25.

2) συνάγω(4863, 쉬나고)

συνάγω(4863, 쉬나고)는 '모으다, 모이다, 모여들다, 데려오다, 영접하다, 쌓다, 쌓아두다, 모아 가지다, 거두다, 합세하다'[79]의 뜻이 있다.

동사 쉬나고)는 '소집하다', '모으다'를 의미한다. 이 단어는 적대적인 의미로 '교전하다'를 의미하기도 한다. 또한 '결혼'으로 '결합하다'나 '전제들로부터 결론짓는 것'을 의미하기도 한다. 이 단어는 가끔 '비품이나 곡식 등을 거둬들이는' 것을 의미하기도 한다. 쉬나고는 70인 역본에서 약 350회 나오며, 50여 개의 어형 및 어군의 역어로 사용되었는데, 주로 아사프의 역어로 사용되었다. 따라서 쉬나고는 70인 역본에서 '모으다'란 의미를 나타낸다. 쉬나고는 신약성경에서 59회 나오며, '물건을 모으거나 수집하는 것', 또는 '백성의 연합이나 회집' 그리고 '받아들이거나 영접한다.'란 독특한 의미도 나타낸다. 마태복음에서 이 모음의 대상은 사람들(무리, 마 13:2 혼인잔치 손님들, 마 22:10)이거나 동물들(새, 마 6:26 물고기, 마 13:47 독수리, 마 24:28)이다. 종교적 지도자들의 회합이란 의미로 자수 나타난다.[80]

συνάγω(4863, 쉬나고)는 '함께 인도하다, 즉 함께 가져오다', 이 의미에서 함께 오다(수동태)의 뜻이 나옴. 대접[환대]하다, 모으다(요 4:36 계 16:14, 16), 모여들다(마 13:2 막 4:1), 모이다(행 4:6, 26, 31), 모아가지다(눅 15:13 고전 5:4), 데려오다(마 22:10), 영접(마 25:35, 38, 43), 쌓다(눅 12:17), 쌓아두다(눅 12:18), 거두다(요 6:12, 13), 합동하다(행 4:27), 사로잡다(계

---

79) 김용환, *op. cit.*, p. 1189.
80) 이병철, *op. cit.*, 4863

13:10)[81]의 뜻이 있다.

사도행전에는 기도하기 위해(행 4:31), 가르침을 받기 위해(행 11:26), 전하기 위해(행 14:27; 15:30), 의논하기 위해(행 15:6), 떡을 떼기 위해(행 20:7, 8) 교회에 모인다는 내용의 언급이 있다. 유대 종교 지도자들이 모였으며(행 4:5), 헤롯과 빌라도도 그러했다(행 4:26), 27). 또한 온 성이 하나님의 말씀을 듣고자 하여 실제적으로 비시디아 안디옥에 모였다(행 13:44).[82] 이 용어는 다음과 같은 동의어 또는 파생어가 있다.

(1) συναγωνίζομαι(4865, 쉬나고니조마이)

συναγωνίζομαι(4865, 쉬나고니조마이)는 '힘을 같이 하다'[83]의 뜻이 있다.

동사 쉬나고니조마이는 쉰(σύν, 4862: '~함께')과 아고니조마이(ἀγωνίζομαι, 75)에서 유래했으며, '~와 함께 싸우다(분투하다, 노력하다)'를 의미한다. 쉬나고니조마이는 신약성경에서 롬 15:30에 한 번 나온다. 쉬나고니조마이는 하나님께 나를 위하여 비는 기도로(에서) 나와 함께 분투하는 것을 나타낸다.[84]

(2) συναλίζω(4871, 쉬날리조)

συναλίζω(4871, 쉬날리조)는 '같이 모이다'[85]라는 뜻이 있다.

---

81)   김상기. 이재오, <u>히헬 원어 사전,</u> (서울: 로고스, 1989), p. 489.

82)   이병철, *op. cit.*, p. 763.

83)   김용환, *op. cit.*, p. 1190.

84)   이병철, *op. cit.*, 4865.

85)   김용환, *op. cit.*, p. 1190

동사 쉬날리조는 쉰($\sigma\acute{\upsilon}\nu$, 4862: ~와 함께, 더불어)과 할리조($\dot{\alpha}\lambda\acute{\iota}\zeta\omega$, 233: 모으다)에서 유래되었으며, '함께 가져오다, 모으다'를 의미하며, 수동 태 의미로는 '함께 오다, 모이다'이다. 그러나 이 단어가 할스($\ddot{\alpha}\lambda\varsigma$, 251)에서 파생된 것이라면 '(소금을) 함께 먹다, 같은 식탁에서 먹다'라는 의미를 지닌다.[86]

(3) $\sigma\upsilon\nu\alpha\theta\rhoοί\zeta\omega$(4867, 쉬나드로이조)

$\sigma\upsilon\nu\alpha\theta\rhoοί\zeta\omega$(4867, 쉬나드로이조)는 '모여 있다, 모이다, 모으다'[87]의 뜻 이 있다.

동사 쉬나드로이조는 쉰($\sigma\acute{\upsilon}\nu$, 4862: ~와 함께)와 아드로이조(모으다)에서 유래했으며, '함께 모으다'를 의미한다. 쉬나드로이조는 신약성 경에서 3회, 누가의 기록에만 나타난다. 눅 24:33에서 쉬나드로이조 는 사도들과 신도들의 모임을 나타낸다. 행 12:12에서 쉬나드로이 조는 성도들이 마가라 하는 요한의 어머니 집에 모여 있는 것을 나 타낸다.[88]

"깨닫고 마가라 하는 요한의 어머니 마리아의 집에 가니 여러 사람 이 모여 기도하더라".[89]라고 하였다. 헬라어 원문은 다음과 같다.

---

86) 이병철, *op. cit.*, 4871

87) 김용환, *op. cit.*, p. 1190.

88) 이병철, *op. cit.*, 4867

89) 개역한글 성경, *op. cit.*, 행 12:12.

συνιδών τε ηἐπὶ τὴν οἰκίαν τῆς Μαρίας τῆς μητρὸς Ἰωάννου τοῦ ἐπικαλουμένου Μάρκου, οὗ ἡἱκανοὶ συνηθροισμένοι καὶ προσευχόμενοι.[90]

3) συναγωγή(4864, 쉬나고게)

συναγωγή(4864, 쉬나고게)는 '회당'[91]의 뜻이 있다.

명사 쉬나고게는 쉬나고(συνάγω, 4863: 불러 모으다, 함께 데리고 오다)에서 유래했으며, '집회, 회합, 회중, 회당'을 의미한다. 70인 역본에서 200회 이상 나오며, 거의 대부분 에다의 역어로 사용되었으며, 그다음으로 카할의 역어(약 30회)로 사용되었다.[92]

συναγωγη는 기본적으로 함께 모으다는 것이나 수집하는 것을 의미한다(ex, 사람들의 모임, 책이나 서신들의 수집본, 곡식을 거두어들임, 군인의 소집, 눈살을 찌푸림, 돛을 끌어올림, 논리학에 있어서 추론이나 논증).[93]

이 단어는 지방 유대인 공동체 사회의 모임 장소 또는 유대인들의 집회나 회중 자체를 나타낸다. 이 모임은 대부분 회당에서 열렸으므로 이 두 가지 의미를 함께 나타낸다. 성전은 예루살렘에 하나뿐이다. 법에 의하면 열 가정이 사는 곳에는 회당이 있어야 했다. 그러므로 촌락마다 회당이 있어 사람들이 모여 예배를 보았다. 이

---

90) 분해대조 성경, *op. cit.*, 행 12:12.

91) 김용환, *op. cit.*, p. 1190.

92) 이병철, *op. cit.*, 4864

93) Gerhard Kittel, et al., *op. cit.*, p. 1229.

렇게 각처에 회당이 있었고 회중 가운데 유능한 자는 회당장의 청으로 강의할 수 있었으므로, 갈릴리 사람들로부터 한 선생이나 선지자로 인정받은 예수님께서는 회당에서 가르치는 기회를 쉽게 얻을 수 있었다. 이 회당 제도는 예수님께서 복음을 전파하는 일에 큰 도움이 되었으니 사실상 메시야의 사역을 위하여 준비된 것이라고 생각된다. 회당에서의 그의 강의는 청중의 칭송을 받은 것이다. 예수님의 갈릴리 전도는 고향 나사렛에서 배척과 후일에 가버나움의 불신앙을 직면했으나 일반적으로 팔레스타인 어느 지방보다 환영을 받으셨다. 예수님 제자의 열명, 베드로, 안드레, 야고보, 요한, 빌립, 바돌로매, 도마, 마태, 다데오, 셀롯인 시몬이 갈릴리 인이었다는 것은 이를 입증한다.[94]

(1) συνέρχομαι(4905, 쉬넬코마이)

συνέρχομαι(4905, 쉬넬코마이)는 '동거하다, 모이다, 모여 오다, 함께 오다, 교제하다, 함께 가다, 데리고 가다, 오다, 합하다, 함께 모이다'[95]의 뜻이 있다.

쉬넬코마이는 쉰(σύν, 4862: 함께, ~와 함께)과 엘코마이(ἔρχομαι, 2064)에서 유래했으며, '오다, 가다, 들어가다, 임하다, 나아오다, 이르다, 나오다, 내려오다, 돌아오다, 돌이키다, 강림하다'[96]를 뜻한다.

쉬넬코마이는 70인 역본에서 약 15회 나오며, 7개의 히브리어 단

---

94)　　Gerhard Kittel, et al., *op. cit.*, p. 1229.
95)　　김용환, *op. cit.*, pp. 1192-1193.
96)　　*Ibid.*, p. 949.

어의 역어로 사용되었다. 쉬넬코마이는 70인 역본에서 '모이다'(출 32:26), '함께 오다, 동반하다'(토빗 12:1), 성적 결합으로 '함께 하다'(지혜서 7:2) 등의 의미로 사용되었다. 쉬넬코마이는 '함께 오다, 모이다'를 의미한다. 대다수의 구절에서 '모이다'를 의미한다(막 3:20 행 1:6 행 2:6 행 10:27 행 16:13 행 19:32 행 21:30 행 28:17 행 5:16 고전 11:20 고전 14:23 막 14:53 요 11:33 행 25:17 요 18:20 고전 11:33 고전 11:18.).[97]

(2) συστρέφω(4962, 쉬스트레포)

συστρέφω(4962, 쉬스트레포)는 '모으다, 모이다, 거두다'[98]의 뜻이 있다. 마 17:22에 보면, "갈릴리에 모일 때에 예수께서 제자들에게 이르시되 인자가 장차 사람들의 손에 넘겨져."[99]라고 하였다. 이것을 헬라어 원문을 보면 다음과 같다.

Συστρεφομένων δὲ αὐτῶν ἐν τῇ Γαλιλαίᾳ, ειαὐτοῖς ὁ Ἰησοῦς· Μέλλει ὁ υἱὸς τοῦ ἀνθρώπου παραδίδοσθαι εἰς χεῖρας ἀνθρώπων,[100]

---

97) 이병철, *op. cit.*, 4905
98) 김용환, *op. cit.*, p. 1197.
99) 개역한글 성경, *op. cit.*, 마 17:22.
100) 분해대조 성경, *op. cit.*, 마 17:22.

(3) ὄχλος(3793, 오클로스)

ὄχλος(3793, 오클로스)는 '무리, 백성, 사람, 모임'[101]의 뜻이 있다. 오클로스는 '군중'을 의미한다. 주위를 돌아다니거나 밀어붙이는 '많은 사람들(군중)', '무리', '소란(소요)', 몰려다니는 '떼', 개인과 대조되는, 그리고 제한된 소수집단과 대조되는 '대중'(The public), 정치적으로나 문화적으로 보잘 것 없는 집단인 '대중'. 오클로스는 군사적 의미로 '부대, 병력, 군대'를 의미한다. 오클로스는 '사람들, 백성, 인구(주민)'을 의미한다. 척도로서 오클로스는 '큰 수'를 의미한다. 오클로스는 '불안정, 골치 거리'를 의미한다.[102]

ὄχλος(3793, 오클로스)는 '다수, 무리, 대중, 무리: 행 6:7 민중을: 마 14:5, 백성이: 막 12:37, 사람이: 막 6:33 요 5:13, 모임도: 행 24:18[103] 뜻이 있다.

4) 개념 정리

지금까지 필자가 살펴본 대로 신약 성경에 나타난 교회를 가르키는 용어들 중에 가장 대표적인 용어는 역시 ἐκκλησία(1577, 엑클레시아)이다.

회중 assembly, 모임·집회 meeting, 회중·모임 congregation, 교

---

101)   김용환, *op. cit.,* p. 1100.
102)   이병철, *op. cit.,* 3793
103)   김상기. 이재오, *op. cit.,* p. 453.

회 church의 뜻이 있다. 명사 엑클레시아는 에크(ἐκ, ἐξ, 1537: …로부터)와 칼레오(καλέω, 2564: 부르다 call)에서 유래되었으며, 따라서 이 단어는 '불러낸 자들(의 전체)'라는 의미를 가진다.[104]

그다음으로는 συναγωγή(4864, 쉬나고게)가 있다. 명사 쉬나고게는 쉬나고(συνάγω, 4863: 불러 모으다, 함께 데리고 오다)에서 유래했으며, '집회, 회합, 회중, 회당'을 의미한다. 그 외에 크고 작은 다양한 동의어와 파생어들이 나타난 것을 살펴볼 수 있었다. ① συνάγω, 4863(쉬나고). 모으다 gather. ② ἐπισυνάγω, 1996(에피쉬나고). 함께 모이다 gather together. ③ συλλέγω, 4816(쉴레고). 집합하다, 주위 모으다 gather up. ④ τρυγάω, 5166(트뤼가오)모아들이다 gather in. ⑤ συστρέφω, 4962(쉬스트레포) 회집하다, 함께 모이다 gather together. ⑥ ἀθροίζω, 120a(아드로이조). 함께 모이다, 회집하다 gather together. ⑦ συναθροίζω, 4867(쉬나드로이조). 함께 모이다, 회집하다 gather together. ⑧ ἐπισυναγωγη, 1997(에피쉬나고게). 회집, 모임 gathering together. ⑨ ἐπαθροίζω, 1865(에파드로이조마이). 더욱 더 모이게 하다 be gathered even more. 등이 나타나고 있음을 살펴볼 수 있었다.[105]

---

104)　이병철, *op. cit.*, p. 266.
105)　이병철, *op. cit.*, p. 266.

거룩한 공동체의 정의와
성경의 다른 명칭들

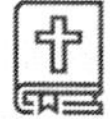

1) 거룩한 공동체를 의미하는 성경의 다른 명칭들

(1) 그리스도의 몸(σῶμα Χριστοῦ)

이 용어는 고전12:27에 나타나고 있는데, "너희는 그리스도의 몸이요 지체의 각 부분이라."[106)]라고 하였다. 이것을 헬라어 원문으로 보면 다음과 같다.

ὑμεῖς δέ ἐστε σῶμα Χριστοῦ, καὶ μέλη ἐκ μέρους.[107)]

바울은 고전 12:12-26까지 논의해온 몸과 지체의 비유를 통한 교

---

106) 개역한글 성경, *op. cit.*, 고전 12:27.
107) 분해대조 성경, *op. cit.*, 고전 12:27.

회의 유기체적 통일성 및 가양성에 대한 교훈을 본 절에서 마무리 짓고 있다. 그 결론은 바로 성도 공동체가 그리스도의 몸이며 성도 각자는 몸의 지체라는 것이다. 그런데 여기서 주목할 점은 '몸'이라 번역된 '소마'에 당연히 나와야 할 정관사 '토'(το)가 부기되어 있지 않다는 것이다. 만일 바울이 단순히 성도 공동체, 즉 교회가 '그리스도의 몸'이란 사실을 말하려 했었다면 틀림없이 관사를 사용했을 것이다. 그러나 여기서 관사를 사용치 않은 것은 의도적이다. 헬라어에서 정관사가 사용되어야 할 자리에 정관사가 없으면 그것은 곧 부정 관사가 있는 것으로 해석된다. 그러므로 한글개역 성경에서 '그리스도의 몸'(the body of Christ) 이라 번역된 '소마 크리스투'는 '한 그리스도의 몸(a body of Christ)이라 번역하는 것이 더욱 타당하다. 그럴 경우 12-26까지 논의해 온 결론이 더욱 선명하게 드러나게 된다. 그것은 바로 성도 각자가 한 그리스도의 몸을 구성하고 있는 각각의 지체라는 의미이다. 이것은 고린도 교회가 제아무리 다양한 은사를 지닌 사람들로 구성된 교회라 할지라도 그러한 다양한 은사 자체가 문제가 될 수 없음을 명확하게 보여준다. 그들은 한 그리스도의 몸의 다양한 지체라는 의식을 마음속에 깊이 각인해야만 했던 것이다.[108]

LXX에서는 일반적으로 "육"을 의미하는 '바사르, 세에르', 그리고 '게위야, 게셈(흔히 시체를 의미함)'을 비롯한 다양한 히브리어 단어들로 번역되고 있다.[109]

그러므로 그리스도의 몸을 구성하는 지체 하나하나는 모두 그리

---

108) 한성천. 김시열, <u>옥스퍼드 원어성경대전 신 07 고린도전서</u>, (서울: 제자원, 2005), p. 252.
109) Gerhard Kittel, et al., *op. cit.*, p. 1272.

스도께서 부여하시는 성격과 내용으로 결정지어진 바 그 각각의 기능과 역할 자체는 결코 비교 대상이 될 수 없는 것이다. 만일 각각의 지체가 지닌 기능과 역할 곧 은사의 문제로 서로의 우열을 나누거나 시기, 질투하게 된다면 그것은 궁극적으로 그리스도의 머리되심(headship)과 그의 주인 되심(Lordship)을 부정하는 처사로 귀결되기 때문이다. 그러므로 다양성 그 자체보다는 궁극적으로 다른 지체와의 상호 연합과 협력에 의의를 두어야만 한다. 이것은 그들 모두가 한 몸이신 그리스도의 몸에 참여하고 있기 때문이며 한 몸이신 그리스도께서 자신의 몸된 교회의 정체성을 결정하시기 때문이다.[110]

'몸'은 σῶμα(4983, 소마)인데, '몸, 시체, 주검, 육체, 형체, 종'[111]의 뜻이 있다.

(2) 성령의 전, 하나님의 성(ναὸς θεοῦ ἐστε, πνεῦμα τοῦ θεοῦ)

교회 또는 신자가 '성령의 전' 또는 '하나님의 성전'으로 불린다.(고전 3:16, 엡 2:21-22, 벧전 2:5).[112]

고전3:16에서 "너희는 너희가 하나님의 성전인 것과 하나님의 성령이 너희 안에 계시는 것을 알지 못하느냐"[113]라고 하였다.

이것을 다시 헬라어 원문을 보면 다음과 같다.

---

110)　한성천. 김시열, *op. cit.*, p. 252

111)　김용환, *op. cit.*, p. 1199.

112)　하문호, <u>기초교의신학. 교회론 Ⅵ</u>, (서울: 삼영서관, 1983), p. 24.

113)　개역한글 성경, *op. cit.*, 고전 3:16.

Οὐκ οἴδατε ὅτι ναὸς θεοῦ ἐστε καὶ τὸ πνεῦμα τοῦ θεοῦ οἰκεῖ ἐν ὑμῖν; [114]

필자가 본 바로는 '하나님의 성전인 것'(ναὸς θεοῦ ἐστε, 나오스 데우 에스테)이라고 했는데, 여기서 '성전'이라 번역된 '나오스'는 ναός (3485, 나오스)이다.

ναός(3485, 나오스)는 '성전, 성소, 전, 예수 그리스도의 몸, 교회'[115] 의 뜻이다.

'나오스'는 지성소와 성소가 있는 성전 본체 뿐 아니라 성전 뜰까지 포함하는 넓은 범위의 '성전 지역'(temple area)을 가리키는 '히에론' (ιερον)과는 달리 '거룩한 장소' 다시 말하면 '지성소'와 '성소'가 있는 성전 본체를 가리킨다. 그리고 '…인 것'으로 번역된 '에스테'는 '~이다', '있다'라는 뜻을 지닌 '에이미'(ειμι)의 복수형으로 단수형인 '나오스' 와 결합해 기독교 공동체 전체가 하나의 단일하고도 통일된 유기체임을 드러내고 있다. 이는 예수께서 자신의 몸을 가리켜 성전이라고 부른 것(요 2:19-21)을 연상시키며, 아울러 유일한 기초인 예수 그리스도 위에 세워진 건물은 벽돌과 회반죽으로 만들어지지 않고 그를 믿고 그에게 복종함으로써 하나님께 영광을 돌리는 사람들로 구성되어 진다는 사실을 함축한다. 바울은 여기서 그리스도인 한 사람 한 사람을 하나님이 거하시는 성전으로 생각하는 것이 아니라 그들의 집합체인 교회를 염두에 두고 있다. 바울에 따르면 고린도 교회 교인

---

114) 분해대조 성경, *op. cit.*, 고전 3:16.
115) 김용환, *op. cit.*, p. 1070.

들은 전체로 하나님의 밭이요 하나님의 집이면서(9절), 동시에 하나님의 성전이다.[116]

하나님의 구속받은 백성은 개인적으로나 집합적으로 '하나님의 성전'이라고 불릴 수 있다.[117]

바울은 그들 모두가 (복수형에 주의하라) 하나님의 영적인 성전이라는 사실을 고린도 교회에 제기한다. 왜냐하면 하나님의 성령이 그들 안에 거하시기 때문이다(엡 2:22; 벧전 2:5). 그러므로 이러한 성전을 겉만 그럴 듯하게 건축한 사람은 누구든지 바울의 가르침을 벗어나는 것이 되며 따라서 그에 대한 당연한 보상으로 15절에 묘사된 대로 거짓에 대한 대가를 받게 될 것이다.[118]

'하나님의 성령이 너희 안에 거하시는 것을'(ὅτι… τὸ πνεῦμα τοῦ θεοῦ οἰκεῖ ἐν ὑμῖν, 호티 … 토 퓨나마 투 데우 오이케이 엔 휘민). 바울은 '하나님의 성령'이 교회 안에 거하신 다는 측면에서 교회를 성전이라 부른다. 그러므로 본 절은 성도들의 모임인 교회가 바로 '하나님의 성전'이라는 사실에 대한 구체적 증거를 제시하는 것이라 할 수 있다(엡 2:22). 여기서 바울이 고려하고 있는 것은 이교도의 신전이 아니라 구약 시대의 이스라엘 성막과 성전이다. 구약 시대에 하나님께서는 성전의 지성소에 임재하셔서서 그 백성들 가운데 거하셨다(레 12:11). 그러나 신약 시대에는 제2위 하나님이신 그리스도께서 직접 성육신하셨을 뿐 아니라 그리스도의 승천과 오순절 성령 강림 사건 이후에는

━━━━━━━━━━

116) 한성천. 김시열, *op. cit.*, p. 235.

117) 강병도, <u>카리스 종합주석 16, 고린도전서 1- 16장</u>,(서울: 기독지혜사, 2007), p. 223.

118) Frank E. Gaebelein, (eds), <u>The Expositor's Bible Commentary, 엑스포지터스 성경연구주석</u>, (서울: 기독지혜사, 1983.), p. 291.

성령으로 자기 백성들 중에 거하신다. 이것을 각 교회마다 적용되는 진리이며 놀라운 사실이 아닐 수 없다. 단적으로 말해 하나님께서 자기 백성 가운데 영원히 거하시겠다는 에스겔의 성전 환상(겔 43:9, 40-48)이 종말론적으로 성취된 것이다(행 2장).[119]

성도들이 '하나님의 성전'이라는 사실에 대한 증거를 제시한다. 성도가 하나님의 영적 성전이라는 근거는 성령의 내주하심에 있다(엡 2:22; 벧전 2:5). 성령이 그리스도인 가운에 내주하신다는 것은 곧 그리스도께서 함께하시는 것을 의미하며(요 14:20), 성부와 성자가 그 안에 계신 것을 의미한다(요 14:23; 엡 2:19-22; 벧전 2:4, 5).[120]

고린도 교회 성도들 각자가 하나님의 성전이기도 하면서 또 그들이 연합하여 이룬 공동체 역시 하나님의 성전이 된다. 그리스도인 속에는 성령이 내주하신다(롬 8:9; 요14:16). 성령이 그리스도인 가운데 내주하신다는 것은 곧 그리스도께서 함께 하시는 것을 의미하며(요 14:20), 성부와 성자가 그 안에 계신 것을 의미한다(요 14:23; 엡 2:19-22, 벧전 2:4-5). 그런데 신비하게도 이렇게 그리스도인 개개인 가운데 내주하시는 성령은 공동체 가운데도 임재 하신다. 이러한 성령의 공동체 가운데의 임재, 그것이 바로 교회가 거룩한 집단이고 영광스러운 집단이 되는 근거가 된다.[121]

---

119)　한성천. 김시열, *op. cit.*, p. 236.
120)　강병도, *op. cit.*, p. 223.
121)　한성천. 김시열, *op. cit.*, p. 237.

(3) 예루살렘(Ἰερουσαλὴμ)

구약에서 예루살렘은 하나님의 성전이 있는 곳으로서 하나님이 자기 백성과의 접촉을 상징적으로 나타내는 장소로 표현 되었다. 신약에서는 이 명칭은 하나님의 교회를 가리키는 용어로서 사용되었다(갈 4:26; 히12:22; 계21:2.).[122]

그 대표적인 예가 히 12:22이다. "그러나 너희가 이른 곳은 시온 산과 살아 계신 하나님의 도성인 하늘의 예루살렘과 천만 천사와"[123]라고 했다.

이를 헬라어 원문을 보면 다음과 같다.

ἀλλὰ   προσεληλύθατε   Σιὼν   ὄρει,   καὶ   πόλει   θεοῦ   ζῶντος, Ἰερουσαλὴμ   ἐπουρανίῳ,καὶ   μυριάσιν   ἀγγέλων,[124]

'예루살렘'은 Ἰερουσαλήμ(2419, 히에루살렘)인데, '예루살렘'[125]의 뜻이다.

'히에루살렘'은 יְרוּשָׁלַיִם(3389, 예루 샬라임)에서 유래했으며, '예루살렘'[126]의 뜻이다.

'예루살렘'은 יָרָה(3384, 야라) '던지다, 뽑다, 소다, 놓다, 활 쏘다, 가르치다, 교훈하다, 가리키다. 윤택하다, 알게 하다'[127]와, שָׁלֵם(7999, 샬람)

---

122)   하문호, *op. cit.*, p. 24.

123)   개역한글 성경, *op. cit.*, 히 12:22.

124)   분해대조 성경, *op. cit.*, 히 12:22.

125)   김용환, *op. cit.*, p. 989.

126)   *Ibid.*, p. 287.

127)   *Ibid.*, p. 286.

'마치다, 평안하다, 형통하다, 화평하다, 화친하다, 성취하다, 작정하다'[128]에서 각각 유래 된 합성어이다.

이스라엘 사람들은 원래의 가나안 도시국가의 명칭인(참조: 수 10:1) 예루살렘을 발견하여 그것을 이어 받았다. 그 어원은 최근에 이르러서야 설명되었다. 이 가나안 지역의 이름은 '샬렘(평화)의 기초' Foundation of Salem, 즉 우가릿어 본문에 의하면 석양을 담뿍 안은 신의 기초 같은 것을 의미한다. 다윗이 그곳을 점령한 후에도 그 도성은 그 이름을 지니고 있었다. 그곳은 또한 다윗성이라고도 불렸는데, 나중에는 이 단어가 옛 도성을 나타내는데만 사용되었다. 그러므로 시온과 예루살렘 그리고 다윗성은 때때로 같은 것을 의미한다(삼하 5:6 ff, 왕상 8:1, 대상 11:4 ff, 대하 5:2.).[129]

복음은 예루살렘으로부터 전파되었고(롬 15:19), 이방인과 유대인 사이의 새로운 단결체가 된 엑클레시아(ἐκκλησία, 1577)를 불러왔다(참조, 엡 2:14, 교회 Church).[130]

히12:22의 '살아계신 하나님의 도성'(πόλει θεοῦ ζῶντος, 폴레이 데우 존토스)라고 했는데, 지상의 시내산 그리고 지상의 예루살렘과 대조되는 하늘의 시온산, 하늘의 예루살렘에 대한 표현이다. 그곳은 계속해서 살아계시는 영원하신 하나님의 성으로서, 바울이 증거 한 '위에 있는 예루살렘'(갈 4:26) 및 사도 요한이 본 '새 예루살렘'(계 21:2)과 일치한다. 여기에서 '도성'에 해당하는 '폴레이'(πόλει)의 원형 '폴리스'

---

128)   *Ibid.*, p. 681.

129)   이병렬, *op. cit.*, 2419

130)   *Ibid.*,

(πόλις)는 헬라의 도시국가를 가리키는 단어이다. 헬라의 자유 시민은 '폴리스'에 개인의 절대적인 충성을 바쳤고 행정과 통치에 관여하였다. '폴리스'는 아무에 의해서도 지배를 받지 않겠다는 정치적 의지의 독립된 표현이었다. 그러나 구약 헬라어 번역 성경 70인역(LXX)에서는 주로 히브리어 '이르'(עִיר)의 역어로 나타나며 이 '이르'는 헬라어 '폴리스'와는 다른 의미를 가지고 있다. 구약에서는 모든 요새화된 고지가 '이르'로 지칭되었다. 즉 이는 외적이 침입하여 못하는 안전한 곳이란 의미가 강조되는 단어인 것이다. 그 가운데서도 구약 시대에 '이르'로 지칭되었던 '예루살렘'은 특별한 곳으로 언급된다. 하나님께서 '자기 이름을 두시려고 택하신 곳'이요(대하 6;38), '하나님의 성'(시 46:4; 48;1), '큰 왕의 성'이다(시 48:2). 그러나 이 찬란한 명성을 지닌 지상의 예루살렘은 하늘에 있는 예루살렘의 그림자였을 뿐이다. 새 언약 아래 있는 성도가 이른 곳은 그림자가 아닌 실체, 곧 하나님께서 통치하시는 하늘의 예루살렘이다. 그곳은 하나님께서 지배하시는 곳이요, 새 언약 아래 있는 모든 성도는 그곳의 자랑스러운 시민이 되었다(빌 3:20).[131]

(4) 진리의 기둥과 터(στῦλος καὶ ἑδραίωμα τῆς ἀληθείας)

교회가 세상의 모든 불의와 거짓된 세력들을 대항하여 싸우는 진리의 수호자임을 강조하는 용어이다. 이 명칭은 단 한 번 사용되었다.[132]

---

131) 한성천. 김시열, *op. cit.*, pp. 514-515.
132) 하문호, *op. cit.*, p. 25.

딤전 3:15에 보면, "만일 내가 지체하면 너로 하여금 하나님의 집에서 어떻게 행하여야 할지를 알게 하려 함이니 이 집은 살아 계신 하나님의 교회요 진리의 기둥과 터니라."[133]고 하였다. 이것을 헬라어 원문으로 보면 다음과 같다.

ἐὰν δὲ βραδύνω, ἵνα εἰδῇς πῶς δεῖ ἐν οἴκῳ θεοῦ ἀναστρέφεσθαι, ἥτις ἐστὶν ἐκκλησία θεοῦ ζῶντος, στῦλος καὶ ἑδραίωμα τῆς ἀληθείας.[134]

'진리의 기둥과 터이니라'(στῦλος καὶ ἑδραίωμα τῆς ἀληθείας, 스틸로스 카이 헤드라이오마 테스 알레데이아스) 바울은 디모데가 섬기고 있는 교회의 본질을 설명하기 위해 자신의 교회관을 세 가지로 피력하고 있는데 그것은 첫째, 하나님의 집이요(οἴκῳ/ θεοῦ), 둘째, 살아계신 하나님의 교회요(ἐκκλησία θεοῦ ζῶντο), 셋째, 진리의 기둥과 터이다 (στῦλος καὶ ἑδραίωμα τῆς ἀληθείας). 이 가운데 여기서 다루려고 하는 것이 세 번째로 피력된 바울의 교회관이 '진리의 기둥과 터'이다.[135]

필자가 본 살펴본 바로는 '진리'에 해당하는 '알레데이아스'의 원형 '알레데이아' ἀλήθεια(225 알레데이아)이다.

ἀλήθεια(225 알레데이아)는 '참, 사실, 진리, 실상, 과연, 참됨, 진실하

---

133)　개역한글 성경, *op. cit.*, 딤전 3:15.
134)　분해대조 성경, *op. cit.*, 딤전 3:15.
135)　한성천. 김시열, *op. cit.*, p. 515.

심, 진실하다, 참되다'[136]의 뜻이 있다.

'알레테이아'는 ἀληθής(227, 알레데스)에서 유래했으며, '참된' '참',[137] 의 뜻이 있다.

부정 불변사 '아'(ἀ)와 '숨기다'(막 7:24)라는 뜻의 동사 '란다노' (ληνθάνω)의 합성어에서 유래하여 숨길 것이 없는 진실이라는 의미에서 '진리'를 가리킨다. 성경에서 이 단어는 일반적 진리를 가리키기도 하지만(엡 4:25; 롬 9:1) 더 많은 경우 기독교에서만 발견되는 구원의 진리를 가리킨다(엡 4:21; 골 1:5). 그뿐만 아니라 더 나아가서는 진리 그 자체이신 예수 그리스도를 가리키는 데 사용하기도 한다(요1:14, 15; 14:6). 여기서도 기독교 특유의 구원의 진리를 가리키나 더 나아가서는 그리스도 자체를 가리킨 표현으로도 이해할 수도 있다.[138]

한편 '터'로 번역된 '헤드라이오마'는 ἑδραίωμα(1477 헤드라이오마)이다. ἑδραίωμα(1477 헤드라이오마)는 '터'[139]라는 뜻이다.

'헤드라이오마'는 ἑδραῖος(1476, 헤드라이오스)에서 유래했으며, '정한, 견실한, 굳게 선, 앉다'[140]의 뜻이 있다.

본래 '굳게 하다', '견고케 하다'란 뜻을 지닌 동사 '헤라드라이오오' (ἑδραιόω)에서 파생된 명사로서 '건물을 견고하게 받쳐주는 대지'를 의미한다. 교회에 대한 이러한 의미의 '터'라는 단어를 사용한 것은 이단이나 복음의 진보를 방해하는 세력들의 공격으로부터 교회가

---

136)　김용환, *op. cit.,* pp. 755-756.

137)　*Ibid.,* p. 756.

138)　한성천. 김시열, *op. cit.,* p. 180.

139)　김용환, *op. cit.,* p. 888.

140)　최현기, <u>헬라어 어근 사전</u>, (서울: 도서출판 기쁜날, 1990), p. 115.

흔들리지 않고 복음의 진리를 확고하게 지켜야만 함을 나타내기 위함이다.[141]

명사 '헤드라이오마'는 신약성경에서 딤전 3:15에 한번 나온다: "만일 내가 지체하면 너로 하나님의 집에서 어떻게 행하여야 할 것을 알게 하려 함이니 이 집은 살아 계신 하나님의 교회요 진리의 기둥과 [터]이니라". 여기서 교회는 혼잡한 신화들에 대항하는 견고한 방어물이며, 개인적인 신앙과 사상을 그 고백과 함께 확실한 토대로 제공하는 것이다.[142]

또한 여기서 '기둥'으로 번역된 '스틸로스' στύλος(4769 스틸로스)이다. στύλος(4769 스틸로스)는 '기둥'[143]의 뜻이 있다. '스틸로스'는 στυω에서 유래했으며 '뻣뻣하다'라는 뜻이 있다. 또한 '기둥', 또는 '원주'를 의미하는데, 이 표현이 신약 성경 가운데서는 본 절과 갈 2:9과 계 3:12에서만 등장한다. 교회가 진리의 기둥이라는 의미는 '스틸로스'의 역할을 통해서도 암시받을 수 있다. 기둥은 건물이 무너지지 않도록 안전하게 받쳐주는 역할을 할 뿐만 아니라 그로 인해 건물의 외양을 높이 드러냄으로써 멀리서도 그것을 분명하게 볼 수 있도록 한다. 따라서 교회가 진리의 기둥이라는 의미는 '기둥이 건물 안쪽에서 건물을 높이 떠받들 듯이 교회 역시 자신을 내세우는 것이 아니라 진리를 내세우고 보여주어야만 함'을 의미한다. 바울은 '진리의 기둥과 터'라는 은유적 표현으로 진리를 견고하게 지지하여 거짓 가르침의

---

141) 한성천. 김시열, *op. cit.*, p. 180
142) 이병철, *op. cit.*,
143) 김용환, *op. cit.*, p. 1182.

공격으로부터 복음 진리를 사수하고 진리를 높이 쳐들어 세상에 진리를 알려야 하는 교회의 이중적 책무를 잘 보여주고 있다.[144]

2) 거룩한 공동체의 정의

교회의 개념을 파악하기 위하여 구약과 신약에 나타난 어원적인 고찰을 하면서 교회가 무언인가에 대하여 밝은 빛을 던져 주는 여러 가지 사실들을 알게 되었다. 이제 우리는 이런 사실들을 토대로 하여 교회의 정의를 내릴 단계에 이르렀다.

(1) 여러 신학자들의 정의

먼저 훅스마(Herman Hoeksema)는 '교회란 창세전에 그 구성원으로 선택받고 성령과 말씀을 통하여 성자에 의하여 전 세계의 모든 나라와 시대에서 부름을 받아 모아진 유기적 단일체로서의 그리스도의 몸이다. 그리고 이 교회는 신사들과 그 후손들의 모임으로서 지상에서 그 자체의 모습을 보여주고 있다'라고 했다.[145]

또한, 스트롱(A. H. Strong) 교수는 다음과 같이 몇 단계로 나누어서 교회를 정의하였다. ① 그리스도의 교회란, 가장 넓은 의미에서, 모든 시대, 그리고 하늘과 땅에 있는 중생자 전원이다(마 16:18; 엡 1:22,

---

144) 한성천. 김시열, *op. cit.*, p. 180.

145) Herman Hoeksema, <u>*Reformed Dogmatics,*</u> (Grand Rapids, 1976), p. 563 ; 하문호, *op. cit.*, p. 26에서 재인용.

23; 3:10; 5:24; 골 1:18; 히 12:23). 이러한 의미에서 교회란, 하나님의 영적 왕국과 일치하게 된다. ② 이러한 넓은 의미에서, 교회란 그리스도께서 영적 생명을 주시며 그의 은혜와 능력을 충만하게 나타내시는 유기체로서의 그리스도의 몸 이외에 다른 것이 아니다. 그러므로 교회란 사회적인 목적이나 자선, 또는 심지어 영적인 목적을 위하여 모인 인간의 집단이라는 식의 단순한 인간적인 용어로는 정의될 수 없다. 교회 안에서 초자연적인 요소를 가지고 있는 것이다. 교회란 그리스도께서 구원하시고 또 그들 속에 내재하시며 그들을 통하여 하나님을 나타내시는 사람들의 거대한 집단이다. ③ 그러나 성경은 불가견적 또는 보편적 교회와 지 교회를 구분하고 있다. 지교회란 보편적 교호가 지역적으로, 시간적 형태를 취한 것이며 전체로서의 교회 개념이 구체적으로 나타난 것을 의미한다.[146)

디이슨(Henry C. Thiessen)는 ① 보편적 의미에서 교회는 하나님의 성령으로 거듭나고 동일한 성령에 의하여 세례를 받아 그리스도의 지체가 된 모든 사람들로 구성된다. ② 지역적 의미에서 교회란 어떤 한 지역 안에 있는 신자로 인정된 사람들의 단체를 말한다. 예를 들면 예루살렘 교회(행 8:1, 11:22), 안디옥 교회(행 13:10, 에베소 교회(행 20:17) 등이라고 하였다.[147)

---

146) August H. Strong, *Systematic Theology*, (Judson, 1976), pp. 887-889 ; 하문호, *Ibid.*,에서 재인용.
147) 이건호, 핵심조직신학, (서울: 도서출판 바실래, 1992), p. 365.

(2) 웨스트민스터 신앙고백서의 정의

웨스트민스터 신앙고백서는 교회를 무형교회와 유형교회로 나누어서 각각 정의하고 있다. ① 전체적인 혹은 우주적인 교회는 무형교회로서 과거와 현재와 미래를 총 망라하여 예수 그리스도를 머리로 하고 하나로 모인 선택받은 자 전체의 수로 구성되어 있으며 그것은 그리스도의 신부요 몸이며 만유 안에서 만유를 충만케 하시는 자의 충만 이다. ② 유형교회도 역시 복음 아래서 전체적이요 우주적이며 (전에 율법 아래 있을 때처럼 한 민족에게 국한된 것이 아니고), 온 세 개에 퍼져서 참된 신앙을 고백하는 모든 사람들과 그의 자녀들로 구성되어 있으며 주 예수 그리스도의 왕국은 하나님의 집이요 가족이며 그 교회를 떠나서는 구원받을 어떤 규정된 가능성도 없다.[148]

(3) 타당한 정의

우리는 지금 교회의 개념을 파악하기 위하여 어원적인 고찰과 또 여러 신학자들의 정의와 및 우리의 신앙고백서의 정의를 살펴보았다. 이상의 내용을 통하여 교회를 정의 한다면, 교회란 ① 본래의 의미의 교회는 구원에 선택받은 자들 전원으로 구성되는 유기적 단일체이며, ② 수단적 의미의 교회는 그 구원 실현의 수단으로 지상에 존재하는 유형적, 유기적 단일체라고 할 수 있다.[149]

(1) 교회는 단일체이다. ① 훅스마(H. Hoeksema) 교수는 다음의 여

---

148) *Westminster Confession of Faith*, ch.25. V.1, 2. ; 하문호, *op. cit.*, p. 29 에서 재인용.
149) 이건호, *op. cit.*, p. 365.

러 성구들로부터(엡 1:20-23, 요 15:1-5, 고전 12:12-13, 고후 6:16-18, 엡 2:19-22, 갈 4:26, 히 12:22-23) "교회란 무엇보다 한정된 여러 부분들 또는 회원들을 가진 그 각자가 전체 안에서 자기의 고유한 지위를 점유하고 전체의 목적이라는 범주 안에서 봉사하는 전체적 단일체로 나타내므로 전체의 개념을 떠나서 존재할 수 없다"고 하였다. ② "교회란 단순한 군중들이 아니다. 성전 건물이 돌과 벽돌, 나무, 기타 재료들의 단순한 집합이 아니라 하나의 계획에 의하여 잘 정돈되고 조화를 이루며 전체적인 미를 지니도록 이루어져 있는 것과 마찬가지다. 성전이 일단 완성되면 그 건축미의 조화를 손상함이 없이는 임의로 단 하나의 돌을 덧붙이거나 단 하나의 장식을 떼어 낼 수도 없는 것이다. 그리스도의 몸인 교회도 마찬가지다. 그것은 단순한 회원들의 임의적인 집합이 아니라 그것은 완전한 단일체이다"라고 정의 하였다.[150]

(2) 교회는 유기적 단일체이다. 훅스마(H. Hoeksama) 교수는 "성경의 교훈에 의하면 교회는 그리스도를 머리로 하고 모든 그의 백성들이 회원이 되는 살아 있는 영적 유기체이며 이 사실은 몸의 형체, 포도나무와 가지 그리고 감람나무의 비유에서 알 수 있다"고 하였다. 시계는 호주머니에 넣거나 손목에 차거나 전체로서 하나이지만 기계일 뿐 유기적으로 성장하지 못한다. 각 부품들은 개별적으로 제조되어 그 시계를 이루는 집합체로 모아진다. 그러나 상수리나무는 유기체이다. 그 뿌리와 줄기와 가지와 잎은 기계적으로 모아진 것이 아니고 그 자체가 성장하는 원리를 가지고 있다. "교회는 살아 있는 유기체이며 그리스도의 몸이다. 그리스도는 처음이시며 머리이시다. 그

---

150)　Herman Hoeksema, *op .cit.*, p. 573 ; 하문호, *op. cit.*, p. 30에서 재인용.

분 안에 몸 전체인 회원들의 모든 생명이 있다. 그리스도로부터 성령을 통하여 모든 회원들이 생명과 힘을 받는다. 그리스도는 그들 안에 거하고 그들은 그리스도로 말미암아 산다. 그분의 마음은 그들의 마음이며 그분의 의지는 그들의 의지이고 그분의 축복은 그들의 축복이다. 그분의 부활하신 생명은 그들의 생명이다. 그분을 떠나서 그들은 아무것도 아니며 아무것도 할 수 없다"(마 19:5, 막 10:8, 엡 5:31-32, 고전 5:3, 10:17, 12:20, 엡 4:4)고 하였다.[151]

---

151)　　이건호, *op. cit.*, pp. 366-367.

제2장

거룩한 공동체의 기원

— 01 —

하나님의 작정

1) 창 1:1에서 거룩한 공동체는 시작 되었다(בְּרֵאשִׁית)

예수 그리스도께서 성취하신 구속의 효과를 성령께서 우리 각 개인에게 어떻게 적용시키시는가 하는 주제가 구원론이다. 그 구원론 못지않게 중요하게 다루어야 할 주제가 바로 교회론이다. 왜냐하면, 첫째, 그리스도께서 자신을 희생하여 교회를 세우셨기 때문이다.(엡 5:25, 마 16:18,) 둘째, 구원받은 성도들의 신앙생활은 개별적으로 이루어지는 것이 아니라 그들의 모임인 교회라는 기관을 통하여 이루어진다. 셋째, 성도라면 누구나 가지고 있는 복음 전파의 역사가 교회를 통하여 조직적으로 수행되기 때문이다.[152]

---

152)   하문호, *op. cit.*, p. 11.

한마디로 말해서 하나님께서는 성도의 신앙생활과 복음 전파의 사명을 감당케 함에 있어서 개인적으로 할 수 없는 일들을 단체적으로 이룰 수 있게 하기 위하여 그 성도들의 모임으로 이루어지는 교회를 세우셨다. 따라서 하나님의 구원 역사를 입체적으로 이해하기 위하여는 구원 문제를 개인적 측면에서만 다루는 구원론에서 한걸음 더 나아가 집단적인 측면에서 다루는 교회론을 연구하여야 한다.[153]

(1) 창 1:1에서 이미 교회는 시작되었다

בְּרֵאשִׁית בָּרָא אֱלֹהִים אֵת הַשָּׁמַיִם וְאֵת הָאָרֶץ:[154]

창세기 1장 1절의 '태초에' רֵאשִׁית(7225 레쉬트)라고 하였다. רֵאשִׁית(7225, 레쉬트)는 '태초, 시작, 처음, 으뜸, 장자, 만물, 가장, 근본, 제일'의 뜻이 있다.[155]

레쉬트(명여)는 로쉬(ראשׁ, 7218)에서 유래했으며, '첫째, 처음, 최초, 시작, 최상의 것'을 의미한다. 구약성경에서 이 단어는 50회 나오며, 다음과 같은 의미로 사용되었다. 레쉬트는 ① '첫째, 시초, 최초, 시작'을 의미하며, 일련의 역사적 사건의 개시나 과정의 첫 단계(첫 단계, 호 9:10 세초, 신 11:12 일련의 출발점, 사 46:10), 또는 인생의 결과와 대조

---

153) *Ibid.,*
154) 분해대조 성경, *op. cit.,* 창 1:1.
155) 김용환, *op. cit.,* p. 621.

되는 시작을 가리킨다(욥 8:7 욥 42:12). ② 하나님에 대한 존경이나 경외와 같은 기본적이거나 필수적인 요건을 가리킨다(시 111:10 잠 1:7). ③ 어떤 사물 중에서 첫째, 혹은 가장 좋은 부분을 의미한다(핵심,창 10:10 첫 생산, 창 49:3; 첫 부분, 신 33:21; 가장 좋은 것, 암 6:6). 어떤 학자들은 이 의미가 본래의 의미이며, ①의 시간적 의미는 여기서 발전되었다고 한다. ④ 특히 제의를 위해 구별해 둔 것들과 관련하여, 한 부류의 사물들 중에서 가장 정선한 것, 혹은 가장 좋은 것이라는 특수한 의미로 사용되었다(정선된 첫 열매, 레 2:12 레 23:10 느 12:44). ⑤ '가장 훌륭하거나 특출한 자, 장(우두머리)'에 대해 사용되었다. "태초에" 해당하는 히브리어 베레쉬트는 명사 레쉬트(רֵאשִׁית, 7225)에 전치사 베(בְּ, … 에)가 접두된 것이다.[156]

"태초에"는 '한 처음에'라는 뜻이다. '한 처음'은 맨 처음이다. 차례로 따져 맨 첫 번째이다. 시간의 시초이다. 하지만 히브리어의 "태초에"라는 말에는 시간적인 의미만 들어 있는 것이 아니다. 거기에는 근원을 밝히는 뜻도 들어 있다.[157]

그래서 "태초"는 근원이라는 은유의 뜻이 있고, רֹאשׁ(7218, 로쉬) '머리, 꼭대기, 우두머리, 족장'(창 2:20, 출 6:14, 레 3:2, 민 4:2, 신 5:23)[158]의 뜻도 있다.

또한, 필자가 살펴본 '베레쉬트'(בְּרֵאשִׁית)의 맨 앞에 전치사로 쓰인 בְּ(베이트)는 다음과 같은 의미들이 있다.

---

156)　이병철 *op. cit.*, 7218

157)　왕대일, <u>창조신앙의 복음, 창조신앙의 영성</u>, (서울: 기독교서회, 2016), p. 16.

158)　이동환 편, <u>신구약 원어은유대사전 제 10권</u>, (서울: 도서출판 로고스, 2003) p. 105.

בֵּית의 상형적 의미는 집이며, 내면적 의미는 ~안에라는 뜻이 있다. 그리고 어근적 의미는 가족, 혈통, 은신처, 화덕, 양식, 민족, 구원의 뜻이 있고 숫자적 의미는 2이며 갑절, 구별의 뜻이 있다. בּ(베이트)란 하나님의 손을 통하여 생명을 얻고 집안에서 영원한 만남을 한다는 상형적 의미가 있다.[159]

בּ 집, ~ 안에, , 하나님의 손, 운명
ח 생명, 만남, 십자가

히브리인들의 집의 개념은 가족과 혈통이 모이는 장소이며, 부부가 은밀히 거하는 장소이기도 하다. 또한 공동체의 만남의 장소이며 화덕이라는 의미가 음식을 함께 나누는 장소이기도 하다. 낮에는 강렬한 태양으로부터 보호되고 밤에는 추위로부터 보호받는 곳이다. 또한 가정은 토라를 토론하는 장소이며 신앙 전수의 장소가 된다. 일반인들은 무화과 나무아래서 토라를 토론하고 제사장들은 성전 안뜰, 성전 뜰, 행각, 회당에서 토론 한다. 베이트의 숫자의 의미 2는 구별함이다. 갑절의 의미가 있다. 증인과 증거의 의미도 있다.[160]

야곱이 고향을 떠나 밧단 아람으로 갈 때 중간에 잠을 잔 곳이 벧엘(בֵּית-אֵל)이다. 창 28:11에서 '야곱이 돌을 베개로 삼고 잤다'고 했다. '돌베개'는 אֶבֶן(68, 에벤) 돌 stone, 반석은 예수 그리스도를 예표

---

159) 이성호, <u>원어의미</u>, (서울: 도서출판 헤세드, 2016), p. 15.
160) 이성호, *op. cit.*, p. 15.

한다.[161]

'잤다'의 동사 שָׁכַב(7901 샤카브)라는 단어이다. שָׁכַב(7901 샤카브)는 '동침하다, 눕다, 강간하다, 엎드리다, 쓰러지다, 유숙하다, 드러눕다, 행음하다, 눕히다'[162]의 뜻이 있다.

벧엘은 בֵּית-אֵל(1008, 베트엘), 벧엘(Bethel)로, 베트엘은 바이트(בַּיִת, 1004)와 엘(אֵל, 410)에서 유래했으며, '하나님의 집'을 의미한다. 결국 야곱이 하나님의 집에서 예수님과 연합(동침) 했다는 의미가 된다.[163]

בּ(베이트)는 집을 짓는데 내 안에 하나님의 성전의 집을 짓는다는 의미이다. 히브리어 첫 자 א(알레프)의 삶을 살게 되면 자연히 내 안에 짓는 것인데 그것은 결국 하나님의 성전을 짓는 것이다. 그 집 짓는 것은 내 밖에서 일어나는 것이 아니라 내 안에서 일어나는 일이다. 베들레헴(בֵּית לֶחֶם 1035, 베트레헴) 베들레헴 Bethlehem이며, 베트레헴은 바이트(בַּיִת, 1004: 집 house)와 레헴(לֶחֶם, 3899: 빵, 떡 bread)이 결합된 것으로서 '떡집'을 의미한다. 우리의 영의 양식으로 오시는 예수님을 의미한다.[164]

베이트의 동사형은 바나(בָּנָה)로 '집을 세우다, 쌓다'이며 명사는 '집, 거처 장막, 성전, 공간'의 뜻이다.[165]

---

161) *Ibid.*,

162) 김용환, *op. cit.*, p. 672.

163) 이병철, *op. cit.*, 1008.

164) 이성호, *op. cit.*, p. 16.

165) *Ibid.*,

בְּרֵאשִׁית

베레쉬트

- 로쉬(רֵאשׁ) - 우두머리
- 루쉬(רֵשׁ) - 가난하다, 궁핍하다.
- 베이트(בַּיִת) - 집, 성전, 궁전
- 베리트(בְּרִית) - 언약

창 1:1의 성경 맨 앞의 철자로 번역된 בְּרֵאשִׁית(베레쉬트) 태초에'의 뜻이다. בְּ(~ 안에)의 전치사를 첫 글자에 집, 궁전의 의미로 사용하였다. בְּרֵאשִׁית(베레쉬트)의 어근의 의미는 '머리'라는 뜻의 רֵאשׁ(로쉬)의 의미가 들어 있다. 십자가에서 생명계약을 맺은 예수 그리스도이시다. בְּרִית(베리트, 언약)가 되는 것이다. 이미 태초라는 단어 의미 속에 בְּ(~ 안에) 우리의 머리가 되시는 하나님께서 인간을 포함한 모든 우주 만물을 창조하셨다.[166]

창조의 목적 중 하나가 하나님의 거룩한 집 안에서 하나님의 진리를 배우며 거룩하게 살기를 원하셨다. 그렇지만 인간의 욕심과 불순종으로 말미암아 함께할 수 없는 죄를 짓고 말았다. 여호와의 집이란 내가 여호와의 이름 안으로 들어간다는 것이다. 이 말은 내가 너희 안에 너희가 내 안에 있다는 말이다. 그 집은 물리적인 집이 아니라 내 안에 하나님의 진리, 하나님의 나라를 짓는 것이다. 하나님은 베레쉬트라는 말씀을 통해서 이제 내가 너희 안에 내 집을 짓겠다고

---

166)　이성호, *op. cit.*, p. 16.

약속하시는 것이다. 그것이 언약(בְּרִית 베리트)이다. 그 집은 십자가로 완성되는 집이다.[167]

필자가 본 바로는 하나님이 너희 안에 집을 지으시겠다고 언약하시고, 십자가로 완성하는 집, 곧 예수님이 우두머리로 계시는 집은 다름 아닌 교회이다. 또한, 히브리어는 항상 동사가 맨 앞에 나온다. 그래서 동사 민족으로 불린다. 그러나 가끔씩은 명사가 맨 앞에 나오는 경우도 있다. 그것이 בְּרֵאשִׁית(베레쉬트)이다. 창세기 1:1의 시작은 명사이다. 이 단어는 '집'과 '~안에서' 뜻이 있는 전치사 בְּ와 רֹאשׁ(로쉬, 우두머리, 시작, 왕)와 십자가를 상징하는 ת로 이루어진다.

רֹאשׁ(로쉬)의 어근은, רוּשׁ(7326, 루쉬) '가난하다, 궁핍하다'[168]이다.

필자가 배운 바로는 בְּרֵאשִׁית(베레쉬트)는 그 집의 머리되시는 분, 예수 그리스도이시다. 그분을 왕으로 머리로 사는 곳이 집, 곧 궁전이다. 그래서 집이라는 단어 בְּ(베이트) 단어 앞에 더 크게 표시하는 경우도 있다. 아담과 하와가 범죄 한 후에 이 집(בְּ)에서 쫓겨나게 된다. 그래서 범죄 함으로 그 집(בְּ)에서 쫓겨난 자들은 가난하고 궁핍하게 된다. 그래서 예수님은 가난한 자로 궁핍한 자가 되셔서 그들을 찾으러 오신 것이다. 그래서 예수님은 고아와 과부들과 나그네들을 찾으시고 만나셨다. 그 집(בְּ)으로 다시 인도하시기 위해서이다.

필자가 배운 바로는 히브리인들은 בְּ(집), 즉 집을 '하나'로 보았다. 1+1=2이나 1도 된다는 것이다. 야곱의 집(유대인의 집)과 이스라엘의 집(이방인의 집)이 있다고 보았다. 예수님이 오셔서 유대인이나 이방인

---

167) *Ibid.*,
168) 최현기, *op. cit.*, p. 731.

들을 하나로 묶는 연합 사역을 하셨다. 하나로 묶어지는 곳이 천국
(교회)이다.

בְּרֵאשִׁית בָּרָא אֱלֹהִים אֵת הַשָּׁמַיִם וְאֵת הָאָרֶץ׃ [169]

창세기 1장 1절은 7단어로 1절이 이루어 졌다. אֵת(에트)가 1:1절에 2
번 나온다. 이 에트는 알파와 오메가가 되시는 예수 그리스도를 의미
하는 단어이다. 하늘과 땅(הַשָּׁמַיִם וְאֵת הָאָרֶץ, 하솨마임 베에트 하에레츠)을 연
결시키며 영적인 세계와 육적인 세계를 연결시키는 의미가 있다. 따
라서 ו(바브)는 하늘과 땅을 매는 신성한 '고리'이고 하나님을 연결시
키는 힘을 상징한다. 앞의 אֵת(에트)는 초림으로 오신 예수 그리스도를
의미하는 단어이고, 뒤에 וְאֵת(바에트)는 십자가에 못 박히시고, 영원한
속죄를 이루시고 하늘로 승천하셔서, 택한 자를 찾으러 재림주로 오
실 예수 그리스도를 의미하는 단어이다.[170]

이러한 내용을 살펴볼 때 필자는 이미 창 1:1에서 בְּרֵאשִׁית(베레쉬트)'
의 단어에서 우두머리이신 하나님과 예수 그리스도, 그리고 십자가
와 생명, 구원이 나타나 있기에 하나님의 집인 교회가 시작되고 있다
는 것을 알 수 있다.

(2) 엡 1:3-6 창세 전에 예비하셨다

필자가 살펴본 바와 같이 위의 창세기 1장 1절에서 교회가 시작되

---

169) 분해대조 성경, *op. cit.*, 창 1:1.
170) 이성호, *op. cit.*, pp. 24-25.

었다는 내용은 엡 1:3-6 사이에서도 지지를 받는다.

"찬송하리로다 하나님 곧 우리 주 예수 그리스도의 아버지께서 그리스도 안에서 하늘에 속한 모든 신령한 복을 우리에게 주시되 곧 창세 전에 그리스도 안에서 우리를 택하사 우리로 사랑 안에서 그 앞에 거룩하고 흠이 없게 하시려고 그 기쁘신 뜻대로 우리를 예정하사 예수 그리스도로 말미암아 자기의 아들들이 되게 하셨으니 이는 그가 사랑하시는 자 안에서 우리에게 거저 주시는 바 그의 은혜의 영광을 찬송하게 하려는 것이라."[171] 이것을 다시 헬라어 원어로 살펴보면 다음과 같다.

"Εὐλογητὸς ὁ θεὸς καὶ πατὴρ τοῦ κυρίου ἡμῶν Ἰησοῦ Χριστοῦ, ὁ εὐλογήσας ἡμᾶς ἐν πάσῃ εὐλογίᾳ πνευματικῇ ἐν τοῖς ἐπουρανίοις ἐν Χριστῷ, καθὼς ἐξελέξατο ἡμᾶς ἐν αὐτῷ πρὸ καταβολῆς κόσμου, ειἡμᾶς ἁγίους καὶ ἀμώμους κατενώπιον αὐτοῦ ἐν ἀγάπῃ, προορίσας ἡμᾶς εἰς υἱοθεσίαν διὰ Ἰησοῦ Χριστοῦ εἰς αὐτόν, κατὰ τὴν εὐδοκίαν τοῦ θελήματος αὐτοῦ, εἰς ἔπαινον δόξης τῆς χάριτος αὐτοῦ, ἧς ἐχαρίτωσεν ἡμᾶς ἐν τῷ ἠγαπημένῳ·."[172]

교회에 대한 기원은 하나님의 작정 안에서 기원되었고(4절), 거기에는 그 교회를 구성하는 모든 개인이 포함되는 것이다. 그 교회를 포함한 영원한 작정은 '창세 전'에 이루어졌다.[173]

---

171) 개역한글 성경, *op. cit.*, 엡 1:3-6.
172) 분해대조 성경, *op. cit.*, 엡 1:3-6.
173) 하문호, *op. cit.*, p. 32

필자가 살펴본 바로는 4절의 '창세 전'이라는 헬라어 원문은 'πρὸ καταβολῆς κόσμου'이며, 여기에 나오는 'καταβολῆς'라는 말은 καταβολή(2602, 카타볼레)이다.

καταβολή(2602, 카타볼레)는 '창조, 잉태, 창세'[174]의 뜻이 있다. 명사 카타볼레는 카타발로(καταβάλλω, 2598: 아래로 던지다)에서 유래했다. (a) '내려놓음, 내리 던짐'을 의미하며, 땅에 씨를 뿌림, 남자의 성적 기능, 전쟁의 불씨, (b) '건물이나 정부의 기초를 놓음'을 의미한다.[175]

교회를 포함한 영원한 작정은 창세 전에 이루어졌다(4절). 하나님께서 그들을 영원 전부터 마음속에 두셨다는 사실을 알게 될 때에 그 교회의 모든 회원은 큰 위안이 되지 아니할 수 없다. 그 교회를 계획하신 하나님의 목적은 그분의 은혜를 나타내기 위한 것이었다. 인간을 구원하시는 하나님의 궁극 목적은 구원받는 사람들에 의하여서가 아니고 하나님 자신에 의하여 실현 된 것이다. 하나님께서 그의 은혜를 나타내시고 창세전에 그 교회의 기원이 되는 계획을 가지고 계셨다는 사실을 생각할 때 우리는 그 교회가 얼마나 고귀한 단체이며 또한 그 교회에 소속되어 섬기고 쓰임 받게 되었다는 것이 얼마나 큰 특권과 영광인가를 알게 된다.[176]

(3) 행 2:2-4 섭리 속에 실현되었다

행 2:2-4를 보면, "홀연히 하늘로부터 급하고 강한 바람 같은 소리

---

174)   김용환, *op. cit.*, p. 1007.

175)   이병철 *op. cit.*, 2602

176)   하문호, *op. cit.*, p. 33.

가 있어 그들이 앉은 온 집에 가득하며, 마치 불의 혀처럼 갈라지는 것들이 그들에게 보여 각 사람 위에 하나씩 임하여 있더니, 그들이 다 성령의 충만함을 받고 성령이 말하게 하심을 따라 다른 언어들로 말하기를 시작하니라."[177]라고 하였다. 이것을 다시 헬라어 원문으로 보면 다음과 같다.

"καὶ ἐγένετο ἄφνω ἐκ τοῦ οὐρανοῦ ηὥσπερ φερομένης πνοῆς βιαίας καὶ ἐπλήρωσεν ὅλον τὸν οιοῦ ηκαθήμενοι, καὶ ὥφθησαν αὐτοῖς διαμεριζόμεναι γλῶσσαι ὡσεὶ πυρός, καὶ ἐκάθισέν ἐφ' ἕνα ἕκαστον αὐτῶν, καὶ ἐπλήσθησαν πάντες πνεύματος ἁγίου, καὶ ἤρξαντο λαλεῖν ἑτέραις γλώσσαις καθὼς τὸ πνεῦμα ἐδίδου ἀποφθέγγεσθαι. αὐτοῖς."[178]

그리스도께서 예언적으로 말씀하신 것(마16:18)은 오순절 날에 성취되기 시작하였다. 행2:2-4은 그 그리스도의 예언의 말씀의 성취이다. 그리고 "믿는 무리가 한 마음과 한 뜻이 되"(행 4:32)었으며, "주께서 구원받은 사람을 날마다 더하게"(행2:47) 하셨다. 교회의 기초는 예수 그리스도의 죽으심이다. "이 닦아 둔 것 외에 능히 다른 터를 닦아 둘 자가 없으니 이 터는 곧 예수 그리스도라"(고전 3:11). "남편들아 아내 사랑하기를 그리스도께서 교회를 사랑하시고 위하여 자신을 주심같이 하라"(엡 5:25). 신약의 의미에서 갈보리 산 위의 그리스도의

---

177)　개역한글 성경, *op. cit.*, 행 2: 2-4.
178)　분해대조 성경, *op. cit.*, 행 2:2-4.

죽으심이 선포되지 아니하고 믿어지지 아니하는 곳에 교회란 존재할
수 없는 것이다.[179]

왜냐하면 그리스도께서 갈보리 산 위에서 자신의 피를 다 쏟으심
으로 말미암아 많은 열매를 맺혀 오고 있기 때문이다. 그리스도의
십자가의 선포와 함께 우리는 복음의 두 번째 요소, 즉 그리스도의
부활로 나아가지 않으면 안 된다.[180]

"내가 받은 것을 먼저 너희에게 전하였노니 이는 성경대로 그리스
도께서 우리 죄를 위하여 죽으시고, 장사 지낸 바 되셨다가 성경대로
사흘 만에 다시 살아나사"(고전 15:3-4)라고 기록된 바와 같이 그리스
도께서 죽으시고 또한 죽은 자들 가운데서 다시 살아나시기 전에는
신약적인 의미에서의 교회가 존재할 수 없었던 것이다. 이것이 바로
그리스도께서 죽은 자들 가운데서 다시 살아나신 이유인 것이다.[181]

"그는 몸인 교회의 머리시라 그가 근본이시요 죽은 자들 가운데서
먼저 나신이시니 이는 친히 만물의 으뜸이 되려 하심이요".[182]라고 하
였다. 이것을 다시 헬라어 원문으로 보면 다음과 같다.

"καὶ αὐτός ἐστιν ἡ κεφαλὴ τοῦ σώματος, τῆς ἐκκλησίας· ὅς
ἐστιν ἀρχή, πρωτότοκος ἐκ τῶν νεκρῶν, ἵνα γένηται ἐν πᾶσιν
αὐτὸς πρωτεύων," [183]

---

179)   이건호, *op. cit.*, p. 367.
180)   하문호, *op. cit.*, p. 33.
181)   *Ibid.*,
182)   개역한글 성경, *op. cit.*, 골 1:18.
183)   분해대조 성경, *op. cit*, 골 1:18.

예수 그리스도는 그의 창조사역으로 말미암아 만물의 머리이시다. 그런데 또 한편 그분은 죽은 자들 가운데서 다시 살아나신 부활로 말미암아 교회의 머리가 되셨다.

'머리시라'는 말은 κεφαλή(2776, 케팔레)이다. κεφαλή(2776, 케팔레)는 '머리, 머릿돌'[184]의 뜻이다. 명사 케팔레는 세속 헬라어에서 다음과 같은 의미를 지닌다. (a) 첫째로 중요한 점은 이 단어가 '첫째가 되는 것, 최고의 것', 또는 '극단적인 것'을 의미한다는 것이다. 따라서 이 단어는 일반적으로 인간이나 동물의 '머리' 또한 요점(point), 꼭대기, 끝, 출발점에 대하여 사용되었다. 이 단어는 뱃머리, 기둥머리, 벽의 꼭대기, 강의 원천, 혹은 강 어귀, 한 달의 처음과 끝 등에 대해 사용되었다. 플라톤에게 있어서 말의 서두는 말의 결론이다. (b) 케팔레는 '탁월한, 뛰어난, 결정력 있는 것'을 의미한다. 사람의 머리는 다른 지체들 중에 단지 한 지체가 아니라 모든 다른 지체들을 결정하는 첫째로 중요한 지체이다. 그러나 단체의 우두머리를 케팔레로 언급하지는 않는다. ⓒ. 케팔레는 '전인'(whole man), 개인의 '생명'이며 또한 '사람 자신'이다. 예를 들면 메갈레 케팔레(위대한 사람), 필레 케팔레(귀한 사람)라는 문구들이 나타난다. 머리를 가리켜 하는 저주는 전 인격과 그의 생명을 저주하는 것이다. 70인 역본의 용법에서 케팔레는 70인 역본에서 약 400여회 나오며, 주로 ראשׁ(7218, 로쉬 - 머리, 꼭대기, 정상, 윗부분, 우두머리, 전체, 총계 등)의 역어로 사용되었다.[185]

필자가 살펴본 대로 이와 같이 교회는 이미 하나님의 작정 안에서

---

184)   김용환, *op. cit.*, p. 1021.

185)   이병철, *op. cit.*, 2776

는 창세기 1장 1절에서 시작되었고, 역사적으로는 오순절 날에 존재하게 되었고 또한 영원한 발전을 지속적으로 하고 있다. 예수 그리스도는 구원받는 자들을 더하고 계신 분이시다. 한 개인이 거듭나는 순간 그 사람은 성령의 세례를 받고 그리스도를 머리로 하는 교회의 회원이 되는 것이다.

— 02 —

가정에 나타난 거룩한 공동체의 형태(아담과 노아 시대)

1) 범죄한 아담에게 찾아오신 하나님(창 3:10, 15)

이성호 교수는 이렇게 말하였다. "하나님은 동방의 에덴에 동산을 창설하시고 아담과 하와를 그곳에 두셨습니다. 그리고 하나님이 보시기에 아름답고 먹기에 좋은 생명나무와 선악을 알게 하는 나무도 동산 중앙에 두셨습니다. 둘은 한 몸을 이루며 최고의 배필로 서로 사랑을 하였습니다. … 그러나 그들은 하나님의 말씀에 불순종함으로 뭔가를 감출 부끄러움이 생기게 되었습니다. … 그래서 그들에게 선함과 거룩함은 모두 사라졌습니다."[186]라고 하였다.

범죄 한 인간에게 찾아오는 하나님의 목적은 단순히 형벌만을 내

---

186) 이성호, <u>나도 원전 설교 할 수 있다</u>, "누가 벗었음을 알렸느냐"(창 3:7-11), (서울: 도서출판 헤세드, 2016.), p. 1.

리시기 위하여 오신 것만은 아니었다. 거기엔 분명한 하나님의 목적하심이 있었다. ① 형벌을 내리시기 위하여 ② 일반은총을 남겨두기 위하여 ③ 특별은총(구원)을 주시기 위하여서였다. 하나님은 공의의 하나님이시다. 이 세 가지 목적을 다시 구체적으로 살펴보면 다음과 같다.[187]

(1) 형벌을 내리시기 위하여 찾아오셨다

하나님은 공의의 하나님이시다. 범죄 한 인간을 그대로 지나칠 수 없었다. 그러므로 하나님께서는 그들에게 찾아오시었다.[188]

창 3:8-9를 보면, "그들이 그 날 바람이 불 때 동산에 거니시는 여호와 하나님의 소리를 듣고 아담과 그의 아내가 여호와 하나님의 낯을 피하여 동산 나무 사이에 숨은지라 여호와 하나님이 아담을 부르시며 그에게 이르시되 네가 어디 있느냐"[189]라고 하였다. 이 본문의 원문은 다음과 같다.

וַיִּשְׁמְעוּ אֶת־ קוֹל יְהוָה אֱלֹהִים מִתְהַלֵּךְ בַּגָּן לְרוּחַ הַיּוֹם וַיִּתְחַבֵּא הָאָדָם

וְאִשְׁתּוֹ מִפְּנֵי יְהוָה אֱלֹהִים בְּתוֹךְ עֵץ הַגָּן׃

וַיִּקְרָא יְהוָה אֱלֹהִים אֶל־ הָאָדָם וַיֹּאמֶר לוֹ אַיֶּכָּה׃ [190]

필자가 살펴보니 위 본문에서 '부르시며'라는 단어는 קָרָא(7121 카라)

---

187) 하문호, *op. cit.*, p. 72.

188) *Ibid.*,

189) 개역한글 성경, *op. cit.*, 창 3:8-9

190) 분해대조 성경, *op. cit.*, 창 3:8-9

이다. 카라는 '부르다, 선포하다, 소환하다, 읽다, 소리 지르다, 불러내다'[191]를 의미한다.

구약성경에서 이 단어는 약 740회 나오며, 칼, 니팔, 푸알형으로 사용되었다. 카라는 일차적으로 특별한 말 또는 메시지의 발설을 의미한다. 그러므로 이 어근은 '선포하다, 초대하다'로 번역되는 수가 있다. 드물지만 카라가 단순한 부르짖음을 의미할 때도 있다(시 147:9, 사 34:14). 카라는 '부르다'는 의미에서 '소환하다'를 나타낸다(창 12:18, 창 20:8-9, 민 22:5, 민 22:20, 민 22:37, 삿 8:1, 삼상 3:5-6, 삼상 3:8 등).[192]

그들은 이미 하나님의 음성에 의해 가책을 받았다. 그러나 그들은 또 다른 목소리가 그들의 마음에 파고들어가기까지 어리둥절해서 나무 밑에 서 있었다. 여기에서 모세는 아담이 여호와 하나님에 의해 부르심을 받았다고 말한다. 그렇다면 그는 전에는 부름을 받지 않았는가? 그러나 전자는 혼돈된 소리였다. 왜냐하면 그 목소리를 듣고 아담이 양심의 가책을 받을 만큼 위력적인 것이 아니었기 때문이다. 그래서 하나님께서는 이제 보다 더 가까이 접근하신다. 그리고 이이 무성하게 우거진 나무들 밖으로 그를 끌어내어 아무리 싫어하고 거부해도 가운데로 나서게 하신다. 이와 똑같은 방법으로 우리도 하나님의 목소리에 경종을 받는다. 하나님의 율법이 우리들의 귀에 들리면 그 즉시 우리는 깨달아야 하는데도 그것을 듣지 않고 얼른 그늘진 곳으로 피해 달아난다. 그러면 하나님께서는 좀더 강력히 우리를 부르고 우리는 어쩔 수 없이 앞으로 나와 하나님의 심판대에

---

191)　김용환, *op. cit.*, pp. 610-611.
192)　이병철, *op. cit.*, 7121

서서 책망을 받게 된다.[193]

필자가 살펴본 대로 하나님은 범죄 한 인간을 찾아 오셔서 부르셔서 형벌을 내리신다. 임신하는 고통(창 3:16), 땅이 저주를 받아 얼굴에 땀을 흘려 일하지 않고는 먹고 살 수 없는 고통과(창 3:17-18), 필경은 흙으로 돌아가야 하는 사형을 선고하신 것이다(창 3:19).

창 3:16을 보면, "또 여자에게 이르시되 내가 네게 임신하는 고통을 크게 더하리니 네가 수고하고 자식을 낳을 것이며 너는 남편을 원하고 남편은 너를 다스릴 것이니라 하시고"[194]라고 하였다.

이것을 원문으로 보면 다음과 같다.

אֶל־הָאִשָּׁה אָמַר הַרְבָּה אַרְבֶּה עִצְּבוֹנֵךְ וְהֵרֹנֵךְ בְּעֶצֶב תֵּלְדִי בָנִים וְאֶל־אִישֵׁךְ תְּשׁוּקָתֵךְ וְהוּא יִמְשָׁל־בָּךְ:[195]

필자가 본 바로는 위 본문에서 '임신하는'이라는 단어는 הֵרוֹן(2032, 헤론)이다. הֵרוֹן(2032, 헤론)은 '임신'[196]의 뜻이다. 헤론은 하라(הָרָה, 2029)에서 유래했으며, '임신하다, 잉태하다, 낳다, 선조'[197]의 뜻이다.

하나님께서 "내가 네게 잉태하는 고통을 크게 더하리니"라고 말씀하신 것은 여자가 아기를 잉태할 때 겪게 되는 모든 고통을 의미하는 것이다. 만일 여자가 본래의 상태에 있었다면 고통이 없이, 아니

---

193) John Calvin, 존 칼빈 성경주석 출판위원회 편역, <u>창세기I</u>, (서울: 성서 교재 간행사, 1990), p. 131.

194) 개역한글 성경, *op. cit.,* 창 3:16.

195) 분해대조 성경, *op. cit.,* 창 3:16.

196) 김용환, *op. cit.,* p. 169.

197) *Ibid.,* p. 168.

면 적어도 그와 같이 큰 고통을 겪지 않고서도 아기를 낳았으리라는 것은 믿을 수 있는 말이다. 그러나 그녀가 하나님을 배반했기 때문에 그 결과 이러한 불편함을 겪지 않으면 안 되었다. 따라서 "고통과 잉태"라는 말은 환치법으로 이해해야 한다.[198]

왜냐하면 그들이 견뎌야 하는 고통은 잉태의 결과이기 때문이다. 하나님께서 선포하신 두 번째 징벌은 복종이다. '너의 소원은 오직 너의 남편에 의해 좌우될 것이다'라는 표현 방법은, 마치 하나님께서 여자는 자유로운 자가 아니며 자기 멋대로 행동해서도 안 되는 존재로, 오직 남편의 권위에 순종하고 뜻에 따라야 한다고 말씀하시는 것과 똑같은 효력을 지닌다.[199]

여기서 고통은 단순히 육체적인 고통뿐만 아니라 심적인 괴로움까지 포함한 모든 전인적인 고난을 가리킨다. 원래 자식을 잉태하는 것은 큰 축복이었음에도(창 1:28) 불구하고 이제 고통과 수고가 수반된 것은 범죄 한 여자에게 주어진 형벌이기 때문이다.[200]

또한 "아담에게 이르시되 … 땅은 너로 말미암아 저주를 받고, 수고하여야 그 소산을 먹으리라"[201]고 했다.

'저주를 받고'는 אָרַר(779, 아라르), אֲרוּרָה, '저주하다, 저주받다'[202]라는 뜻이다.

하나님보다 아내의 말에 따랐던 그로서는 더 이상 변명의 여지가

---

198)	John Calvin, *op. cit.*, p. 141.

199)	*Ibid.*,

200)	한성천. 김시열, <u>옥스퍼드 원어성경대전1. 창 1-11장</u>, (서울: 제자원, 2005), p. 273.

201)	개역한글 성경, *op. cit.*, 창 3:17.

202)	김용환, *op. cit.*, p. 66.

없기 때문이다. 그는 아내를 위해서 하나님을 경멸했으며 사단의 속
임수와 간계를 그처럼 확고히 믿었으며, 사단의 사자이자 노예였던
아내의 말에 맹종한 결과로 창조주이신 하나님을 조금도 주저하지
않고 사악하게도 부인했던 것이다. 하나님께서는 간략하지만 단호하
게 아담을 다루셨다. 그러나 하나님께서는 아담이 좀도 쉽게 회개할
수 있도록 하기 위해 그의 핑계를 책망하신다. 하나님께서는 아담의
죄를 간략히 언급하신 후에 땅이 그의 죄 때문에 저주를 받으리라고
말씀하신다.[203]

'아라르'는 언약을 어긴 자에 대한 심판의 선언으로 표현된다(신
27:15-26). '저주'는 대개 '축복'과 대조되어 선포된다(창 12:3). 이교도들
은 개적들을 상대할 때, '저주'의 힘을 사용하였다. 이스라엘 사람들
은 제의적으로 '저주가 되게 할 쓴 물'을 갖고 있었다(민 5:18). 하나님
만이 진정으로 저주를 하실 수 있다. 이 저주는 절대적 복종을 요구
하는 하나님의 공의의 계시이다(애 3:65).[204]

"땀을 흘려야 먹을 것을 얻으리니"(창 3:19)라고 하였는데, '땀을'은
זֵעָה(2188, 제아)이다. זֵעָה(2188, 제아)는 '땀, 흐른나'[205]의 뜻이다.

제아는 אֵפֶר(665, 에페르)에서 유래했으며, 하찮다, 쓸데없다, 덧없이,
무상하다,[206]의 뜻이다.

본문의 표현에서 힘겨운 노동으로 거칠게 숨을 내수며 땀을 흘리
는 모습을 상상할 수도 있다. 그러나 성경의 용례상 '아프'(콧김)가 복

---

203)　John Cavin, *op. cit.*, p. 142.
204)　강병도, <u>카리스종합주석 1. 창 1-6장</u>, (서울: 기독 지혜사, 2003), p. 409.
205)　김용환, *op. cit.*, p. 181.
206)　최현기, *op. cit.*, p. 44.

수로 사용될 때는 사람의 얼굴을 의미하는 경우도 있다(삼상 25:41). 또한 얼굴의 중앙에 있는 코가 얼굴을 대표하고 인간의 즐거움이나 괴로움이 가장 잘 드러나는 곳이 얼굴이라고 볼 때, '아프'는 한글개역 성경과 같이 얼굴로 번역하는 것은 적절하다 할 수 있다.[207]

우리는 "땀"이라는 말을 통해 힘든 노동과 피곤함과 지침을 유추할 수 있다. 따라서 그 어려움 때문에 땀이 흐른다는 것이다. 따라서 그 어려움 때문에 땀이 흐른다는 것이다. 이것은 앞에 언급된 것처럼 "너는 종신토록 수고하여야 그 소산을 먹으리라"는 구절의 반복이다. 이 구절을 핑계 삼아 어떤 무지한 사람들은 모든 사람이 수고해야 한다고 강요한다. 그러나 하나님께서는 여기에서 주인이나 입법자로서 가르치시는 것이 아니라 심판자로서 징벌을 선포하시는 것이다.[208]

이성호 교수는 "땀은 아담의 불순종으로 저주를 받아 배설물처럼 밖으로 계속해서 흘러나옵니다. 그 땀은 죄의 문제가 해결되지 못하면 계속해서 아담의 몸에서 흘러나올 것입니다. 땀은 아담에게 고통과 슬픔을 나타내고 있습니다. 아담은 땀을 흘리면서 하나님 앞에 겸손과 겸비의 마음을 가지고 살아야 합니다. 그러므로 아담은 땀을 흘릴 때마다 하나님 앞에 자신의 죄를 회개하고 통회하는 마음을 가져야 합니다. 땀은 '재'라는 어근적 의미에서 왔습니다. 재는 회개와 크게 뉘우치는 표시였습니다. 재는 무가치한 것을 의미합니다. 고통과 슬픔 그리고 수치와 불명예를 나타냅니다. 그러므

---

207)   한성천. 김시열, *op. cit.*, p. 278.
208)   John Cavin, *op. cit.*, p. 145.

로 인간은 땀을 흘리지 않으면 안 됩니다. 흙으로 돌아갈 때까지 땀을 흘려야 소산물을 먹을 수 있습니다. 그 땀은 완전할 수 없습니다."[209]라고 하였다.

'흙으로 돌아갈 것이니라'는 שׁוב(7725, 슈브)라는 말이다.

שׁוב(7725, 슈브)는 '돌아가다, 돌아오다, 돌이키다, 회복하다, 소생하다, 회답하다, 회복시키다, 찾아오다, 구원하다, 소성시키다'[210]라는 뜻이다.

아담은 흙으로 만들어졌다. 그러나 그의 불순종으로 인하여 다시 흙으로 돌아가는 저주를 받게 된다. 인간과 땅의 조화는 모두 깨어지고 말았다. 아담이 낙원을 훼손시켰기 때문에 아담이 낙원에서 쫓겨나고 흙으로 돌아가라는 사형선고를 받게 된 것이다.[211]

(2) 일반 은총을 주시기 위하여 찾아오셨다

하나님은 공의의 하나님이실 뿐만 아니라 사랑과 긍휼과 자비의 하나님이시다. 하나님께서 그 공의대로만 하신다면 즉각적으로 범죄한 그들을 지옥에 보내셔야 마땅하지만 그들에게 창조하실 때에 주셨던 자연적 축복의 얼마를 남겨놓으셨다. 하나님은 그들을 창조하실 때에 생육하고 번성하도록 하셨으며 또 땅의 소산을 그들의 식물로 주시었는데 이것들은 분명히 하나님이 주신 축복이었다고 성경은

---

209) 이성호, <u>나도 원전 설교 할 수 있다. "불 순종의 대가"</u>(창 3:16-19), (서울: 도서 출판 헤세드, 2016), p. 4

210) 김용환, *op. cit.*, pp. 658-659.

211) 하문호, *op. cit.*, 72.

말하고 있다.[212]

창 1:28을 보면, "하나님이 그들에게 복을 주시며 하나님이 그들에게 이르시되 생육하고 번성하여 땅에 충만하라, 땅을 정복하라, 바다의 물고기와 하늘의 새와 땅에 움직이는 모든 생물을 다스리라 하시니라"[213]라고 하였다.

이 본문의 원문은 다음과 같다.

וַיְבָרֶךְ אֹתָם אֱלֹהִים וַיֹּאמֶר לָהֶם אֱלֹהִים פְּרוּ וּרְבוּ וּמִלְאוּ אֶת־הָאָרֶץ וְכִבְשֻׁהָ וּרְדוּ בִּדְגַת הַיָּם וּבְעוֹף הַשָּׁמַיִם וּבְכָל־חַיָּה הָרֹמֶשֶׂת עַל־הָאָרֶץ:[214]

위 본문에서 '하나님이 그들에게 복을 주시며'라는 말은 בָּרַךְ(1288, 바라크)이다.

בָּרַךְ(1288, 바라크)는 '문안하다, 무릎을 꿇다, 찬송하다, 복을 받다, 축복하다, 칭찬하다, 복이 있다, 찬양하다, 송축하다, 복을 내리다, 은혜를 베풀다, 자랑하다, 축사하다, 풍부히 주다, 축하하다, 축복, 복된 자'[215]를 뜻한다.

인류가 번성하게 되는 근본 원인은 하나님의 축복을 받는 데 있다. 그리고 하나님의 축복이 인류 번성의 근원이 되는 것은 일반적인 경우뿐만 아니라 특별한 모든 경우에도 적용되는 것으로 간주해야

---

212) *Ibid.,*

213) 개역한글 성경, *op. cit.,* 창 1:28.

214) 분해대조 성경, *op. cit.,* 창 1:28

215) 김용환, *op. cit.* pp. 109-110.

한다.[216]

하나님께서는 아담과 하와가 범죄 한 이후에도 이 축복을 완전히 빼앗지는 아니하였다.

고통이 따를지언정 자녀 생산의 축복을 남겨두셨고(창 3:16), 땀과 수고가 있을지언정 땅의 소산을 먹을 수 있는 축복을 남겨두셨다(창 3:17, 18). 그러나 이 축복은 언젠가는 흙으로 돌아가야만 하는 그들에게는 이 세상에서의 육신적인 삶을 위하여만 필요한 것일 뿐 영생을 얻는 일에는 직접적으로 아무 소용도 없는 축복들이었다. 그러므로 이 축복을 가리켜 일반은총이라고 부른다. 오늘날 이 땅위의 모든 불신자들이 받고 있는 생활의 모든 혜택들을 일반은총(common grace)인 것이다.[217]

(3) 특별은총을 주시기 위하여 찾아오셨다

우리가 믿는 하나님은 사랑의 하나님이시었으며 그 사랑은 단순히 일반 은총만을 남겨두시는 범위에서 끝난 것이 아니라 한 걸음 더 나아가 '여자의 후손', 곧 하나님의 독생자를 희생시켜 멸망 받게 된 그 죄인을 구원하시는 데까지 이르렀다(창 3:15, 요 3:16).[218]

실제로 아담으로 인해 타락한 모든 것이 그리스도의 은총으로 회복되었으므로 경건한 자들은 하나님이 선하시다는 것을 더욱 간절히 느끼며 하나님의 부성적인 관대함을 누리고 있다. 그러나 그들이

---

216) John Calvin, *op. cit*, p. 72.
217) 하문호, *op. cit.*, p. 73.
218) *Ibid.,*

아무리 최선의 상태에 있다 해도 육체는 종속되어야 하므로 심한 노동과 굶주림으로 기진맥진할 때가 있다. 따라서 지금의 비참한 생활에 의해 권고를 받는 우리는 자신들의 죄를 슬퍼하며 그리스도의 은총으로부터 위로를 찾는 것보다 더 바람직한 일은 없다. 왜냐하면 그리스도의 은혜로 인해 비통한 슬픔이 경감되고 거기에 향기를 더해주기 때문이다.[219]

וְאֵיבָה אָשִׁית בֵּינְךָ וּבֵין הָאִשָּׁה וּבֵין זַרְעֲךָ וּבֵין זַרְעָהּ הוּא יְשׁוּפְךָ רֹאשׁ וְאַתָּה תְּשׁוּפֶנּוּ עָקֵב:[220]

창 3:15를 보면, "내가 너로 여자와 원수가 되게 하고 네 후손도 여자의 후손과 원수가 되게 하리니 여자의 후손은 네 머리를 상하게 할 것이요 너는 그의 발꿈치를 상하게 할 것이니라 하시고,"[221]라고 하였다.

필자가 살펴보니 '여자의 후손'은 זֶרַע(2233, 제라)라는 말이다.

זֶרַע(2233, 제라)는 '씨, 후손, 자손, 종자, 정수, 자녀, 자식, 아들, 족속, 종족, 종친'[222]의 뜻이 있다.

제라(명남)는 자라(זָרַע, 2232: 씨 뿌리다)에서 유래했으며, '씨(seed), 씨 뿌림(sowing), 자손, 소산(offspring)'을 의미한다. 구약성경에서 이 단어는 224회 나오며, 제라는 문자적 의미로 농업의 씨 뿌리기(창 47:23, 사 55:10, 암 9:13)와 남성의 정액의 흐름(레 15:16, 레 22:4, 렘 31:27)을 의미

---

219) John Calvin, *op. cit.*, p. 146.
220) 분해대조 성경, *op. cit.*, 창 3:15.
221) 개역한글 성경, *op. cit.*, 창 3:15.
222) 김용환, *op. cit.*, p. 185.

하고, 개인적(창 4:25, 창 21:13)으로나 집단적(창 9:9, 시 89:4, 신 1:8)으로 '자손'이나 '후손'이란 비유적 의미로 사용되며, 그러므로 선택된 사회의 결합을 강조한다. 창 3:15에서 제라는 앞의 두 개의 개념을 모두 포함한다. 즉 집단적으로 씨는 사단과 싸우는 영적으로 새로워진 아담의 후손을 예시하는 것이며 궁극적으로는 사탄의 운명을 인봉하는 최고의 자손, 그리스도를 의미한다. 창세기에 나오는 약속의 본문에서 제라는 여호와의 언약을 믿는 아브라함의 영적 후손(창 15:5, 창 17:7, 창 17:8, 창 22:18)을, 시 22:30은 메시야의 씨(영적 후손)에 대해서 언급하고 있다. 비유적으로 제라는 여호와께서 땅에 이스라엘을 뿌리거나(호 2:23) 퍼뜨리는 것(스 10:9)과 여호와께서 선택된 나라를 열매 맺게 하는 것에 대해(겔 36:9) 사용되었다. 씨를 뿌리는 비유는 윤리적 행동에 대한 명령(호 10:12, 렘 4:3)과 악행에 대한 경고(욥 4:8, 잠 22:8)에 사용되었다.[223]

창세기 3:15과 더불어 시작되고 있는 "후손"(seed)이라는 단어는 예외 없이 단수형으로 된 (복수형이 아니다) 집합명사로서 사용된다. 이 전문적인 용어는 약속 교리(promise doctrine)의 중요한 한 측면을 이루고 있다. 왜냐하면 히브리어는 "후손"이나 "자손"을 가리키는 데는 결코 이 어근의 복수형을 사용하고 있지 않기 때문이다. 창 3:15에서 정확히 그러하다. 이러한 "한" 후손은 사단의 추종자들의 계보에 속해 있는 적대적인 후손과는 대조되는 여자의 계보이다. 이 본문은 놀랍게도 그다음 부분에서 궁극적으로 사단에 대한 완전한 승리를

---

223) 이병철, *op. cit.,*

거둘 한 남자 후손이 있을 것이라고 말한다.[224]

'상하게 할 것이요'는 שׁוּף(7779, 슈프)라는 말이 사용되었다.

שׁוּף(7779, 슈프)는 '상하다, 덮다, 상처'[225]의 뜻이 있다.

'상하다'(שׁוּף, 슈프)는 '때리다'(LB, strike), '타박상을 입히다'(KJV, bruise), 혹은 '눌러서 뭉개다'(NIV, crush), 등으로 이해할 수 있다. 그리고 '머리' (로쉬)는 인간이나 동물에게 있어 가장 중요한 부분이며 또한 각 개체를 대표하는 부분이기도 하다. 따라서 머리를 뭉갠다는 것은 상대방에게 치명적인 공격을 가하여 회생을 불가능하게 만든다는 의미이다. 본문의 문맥으로 볼 때 이와 같이 사단에게 치명적인 공격을 가하는 분은 여자의 후손이신 예수 그리스도이시다. 실로 예수 그리스도께서는 십자가의 죽음을 이기시고 부활하심으로 사단에게 승리하셨다. 이로 인하여 사단은 머리가 상한 뱀과 같이 힘을 잃을 수밖에 없었다.[226]

슈프(동사)는 기본어근이며, (a) '타박상을 입히다, 상하게 하다' (bruise), (b) '짓뭉개다, 분쇄하다, 박살내다, 눌러 부수다'(crush)를 의미한다. 이 단어는 창 3:15에서 중요한 의미를 지닌다: "내가 너로 여자와 원수가 되게 하고 너의 후손도 여자의 후손과 원수가 되게 하리니 여자의 후손은 네 머리를 상하게 할 것이요 너는 그의 발꿈치를 상하게 할 것이니라 하시고". 여기서 슈프는 분쇄하거나 짓눌러 부순다는 의미를 나타낸다. 이 구절은 원시 복음, 즉 최초의 복음으

---

224) R. Laird Harris, et al., *op. cit.*, p. 314.
225) 김용환, *op. cit.*, p. 663.
226) 한성천. 김시열, *op. cit.*, 272.

로 알려졌다. 발꿈치를 짓눌러 부수는 것은 사단이 그리스도를 패배시키려는 시도로서 십자가에 못 박는 것이며 치명적인 것이 되지 못한다. 그러나 머리를 짓눌러 부수는 것은 그리스도께서 십자가로 사단의 권세를 완전히 패배시키는 것으로서 치명적인 것이다. 하나님은 이 계획으로 인간을 구원하실 것임을 약속하셨다.[227]

뱀은 처음에는 간교한 존재(아룸, עָרוּם, 6175)로 소개되고 있다(창 3:1). 그 뱀이 이제는 저주받은 것에 대한 대명사가 된다(창 3:14-15). 평생토록 기어 다니면서 흙을 먹으며 여자의 자손의 "발꿈치를" 상하게 하는 존재로 낙인찍힌다. '아룸'(간교한)이 '아루르'(저주받은)로 추락해 버렸다.[228]

70인 역본은 창 3:15의 '슈프'를 둘 다 '테레오'(경계하다, 감시하다(to watch, guard))로 번역하였다. 한편, 불가타역은 두 개의 상이한 동사를 사용한다. 여인의 후손이 뱀에게 가하는 행위를 묘사할 때 불가타역은 동사 콘테레레(conterere, 분쇄하다, 눌러 뭉개다 to crush)를 사용한다. 뱀이 여인의 후손에게 가하는 행위를 묘사할 경우에는 동사 인시디아리(숨어서 기다리다 lie in wait)를 사용한다. 여러 요인들과 아울러 이점이 여러 주석가들로 하여금, 첫 번째 슈프(שׁוּף, 7779)를 또 다른 히브리어 동사 샤아프 II(שָׁאַף, 7602, II, 발로 짓밟다, to trample under foot)와 연결시키게 만들고, 둘째 슈프(שׁוּף, 7779)를 히브리어 샤아프 I(שָׁאַף, 7602, I, …를 잡으려 하다, 갈망하다, to gasp, pant after)과 연결시키게 만들

---

227)　이병철, *op. cit.,*
228)　왕대일, *op. cit.,* p. 94.

었다.[229]

"평강의 하나님께서 속히 사탄을 너희 발아래에서 상하게 하시리라 우리 주 예수의 은혜가 너희에게 있을지어다."[230]라고 하였다.

하나님께서는 아담과 그의 아내에게 용서받을 수 있다는 가능성을 제시함으로써 자비로우심을 나타내셨는데 '여자의 후손이 뱀의 머리를 상하게 할 것이며'라는 구절은 확실히 죄의 용서와 영원한 구원의 은총을 내포하고 있다.[231]

그리하여 하나님께서는 인간을 유혹한 뱀을 저주하여 '여자의 후손' 곧 그리스도께서 그의 머리를 상하게 할 것이라고 하여 그리스도께서 죄악과 사단과 음부의 권세로부터 승리하실 것을 선언하시었고, 따라서 인간 구원을 약속하시었다. 그리고 이것은 단순한 약속일 뿐인 것은 아니었다. 이 구원은 현실적으로 아담과 하와에게 실현되었음을 우리는 성경에서 발견하게 된다. "여호와 하나님이 아담과 하와를 위하여 가죽옷을 지어 입히시니라"(창 3:21). 이 말씀에서 가죽옷은 다른 동물의 생명을 희생하지 않고는 얻을 수 없는 재료로서 우리 죄를 가리 우기 위하여 희생제물이 되실 그리스도를 예표하는 하나님의 특별계시었다.[232]

וַיַּעַשׂ יְהוָה אֱלֹהִים לְאָדָם וּלְאִשְׁתּוֹ כָּתְנוֹת עוֹר וַיַּלְבִּשֵׁם: [233]

---

229) 이병철, *op. cit.,*

230) 개역한글 성경, *op. cit.,* 롬 16:20.

231) John Calvin, *op. cit.,* p. 147.

232) 하문호, *op. cit.,* p. 73

233) 분해대조 성경, *op. cit.,* 창 3:21.

"위 본문에서 '가죽옷'은 כְּתֹנֶת(3801, 케토네트)라는 단어이다.

כְּתֹנֶת(3801, 케토네트)는 '가죽옷, 털, 속옷, 겉옷, 채색옷, 의복'[234]을 의미한다.

כְּתֹנֶת(3801, 케토네트)는 웃옷, 셔츠 같은 긴 옷(대체로 아마포로 만들어졌음)(창 37:3; 삼하 15:32; 사 22:21). 아담이 입은 이 옷은 털로 만들어졌다(창 3:21). 이 옷은 여자들도 입었다(삼하 13:18; 아 5:3). 특히 제사장들이 이 옷을 입었다(출 28:4; 29:5; 39:27; 레 8:7; 10:5; 스 2:69; 느 7:70).[235]

아담의 옷은 가죽으로 만들었다(창 3:21). 그러나 대부분 세마포로 만들었다(창 37:3, 삼하 15:32, 사 22:21). 여인들도 세마포로 만든 옷을 입었다(삼하 13:18, 아 5:3). 특별히 제사장들은 세마포로 만든 옷을 입었다(출 28:4, 출 29:5, 출 39:27, 레 8:7, 레 10:5, 스 2:69, 느 7:69). (참조, 아카드어, 키틴누[kitinnu] 혹은 키틴투[kitintu]는 키투[kitu]라는 세마포로 만든 긴 옷, 아람어 키트투나[kittuna]는 히브리어와 동일 의미). 헬라어 키톤은 이 단어를 차용한 것이다.[236]

"아담과 하와가 준비한 무화과나무의 잎으로 자신의 수치를 가리려고 하면 우리는 여전히 죄 아래, 율법 아래 있는 것입니다. 율법이 우리를 가로막으면 그것이 우리의 벽이 되는 것입니다. 율법의 의로는 누구도 구원의 복을 누리지 못합니다. 오직 가죽옷, 즉 피 흘림 없이는 구원의 은총이 주어질 수 없는 것입니다."[237]라고 하였다.

---

234) 김용환, *op. cit.*, p. 325.
235) R. Laird Harris, et al., *op. cit.*, p. 568.
236) 이병철, *op. cit.*,
237) 이성호, *op. cit.*, p. 5

이런 의미에서 박윤선 박사는 "하나님께서 아담과 하와에게 가죽
옷을 지어 입히신 목적은 장차 인생들의 구속을 받아 그리스도를
옷 입듯 하게 될 것을 보여주려는 것이다. 아담 자신이 역시 그렇게
속죄받음을 이 말씀이 상징한다"[238]라고 하였다.

그리고 당시 아담과 하와가 희생된 짐승의 가죽옷을 입음으로 수
치를 가렸던 것처럼 죄인인 우리 모두는 십자가에서 희생의 보혈을
흘리신 그리스도의 의를 옷 입음으로 지은 죄가 무엇이든지 간에 모
든 죄에 수치를 온전히 가리울 수 있다. 오직 주 예수 그리스도로 옷
입고(롬 12:14), 거룩함을 얻는 새 사람이 되어야만 영생의 축복을 얻
을 수 있는 것이다(갈 3:26; 엡 4:24; 골 3:10).[239]

위 본문을 필자가 보니 '입히시니라'는 לָבַשׁ(3847, 라바쉬)라는 말이다.

לָבַשׁ(3847, 라바쉬)는 '입다, 임하다, 감동시키다, 입히다, 베풀다, 낭패
를 당하다, 차다'[240]를 의미한다.

라바쉬와 그 파생어들은 세 가지 용법은 다음과 같다. ⑴ 옷을 입
는 것, ⑵ 계급, 신분 혹은 자격의 표시로 옷을 입는 것, ⑶ 옷 입는
것에 대한 추상적인 성격과 유사성을 나타내는 시적인 표현을 보여
준다. 이 용법의 가장 충분한 측면은 옷 입음을 추상적인 성격에 대
한 시적인 비유로 사용하는 것이다. 하나님께서는 위엄과 능력을 옷
입고 계신다(시 93:1), 하나님께서는 권능의 옷을 입도록, 즉 그 능력
을 행사하시도록 촉구 받으신다(사 51:9). 하나님께서는 공의, 구원, 복

---

238) 박윤선, <u>성경주석 창세기</u>, (서울: 영음사, 1976), p. 112.
239) 한성천. 김시열, *op. cit.*, 288.
240) 김용환, *op. cit.*, pp. 330-331.

수, 그리고 심판을 준비하는 격노의 옷을 입고 계신다.(사 59:17). 인간은 다양한 성격을 "옷 입을 수 있다."욥은 의를 옷 입었다(욥 29:14). 구원(대하 6:41)과 힘(사 52:1)을 입을 수 있다. 인간은 특별한 목적을 위하여 성령을 입는다(삿 6:34, 대상 12:19, 대하 24:20). 수치(시 35:26, 참조: 욥 8:22)와 저주(시 109:18)와 같은 부정적인 성격은 또한 옷처럼 입을 수 있다.[241]

특히 '지어'는 하나님의 천지 창조 사역에서 여러 번 등장하는 히브리어 '아사'(עשׂה)가 사용되어(창 1:7, 16, 26, 31; 2:2, 3, 4, 18; 3:1) 아담과 하와에게 가죽옷을 지어주신 일이 하나님의 창조 사건과 비견될 만큼 중요한 사건임을 암시한다. 그리고 '입히시니라'는 사역형(Hiphil)으로 사용되어 이 모든 일을 하나님께서 주도하시고 하나님의 뜻대로 이루셨음을 보여 준다.[242]

21절에서 모세는 여호와께서 아담과 그의 아내를 위해 가죽으로 옷을 만들어 입히시는 수고를 하셨다고 평범한 문체로 언급했다. 그러나 이 구절은 마치 하나님을 모피 상인이나 옷을 만드는 하인인 듯이 보는 것은 옳지 못하다. 또한 가죽이 그들에게 우연히 제공되었으리라는 점도 믿어지지 않는다. 지금 새로운 필요에 의해 요구된 동물은 원래 인간을 위해 이용되도록 운명 지어진 것이었으므로 그들은 몇 마리를 죽였던 것이다. 그들은 하나님의 충고를 받아들여 동물을 잡아 그 가죽으로 몸을 가렸다. 그래서 모세는 하나님을 가죽옷의 주권자로 부르는 것이다. 칼빈은 하나님께서 그들에게 가죽

---

241)   이병철, *op. cit.*,
242)   한성천. 김시열, *op. cit.*, p. 288.

옷을 지어 입히신 이유를 다음과 같이 설명한다. 즉, 이 옷감으로 지은 옷이 비단이나 양모로 만든 옷보다 더 천하게 보이기 때문이라는 것이다. 그러므로 하나님께서는 그와 같은 옷을 입은 우리의 첫 조상이 그들의 타락을 직접 목도하고(이것은 그들이 자신의 벌거벗은 것을 처음 알게 되었을 때와 마찬가지다) 죄에 대해 다시 한번 상기토록 의도하신 것이다.라고 하였다.[243]

필자가 지금까지 살펴본 대로 하나님은 형벌을 내리시기 위해, 일반 은총을 주시기 위해, 그리고 특별 은총(Special Grace)을 주시기 위해 범죄 한 인간을 찾아 오셨다.

2) 가정에 나타난 거룩한 공동체의 기원(창 4:26)

하나님의 구원의 복음은 아담과 하와가 범죄로 타락한 직후에 하나님께서 찾아오신 현장에서부터 존재하였고 이 구원의 은총을 받은 믿음의 신자(백성)는 인류의 첫 조상인 아담과 하와의 때부터 존재하였음을 알 수 있다. 따라서 교회의 시작은 이미 창 1:1에 이미 시작되었다고 앞 장에서 언급 한 바와 같이 에덴동산에서 교회는 존재하였다. 이때의 교회의 형태는 족장을 중심으로 그 가족이 구성원이 되는 교회 형태를 가지고 있었다. 이 시대의 교회는 경건한 신앙의 가정이었으며 그 가정의 족장들이 제사로 봉사하였다.[244]

---

243)　John Calvin, *op. cit.*, pp 150-151.

244)　하문호, *op. cit.*, p. 74.

(1) 셋의 가정(שֵׁת)

'셋'은 שֵׁת(8352, 세트), '셋'의 뜻이며, 세트는 שִׁית(7896, 쉬트)에서 유래했으며, '주다, 두다, 관심을 가지다, 관념하다, 넘기다, 단장하다, 에워싸다, 세우다'[245]를 의미한다.

즉 아담과 하와의 셋째 아들 셋의 어원이다. "그 이름을 셋이라 하였으니 이는 하나님이 내게 … 다른 씨를 주셨다(지정하셨다) 함이며"(창 4:25). 이 내용은 본래가 매우 흥미롭다. 왜냐하면 쉬트를 '주다'(to give)로 번역한 점은 예외적 현상으로 확실히 성경 히브리어에서 기준이 될 수 없기 때문이다. 아마 그 외 '쉬트'의 단 두 용례만이 '주다'(to give)라는 번역을 지지해주는 구절로 인증될 수 있을 것이다. 두 구절은 다음과 같다. 시 12:5, "내가 탄식하며 안전을 찾는 그들에게 그것을 '주리라' grant"(KJV와 RSV, 한글개역: "두리라"), 시 21:6, "당신은 그에게 영영토록 복을 '베푸신다'(confer)"(한글개역: "받게 하시며"). 셋은 아담과 하와 사이에서 난 셋째 아들이며, 아벨이 가인에게 살해된 이후에 태어났다. 그래서 어떤 학자들은 그가 살해된 형 아벨의 자리에 놓였기 때문에 셋이라 불리운다고 생각한다(창 4:25). 창 5:6-8에 의하면 그는 에노스를 낳았으며, 912세에 죽었다.[246]

이 셋은 경건한 가정을 이룬 사람이었다. 창 4:26이 그 좋은 보기이다.

"셋도 아들을 낳고 그의 이름을 에노스라 하였으며 그 때에 사람

---

245)　김용환, *op. cit.*, pp. 671-672.
246)　이병철, *op. cit.*,

들이 비로소 여호와의 이름을 불렀더라."[247]라고 하였다.

이 본문을 원문으로 보면 다음과 같다.

וּלְשֵׁת גַּם־הוּא יֻלַּד־בֵּן וַיִּקְרָא אֶת־שְׁמוֹ אֱנוֹשׁ אָז הוּחַל לִקְרֹא בְּשֵׁם יְהוָה:[248]

필자가 본 대로는 '셋'은 '에노스'를 낳고 여호와를 경외하는 신앙 전수를 시켰다.

'에노스'는 אֱנוֹשׁ(583, 에노쉬) '에노스'를 뜻하며, 에노쉬는 아나쉬(אָנַשׁ, 605)에서 유래했으며, '상처를 입다, 낫지 아니하다, 부패하다, 고칠 수 없다'[249]의 뜻을 지닌다.

'에노쉬'란 단어는 치료가 거의 불가능한 병든 상태나(렘 15:18; 미 1:9), 재난을 당하거나(렘 17:16), 고통 가운데 있는(사 17:11), 상태를 묘사하는 '아나쉬'(אָנַשׁ)에서 유래하였다. 따라서 이 단어가 일반 명사로 사용될 때에는 병들어 고통 가운데서 살아갈 수밖에 없는 한계 상황 속의 인간을 나타낼 때 주로 사용하였다.[250]

에노쉬의 기본적인 의미는 '인류'라는 의미의 '인간'이다. 만약 이 단어가 아나쉬(אָנַשׁ, 605, 약하다, 병들다)에서 파생되었다면 기본적인 강조점은 인간의 약함이나 필멸성에 있을 것이며, 이런 의미는 몇몇 문맥들, 특히 인간의 무가치함을 강조하는 문맥들(예: 시 8:4, 욥 7:17)에서 허용되는 의미일 것이다. 에노스는 셋의 아들이요, 아담의 손자이

---

247)　개역한글 성경, *op. cit.*, 창 4:26.
248)　분해대조 성경, *op. cit.*, 창 4:26
249)　김용환, *op. cit.*, p. 53.
250)　한성천. 김시열, *op. cit.*, p. 354.

며, 90세에 게난의 아버지가 되었다. 게난 외에 다른 아들들과 딸들을 두었으며 905세에 죽었다(창 5:6-11). 그의 출생 시 "사람들이 비로소 여호와의 이름을 불렀더라"라고 기록되어 있다(창 4:26). 몇몇 성경 주석가들은 이 구절이 성경에서 기도가 처음으로 언급하고 있다고 말한다. "그때에 사람들이 비로소 여호와의 이름이 불렀더라."그러나 우리는 인간이 타락한 이래하나님을 예배하고 그에게 기도한 것이 세상이 창조된 지 235년째인 에노스의 시대라고 하는 점에 동의할 수 없다. 우리의 첫 조상들은 자연스럽고도 본능적으로 하나님께 기도를 올렸다고 생각한다. 병들도 약하고 부패하기 쉬운 인간이니 절대자 하나님을 찾는 것이 지극히 당연한 일이다. 인간의 창조와 더불어 기도란 '창조주가 만들어 주신 하나의 본능'이다. 그런데 본 절에 나타난 기도는 개인 기도의 시작이 될 수 없으며, 아마도 사회적인 예배의 시작일 것이다. 에노스의 탄생과 더불어 사람들은 스스로의 나약함을 깨닫고 하나님 안에 피난처를 찾기 시작했으며, 자신들이 하나님을 두려워하고 그의 뜻에 따라 행하는 자들로 구별되기를 원했다. 전에는 알려지지 않았던 어떤 신성한 것이 여호와의 이름에 붙여지게 되었다.[251]

필자가 살펴보니 위 본문에서 '비로소'는 חָלַל(2490, 할랄)이라는 말이다. חָלַל(2490, 할랄)은 '상하다, 수치를 당하다, 더럽히다, 배반하다, 깨뜨리다, 살육을 당하다, 찌르다, 더럽힘을 받다, 꿰뚫다, 관통하다, 구멍을 내다, 모독을 받다'[252]의 뜻이 있다.

---

251) 이병철, *op. cit.*,

252) 김용환, *op. cit.*, p. 207.

메시야적 구절인 이사야 53:5에서는 "상하다"(KJV, marg, "고난 받다": JB, "뚫고 나가다": 한글개역, "찔리다")가 하나님의 때리심에 뒤따른다.[253]

할랄은 형용사 할랄(חָלָל, 2491)처럼 주로 사람들의 치명적인 상처를 의미하고 있다. 이 단어는 2회, 도망가는 뱀을 가리키며, 라합을 쳐서 죽이는 하나님의 행위와 병행된다(사 51:9, 욥 26:13). 메시야 구절인 사 53:5에서 "상함"(wounded)(KJV 난외주: "고통당한"(tormented), JB: "관통된"(pierced through)은 "하나님에게 맞으며"(사 53:4)다음에 나온다. 이 단어의 포엘형의 용법은 사 51:9의 용법과 유사하다. "칼에 의하여 관통된"(한글개역 - "칼에 살륙을 당한")을 참고하라(푸알형, 겔 32:26). 요 19:37("저희가 그 찌른 자를 보리라")은 슥 12:10로부터 인용한 것이나 이 성구는(일반적으로 천벌로) "치명적으로 관통하다"라는 또 하나의 동사(다카르)를 사용하고 있다.[254]

필자가 보니 본문에서 '불렀더라'는 קָרָא(7121, 카라)라는 말이다.

קָרָא(7121, 카라)는 '부르다, 선포하다, 소환하다, 읽다,의 뜻이며, 카라(동사)는 기본어근이며, '부르다, 선포하다, 소환하다, 읽다'[255]를 의미한다.

카라의 가장 두드러진 용법은 하나님의 이름을 부르는 것과 관계가 있다. 경건한 자들은 하나님을 계속 부름으로써 원죄의 존재를 인지하였다(창 12:8, 창 13:4, 시 116:2). 하나님은 이처럼 자신을 부

---

253) R. Laird Harris, et al., *op. cit.*, p. 361.

254) 이병철, *op. cit.*,

255) 김용환, *op. cit.*, pp. 610-611.

르는 모든 자에게 응답하신다(시 145:8). 참으로 언약의 백성(이방인을 포함하여, 왕상 8:43)에게는 그와 같이 기도하라는 가르침이 주어지며, 그들은 또한 하나님께서 저주를 역전시킬 것을 확신한다(사 55:6, 사 55:13). 그와 같이 하나님을 부르지 않으면 하나님의 진노를 받기에 합당하며(시 79:6) 그것이 정당하다(사 65:12). 말세에 하나님이 주권적으로 부르는 자들은 저주받은 이방인들이라 할지라도 하나님의 백성이 될 것이며(사 55:5), 그들은 그에게로 달려갈 것이다. 그는 바벨을 역전시킬 것이고 하나님의 부름을 받은 자들은 모두 하나의 순수한 언어로 그를 섬길 것이다(습 3:9). 그들이 부르기 전에도 그는 응답할 것이다(사 65:24). 따라서 에덴이 복원되며 저주는 완전히 폐기된다. 그러한 약속을 받은 이스라엘이 여호와의 부름을 거부했다는 사실은 얼마나 슬픈 일인가(사 65:12). 구원은 진정 여호와께 속한 것이다.[256]

에노스 때 사람들이 '주님의 이름을 부르기'(리크로 베쉠 야웨, לִקְרֹא בְּשֵׁם יְהוָה) 시작하였다는 보도에 주목해 봐야 한다. 새 번역은 그것을 하나님을 예배하였다는 뜻으로 해석하였다. 셋과 에노스 때부터 하나님을 예배하는 역사가 시작되었다는 것이다.[257]

따라서 본문도 셋의 자손들이 전능하신 하나님께 도움을 청하며 하나님의 은혜와 사랑을 찬양하기 시작한 사실을 묘사한 것으로 볼 수 있다. 물론 셋과 에노스 이전에도 아벨이 경건한 제사를 드렸으며 그 이전에 아담도 이미 하나님을 알고 하나님 앞에 나아갔을 것

---

256) 이병철, *op. cit.*,
257) 왕대일, *op. cit.*, p. 141.

이다. 그러나 보다 공식적으로 하나님께 기도하고 찬양하는 예배 양식이 도입된 것은 바로 셋의 시대에 이르렀을 때일 것이다.[258]

구약학자 나훔 사르나(Nahum Sarna)는 그것을 '기도하다'라는 뜻으로 읽었다.[259]

'부르다'라는 동사에는 '제유법'이 있다. 왜냐하면 그 말이 일방적으로 하나님에 대한 전체적인 예배를 함의하고 있기 때문이다. 그러나 여기서 종교는 원래 그것의 주요한 부분을 형성하는 것으로 지정되고 있다. 그것은 하나님이 경건과 믿음의 예배를 모든 제사보다 더 좋아하시기 때문이다(시 50:14). 하나님을 올바로 예배하는 이 주요한 점이 그대로 유지되지 않으면 우리가 제아무리 무더기로 하나님께 경배를 드리고 찬양을 드린다고 해도 전혀 무가치한 것이라는 사실이다.[260]

에노스가 주님의 이름을 불렀다는 것이 아니다. 에노스가 태어날 때부터 그 주변 사람들이 야웨의 이름을 불렀다는 소리이다. 셋이 살던 당시 사람들이 비로소 주님의 이름을 부르기 시작하였다는 보도의 이면에는 이 땅에 부는 바람이 새 바람이 되게 하고자 했던 에노스의 소망이 담겨 있다.[261]

그 당시 하나님이 비로소 다른 명칭으로 불리기 시작했다고 하는 것은 어리석은 공상이다. 왜냐하면 모세는 여기서 타락한 미신

---

258)　한성천. 김시열, *op. cit.*, p. 354.

259)　Nahum M Sarna, *Genesis. The JPS Torah Commennttary*, (Philadelphia: The Jewish Publication Sociity, 1989). p. 40 ; 왕대일, *op. cit.* p. 142에서 재인용.

260)　John Calvin, *op. cit.*, pp. 197-198.

261)　왕대일, *op. cit.* p. 143.

들을 비난하지 않고 다만 다른 사람들 가운데서 종교가 부패되고 소멸되고 있는 때에 경건하고 그리고 거룩하게 하나님을 예배하였던 한 가문의 경건한 사람들을 칭찬하고 있는 것이기 때문이다. 그리고 자녀들 몇 명과 함께 아담과 하와가 하나님을 진실하게 경배하는 자들이었다는 것은 의심의 여지가 없다. 우리는 신속하게 결론을 지을 수가 있으니 즉 셋은 하나님의 정직하고 신실한 종이었다는 사실이다. 그리고 셋이 자기와 같은 아들을 낳고 올바른 가정을 확립한 후에야 교회의 면모가 눈에 띄게 나타났던 것이다. 그리고 하나님을 경배하는 것이 자손들에게 계속될 수 있도록 신앙 전수가 확립 되었다.[262]

(2) 마할랄렐의 가정(מַהֲלַלְאֵל)

'마할랄렐'은 מַהֲלַלְאֵל(4111, 마할랄렐)[263]의 뜻이다. 마할랄렐은 4110과 410에서 유래했으며, '하나님께 찬양'을 의미하는 합성어이다. 마할랄렐은 게난의 아들로 언급되고 있다. 성경은 이 사실을 다음과 같이 말한다.

"게난은 칠십 세에 마할랄렐을 낳았고, 마할랄렐을 낳은 후 팔백사십 년을 지내며 자녀들을 낳았으며. 그는 구백십 세를 살고 죽었더라"[264]라고 하였다.

이것을 원문으로 보면 다음과 같다.

---

262)   John Calvin, *op. cit.* p. 198.
263)   김용환, *op. cit.*, p. 350.
264)   개역한글 성경, *op. cit.*, 창 5:12-14.

וַיְחִי קֵינָן שִׁבְעִים שָׁנָה וַיּוֹלֶד אֶת־מַהֲלַלְאֵל:

וַיְחִי קֵינָן אַחֲרֵי הוֹלִידוֹ אֶת־מַהֲלַלְאֵל אַרְבָּעִים שָׁנָה וּשְׁמֹנֶה מֵאוֹת שָׁנָה וַיּוֹלֶד בָּנִים וּבָנוֹת:

וַיִּהְיוּ כָּל־יְמֵי קֵינָן עֶשֶׂר שָׁנִים וּתְשַׁע מֵאוֹת שָׁנָה וַיָּמֹת:265)

מַהֲלַל(4110, 마할랄)은 '칭찬'의 뜻이며, 마할랄은 할랄(הָלַל, 1984)에서 유래했으며, '비치다, 자랑하다, 찬양하다, 찬송하다, 칭찬 받다, 송축하다, 칭송하다'266)를 의미한다.

אֵל(410, 엘)은 '하나님, 능력, 엘엘로헤 이스라엘, 신, 힘, 권능 자, 임마누엘, 강한 자, 벧엘'267)을 의미한다.

게난이 낳은 아들 '마할랄렐'은 '찬양', '감사'라는 뜻을 지닌 말 '마할렐'(מַהֲלַל)과 '하나님'을 나타내는 '엘'(אֵל)의 합성어로서 '하나님께 대한 찬양'이란 의미를 내포하고 있다. 이와 같은 이름은 앞장(창 4:16-20)에 나오는 가인의 후손의 족보에 등장하는 사람들의 이름이 인간의 교만과 자만을 드러내는 이름이었던 점과 대조된다. 즉 셋의 후손의 이름들은 그들의 경건한 신앙 상태를 드러내고 있다. 이 '엘'을 사용하여 이름을 짓는 것은 경건한 히브리 가문에서 흔히 사용하는 전통이 되었다(창 15:2; 민 1:14; 삼상 1:4; 왕상 17:1).268)

필자가 살펴본 대로 마할랄렐은 아담의 5대손이며 게난의 아들이다(창 5:12-17, 대상 1:2). 그는 그리스도의 조상 중 하나이다(눅 3:37). 그는 '하나님을 찬양한다'는 그의 이름에서 보듯이 그는 여호와를 바르

---

265) 분해대조 성경, *op. cit.*, 창 5:12-14.
266) 김용환, pp. 164-165.
267) *Ibid.*, pp. 37-38.
268) 강병도, *op. cit.*, p. 630.

게 경외하는 사람이었으며 그 온 가정이 여호와를 바르게 예배하는 가정으로 자녀들을 양육하며 신앙 전수를 하여서 가정교회를 이룬 사람이었다.

그는 육십 오세에 '야렛'을 낳았는데 '야렛'은 יֶרֶד(3382, 예레드)이며, 예레드는 야라드(יָרַד, 3381)에서 유래했으며, '내려오다, 강림하다, 엎드러지다, 숙이다, 복종하게 하다, 낮추다'[269]의 뜻이 있다.

필자가 살펴본 대로 이러한 이름의 뜻에서도 알 수 있듯이 강림하시는 하나님 앞에 숙이고 엎드려서 여호와 하나님만을 복종하며 그 앞에 자신을 낮추는 삶을 살았던 것이다. 이렇게 자녀들을 신앙교육하며 팔백 삼십 년을 지내며 '자녀들'(בֵּן, 1121 벤), 아들들(בָּנִים, 명사 남성 복수)과 בַּת(1323, 바트), 딸들(וּבָנוֹת:, 접속사-명사 여성 복수)을 낳았다고 했다. 이러한 중에 자녀들에게 신앙 전수를 하며 가정교회를 이루었다.

(3) 에녹의 가정(חֲנוֹךְ)

필자가 살펴보니 '에녹'은 חֲנוֹךְ(2585, 하노크)이다.

하노크는 חָנַךְ(2596, 하나크)에서 유래 되었으며, '훈련하다, 가르치다, 바치다, 봉헌하다, 낙성식을 행하다'[270]를 의미한다.

이 동사는 개인의 집이든(신 20:5), 종교적인 집이든(왕상 8:63) 간에, "집"을 목적어로 하여 드물게(5회) 사용된다. 이 동사는 보통 한글개역에서 "낙성식을 행하다"로 번역되지만 보다 정확한 번역은 "시작하다, 창시하다"이다. 잠언 22:6에서는 하나크 "가르치다"(어린 아이를 "훈

---

269) 김용환, *op. cit.*, pp. 285-286.

270) 김용환, *op. cit.*, pp. 215-216.

런시키다")로 번역된다.[271]

(a) 하나크는 '가르치다, 훈련하다'는 의미로 사용되었다(잠 22:6), "마땅히 행할 길을 아이에게 가르치라 그리하면 늙어도 그것을 떠나지 아니하리라", (b) 하나크는 '낙성식을 행하다'는 의미로 사용되었다. ① 새집을 짓고 낙성식을 행했다(신 20:5). ② 하나님의 전의 낙성식을 행하였으며(왕상 8:63, 대하 7:9), 낙성식 때에 수많은 희생제물이 졌다.[272]

חָנַךְ(2596, 하나크)는 "취임시키다"로 가장 잘 이해된다. 이 용어 자체 안에는 봉헌이 어떤 사람에 대한 것인지 또는 어떤 사물에 대한 것인지에 대한 개념이 없다.[273]

에녹은 셋의 후손으로 야렛의 아들이며, 므두셀라의 아버지이며 (창 5:6-18), 아담의 칠세손이다. 에녹은 65세에 므두셀라를 낳은 후부터 300년 동안 하나님과 동행했다. 하나님과 동행하였다는 것은 하나님과 영적 친교를 가지며 하나님의 명령과 뜻을 따라 하나님을 기쁘시게 하는 거룩한 생활을 하였다는 것을 의미한다.[274]

필자가 보니 '동행하며'는 הָלַךְ(1980, 할라크)이다.

할라크는 '동행하다, 가다, 오다, 돌아가다, 돌아오다, 따르다, 따라가다, 뒤따르다'[275]를 의미한다.

'동행하다'(הָלַךְ, 할라크)는 '걷다'란 기본 뜻을 가지며 '삶의 방식을 따

---

271) R. Laird Harris, et al., *op. cit.*, p. 377.

272) 이병철, *op. cit.*,

273) R. Laird Harris, et al., *op. cit.*,

274) 이병철, *op. cit.*,

275) 김용환, *op. cit.*, pp 163-164.

르다'(시 26:3; 잠 20:7)란 뜻도 있고 특히 본문처럼 전치사 '에트'(אֵת)와 함께 쓰일 때는 '성관계를 갖다'(욥 34:8; 잠 13:20)란 의미를 가질 수도 있다. 따라서 에녹이 하나님과 동행했다는 것은 하나님께서 원하시는 삶의 원리에 따라 마치 한 몸을 이룬 부부처럼 하나님과 매우 친밀하게 교제했음을 의미한다.[276]

다양한 문맥에서 그 문맥에 따라 '가다, 오다, 걷다, 떠나다, 나아가다, 계속하다, 지나가다, 행하다, 생활하다, 여행하다, (물이) 흐르다, 추방하다, 파괴하다, 돌아다니다, 함께 가다, 교제하다' 등 여러 가지 의미로 사용되었다.[277]

에녹은 그 선조인 셋과 그 후손인 노아 사이의 중간쯤에 자리 잡고 있다. 에녹의 앞뒤 사람들은 그냥 '누가 누구를 낳고 몇 세를 살다가 죽었다.'라는 방식으로만 소개된다. 그에 베해 에녹의 경우에는 '하나님과 동행하였다.'(봐이트할렉 하녹 에트-하엘로힘, וַיִּתְהַלֵּךְ חֲנוֹךְ אֶת־הָאֱלֹהִים)는 말이 두 번 연속해서 나온다(창 5:22, 24). '동행하였다'는 말만 두 번 나오는 것이 아니다. 몇 줄 안 되는 족보 문장 안에 하나님(엘로힘, הָאֱלֹהִים)의 이름이 세 번이나 연거푸 나온다. 다른 사람들에 대해서는 그가 몇 년간 살았다는 보도만 나오지만 에녹에 대해서는 그가 사는 동안 그에게 무슨 일이 있었는지를 적어 놓았다. 그런 틀에서 부각되는 문장이 바로 '에녹은 하나님과 동행하였다.'라는 말이다.[278]

---

276) 한성천. 김시열, *op. cit.*, p. 373.
277) 이병철, *op. cit.*,
278) 왕대일, *op. cit.*, p. 150.

에녹은 특별히 하나님과 함께 동행했다고 하는 것을 보면 그 시대의 많은 사람들 가운데 유독 존경과 찬사를 한 몸에 독차지했던 사람임을 알 수 있다. 모세가 사용하고 있는 언어는 마치 그가 인간의 부패로 넘어가지 않으려고 오직 하나님만을 존경하였다고 말한 것과 똑 같은 위력을 가지고 있다. 그래서 그의 눈 아래에 있는 것처럼 순수한 양심으로 정직을 개발할 수가 있었다고 말한 것과 같은 표현이다.[279]

에녹의 삶은 하나님의 뜻에 어긋나는 일을 찾아보기 어려울 정도로 완전에 가까웠을 것이다. 본문에 '할라크'가 암시하는 바와 같이 그는 하나님과 보조를 같이하였으며 하나님께서 빨리 가기를 원하실 때 빨리 가고 천천히 가기를 원하실 때는 천천히 가는 것과 같은 삶을 계속 유지하였을 것이다.[280]

그는 전도자였으며, 그의 생애의 두 가지 특징은 거룩한 생활과 영광스런 승천이었다. 성경은 이 변화의 이유나 방법에 대하여 말하지 않는다. 아마도 아들을 낳을 때 어떤 계시로 변화가 왔을 것이다. 그것은 '므두셀라'라는 이름의 의미에서 읽을 수가 있다.[281]

"므두셀라"라는 이름은 מְתוּשֶׁלַח(4968, 메두셀라흐) 므두셀라이며, 메두셀라흐는 마트(מַת, 4962: 사람)와 셀라흐(שָׁלַח, 7973)에서 유래했으며, '투창의 사람', '보낸다'[282]를 의미한다.

셀라흐(שָׁלַח, 7973)는 '보내다, 펴다, 들다, 훼방하다, 죽이다, 통보하

279)   John Calvin, *op. cit.*, p.p. 203-204.
280)   한성천.김시열, *op. cit.*, p. 373.
281)   John Calvin, *op. cit.*, p.. 204.
282)   김용환, *op. cit.*, p. 416.

다, 던지다, 내보내다, 던져버리다, 풀어주다, 쫓아 내보내다, 달아내리다, 보냄을 받다'[283]의 뜻이 있다.

어떤 학자들은 그 이름을 '그가 죽을 때에 그것을 보내리라'는 의미로 해석한다. 그것이 무엇인가? 바로 심판의 홍수이다. 므두셀라가 살아있을 때는 홍수가 임하지 않았다. 창 5장의 계보 연대를 계산해 보면 홍수는 정확히 므두셀라가 죽던 해에 시작되었다는 것을 알 수 있다. 그 해에 노아가 600세였다. '그가 죽는 날 홍수를 보내리라'가 곧 므두셀라의 이름의 의미이다. 에녹은 하나님의 계시에 따라 그의 아들을 므두셀라로 명명했다.[284]

에녹은 성경에 기록된 최초의 전도자로서 다가오는 심판에 대하여 전파했다. 에녹은 특히 하나님의 홍수 심판에 대한 계시에 의해 전도자가 되어 다가오는 심판에 대하여 전파했다고 생각할 수 있다. 유 1:14 유 1:15에 보면 "14 아담의 칠세손 에녹이 사람들에게 대하여도 예언하여 이르되 보라 주께서 그 수만의 거룩한 자와 함께 임하셨나니, 이는 뭇사람을 심판하사 모든 경건치 않은 자의 경건치 않게 행한 모든 경건치 않은 일과 또 경건치 않은 죄인의 주께 거슬러 한 모든 강퍅한 말을 인하여 저희를 정죄하려 하심이라 하였느니라"라고 하였다. 칼빈은 이것이 유대인들 중에 구전으로 전래된 에녹의 예언(유언)을 유다가 성령의 감동으로 썼다고 했다.[285]

에녹은 죽음을 보지 않고 승천했다. 에녹은 300년 동안 하나님과

---

283) *Ibid.*, pp. 678-679.

284) 이병철, *op. cit.*,

285) John Calvin, 존 칼빈 성경주석편찬위원회 편역, 칼빈성경주석, 유다서,(서울: 성서교재 간행사, 1980), p. 444.

친밀한 교제를 하며 동행했다. 그러나 어느 날 자취를 감추었고, 여기 세상에서는 찾아볼 수 없게 되었다.[286]

"믿음으로 에녹은 죽음을 보지 않고 옮기웠으니 하나님이 저를 옮기심으로 다시 보이지 아니하니라 저는 옮기우기 전에 하나님을 기쁘시게 하는 자라 하는 증거를 받았느니라"[287]라고 하였다.

이 본문을 다시 히브리어와 헬라어로 보면 각각 다음과 같다.

וַיִּתְהַלֵּךְ חֲנוֹךְ אֶת־הָאֱלֹהִים וְאֵינֶנּוּ כִּי־לָקַח אֹתוֹ אֱלֹהִים׃[288]

Πίστει Ἐνὼχ μετετέθη τοῦ μὴ ἰδεῖν θάνατον, καὶ οὐχ ηὑρίσκετο διότι μετέθηκεν αὐτὸν ὁ θεός. πρὸ γὰρ τῆς μεταθέσεως μεμαρτύρηται εὐαρεστηκέναι τῷ θεῷ·[289]

필자가 살펴보니 위 본문에서 '데려가시므로'는 לָקַח(3947 라카흐)이다.

לָקַח(3947 라카흐)는 '취하다, 따먹다, 데려가다, 택하다, 빼앗다, 불러오다, 빼어내다, 가져가다, 구원하다'[290] 등의 의미로 사용된다.

모세가 여기서 분명하게 선언하고 있는 것은 에녹은 비상한 방법으로 이 세상에서 데려감을 받았다고 했다. 그리고 그를 기적적인

---

286)　한성천.김시열, *op. cit.*, p. 373.
287)　개역한글 성경, *op. cit.*, 히 11:5.
288)　분해대조 성경, *op. cit.*, 창 5:24.
289)　*Ibid.*, 히 11:5.
290)　김용환, *op. cit.*, pp. 339-340.

방법으로 여호와께서 받아 주셨다고 선포하도 있다.[291]

필자가 보는 대로는 '옮기웠으니'는 μετατίθημι(3346, 메타티데미)이다. μετατίθημι(3346, 메타티데미)는 '옮기다, 떠나다, 바꾸다'[292]의 뜻이다. '기쁘시게 하는 자'는 εὐαρεστέω(2100, 유아레스테오)이다.

εὐαρεστέω(2100, 유아레스테오)는 '기쁘게 하다, 기쁘다, 기뻐하다'[293]를 의미한다.

에녹은 하나님과 동행하였으며 하나님을 기쁘시게 하는 자라는 증거를 받았다. 불경건한 세상에 살면서 경건 된 삶을 살면서 자녀들을 가르치며 봉헌하며 가정교회를 이루어 간 것이다. 자녀들에게 신앙 전수를 바르게 하며 하나님을 경외하며 경건 된 삶을 살면서 세상에 빛이 되시는 하나님을 나타내고 보여주는 가정교회를 이루며 사는 에녹을 하나님이 데려간 것이다. 요약하면 그의 승천은 평온한 것이었으며 기쁨에 넘치는 가운데 이 세상을 떠나가는 것이었다. 에녹은 교회의 일원이었기 때문에 그들이 다 함께 그리스도를 만나러 가서 그분을 머리로 전체 몸이 연합해야 되는 것이 필요했던 것이다.[294]

이 세상에서 죽음을 맛보지 아니한 사람은 선지자 엘리야와 전도자 에녹뿐이다. 에녹의 모습에서 보여주는 특별한 의의를 주는 말씀은 전기한 창 5:24이다. 여기에 암시된 사상은 하나님과 완전한 교제 때문에 그는 죽음을 맛보지 않고 하늘로 옮기어졌다는 것이다. 그

---

291)　John Calvin, *op. cit.*, p. 204.
292)　김용환, *op. cit.*, p. 1059.
293)　*Ibid.*, p. 953.
294)　John Calvin, *op. cit.*, p. 206.

래서 불멸에 관한 구약성경의 교리에 감화를 주었다(시 49:15 시 73:24). 이렇게 하나님이 에녹을 데려가셨다는 것은 이 세상 외에 다른 좋은 세계, 곧 하나님과 함께 사는 즐거운 세계가 있다는 것, 에녹이 육체를 가지고 그곳에 갔으니 그곳은 관념의 나라가 아니고 구체적이고 영화롭게 된 몸이 생활하는 실제적인 나라가 있다는 것을 보여준다. 에녹이 승천한 것은 믿음으로 하나님을 기쁘시게 한 결과이다. 그래서 죄인들 가운데 살고 있는 그를 하나님께서 데리고 가셨도다. 하나님께서는 그가 악에 물들어서 바른 이성을 잃지 않도록, 또 그의 영혼이 간교에 넘어가지 않도록 그를 데리고 가신 것이다… 짧은 세월 동안 완성에 도달한 그는 오래산 것과 다름이 없느니라… 그의 영혼이 주님의 뜻에 합당하였기 때문에 주님은 그를 악의 소굴에서 미리 빼내신 것이다.[295]

필자가 지금까지 살펴본 대로 에녹은 그 자신과 자녀들에게 신앙 전수를 통하여 경건한 가정을 이루었고 또한 가정교회의 본을 보여 주었다.

3) 거룩한 공동체의 모형인 방주(노아 방주 - תֵבָה)

필자는 셋과 마할랄렐 그리고 에녹을 통해서 경건한 신앙과 그 자녀들에게 신앙 전수를 통하여 가정교회를 이루는 모습을 살펴보았다. 이제 여기서는 한 걸음 더 나아가 하나님께서 노아를 통하여 계

---

295) 이병철, *op. cit.*,

획하시고 섭리하신 구원의 경륜을 살펴보기로 하겠다. 우선 하나님
의 아들들(베니 엘로힘)이 무엇인지 그리고 그 시대 상황과 하나님의
언약, 그리고 노아의 방주로 이어지는 과정을 통하여 거룩한 공동체
의 모습을 조명하기로 하겠다.

(1) 하나님의 아들들(베니 엘로힘, בְּנֵי־ הָאֱלֹהִים)

이 용어는 우선 창 6:1에 '사람이 땅 위에 번성하기 시작 할 때'라
고 하였다. 그 때에 "하나님의 아들들이 사람의 딸들의 아름다움을
보고 자기들이 좋아하는 모든 여자를 아내로 삼는지라."[296]라고 하
였다.

וַיִּרְא֤וּ בְנֵי־ הָֽאֱלֹהִים֙ אֶת־ בְּנ֣וֹת הָֽאָדָ֔ם כִּ֥י טֹבֹ֖ת הֵ֑נָּה וַיִּקְח֤וּ לָהֶם֙ נָשִׁ֔ים מִכֹּ֖ל אֲשֶׁ֥ר בָּחָֽרוּ׃[297]

필자가 보니 위 본문에서 '하나님의 아들들'(בְּנֵי־ הָאֱלֹהִים)에서 '아들'
이라는 말은 בֵּן(1121, 벤)이다.

בֵּן(1121, 벤)은 '자식, 아들, 자손, 인생, 조카, 족속, 동족, 서자, 아이,
맏아들, 손자, 생질, 현손, 후예'[298]의 뜻이 있다.

이 단어는 숙어로 사용되어 일반적으로 아이들을 통칭하거나 후
손, 즉 손자를 가리키기도 하며 나이나 날수를 표시하는데 사용되기
도 하고("난 지 팔일", 창 17:12), 어떠한 구성체에 속한 구성원을 가리키

---

296) 개역한글 성경, *op. cit.*, 창 6:2.
297) 분해대조 성경, *op. cit.*, 창 6:2.
298) 김용환, *op. cit.*, p. 96.

기도 한다("선지자의 아들들", 한글개역: "선지자의 생도들").[299]

하나님에게서 온 본래의 생명과 하나님의 형상은 아들을 통해서 전해진다(창 5:3, 창 9:6). 인간이 사회적으로 존속하는 것은 아들을 통해서이다(신 25:6, 삼하 18:18). 독자를 잃는 아픔은 이러한 가치에서 이해되어야 한다(창 22:2, 슥 12:10). 여자는 아이를 출산하는 데에서 큰 성취감을 느낀다(창 30:1, 삼상 1장, 시 113:9). 창세기에서부터 신약성경에 이르기까지 거듭 되풀이되는 주제는 자식 없는 부모에게 아들(벤)을 주겠다는 약속이다. 이런 기사들의 특징들에는 사자, 일반적으로 천사의 출현, 그 아들의 활동이나 이름에 관한 묘사를 포함하는 약속, 놀람 혹은 심지어 의혹적인 반응, 그리고 잉태와 탄생에 관한 보도가 포함된다(예, 창 12:2, 창 17:6, 삿 13:7, 왕하 4:16, 눅 1:13). 가장 두드러진 것은 이사야에게 하신 약속이다. "보라 처녀가 잉태하여 아들(벤)을 낳을 것이요"(창 7:14). 어떤 이들은 이것이 즉시 성취되었다고 주장하지만, 실제는 의심할 여지없이 예수 그리스도의 오심에서 성취되었다(마 1:23, 참조, 사 9:6).[300]

'벤'의 기본적인 의미를 살펴보았다. 그러면 '하나님의 아들들'은 누구를 가르키는가? '하나님의 아들들(the sons of God)'이 누구를 가리키는지에 대하여는 여러 주장이 있어 왔다. 먼저 이를 '지체 높은 집의 자녀들'로 보는 유대 랍비들의 견해가 있다(Onkelos, Aben Ezra, Symmachus). 이는 하나님으로 번역된 '엘로힘'이 때로 '재판장'(출 21:6)으로 번역되기도 하며 '왕들'(시 85:1, 6)을 가리키기도 한다는

---

299)　R. Laird Harris, et al., *op. cit.*, p. 142.

300)　이병철, *op. cit.*,

점을 염두에 둔 것 같다. 그러나 본문과 같이 엘로힘이 정관사 '하 (ה)'와 함께 쓰일 때는 유일하고도 참되신 하나님만을 가리키므로 이 주장은 신빙성이 없고 지지를 받지 못한다. 다음 '하나님의 천 사들'로 보는 견해가 있다(Phillo, Josephus, Clement, Luther, Delitzsch, Hengstenberg, Alford). 특히 70인역(LXX)이 본문을 '하나님의 천사들 (ἄγγελος τοῦ θεοῦ)'로 번역하고 있다. 이는 성경 가운데 '하나님의 아들'이 천사를 나타내는 경우가 있다는(욥 1:6, 2:1, 38:7) 사실에 근거 한 것이다.[301]

그러나 이러한 견해는 육체를 지니지 않은 순수한 영적 존재인 천 사가 육체를 지닌 여자와 결혼하여 자식을 낳았다는 것이 이치에 맞 지 않는다는 점에서 받아들일 수 없다. 이는 예수님의 말씀에서도 확인된다. "부활 때에는 장가도 아니 가고 시집도 아니 가고 하늘에 있는 천사들과 같으니라."(마 22:30). 그리고 만약 이 견해를 취한다면 노아 대 심판의 계기가 되는 것이 인류의 타락이 아니라 천사의 타 락 때문이며 이 세상의 역사는 인간 타락과 하나님의 구속의 역사가 아니라 천사 타락의 역사라는 모순도 발생한다. 마지막으로 경건한 셋의 후손을 가리킨다는 견해가 있다(Augustine, Jerome, Calvin, Keil, Lange, Murphy, Wordsworth). 이러한 사실은 경건한 자들을 '하나님의 자녀' 혹은 '하나님의 아들'로 부른 사례가 성경에서 많이 발견된다는 점에서 설득력이 있다(호 1:10, 마 5:9, 눅 20:26, 요 1:12, 롬 8:14, 고후 6:18, 갈 4:7, 빌 2:15, 요일 3:1 등).[302]

---

301) 한성천. 김시열, <u>옥스퍼드 원어성경대전, 창세기1</u>, (서울: 제자원, 2005), p. 388.
302) *Ibid.,*

칼빈은 말하기를 "셋의 후손들이 가인의 자녀들과 혼합되며 다른 망령된 인종들과 혼합되는 것은 그들로서는 가장 근본적인 배은망덕의 처사였다. 왜냐하면 그들이 자진해서 하나님의 측량할 수 없는 은혜를 박탈하게 했기 때문이다."[303]라고 하였다.

그리고 셋이 태어났을 때 그 아비 아담이 '하나님이 내게 … 주셨다'라고 고백한 점에서도 셋의 후손들이 하나님의 아들들이라고 불린 근거를 발견할 수 있다(창 4:25). 뿐만 아니라 셋은 에노스를 낳은 후 여호와의 이름을 부른 신앙인으로서 '하나님의 아들'로 불리기에 합당한 자였을 것이다(창 4:26). 그러나 가장 결정적 근거는 셋은 하나님이 직접 아벨 대신 택한 구원의 혈통이었다는 점이다.[304]

필자는 이제 좀 더 구체적으로 원어적인 의미를 살펴보기로 하겠다.

'하나님의 아들들'은 '베니 엘로힘'으로 나타난다. בְּנֵי הָאֱלֹהִים(베니 엘로힘)의 이 히브리어는 각각 그 고유의 숫자를 지니고 있는데 게마트리아 숫자 값을 나타내고 있다. 이것을 살펴보면, י (10) + נ (50) + ב (2) = 62 / מ (40) + י (10) + ה (5) + ל (30) + א (1) + ה (5) = 91이다. 결국 153이라는 숫자가 나타나는데 이것은 구원받은 하나님의 아들들을 상징하는 수의 값이 된다.[305]

부활하신 예수님께서 베드로에게 "그물을 배 오른편에 던지라"(요 21:6)에 말씀하셨고 그 말씀에 의지하여 잡은 물고기 숫자가 153마리였다(요 21:11). 153마리는 구원받은 하나님의 아들들을 상징하는 수

---

303) John Calvin, *op. cit.*, p. 211.
304) 김시열. 한성천 *op. cit.*, p. 388.
305) 이성호, *op. cit.*, p. 4.

의 값이 된다. 교회를 말하고 열매를 상징하고 있는 것이다. 그물 안에 있는 153마리의 물고기는 구원받은 백성을 상징한다. 혹시 그물이 찢어져서 내 자녀 내 백성을 잃어버리거나 세상으로 흘려보내지 않겠다는 것을 의미한다. 하나님의 계획안에 있는 백성의 구원이 취소되지 않는 것을 의미하는 것이다. 셋의 경건한 후손들 즉, 구원받은 하나님의 백성들이 곧 '하나님의 아들들' 인 것이다.[306]

하나님의 아들은 경건한 신앙인을 가리킨다. 사람의 딸은 세상의 여인을 가리킨다.[307]

이러한 '하나님의 아들들'이 범죄하고 타락하게 된 것이다. 모세는 여기서 보다 분명하게 그들의 정욕의 난폭한 격렬성을 묘사하고 있다. 그는 그것에 대하여 "자기들의 좋아하는 모든 자로 아내로 삼고"라고 표현함으로 시사해주고 있다.[308]

(2) 무지개 언약(קֶשֶׁת)

토라에서 "노아흐"(נֹחַ)에 해당하는 부분은, 세상 속에 살고 있는 사람들의 사악함과 타락함으로 인해 하나님께서 홍수로 지구를 심판하시기로 결정하시고 그리고 심판을 행하신 이야기이다. 이 심판으로 인하여 세상에는 노아라는 이름을 가진 한 사람, 즉 하나님의 은혜를 받은 사람이며, 당대에 의로운 자라 불리 운 사람(창 6:8, 9)과 그의 가족들, 그리고 지상에 있는 모든 종류의 짐승 중 몇 쌍씩만이 생

---

306) *Ibid.,*
307) 왕대일, *op. cit.,* p. 182.
308) John Calvin, *op. cit.,* p. 212.

존하게 되었다.[309]

노아 홍수의 원인을 묘사하는 대목을 읽다 보면 매우 의아한 대목이 나온다. 사람의 죄악도 언급되어 있지만 이보다는 '땅'이 여러 번 반복되면서 '땅의 부패'를 오히려 더 강조하는 것처럼 보이기 때문이다.[310]

창 6:11, 12, 13, 17을 보면, 짧은 본문 안에 무려 '땅'(ארץ 에레츠)이 10번이나 반복되어 있다. 이렇게 땅을 여러 번 집중 반복하는 이유는 무엇일까? 하나님께서는 땅이 부패했기 때문이라고 그 이유를 명시하신다. 도대체 땅(ארץ 에레츠)이 '부패하였다'(שחת 7843, 샤하트)는 것은 무슨 뜻일까? 물론 '모든 혈육 있는 자'의 행위가 부패했다고 바로 뒤에 밝히고 있긴 하지만(창 6:13), 굳이 '땅'이 부패했다고 두 번이나 언급하는 이유는 무엇인가? 홍수의 원인은 '땅의 부패'라는 것을 강조하기 위해서이다.[311]

그리하여 여호와께서 땅 위에 사람 지으셨음을 한탄하시고(וינחם) 마음에 근심하신(ויתעצב) 결과, 모든 피조물을 지면에서 쓸어버리기로(אמחה) 결정하셨다(창 6:6-7, 13).

이제 인간이 범죄 함으로 그 땅까지 부정하게 만들었으며 인간이 풍부하게 넘치는 모든 것을 부패하게 만들어 지독하게 더럽혔기 때문에 여호와께서도 인간에게 내리신 형벌에 대한 기념비를 거기에 놓으시려고 계획하셨다.[312]

---

309) 변순복, 시내산에서 들려오는 거룩한 음성. 토라(삶), (서울: 도서출판 대서, 2010), p. 183.

310) 김지찬, 너와 네 온집은 방주로 들어가라:노아 언약의 신학적 이해, (서울: 생명의 말씀사, 2019), p. 129.

311) *Ibid.*,

312) John Calvin, *op. cit.*, p. 224.

7절의 אֶמְחֶה(쓸어버리겠다)는 단어의 동사 מָחָה(4229, 마하-to destroy)이다.

מָחָה(4229, 마하)는 '쓸어버리다, 빨아 넣다, 지워버리다, 끊어지게 하다, 씻기다'[313]의 뜻이다.

"하나님이 노아에게 이르시되 모든 혈육 있는 자의 강포가 땅에 가득하므로 그 끝 날이 내 앞에 이르렀으니 내가 그들을 땅과 함께 멸하리라."[314]

וַיֹּאמֶר אֱלֹהִים לְנֹחַ קֵץ כָּל־בָּשָׂר בָּא לְפָנַי כִּי־מָלְאָה הָאָרֶץ חָמָס

מִפְּנֵיהֶם וְהִנְנִי מַשְׁחִיתָם אֶת־הָאָרֶץ:[315]

필자가 보니 '멸하리라'는 שָׁחַת(7843 샤하트, to destroy, to ruin)라는 말이다.

שָׁחַת(7843 샤하트)는 '부패하다, 설정하다, 멸망하다, 멸하다, 더럽히다, 헐어버리다, 깨어지다, 진멸하다, 파괴하다, 더러워지다'[316] 등의 의미를 지닌다.

동사 שָׁחַת(7843 샤하트)의 다양한 용법들은 한결같이 여호와께 대한 인간의 사악한 행위에 대한 여호와의 심판을 가리키는 것으로서 여호와의 강력한 전쟁 의지를 보여주고 있다. 여기에서 이미 진멸 사상(חֵרֶם, 헤렘)이 나타나고 있다. 그 방법은 한 국가 및 광범위한 지역의 황폐화(창 9:11, 13; 수22:33; 삼하 24:16; 렘 12:10) 성벽이나 도시의 파괴(창

---

313)   김용환, *op. cit.*, p. 359.
314)   개역한글 성경, *op. cit.*, 창 6:13.
315)   분해대조 성경., *op. cit.*, 창 6:13.
316)   김용환, *op. cit.*, pp. 667-668

13:10; 겔 26:40), 육체적 상해 또는 개인이나 집단적 살해(출 21:26; 삼하 1:14; 창 6:17, 9:15; 민 32:15; 사 14:20) 등으로 시행되었다.[317]

즉 대홍수를 통한 여호와의 전쟁은 땅에 있는 모든 호흡하는 피조물의 죽음이다(창 6:17). 동사 שָׁחַת의 다양한 용법들은 한결같이 여호와께 대한 인간의 사악한 행위에 대한 여호와의 심판을 가리키는 것으로서 여호와의 강력한 전쟁 의지를 보여주고 있다.[318]

노아 홍수 심판에서 이미 진멸 사상(חֵרֶם, 헤렘)이 나타나고 있다.[319]

방주에 들어가지 못한 악한 세대들은 남녀노소 무론하고 모두 쓸어버림을 당하였다. 하나님의 백성으로 구원받지 못한 사람은 그 누구라도 모두 진멸의 대상이 된다. 여호와의 전쟁은 대개 그 적대 세력의 죽음으로 일단락된다. 그러나 홍수 이전 노아와 체결하신 여호와의 언약(בְּרִית)은 노아 일가족의 구원이었다. 이 상반되는 삶과 죽음의 긴장 관계가 여호와의 전쟁의 속성을 잘 보여준다고 할 수 있다. 피조물들이 그들의 사상과 계획이 하나님의 계획과 의도를 거스름으로 인하여 멸해버리겠다고 선언하는 창조와 종말, 삶과 죽음의 대립되는 구조를 발견할 수 있다. 노아의 방주는 아라랏산에 머물렀다(창 8:4).[320]

그 방주는 노아의 의지와 상관없이 하나님의 뜻이 있어서 아라랏산에 멈추게 했다. 아라랏, אֲרָרַט(780, 아라라트) 거룩한 땅의 뜻이며, '아

---

317) 이병철, *op. cit.*,

318) R. Laird Harris,(eds), 번역위원회 옮김, <u>구약원어신학사전(上)</u>, (서울: 요단출판사, 1986), p. 1077.

319) 이병렬, <u>히브리민족의 원역사</u>, (서울: 페트라 성경원어 연구원, 1986), p.178.

320) *Ibid.*,

라라트'는 אָרַר(779, 아라르)로 '저주하다', '저주받다', '묶다', '제지한다'의 뜻을 지닌다.[321]

이성호 교수는 다음과 같이 말하였다. "아라랏산은 터키 동북부 5137m의 높은 산입니다. 이 높은 곳에 갖다 놓으신 이유는 무엇입니까? 예수 그리스도를 상징합니다. 그 방주는 아라라트에 있는 한 산에 멈춥니다. 장소를 지정하여 기록했다는 것은 분명한 의도가 있습니다. 아라라트의 뜻은 저주한다는 뜻과 묶는다는 뜻입니다. 그래서 방주가 아라라트산에 멈추었다는 것은 신약에 장차 오실 예수 그리스도께서 고난과 저주를 담당하시어 오직 예수 그리스도 한 분으로 묶어놓으셨다는 예표입니다. 방주 안에 있는 노아의 8명이 살아나듯이 예수 안에 있는 자들이 영생을 얻는다는 상징적 의미를 말씀하고 있습니다. 그래서 그 안에 있는 자는 거룩한 땅이며 땅은 여호와의 기업이며, 그 기업은 거룩한 백성을 상징하고 있습니다. 저주받은 땅에 방주가 멈추므로 거룩한 땅으로 회복되는 것을 상징하고 있습니다."라고 하였다.[322]

창 9:12-13의 원문을 보면 다음과 같다.

וַיֹּאמֶר אֱלֹהִים זֹאת אֽוֹת־הַבְּרִית אֲשֶׁר־אֲנִי נֹתֵן בֵּינִי וּבֵינֵיכֶם וּבֵין כָּל־נֶפֶשׁ חַיָּה אֲשֶׁר אִתְּכֶם לְדֹרֹת עוֹלָם:

אֶת־קַשְׁתִּי נָתַתִּי בֶּעָנָן וְהָיְתָה לְאוֹת בְּרִית בֵּינִי וּבֵין הָאָרֶץ:[323]

---

321)   최현기, *op. cit.*, p. 51.

322)   이성호, 나도 원전설교 할 수 있다, "아라라트 산"(창 8:4-5), (서울: 도서출판 헤세드. 2017), p. 2.

323)   분해대조 성경, *op. cit.*, 창 9:12-13.

하나님이 가라사대 내가 나와 너희와 및 너희와 함께 하는 모든 생물 사이에 대대로 세우는 언약의 증거는 이것이라 내가 내 무지개를 구름 속에 두었나니 이것이 나의 세상과의 언약의 증거니라.[324]

필자가 배운 대로는, 노아와 세운 언약은 그의 백성들과 모든 생물 사이에 영원히 세우는 언약의 증거(אות ברית)라고 하였다. '대대로'라는 말은 עוֹלָם(5769, 올람)이다.

עוֹלָם(5769, 올람)은 '영원, 고대, 영원무궁, 영영히, 언제든지, 영구히, 영원토록, 오랫동안, 무궁히, 변하지 아니하다, 영구하다, 장구하다'[325]의 뜻을 지닌다.

עוֹלָם(5769, 올람)은 아주 먼 미래로의 무한한 연속성을 가리키기 위하여 무려 300회 이상 사용되었지만, 그 의미가 항상 미래에 국한되는 것은 아니다. 이 단어가 명확하게 과거를 지칭하는 경우가 최소한 20호이다. 이러한 용법은 일반적으로 오래전의 일(그러나 무한한 과거는 아닌)을 가리킨다. 이 영원은 시간적인 기간을 의미한다. 예수 그리스도가 오시고 십자가에서 저를 믿는 백성들을 위하여 대속하시는 그 순간부터 다시 오시는 그 순간까지 영원을 의미하는 것이다. 그 시간 동안 하나님의 언약은 변치 않고 그의 백성들이 이 언약을 믿고 인내하도록 만세 전에 계획하신 하나님의 섭리이다.[326]

필자가 보니 '언약'은 בְּרִית(1285, 베리트)라는 말이 사용되었다.

בְּרִית(1285, 베리트)는 '언약, 계약, 약조, 조약, 서약, 동맹하다'[327]의 뜻

---

324) 개역한글 성경, *op. cit.*, 창 9:12-13.
325) 김용환, *op. cit.*, pp. 499-500.
326) R. Laird Harris,(eds), *op. cit.*, p. 837.
327) 김용환, *op. cit.*, p. 109.

을 지닌다.

בְּרִית(1285, 베리트)는 בָּרָה(1262, 바라)에서 유래했으며, '잘게 자르다, 선택하다, 먹다, 택하다, 먹여주다, 삶아 먹다'[328]의 뜻이다.

"이 언약은 인간이 이 땅에 존재하는 동안에 계속적으로 약속된 생명 계약입니다. '베리트'라는 명사 앞에 ה를 사용하여 말하고 있습니다. 이 언약의 그는 무지개로 약속한 언약입니다. 다시 말해 십자가에서 대속물로 하나님께서 지정하신 예수 그리스도 한 분을 의미하는 것입니다. 이 언약은 하나님께서 일방적으로 정하시고 지정하신 언약입니다. 인간이 바꿀 수 없는 노아와 무지개로 계약된 것입니다. 인간의 약속은 한계가 있지만, 하나님의 언약은 영원토록 지속되는 것입니다."[329]라고 이성호 교수가 말하였다.

무지개는 קֶשֶׁת(7198, 케세트) '활'의 뜻이며, '케세트'는 קוּשׁ(6983, 코쉬)에서 유래했으며, 덫을 놓다, 올무로 잡다,[330]의 뜻이다.

'무지개'라고 번역된 히브리어 '케세트'(קֶשֶׁת)는 전쟁 무기나 사냥도구로 사용하는 '활'이란 사실을 알아야 한다. 학자들에 의하면 '케세트'(קֶשֶׁת)는 구약 성경에서 모두 76번 정도 나오는데, 72번은 명백하게 전쟁 무기나 사냥도구인 '활'을 가리킨다고 한다.[331]

이성호 교수는 말하기를, "히브리인들에게 무지개는 활을 뜻합니다. 활은 무지개와 같은 모양을 하고 있으며, 전쟁에서 사용되는 도

---

328) *Ibid.*, p. 107.

329) 이성호, <u>나도 원전설교 할 수 있다. 설교Ⅱ권, "무지개 언약을 기억하라"</u>, (서울: 도서출판 헤세드, 2017), p. 178.

330) 김용환, *op. cit.*, p. 600

331) 김지찬, *op. cit.*, p. 484.

구이며, 짐승을 잡는 살생 도구입니다. 다시는 사람을 죽이거나 숨 쉬는 동물을 살생하지 않겠다는 언약을 의미합니다. '케세트'의 어근 은 '코쉬'(קוֹשׁ, 6983)에서 왔는데 히브리인들의 개념은 무지개는 '덫'이라 는 올무의 개념을 가지고 살아왔습니다. 올무는 동물을 잡기 위하 여 놓은 덫을 의미합니다. 그 덫을 놓은 사람은 올무가 되지 않습니 다. 그러나 반대로 덫을 놓은 장소와 의미를 모르는 사람에게는 올 무가 되어 생명을 잃어버리게 될 수 있습니다. 그러나 이 올무의 비 밀을 아는 자에게는 절대로 덫이 되지 않습니다. 무지개는 예수 그 리스도를 예표하고 있습니다. 이 무지개의 언약 상징을 아는 자에게 는 생명이 되지만, 믿지 않고 모르는 자에게는 그 무지개가 덫이 되 어 마지막 주님이 오시는 날에는 그의 심판을 피해갈 수 없음을 의 미하는 것입니다."[332]라고 하였다.

노아 시대의 홍수 사건은 하나님의 뜻에 정면 도전하는 죄악에 대 한 여호와의 전쟁의 고전적인 표상이라고 할 수 있다.[333]

필자가 살펴본 대로 하나님은 범죄 한 자들을 심판하시기 위해서 홍수 심판을 계획하셨고 경건하고 의로운 삶을 살던 노아와의 무지 개 언약을 체결하신 것이었다.

(3) 거룩한 공동체의 모형인 노아 방주(תֵּבָה)

필자는 이 주제의 중심에 노아가 있었다는 것을 보면서 하나님께 서 홍수 심판을 계획하시면서 특별히 부르신 사람이 노아와 그 가정

---

332)　이성호, *op. cit.* pp. 178-179.
333)　윤용진, <u>여호와의 전쟁 신학</u>, (서울: 도서출판 그리심, 1998), p. 306.

이었다. 우선 하나님의 선택을 받은 노아를 살펴보기로 하겠다.

라멕이 아들을 낳은 후 이름을 노아라 하여 가로되, "여호와께서 땅을 저주하시므로 수고로이 일하는 우리를 이 아들이 안위하리라"[334]고 하였다.

וַיִּקְרָא אֶת־שְׁמוֹ נֹחַ לֵאמֹר זֶה יְנַחֲמֵנוּ מִמַּעֲשֵׂנוּ וּמֵעִצְּבוֹן יָדֵינוּ מִן־הָאֲדָמָה אֲשֶׁר אֵרְרָהּ יְהוָה:[335]

'노아'는 נֹחַ(5146, 노아흐), 노아흐[336]의 뜻이다.

노아흐(נוּחַ, 5117)에서 유래했으며, '머물다, 평안함을 얻다, 동맹하다, 앉다, 강림하다, 안식하다, 평안하게 하다, 내려놓다, 안식, 평강, 평안, 태평'[337] 등의 뜻이 있다.

노아는 아담의 10대 후손이며(창 5:28 이하), 홍수 기사의 영웅이며(창 6:11-9:19), "여호와께 은혜를 입은" 탁월한 의인이다(창 6:9 창 7:1 겔 14:14 창 14:20). 또한 그는 "포도나무를 심고" 경작한 최초의 사람이다(창 9:20). 이 모든 것은 그가 태어날 때 그의 아버지 라멕이 "여호와께서 땅을 저주하시므로 수고로이 일하는 우리를 이 아들이 안위하리라"(창 5:29)고 한 예언의 성취임이 분명하다. 그의 아내와 세 아들 및 세 며느리와 함께 그는 하나님의 명령대로 그가 건조한 방주를 타고 홍수에서 살아남았고 홍수 이후의 새 세계의 조상이 되었다. 노아는 라멕의 아들이며(창 5:28 창 5:29), 셈, 함, 야벳의 아버지이다(창 5:32). 그

---

334)　개역한글 성경, *op. cit.*, 창 5:29.
335)　분해대조 성경, *op. cit.*, 창 5:29.
336)　김용환, *op. cit.*, p. 436.
337)　*Ibid.*, pp. 432-433.

는 패역한 시대에 살았으며, 그 시대에서 하나님의 특별한 은혜를 입었다(창 6:1-13). 그는 방주를 만들라는 명령을 받고 그대로 준행했으며(창 6:14-22), 120년 동안 심판을 경고하고 의를 전파했다(창 6:3 참조: 벧후 2:5). 그는 하나님의 심판인 홍수가 났을 때 그의 가족과 짐승들과 함께 방주에 들어가 구원을 받았다(창 7:6-8). 노아는 홍수에서 구원을 받은 후 여호와께 제단을 쌓고 번제를 드렸다(창 8:20). 하나님이 노아와 더불어 언약을 세워 다시는 모든 생물을 홍수로 멸하지 않을 것이라고 약속하셨다(창 9:11 창 1-19). 노아는 농업을 시작하여 포도 재배를 하고 포도주를 마시고 취하였다(창 9:20 창 9:21). 노아는 이 사건과 관련한 아들들의 행위에 따라 그들에게 저주와 축복을 선언했다(창 9:22-27). 노아는 950세에 죽었다(창 9:29).[338]

노아는 의인이었고 당대에 완전한 자였으며 하나님과 동행 하는 자였다고 한다.

창 6:9를 보면, "이것이 노아의 족보니라 노아는 의인이요 당대에 완전한 자라 그는 하나님과 동행하였으며"[339]라고 하였다.

이것을 히브리어 원문으로 보면 다음과 같다.

אֵלֶּה תּוֹלְדֹת נֹחַ נֹחַ אִישׁ צַדִּיק תָּמִים הָיָה בְּדֹרֹתָיו אֶת־הָאֱלֹהִים הִתְהַלֶּךְ־נֹחַ:[340]

필자가 보니 위 본문의 '완전한 자'는 תָּמִים(8549, 타밈)이다. תָּמִים(8549

---

338)   이병철, *op. cit.*,
339)   개역한글 성경, *op. cit.*, 창 6:9.
340)   분해대조 성경, *op. cit.*, 창 6:9.

타밈)은 형용사 남성 단수로 '완전한, 흠 없는, 건전한'[341]의 뜻이다.

타밈(형용사)은 타암(ִָּם, 8552)에서 유래했으며, '완전한(complete), 흠 없는, 온전한(whole), 건전한, 정상적인(sound)'를 의미한다.[342]

이 용어는 구약에 모두 13회 사용되어 있는데 그중 9회가 "완전한"으로 번역되어 있으며, 또한 그 대부분이 욥을 서술하는 용어로 사용되어 있다. 이 용어는 "타락하지 않은, 정직한"을 의미하기도 한다.[343]

타밈은 제물에 관해 흠 없는(완전한) 동물들을 가리키는 데 사용되었다(출 12:5, 출 29:1, 레 1:3, 레 3:1, 레 4:23 등). 타밈은 이스라엘의 희생 제물이 될 수 있는 조건을 규정할 때 사용한다. 즉 이스라엘의 희생 제물은 흠이 없는 것이어야 했으며, 하나님의 점 없는 어린양 그리스도의 모형이기 때문에(벧전 1:19) 하나님께 열납 될 수 있도록 그 점에서 완전한 것이어야 했다(레 22:21-22). 타밈은 '완전한, 온전한, 정직한, 완벽한' 등과 같은 관련 형용사로 사용되었다. 타밈은 인간이 도달해야 할 하나님의 표준을 나타낸다(신 18:13, 신 32:4, 삿 9:16 등). 아브라함은 타밈 하라는 명령을 받았다(창 17:1, "완전하라"). 모든 이스라엘 백성들도 그러했다(신 18:13, 참조: 삼하 22:23, 시 101:2a, 시 101:6). 이스라엘 백성은 하나님 앞에 완전해야 했다. 타밈한 말(암 5:10)은 "진실과 사실에 일치하는 완전한 말"이다. 가장 완전한 의미에서 완전한 것은 여호와의 행동(신 32:4, 삼하 22:31=시 18:30)과 여호와의 법이다(시 19:7).[344]

---

341) 김용환, *op. cit.*, pp. 721-722.
342) 이병철, *op. cit.*,
343) R. Laird Harris,(eds), *op. cit.*, p. 1219.
344) 이병철, *op. cit.*,

이처럼 노아는 완전한 자라고 불렸다. 노아는 당대에 흠이 없던 사람이다(타밈 하야 베로타브, תָּמִים הָיָה בְּדֹרֹתָיו). 노아 시대는 가인의 후예와 셋의 후예가 서로 얽히고 섞인 시대였다. 그만큼 소란스러웠다. 그만큼 혼돈스러웠다. 그런 시대를 살고 있었는데도 노아에게는 흠이 없었다. 창 6:9의 구문에서 볼 때 흠이 없다는 말은 노아가 의인이었다는 구절을 소극적으로 풀이하는 구실을 한다. 완전하다는 말은 그 반대로, 의롭다는 말을 적극적으로 해석한 결과를 담아낸 표현이다.[345]

그 당시에는 하나님을 경배하는 한 모임이라도 찾아 볼 수가 없었으니 노아를 제외하고는 거룩을 추구하는 자는 한 사람도 없었다.[346]

노아는 하나님과 동행하였다(창 6:9). 다른 말로는 '하나님과 함께 노아가 계속 걸었다.'(에트-하엘로힘 히트할레크-노아, אֶת־הָאֱלֹהִים הִתְהַלֶּךְ נֹחַ) 히브리어 구문에서 이 문장은 단 두 글자이다. 히브리어 전치사 '에트'(אֶת)와 하나님(אֱלֹהִים)이 '하이픈'(히브리어 문법 용어로는 Maaqqep)으로 연결되어 있는 모습에 주목해야 한다. 히브리어 동사 히트할레크(הִתְהַלֶּךְ, 계속 걷다)에 노아(נֹחַ)가 하이픈으로 연결되어 있는 모습도 눈여겨보아야 한다. 하이픈은 두 단어를 하나로 연결해서 읽으라는 문법적 주문이다. 노아의 걷기(히트할레크-노아, הִתְהַלֶּךְ נֹחַ)는 하나님과 함께하기(에트-하엘로힘, אֶת־הָאֱלֹהִים)였다.[347]

---

345)   왕대일, *op. cit.*, p. 214.
346)   John Calvin, *op. cit.*, p. 227.
347)   왕대일, *op. cit.*, p. 216.

그는 '하나님과 동행하였다' 고하였다. 그 표현은 모세가 이전 장에서 거룩한 조상 에녹에 대하여 설명할 때에 사용했던 말이기도 한 더할 나위 없는 최고의 표현이다.[348] 이러한 삶을 살던 노아에게 하나님은 방주를 지르라고 하셨다.

"너는 코페르나무로 너를 위하여 방주를 만들되 그 안에 칸들을 막고 역청을 그 안팎에 칠하라."[349]라고 하였다.

이것을 다시 원문으로 보면 다음과 같다.

עֲשֵׂה לְךָ תֵּבַת עֲצֵי־גֹפֶר קִנִּים תַּעֲשֶׂה אֶת־הַתֵּבָה וְכָפַרְתָּ אֹתָהּ מִבַּיִת וּמִחוּץ בַּכֹּפֶר:[350]

필자가 본 바로는 '코페르나무'는 כֹּפֶר(3724, 코페르)라는 단어를 사용하였다.

כֹּפֶר(3724, 코페르)는 '속죄금, 속전, 마을, 대속물, 보상, 고벨화, 뇌물, 칠하다, 갚다'[351]의 뜻이다.

코페르는 כָּפַר(3722, 카파르)에서 유래했으며, '칠하다, 속죄하다, 알다, 용서하다, 마치다, 속량하다, 풀다, 속죄하게 하다, 사하다, 속죄제, 속죄물'[352]의 뜻이다.

카파르(동사)는 기본어근이며, (a) '덮다, 가리다(cover), 진정시키다, 달래다(pacify), 화해하다(make reconciliation)', (b) '역청으로 위에 칠하

---

348)　John Calvin, *op. cit.*, p. 227.

349)　개역한글 성경, *op. cit.*, 창 6:14.

350)　분해대조 성경, *op. cit.*, 창 6:14

351)　김용환, *op. cit.*, p. 319.

352)　*Ibid.*, p. 318

다(cover over with pitch)'를 의미한다.[353]

모든 이스라엘 사람은 성소에서 예배를 드릴 때에 반 세겔의 속전을 드려야만 했다(출 30:12). 애굽은 하나님 앞에서 이스라엘의 회복을 위한 "속량물"로 주어 졌다(사 43:3). "속량하다"(ransom)라는 단어는 시편 49:7에 나오는 "구속하다"라는 단어의 상당어이다.[354]

코페르('속량, 속전')의 의미에서부터 카파르의 의미가 보다 더 잘 해설된다. 이 단어의 의미는 '대용물을 드림으로 속죄하다'라는 뜻이다. 이 용법의 대부분은 제사장이 희생제물의 피를 뿌리는 의식과 관련되며, 이때 이 단어들은 경배하는 자를 "속량하다"라는 의미로 쓰인다. 레위기에서 49회의 실례는 이런 의미로 쓰이며 다른 의미는 입증되지 않는다. 이 동사는 '선물로 달래다'라는 관련 의미가 나타나는 창 32:20, 잠 16:14, 사 28:18을 제외하고는 항상 죄 혹은 불경한 것의 제거와 관련하여 사용된다. 이 단어가 구약성경에서 화해의 신학을 적절하게 예증한다는 것은 명백하다. 특별히 피로 상징화되는 희생 동물의 생명은 예배자의 생명의 대용에서 요구된다. 구약성경의 신학에서 동물의 희생 제사는 목축하는 사람들에 의하여 하나님께 드리는 감사의 표현만이 아니었다. 그것은 죄 없는 생명이 죄 있는 생물을 대신하는 상징적인 표현이다. 이 상징은 예물을 드리는 자가 자기희생 제물의 머리에 손을 얹고 그 동물에 대해 자신의 죄를 고백하고(참조: 레 16:21, 레 1:4, 레 4:4 등). 그런 후 그 동물을 죽이거나 혹은 속죄의 염소로 내보내는 행위에 의하여 명백하게 드러

---

353)　이병철, *op. cit.*,
354)　R. Laird Harris,(eds), *op. cit.*, pp. 559-560.

난다.[355]

노아가 만들 방주의 재료는 바로 십자가의 보혈로서 정결하게 죄 씻음을 받고 가리움을 받게 되는 코페르나무가 되는 것이다.[356]

필자가 살펴본 대로 결국 이 코페르나무는 우리 죄를 속죄하면 가려주시고 덮어주시는 예수 그리스도의 십자가의 보혈을 예표하고 있는 것이다.

하나님께서 노아에게 지으라고 명령하신 '방주'는 תֵּבָה(8392, 테바)라는 말이다.

תֵּבָה(8392테바)는 '방주, 갈 상자, 상자'[357] 뜻이 있다.

방주는 상자이다. 하나님이 노아에게 짓게 하신 방주(테바, תֵּבָה, 창 6:14)는 상자이다. 배이기 전에 그냥 상자이다.[358]

구약성경에서 이 단어는 28회 나오며, 노아 '방주'와 모세를 담아 두었던 자그마한 상자에 대해서만 사용되었다. 창 6-9장에서 테바(26회)는 노아와 그의 가족과 동물들이 대홍수 심판을 피하려고 들어간 직사각형의 상자 모양의 거대한 배를 가리킨다. 역청으로 방주의 내부와 외부를 칠한 것이다. 역청은 즉 아스팔트는 흑색의 점질로서 자연적으로 발생된 것이거나 혹은 원유로부터 아스팔트 할 수 있는 광물성 타르 성분을 빼낸 것이다(창 6:14). 그러나 이 역청 역시

כֹפֶר(3724, 코페르) : בַּכֹפֶר(전치사-관사-명사 남성 단수), '몸값, 속전, 마을, 삼실 나무, 역청'의 뜻이 있으며 코페르(명남)는 카파르(כָּפַר, 3722)에서 유래

---

355) 이병철, *op. cit.,*
356) 이성호, *op. cit.,* p. 76
357) 김용환, *op. cit.,* p. 710.
358) 왕대일, *op. cit.,* p. 226.

했다.[359]

방주는 길이가 300큐빗(450피트, 약 137미터) 넓이가 50큐빗(75피트, 약 23미터), 높이 30큐빗(45피트, 약 14미터)이었다.[360]

당시 세상은 하나님 앞에서 무법천지가 되어 버렸다. 땅에 가득한 것은 폭력(하마스, חָמָס)뿐이었다. 땅 위에서 살아가는 사람들의 행태는 속속들이 썩어 있었다. "하나님이 보시니, 세상이 썩었고, 무법천지가 되어 있었다. 하나님이 땅을 보시니, 썩어 있었다. 살과 피를 지니고 땅 위에서 사는 모든 사람들의 삶이 속속들이 썩어 있었다(창 6:11-12)." 히브리어 동사 '썩었다'(샤하트, שָׁחַת)가 짧은 구절 안에 세 번이나 반복되고 있다. 이 동사는 땅이 썩어가는 냄새를 풍기고 있다. 그만큼 폐허로 돌변해버렸다. 홍수는 썩어버린 세상을 쓸어버리고자 하나님이 시행하실 방책이다. 그 방책이 창세기 6장에서는 세 단계로 진행된다. '내가 쓸어버리겠다'(막하, מָחָה, 4229, 창 6:7) → '내가 멸하겠다'(샤하트, שָׁחַת, 7843, 창 6:13) → '내가 홍수를 일으켜서 … 쓸어 없애버리겠다'(보 에트-함마물마임… 레사하트, לְשַׁחֵת … הַמַּבּוּל מַיִם, 창 6:17). 하나님의 말씀의 단계가 점점 더 강도를 더해가고 있다.[361]

주목할 것은 하나님이 노아에게 홍수를 대비해 곧장 방주를 지으라고 말씀하시지 않았다는 점이다. 하나님은 노아에게 '끝'(케츠, קֵץ, 7093)을 준비하는 수단으로 방주를 지으라고 말씀하셨다. 땅이 온통 포악함에 절어 있는 것을 보시고서 이제 그 땅을 끝장내려고 하신다

---

359) 이병철, *op. cit.*,
360) 이성호, *op. cit.*, p. 85.
361) 왕대일, *op. cit.*, p. 223.

고 말씀하셨다. 방주는 바로 그 '끝'을 위한 준비이다. '그 날'을 위한 준비이다.[362]

그 방주는 길이가 45층 건물의 높이만큼 되며 넓이가 7 내지 8층 건물의 높이만큼 되고 높이가 4, 5층 건물만큼 된다. 그 방주는 아마 거룻배를 닮았을 것이며 분명히 선단이 네모졌을 것이다. 그것은 단지 홍수의 세력에 버티기만 하면 되었으며 물 위에서 진행할 필요는 없었다. 방주는 그 목적에 - 노아와 그 식구들 및 그와 함께한 동물들의 목숨을 보전하기에 - 완전히 적합하였다(창 6:15 이하). 방주에 짐을 실을 때가 왔을 때, 하나님의 명령에 따라 노아와 그의 가족이 맨 먼저 승선했다(창 6:18, 창 6:19). 그다음 하나님은 짐승들을 방주 안으로 들여보내셨다. 노아와 그의 아들들은 동물들을 몰아 방주 속에 들여 넣을 필요가 있었다(창 7:7, 창 7:9-15). 홍수가 지나간 후 땅이 말랐을 때 하선했다(창 7:17-23, 창 8:1-창 9:18.).[363]

방주는 상자이다. 하나님이 노아에게 짓게 하신 방주(테바, תֵּבָה, 창 6:14)는 상자이다. 배이기 전에 그냥 상자이다. 히브리어 '테바'는 모세 이야기에도 등장한다. 난 지 석 달된 모세를 싣고 나일 강물을 떠내려간 갈대 상자가 바로 '테바'이다(출 2:3). 노아의 방주가 노아의 갈대 상자라면, 모세의 갈대 상자는 모세의 방주이다.[364]

방주는 교회의 터전이다. 방주는 교회관을 세우는 이정표이다. 교회론을 다잡는 랜드마크이다. 나무로 지어진 방주가 하나님의 솜씨

---

362) *Ibid.*, p. 225.

363) 이병철, *op. cit.*,

364) 왕대일, *op. cit.*, p. 227.

를 드러내듯이 교회는 예수 그리스도의 무늬를 드러내야 한다. 방주가 숲이듯 교회는 숲이어야 한다. 큰 숲이어야 한다. 방주가 살림살이 상자이듯 교회는 살림의 방주여야 한다. 사람 솜씨를 드러내는 건물이 아니라 예수 그리스도의 십자가의 공의와 사랑을 드러내야 한다. 방주가 교회의 터전이라면 교회는 방주의 마무리이다. 교회는 완전한 공동체가 아니다. 그렇지만 교회는 거룩한 공동체이다. 교회는 거룩해야 한다. 세속의 냄새와는 다른 예수 그리스도의 향기가 교회에서 풍겨야 한다.[365]

필자가 살펴본 대로 노아의 방주는 분명코 하나님의 선택받은 백성들이 들어가는 곳이며 장차 예수 그리스도의 십자가의 보혈로 세워질 교회를 예표 하는 것이었다.

4) 제단으로서의 거룩한 공동체(아브라함, אַבְרָהָם)

이제 필자는 믿음의 사람 아브라함을 통해 그가 쌓은 제단을 중심으로 예배의 기능과 제단을 통한 교회의 모습을 고찰하려고 한다.

"여호와께서 아브람에게 나타나 이르시되 내가 이 땅을 네 자손에게 주리라 하신지라 자기에게 나타나신 여호와께 그가 그곳에서 제단을 쌓고"[366]라고 했다. 이 본문의 원문은 다음과 같다.

---

365) *Ibid.*, p. 242.

366) 개역한글 성경, *op. cit.* 창 12:7

וַיֵּרָא יְהוָה אֶל־אַבְרָם וַיֹּאמֶר לְזַרְעֲךָ אֶתֵּן אֶת־הָאָרֶץ הַזֹּאת וַיִּבֶן שָׁם מִזְבֵּחַ לַיהוָה הַנִּרְאֶה אֵלָיו׃[367]

필자가 보니 위 본문에서 '제단'은 모세오경과 역사서에 빈번하게 나오는 단어로서 'מִזְבֵּחַ(4196, 미즈베아흐)'이다.

'מִזְבֵּחַ(4196, 미즈베아흐)'는 '향단, 번제단, 제단'[368]의 뜻이다.

미즈베아흐는 자바흐(זָבַח, 2076)에서 유래했으며, '희생을 드리다, 드리다, 잡다, 제사 드리다, 제사하다, 잡아드리다'[369]를 의미한다.

이 단어는 구약성경에서 이 단어는 약 400회 나온다. 미즈베아흐는 주로 오경과 역사서에 나온다. 돌 제단(수 8:31), 토단(출 20:24), 나무 제단과 놋 제단(출 38:1), 나무 제단과 금 제단(출 30:1-6)이 있다. 때때로 제단은 정해진 이름을 가진다. 예를 들면, 세겜에 있는 야곱의 제단(엘엘로헤 이스라엘, '하나님 이스라엘의 하나님'(El the God of Israel), 창 33:20), 르비딤에 있는 모세가 쌓은 제단(여호와 닛시; '여호와는 나의 기', 출 17:15), 오브라에 기브온이 쌓은 제단(여호와 샬롬; '여호와는 평화시다', 삿 6:24)이 그러하다. 불법적인 제단에 관한 언급도 많이 있는데, 종종 주상(출 34:13)이나 산당(왕하 23:15)과 관련하여 나온다.[370]

시내 산에서 모세는 장막과 관련된 제단들 및 제사들에 대한 지시를 받았다. 가축을 희생 제물로 드리기 위한 제단은 놋 제단, 즉 "번제 단"이었다. 그것은 길이와 넓이가 각각 5큐빗(255㎝)이고, 높이가 3큐빗(135㎝)이었으며, 각 모퉁이에는 뿔이 있었고 그 뿔은 제단과 이

---

367)　분해대조 성경, *op. cit.*, 창 12:7.
368)　김용환, *op. cit.*, p. 357.
369)　*Ibid..*, pp. 172-173.
370)　이병철, *op. cit.*,

어져 있었다. 그것은 조각목으로 만들어졌고 그 위에 놋이 입혀져 있었다(출 38:1-2).[371]

제사의 중요성은 일찍이 창세기에서 나타난다. 홍수가 끝난 후, 노아는 단을 쌓고 하나님께 '정결한' 짐승과 새를 제물로 바쳤다. 아브라함은 약속의 땅에 도착했을 때 세겜에 단을 쌓음으로 그에게 나타나신 여호와를 예배했다(창 12:7-8). 족장 이삭과 야곱은 여호와의 축복을 기념하려고 각각 브엘세바와 벧엘에 단을 쌓았다(창 26:25, 창 35:7). 이삭은 그의 아버지 아브라함에 의해 모리아산 제단에 눕게 되었으나, 그의 자리는 수양이 대신하게 되었다. 이는 대속 희생의 의미를 가장 분명하게 증명해주는 구약성경의 본보기이다. 유월절양의 희생과 그 결과로 인한 모든 장자의 희생의 번제도 동일한 의미를 전달한다(출 12:27).[372]

제단은(규례 4196 מִזְבֵּחַ, 2076, 미즈베아흐: 단, 제단) 출 8:23, 레 17:5, 겔 39:19의 뜻이며, 2076 זָבַח(자바흐/희생을 드리다, 제사, 잔치하다)는 창 46:1, 출 10:25, 레 4:10의 뜻이 있고, 2077 זֶבַח 2076(제바흐/ 제사, 제물, 희생, 육선, 잔치)에는 마 5:23, 계 8:5, 눅 1:11[373]의 뜻이 있다.

창세기는 또한 야곱이 라반과의 언약을 종결지었을 때 드린 제사에 대해 기록한다(출 31:54). 음식을 먹는 행위는 쌍방의 친교와 그들의 약속을 지킬 의지를 상징한다. 이스라엘이 하나님과 언약을 맺었을 때, 모세는 시내 산기슭에 제단을 쌓고 번제와 화목제를 드렸다

---

371)   R. Laird Harris,(eds), *op. cit.*, p. 290.
372)   이병철, *op. cit.*,
373)   이동환, *op. cit.*, p. 50.

(출 24:4-5). 시 50:5는 "제사로 나와 언약한 자"라고 언급한다.[374]

필자가 이제까지 살펴본 대로 제단의 기능은 하나님께 제사하기 위한 것이었다. 하나님께 제단을 쌓고 제사들 드리는 것은 바로 예배를 의미한다. 제단을 쌓고 여호와께 예배를 드린 대표적인 인물이 바로 아브라함이었다. 아브라함은 가는 곳마다 제단을 쌓고 여호와께 예배를 드리며 여호와 중심, 제단 중심의 신앙으로 살았던 것이다. 이것이 바로 제단 중심의 신앙이요 교회가 되는 것이었다.

(1) 세겜(שְׁכֶם)

필자가 살펴본 바로는 하나님은 아브람에게 '너는 너의 본토 친척 아비 집을 떠나 내가 네게 지시할 땅으로 가라'(창 12:1)의 명령을 받고 그 모든 소유를 이끌고 '마침내'(창 12:15) 가나안 땅에 들어갔다고 했다. 아브람이 그 땅을 지나 세겜 땅 모레 상수리나무에 이르니 그 때에 가나안 사람이 그 땅에 거하였다고 성경은 기록하고 있다.

그때 "여호와께서 아브람에게 나타나 가라사대 내가 이 땅을 네 자손에게 주리라 아브람은 여호와를 위하여 그곳에 단을 쌓고 여호 와의 이름을 불렀더라"[375]라고 했다.

여기에 해당하는 원문은 다음과 같다.

וַיֵּרָא יְהוָה אֶל־אַבְרָם וַיֹּאמֶר לְזַרְעֲךָ אֶתֵּן אֶת־הָאָרֶץ הַזֹּאת וַיִּבֶן שָׁם מִזְבֵּחַ לַיהוָה הַנִּרְאֶה אֵלָיו:[376]

---

374)   이병철, *op. cit.*,
375)   개역한글 성경, *op. cit.*, 창 12:7
376)   분해대조 성경, *op. cit.*, 창 12:7.

필자가 본 바로는 아브람이 첫 번째 쌓은 제단이 '세겜'이다. 특히 '세겜 땅 모레 상수리나무에 이르러'라고 했다(창 12:6).

'모레'는 מוֹרֶה(4176, 모레) '모레'의 뜻이며, 모레는 모레(מוֹרֶה, 4175)와 동일하며, '교사, 지시하는 자, 비, 이른 비'[377]를 의미한다.

모레는 יָרָה(3384, 야라)에서 유래했으며 던지다, 쏘다, 가르치다, 비를 내리다, 교훈하다, 알게 하다, 선생, 스승[378]의 뜻이 있다.

낯선 땅에서 두려움을 느끼고 있는 아브람에게 화살을 쏘면서 적으로부터 보호해주시고 보호하시며 스승이 되시어 바른길로 갈 수 있도록 가르쳐 주시고 교훈해주시는 하나님 비를 내리시어 윤택하게 하시는 의로우신 하나님이 나타나심을 의미한다. 모세는 이제 아브람에 모든 것을 상실하고 혼자 외톨이로 남아 있는 것이 아니라 하나님이 손을 뻗치시고 그를 도와주시는 것을 말하고 있다.[379]

화살을 쏘아 그들에게 상처를 입히는 분으로 묘사된다(시 64:7). 게다가, 화살을 쏘는 것은 하나의 표시로 사용되기도 하였다(삼상 20:20, 참조: 왕하 13:17). 야라는 '물을 던지다, 비를 내리다.'라는 의미로 사용되었다(호 6:3,호 10:12) 야라는 '가르치다'를 의미한다(출 4:12, 출 4:15, 출 15:25, 출 24:12, 출 35:34, 신 17:11, 신 24:8, 신 33:10, 삿 13:8, 삼상 12:23, 왕상 8:36, 왕하 17:28, 욥 6:24, 욥 27:11, 시 27:11, 사 2:3, 미 4:2, 합 2:18, 합 2:19 등).[380]

또한 '상수리나무'는 אֵלוֹן(436, 엘론)이라는 말이다. אֵלוֹן(436, 엘론)은 상

---

377) 김용환, *op. cit.*, p.355.

378) *Ibid.*, p. 286.

379) John Calvin, *op. cit.*, p. 334.

380) 이병철, *op. cit.*,

수리나무,[381]의 뜻이다. 그런데 '엘론'은 אֵיל(352, 아일)에서 유래했으며, '수양, 기둥, 용사, 권세, 우두머리, 지도자, 테레빈 나무'[382]의 뜻이 있다. 또 '아일'은 אוּל(193, 울)에서 유래했으며, '권세 있는 자, 힘 지도자, 능한 자'[383]의 뜻이 있다.

"상수리나무는 하나님을 생각하며 만나는 장소입니다. 그리고 제단을 쌓는 곳입니다. 하나님께 제단을 쌓고 경배하는 그 때 그 모습을 발견하시고 하나님께서 즉시 나타나 아브람을 만납니다. 하나님은 제단을 쌓고 경배하는 자에게 나타납니다. 그리고 그 땅 '세겜'을 주시겠다고 약속합니다."[384]라고 하였다.

'세겜'은 שְׁכֶם(7927, 세켐), 세겜이며 세겜은 שְׁכֶם(7926, 세켐)과 동일하며 '어깨, 산마루'[385]를 의미한다.

세겜은 שָׁכַם(7925, 샤캄)에서 유래했으며, 일찍 일어나다, 일어나 떠나다 '아침 일찍 일어나다. 진지하게 행하다, 속히 행하다, 새벽, 끊임없이, 부지런히, 일찍이, 일어나다,[386]의 뜻이 있다.

세겜은 아브람 당시의 이름이었다기보다는 후대에 이곳에 성읍을 세운 히위 족속의 족장 세겜의 이름을 다서 붙여진 지명인 듯하다(창 34:2). 예루살렘 북쪽 약 40㎞ 지점으로서 그림심산과 에발산 사이에 위치한 이곳은 물이 비교적 풍부하고 땅이 비옥했기 때문에 일찍부

---

381) 김용환, *op. cit.*, p. 39.
382) *Ibid.*, p. 33.
383) *Ibid.*, p. 20.
384) 이성호, <u>절기 제사론</u>, (서울: 도서출판 헤세드, 2017), p. 59.
385) 김용환, *op. cit.*,, p. 674.
386) 이병철, *op. cit.*,

터 사람들이 정착하여 살았다. 이곳은 후에도 성경 역사에 자주 등장하며(창 32:18-20; 수 20:7; 왕상 12:1; 시 60:6) 신약의 '수가'라고 하는 지역의 야곱의 우물이 있는 곳이기도 하다(요4:6).[387]

필자가 본 바로는 아브람은 바로 이곳에서 그의 첫 번째 제단을 쌓은 것이다. "자기에게 나타나신 여호와께 그가 그곳에서 제단을 쌓고"(창 12:7)라고 했다. 여기 '쌓고'라는 말은 בָּנָה(1129, 바나)이다.

בָּנָה(1129, 바나)는 '세우다, 짓다, 건축하다'[388]의 뜻이다.

바나는 가옥을 건축하는 것뿐 아니라, 가문을 세우는 것을 나타낸다. 따라서 이 단어는 '자손을 가지다(번성케 하다)'는 의미를 나타낸다. 바나는 제단(창 13:18, 창 22:9, 창 35:7), 집(창 33:17, 신 8:12), 성읍(출 1:11, 수 24:13), 성전(왕상 6:2-36, 왕상 8:13), 산당(왕상 14:23, 왕하 17:9), 성채(대하 17:12, 대하 27:4), 망대(대하 26:9, 대하 26:10), 문(대하 27:3), 성벽(대하 27:3, 대하 32:5, 느 4:6), 흉벽(전 9:14, 렘 52:4), 거리(단 9:25), 바벨탑(창 11:6-8)을 건설(축)하거나 쌓는 것에 대해 사용되었다. 사람이 만든 건물들은 하나님의 성품이나 목적에 부합하느냐에 따라 하나님에 의해 선한 것으로 판단되기도 하고 악한 것으로 판단되기도 한다. 예를 들어 하나님은 노아(창 8:20), 족장들(창 12:7-8, 창 13:8, 창 13:18, 창 22:9, 창 26:25, 창 35:7). 모세(출 17:15, 출 24:4), 여호수아(수 8:30)가 쌓은 제단들을 받으셨다.[389]

이 단은 감사하는 표였다. 하나님이 그에게 나타나신 즉시로 그는

---

387)　한성천. 김시열, *op. cit.*, p. 35.
388)　김용환, *op. cit.*, p. 97.
389)　이병철, *op. cit.*,

단을 쌓았던 것이다. 그러면 그 목적이 무엇인가? 그 자신이 여호와의 이름을 부르기 위하여 그렇게 하였다. 그러므로 우리는 그가 감사를 드리려고 마음속에 품고 있었으며, 제단은 하나님의 사랑을 받은 것을 기념하기 위하여 쌓았던 사실을 보게 된다. 만약 누가 아브람이 제단이 없으면 하나님께 예배를 드릴 수가 없는가?라고 질문한다면 나는 이렇게 대답하겠다. 즉 사람들 앞에서 외적인 공언이 첨가되지 않고 마음속에 있는 내적인 예배만으로는 충분하지 않다는 사실이다.[390]

종교는 사실상 그 특유의 자리를 마음속에 지니고 있다. 그러나 이 근원에서 그 종교의 열매로써 후에 대중 앞에서 하는 고백이 우러나게 되는 것이다. 우리는 하나님에게 우리의 몸과 마음을 모두 드리게 하려고 창조된 것이다. 가나안 사람들도 그들의 종교를 가지고 있었다. 그리고 재물을 드리는 제단도 가지고 있었다. 그러나 아브람은 그들의 미신들에 합류하지 않으려고 가정 제단을 쌓고 그 위에다 제사를 드렸던 것이다. 마치 그의 집 안에서 가장 고귀한 왕적인 보화를 하나님께 드리기로 결심한 것처럼 비장한 생각으로 제단을 쌓았다. 그러나 하나님을 경배하고 예배하는 것은 영적이기 때문에 그리고 올바르지 않고 정당한 목적을 지니지 않은 모든 의식들을 그것 자체가 헛되고 무가치할 뿐만 아니라 그들의 위선적이고 현혹시키는 겉모양으로 하나님이 진정한 예배를 망치고 있기 때문에 우리는 모세가 여기서 하나님의 이름을 부르기 위하여 제단이 쌓아졌다고 하는 말을 주의 깊게 관찰해야 한다. 그러므로 제단은 하나님을

---

390)　John Calvin, *op. cit.*, p. 335.

예배하는 외적인 형식이다.[391]

　아브람은 단순히 하나님에게 제단을 쌓아서 바친 것이 아니라 그에게 나타나신 하나님에게 제단을 쌓아서 묘사되고 있다. 그러므로 이 제단은 그 계시에 근거를 두고 있었다.[392]

　아브람의 경건은 분명히 여기서 찬사를 받고 있으니 그것은 제단을 세우고 나 그가 자기에게 나타나신 하나님을 경배하였기 때문이다. 그리고 비록 모세가 아브람이 거기서 하나님을 불렀다고 설명할 때에 아브람이 제단을 쌓았던 계획을 선포하고 있지만 동시에 그는 다음에 사실을 암시하고 있으니 그런 제사는 하나님을 기쁘시게 하였다는 사실이다.[393]

　이성호 교수는 다음과 같이 말하였다. "아브람이 '세겜' 땅에서 제단을 쌓았다는 것은 약속의 말씀을 믿고 하나님의 은혜에 감사하며 찬양과 영광을 드렸다는 것입니다. 이로써 아브람은 장차 그의 후손이 가나안 땅을 차지하게 될 것에 확실한 믿음이 있었습니다. 아브람의 믿음이 그의 후손에게 신앙 전수로 증거될 것입니다. 아브람이 '세겜' 땅에서 첫 번째 제단을 쌓았다는 것은 그의 선조 노아와 58년을 동시대를 살면서 신앙 전수를 통하여 알았을 것입니다. 노아도 방주에서 나와 첫 번째 한 일이 하나님의 은혜에 감사하여 제단을 쌓았습니다. 제단을 쌓는 일은 그의 자손이 번성함을 누리게 되는 것입니다. 죄악의 구렁텅이로 빠질지라도 건져주시고 하나님과의 관계

---

391)　John Calvin, *op. cit.*, pp. 335-336.

392)　*Ibid.*, p. 337.

393)　*Ibid.*,

속에서 끊임없이 회복시켜 주실 것을 믿는 믿음입니다. 아브람이 '세 겜' 땅에서 첫 번째 쌓은 제단이 그의 후손에게 약속된 신앙 전수로 계속해서 세워질 것입니다. 그 신앙 전수는 예수 그리스도를 믿는 우리에게도 아브람의 믿음과 신앙이 전수되어서 하나님께 찬양과 영 광을 돌리게 되는 것입니다."[394]라고 하였다.

또한 그는 계속해서 말하기를, "'세겜'은 또한 특별한 구속사적 의 미가 있는 곳입니다. 예수님께서 '세겜'의 이름의 뜻처럼, 그 백성을 위하여 어깨에 무거운 십자가를 짊어지고 그 무게를 이기지 못하고 여러 번 쓰러지셨고, 결국 백성의 모든 짐을 십자가에서 해결하여 택 한 백성들의 죄가 모두 사라지게 하셨습니다. 그리고 새벽 미명에 부 활하심으로 택한 백성에게 소망의 아침을 열어주셨습니다."[395]라고 하였다.

필자가 살펴본 대로 이처럼 아브람은 하나님의 인도로 가나안 땅 에서 그의 첫 제단을 쌓고 가정예배를 드림으로 하나님께 영광을 드 리며 가족 공동체로서의 교회를 섬겼다.

(2) 벧엘(בֵּית-אֵל)

아브람이 세운 두 번째 제단은 벧엘이다. "거기서 벧엘 동쪽 산으 로 옮겨 장막을 치니 서쪽은 벧엘이요 동쪽은 아이라 그가 그곳에서 여호와께 제단을 쌓고 여호와의 이름을 부르더니,"[396]라고 했다.

---

394)　이성호, <u>나도 원전 설교 할 수 있다.</u> "세겜 땅"(창 12:5-7), (서울: 도서출판 헤세드), p. 5.

395)　이성호, *op. cit.*, p. 5.

396)　개역한글 성경, *op. cit.*, 창 12:8.

וַיַּעְתֵּק מִשָּׁם הָהָרָה מִקֶּדֶם לְבֵית־אֵל וַיֵּט אָהֳלֹה בֵּית־אֵל מִיָּם וְהָעַי מִקֶּדֶם וַיִּבֶן־שָׁם מִזְבֵּחַ לַיהוָה וַיִּקְרָא בְּשֵׁם יְהוָה:[397]

모세는 아브람이 지니고 있는 그의 지칠 줄 모르는 헌신적인 경건
성을 찬양하고 있다. 그것은 이 말들로 아브람이 방문하는 곳마다
거기서 하나님을 외적으로 경배하는 면에서 자신을 단련시키고 있
다는 것을 암시하고 있기 때문이다. 그것은 그 자신이 말한 자들과
함께 어울려서 의식을 갖지 않으려는 것이며 또한 자기의 가족을 엄
숙한 경건으로 유지 시키려고 그렇게 했던 것이다.[398]

'벧엘'은 בֵּית־אֵל(1008, 베트엘) 벧엘이며, '하나님의 집'의 뜻이며, 베트엘
은 바나 בָּנָה(1129, 바나) '세우다, 짓다, 건축하다, 번성하다'라는 뜻과 엘
(אֵל, 410) '하나님, 권능 자, 강한 자'[399]라는 뜻의 합성어이다.

벧엘은 가나안 지경에 있던 이스라엘 백성의 성읍으로 예루살렘
에서 북쪽으로 약 17㎞ 정도 떨어진 곳에 있었다. 그리고 산맥을 타
고 남북으로 뻗은 도로와 여리고 평지에서 지중해 연안 평지까지 연
결된 동서 도로의 교차지점에 위치하고 있었다. 벧엘은 또한 베냐민
지파의 영토 북단이며 동시에 에브라임 지파 영토의 남단이기도 했
다. 벧엘이라는 성읍에 사람들이 정착해 살기는 BC 3000년 경부터
라고 짐작된다. 족장시대의 초기에는 그 성읍이 "루스"라고 불렸다(창
28:19). 야곱은 그 "곳"(창 28:11)에서 유숙한 적이 있는데, 아마도 그곳
은 아브라함이 제사를 드렸던 곳(창 18:8)으로 여겨지며 거기서 동쪽

---

397)　분해대조 성경, *op. cit.*, 창 12:8
398)　John Calvin, *op. cit.*, p. 338.
399)　김용환, *op. cit.*, p. 88.

편으로 펼쳐져 있던 요단들을 바라보았을 것이다(창 13:9f).[400]

베트엘은 도시와 성소를 나타내는데, 영어에서는 이 이름을 한 단어 Bethel('벧엘')로 표기한다. 벧엘은 가나안 인들과 이스라엘인들의 도시로서, 예루살렘의 북쪽으로 10 내지 11마일 떨어져 있으며, 산 꼭대기를 따라 남북으로 이어지는 도로와 여리고 평원과 해안 평원에 이르는 동서 도로의 교차점에 위치해 있었다. 이 지역은 베냐민의 북쪽 경계(에브라임의 남쪽 경계)에 위치해 있었다. 벧엘에 정착은 주전 3,000년대 접어들 무렵에 이루어졌다. 초기 족장 시대에 이 도시는 루스로 불렸다(창 28:19). 아마도 야곱이 멈춰 섰던 그곳은, 아브라함이 희생 제사를 드리고(창 18:8) 그가 요단 골짜기(창 13:9 이하), 곧 이 도시의 동쪽을 바라보았던 '그곳'(창 28:11)이었던 것 같다. 근처에 4개의 샘물이 있었으므로, 그곳은 자연히 거주지가 되었다. 야곱이 잠에서 깨어난 후, 그가 베고 잔 돌들로 기둥을 세워 그 위에 기름을 붓고 그곳을 벧엘이라고 불러 그곳에서 하나님이 자기에게 나타나셨음을 드러냈다. 야곱은 하나님과 만나기 위해 밧단 아람에서 돌아오면서, 이 지역을 다시 방문했다(창 35:2-3, 창 35:7). 리브가의 유모 드보라가 죽어, 근처의 '상수리나무' 아래 매장된 곳도 바로 이곳이었다(창 35:8).[401]

이 벧엘에서 그는 단을 쌓고(בָּנָה, 1129, 바나, וַיִּבֶן 와우 계속법-칼 미완 3인 남성 단수) '여호와의 이름'을 불렀다고 했다(창 12:8). 그런데 창 13:4에서는 애굽에서 돌아온 아브람이 다시 그곳에서 '여호와의 이름'을 불렀는데, "그가 처음으로 제단을 쌓은 곳이라 그가 거기서 여호와의

---

400)   R. Laird Harris,(eds), *op. cit.*, p. 131.
401)   이병철, *op. cit.*,

이름을 불렀더라.”(창 13:4)라고 했다. 아브라함은 하나님의 집 벧엘에
서 제단을 즉시 쌓았다. 제단을 쌓고 여호와의 이름을 불렀다. 이름
을 불렀다는 것은 공식적인 예배는 드리고 있다는 의미이다.[402]

창 13:4를 보면, “그가 처음으로 제단을 쌓은 곳이라 그가 거기서
여호와의 이름을 불렀더라.”[403]라고 하였다.

이것을 원문으로 보면 다음과 같다.

אֶל־ מְקוֹם הַמִּזְבֵּחַ אֲשֶׁר־ עָשָׂה שָׁם בָּרִאשֹׁנָה וַיִּקְרָא שָׁם אַבְרָם בְּשֵׁם יְהוָה׃[404]

필자가 보는 바로는 ‘처음으로’라는 말은 רִאשׁוֹן(7223, 리숀)이라는 말
이다. רִאשׁוֹן(7223, 리숀)은 ‘첫째의, 최초의, 이전의, 처음. 시작, 이전, 초
하루, 처음’이라는[405] 뜻이 있다.

리숀은 로쉬(רֹאשׁ, 7218: 머리)에서 유래했으며, ‘근원, 머리, 봉우리,
꼭대기, 어른, 산꼭대기, 우두머리, 족장, 지도자, 으뜸, 지휘관, 시작
하다, 높다, 보배롭다, 귀하다, 창조되다’[406]를 의미한다.

이 단어의 용례 중에서 압도적으로 많은 수가 시간적으로 둘 중의
‘전의’(former, ‘맨 처음의’ first(창 25:25 “먼저”), ‘이전의’ previous(민 21:26), ‘전
의 사람들’ former men, ‘족장들’ the patriarchs(신 19:14, “선인”), ‘이전
시대’ former times, ‘이전 사건들’ former events(사 41:22, “이전 일”)로

---

402) 이성호, <u>절기 제사론</u>, (서울: 도서출판 헤세드, 2016), pp. 60-61.

403) 개역한글 성경, *op. cit.*, 창 13:4.

404) 분해대조 성경, *op. cit.*, 창 13:4.

405) 김용환, *op. cit.*, pp. 620-621.

406) *Ibid.,*

가장 잘 번역된다. 그다음으로 가장 보편적으로 쓰이는 의미는 '첫째, 최초' first이다. 예를 들면 '최초의' 인간(욥 15:7), 제사의 '첫' 날(신 16:4), 전쟁에서 '처음'으로 도륙한 자(삼상 14:14), '가장 짧은' 것으로서의 '첫째'(스 9:6)가 있다.[407]

정확히 얘기하면 두 번째로 단을 쌓은 곳이다(창 12:8). 아브람이 하나님께 처음으로 단을 쌓은 곳은 세겜이었다(창 12:6, 7). 그러나 세겜에서는 단순히 하나님의 현현을 기념하기 위하여 단을 쌓았을 뿐 아브람이 하나님께 공적 예배를 드리기 위해 단을 쌓았던 곳은 벧엘이 처음이었다(창 12:7, 8).[408]

아브람이 맨 처음 제단을 쌓은 곳은 분명 세겜 임에도(창 12:6-7) 불구하고 벧엘과 아이 사이에 있는 이곳을 처음이라 묘사한 것은 단을 쌓았을 뿐만 아니라 더 나아가 여호와의 이름을 부른 곳이 바로 여기였기 때문이다(창 12:8). 아브람은 과거 순수한 신앙을 가졌었던 이곳으로 다시 나아와 이전과 동일하게 단을 쌓고 여호와의 이름을 불렀던 것이다.[409]

'여호와의 이름을 부르더니'라고 했는데(יהוה בְּשֵׁם וַיִּקְרָא, 와이크라 뻬쉠 예흐와) 이는 창 4:26에 나오는 내용, 즉 셋이 에노스를 낳을 당시 '여호와의 이름을 불렀더라' 와 같은 말씀이다. 여기서 '불렀더라'는 קָרָא (7121, 카라) וַיִּקְרָא와우 계속법-칼 미완 3인 남성 단수형이다. 구약 시대에 '여호와의 이름을 부른다'는 것은 하나님께 대한 헌신을 의미하

---

407) 이병철, *op. cit.*,
408) 강병도, *op. cit.*, p. 588.
409) 한성천. 김시열., *op. cit.*, p. 73.

며, 하나님과의 관계 회복을 시사한다. 아브람은 애굽에서 돌아온 후 하나님께 대한 새로운 헌신을 다짐하며 속죄하는 심정으로 여호와의 이름을 불렀다. 한 대 자신은 신실하지 못했지만 하나님께서 자신과 가족을 보호하시고 자비를 베푸신 데 대한 한없는 감사의 마음으로 여호와의 이름을 부른 것이다.[410)

이것을 의역하면 '기도할 때 여호와의 이름을 사용했다'란 의미가 된다고 했다(BDB, NRSV). 이처럼 아브람은 이방신이 산재해 있던 가나안 땅에서 단을 쌓은 뒤 결코 이방신의 이름이 아니라 유일하신 여호와의 이름을 불러 자신이 여호와께 속한 사람임을 분명히 하였다.[411)

그는 제단 생활을 통하여 여호와 하나님의 이름을 찬양하기를 즐거워하였다. 그 제단 쌓는 일은 나중에 하나님과 가나안 땅에서 살 그의 백성 사이에 세워질 관계를 지시하기 때문에 중요한 의미를 가지고 있었다. 아브람 당시 가나안에 살고 있던 백성들의 불경건함에도 불구하고 아브람의 가족들은 오직 하나님만을 경외하였다.[412)

이성호 교수는 이와 같이 말하였다. "벧엘은 야곱이 하나님과 함께 있었던 장소입니다. 이곳에서 야곱은 하나님을 만났으며 그곳은 하나님이 계시는 집입니다. 엘리야를 이곳으로 인도한 것은 앞으로 이 세상의 집에 거하는 것이 아니라 하늘의 하나님 집에 엘리야를 거하게 하여 새롭게 하나님의 뜻을 세우고 건축하여 권능 자이신 하

---

410)   강병도, op. cit., p. 577.
411)   한성천. 김시열, op. cit., p. 38.
412)   S. G. De. Graaf, 박권섭 옮김, <u>약속 그리고 구원 제1권</u>, (서울: 크리스챤 서적, 1985), p. 88.

나님이 이 세상에서 죄악 가운데 살아가면서 내세가 없다고 하는 자들에게 나타내려고 하는 것을 의미합니다. 벧엘은 하나님의 집을 말합니다. 십자가의 예수님을 믿고 구원받은 자는 하나님의 집에 거하게 됩니다. 권능 자 하나님의 통치를 받고 새롭게 나의 믿음과 신앙을 하나님의 은혜로 건축해 나가는 것입니다. 세상의 집을 짓는 것이 아니라 하나님의 집안에서 하나님과 가족이 되어 혈통의 관계로 영원히 함께 사는 것을 말합니다. 우리도 이러한 소망의 약속을 믿고 끝까지 바라보는 신앙이 되기를 바랍니다."[413]라고 하였다. 필자가 지금까지 살펴본 대로 아브람은 하나님의 집, 하나님의 교회에서 제단을 쌓고 예배를 드린 것이었고, 그의 호손 야곱도 신앙 전수를 이어받아 벧엘에서 하나님을 만나서 제단을 쌓은 것이다.

(3) 헤브론(חֶבְרוֹן)

필자가 살펴본 대로 아브람은 계속해서 여호와 하나님만을 바라보며 경건한 삶을 살았다. 그가 쌓은 또 다른 제단은 바로 헤브론이었다.

창 13:18에서 "이에 아브람이 장막을 옮겨 헤브론에 있는 마므레 상수리 수풀에 이르러 거주하며 거기서 여호와를 위하여 제단을 쌓았더라."[414]라고 했다.

이 구절의 원문은 다음과 같다.

---

413) 이성호, 나도 원전 설교 할 수 있다. 설교 II권, (서울: 도서출판 헤세드, 2017), p. 194.
414) 개역한글 성경, *op. cit.*, 창 13:18.

וַיֶּאֱהַל אַבְרָם וַיָּבֹא וַיֵּשֶׁב בְּאֵלֹנֵי מַמְרֵא אֲשֶׁר בְּחֶבְרוֹן וַיִּבֶן שָׁם מִזְבֵּחַ לַיהוָה׃[415]

'헤브론'은 חֶבְרוֹן(2275, 헤브론) '헤브론'[416]의 뜻이다.

헤브론은 하바르(חָבַר, 2266)에서 유래했으며, '모이다, 연결하다, 연합하다, 잘 짜여지다, 교제하다, 들어있다, 약조하다, 능숙하다,[417]라는 뜻이 있다.

하바르(חָבַר, 2266)는 연합하다, 협력하다, 단결하다, 쌓아 올리다, 교제를 나누다, 계약을 맺다, 매력을 끄는 자가 되다, BDB는 이 외에도 "하나로 연결되다, 마술의 끈으로 묶다"[418]라는 의미를 첨가하고 있다.

동사 하바르는 다음과 같은 네 가지 특별한 언급들에서 "연합되다"라는 의미로 사용된다. ⑴ 물체들은 하나로 함께 연합되었다(출 26:3, 28:7; 겔 1:9), ⑵ 사람들은 정치적 활동과 군사적 활동에 있어서 하나로 함께 연합되었다(창 14:3), ⑶ 사람들은 일반적인 방식으로 생물의 부류에 속한 자들로서 "연합되어" 있으며(전 9:4), ⑷ 유다 사람들은 군사적인 일과 정치적인 일에 있어서 성실치 못한 이스라엘 사람들과 그릇된 동맹을 맺었는데(대하 20:35), 이것은 하나님을 매우 불쾌하게 하는 것이었다. 그리고 우상들이나 우상숭배자들과 연합한 자들은 하나님을 한층 더 불쾌하게 하고 진노케 하였다(시 94:20).[419]

---

415)　분해대조 성경, *op. cit.*, 창 13:18.
416)　김용환, *op. cit.* p. 188.
417)　*Ibid.*, pp. 187-188.
418)　R. Laird Harris,(eds), *op. cit.*, p. 323.
419)　R. Laird Harris,(eds), *op. cit.*, p. 323.

필자가 보니 '마므레 상수리나무'(18절)라고 하였는데 '마므레'는 מַמְרֵא(4471, 마므레)라는 말이다. מַמְרֵא(4471, 마므레)는 '마므레'이며, '강함'[420]의 뜻이 있다.

이 이름은 아브라함이 롯과 갈라진 후에 정착한 지역으로서 창세기 13:18에 처음 언급된다. 창세기 14:13, 24에서 아브라함이 정착하던 당시에 그 지역은 마을이 아니라 "마므레"라는 아모리 사람의 개인 소유지였음이 분명하게 드러난다. 마므레와 그의 두 형제 에스골과 아넬은 롯을 포로로 잡아간 동맹군에 맞서서 아브라함과 연합하였다. 아브라함과 그들과의 관계는 군사적 지원을 하는 대신 그 땅을 사용케 한 점으로 미루어 볼 때, 상호 호혜적이었던 것으로 보인다(창 14:13).[421]

'마므레'는 מָרָא(4754, 마라)에서 유래했으며, '때리다, 채찍질 하다, 배반하다, 완고하다'[422]라는 뜻이 있다.

이성호 교수는 말하기를, "아브람은 하나님의 언약의 말씀을 의지하고 그 약속의 말씀을 따라 살아가는 것이 강한 것임을 알았습니다. 그곳에서 채찍과 배반의 수치를 당하신 예수 그리스도를 만나고 소망하는 장소입니다. 그 장소에서 아브람은 위로를 받고 소망을 확신합니다."[423]라고 하였다.

마므레는 여호와가 아브라함에게 나타나시고(창 18:1) 여호와의 두 천사를 대접한 곳이며(창 18:2-8) 아브라함이 이삭의 출생의 약속

---

420)   김용환, *op. cit.*, p. 377.
421)   R. Laird Harris,(eds), *op. cit.*, p. 634.
422)   김용환, *op. cit.*, p. 399.
423)   이성호, *op. cit.*, p. 61.

을 받은 곳이며(창 18:10-14) 소돔과 고모라의 멸망에 관한 예고를 받은 곳이다(창 18:20, 참조: 히 13:2). 그러나 그 장소를 거룩한 곳으로 만든 것은 이러한 사건 때문이 아니었다. 아브라함은 이미 그의 장막을 친 곳에서 여호와를 위한 제단을 만들었다(창 13:18). 아브라함은 그의 세 번째 제단을 그 지역 근처에 세웠으며(창 13:18) 그곳에 살기도 하였으며 자신의 사랑하는 자를 그곳에 묻었다(창 23장). 하나님을 찬양하여 예배드리던 다른 공식적인 장소가 있었는데 그중 하나는 헤브론이었고, 다른 하나는 기브온이었으며, 그리고 또 다른 곳도 있었다.[424]

이성호 교수는 말하기를, "아브람은 이 헤브론에서 여호와를 위하여 제단을 쌓았습니다. '헤브론'의 그 이름 뜻대로 이곳에서 주님과 묶이게 되고 예수 그리스도와 연결되고 연합되어 새로운 피조물로 변하게 되는 것입니다. 예수 그리스도의 십자가의 피와 연합되게 되고 모든 죄가 씻김받은 후에는 주님과 교제하게 되는 것입니다. 항상 기도로 연결되어 있고 말씀으로 연합되어 영육이 하나가 되는 삶을 살게 되는 것입니다. 예수 그리스도 안에 들어온 자라면 항상 예수 그리스도와 하나가 되어야 합니다. 영적으로 연합되고 결합하여 늘 주님과 교제하는 삶 속에서 믿음이 건강하게 성장하게 되는 것입니다."[425]라고 하였다.

---

424)   이병철, *op. cit.*,
425)   이성호, *op. cit.*, p. 3.

(4) 모리아(מוֹרִיָּה)

필자는 모리아산을 살펴보겠다. 아브라함이 4번째 제단을 쌓은 곳이다. 하나님은 아브람에게 이름을 바꾸어 주셨다. 즉, 아브람을 아브라함으로 바꾸어 주셨다. 그 말씀은 다음과 같다.

창 17:5를 보면, "이제 후로는 네 이름을 아브람이라 하지 아니하고 아브라함이라 하리니 이는 내가 너를 여러 민족의 아버지가 되게 함이니라."[426]라고 하였다.

왜 바꾸셨을까? '아브람'은 אַבְרָם(87, 아브람) '고귀한 아버지'[427]의 뜻이다.

아브람(명남)은 אָב(1, 아브) 아버지(father) 뜻과 רוּם(7311, 룸) '교만하다, 높아지다, 자랑하다, 나타내다, 교만 자, 오르다, 일어나다, 올리다, 높다, 높이다'[428]의 뜻을 가진 합성어이다.

רוּם(7311, 룸)과 이 어근의 파생어들의 비제의적 용례들에서는 다음과 같은 세 가지 폭 넓은 의미 영역이 나타난다. ① 문자적인 의미에서의 높음, ② 영광 및 고양과 같은 긍정적 개념들을 상징하는 것으로서의 높음, ③ 교만 및 오만과 같은 부정적인 개념들을 상징하는 것으로서의 높음[429]의 의미가 있다.

'아브람'이 '아브라함'으로 이름이 바뀌는 역사적 순간이다. 성경에서 이름은 단순한 호칭의 의미를 넘어서 환경(출 2:22), 소원(창 29:32-35), 가문(눅 1:60,61), 사명(마 1:23) 등과 같은 그 사람과 관계된 제반 상

---

426)　개역한글 성경, *op. cit.*, 창 17:5.
427)　김용환, *op. cit.*, p. 13.
428)　*Ibid.*, pp. 628-629.
429)　R. Laird Harris,(eds), *op. cit.*, p. 1048.

황을 반영한다. 실제로 야곱이 이스라엘로(창 32:28), 시몬이 베드로로(요 1:42), 사울이 바울로(행 13:9) 이름이 바뀌면서, 그들의 생애는 대전환기를 맞이했었다. 이로 보건대 아브라함의 개명은 그의 생애에 중요한 전환기가 이르렀음을 보여준다.[430]

아브람이란 이름은 창 17:5에서 계약의 갱신과 함께 하나님에 의해 "열국의(많은 무리의) 아버지"로 설명되는 아브라함으로 개명되었다. 'אַבְרָהָם' 아브라함은 '레이쉬'(ר)와 '멤'(ם) 사이에 '헤'(ה)가 들어간다. 4글자에서 5글자로 바뀐 것이다.[431]

'헤'(ה)는 그 뜻이 '계시하다, 보여주다'의 의미이다. 아브라함은 소종적인 '열방의 아버지가' 아니라 열방에게 예배자와, 외치는 자로 하나님의 '계시'를 나타내는 리더로 하나님이 세워 주신다는 의미이다.[432]

'시험하시려고'(22:1)는 '시험'은 נָסָה(5254, 나사)라는 말이다.

נָסָה(5254, 나사)는 '시험하다, (밟아)보다, 시험삼아 하다, 시도하다, 시험하다, 유혹하다'[433]의 뜻이다.

하나님을 예배하는 열방의 아버지로 세우셔서 예수 그리스도를 온 세상에 전파하기 위함인 것이다. 이러한 아브라함을 하나님은 먼저 훈련시키시기 위해 또 한 번의 모진 시험을 준비하셨다. 이 시험은 하나님으로부터 온 것이며 장차 큰 복을 받을 자의 연단의 시험이라는 것이다. 이것은 아브라함에게 갑작스럽게 찾아온 시험이었지만 하나님은 이미 모든 것을 준비하시고 아브라함에게 예기치 않을

---

430) 한성천. 김시열, *op. cit.*, p. 227.

431) 이성호, *op. cit.*, p. 23.

432) *Ibid.*,

433) 김용환, *op. cit.*, p. 446.

때에 시험하였다. 그것은 독자 이삭을 번제물로 드리라는 시험이었다. 아브라함은 하나님의 부르심에 즉시 대답을 하였다.[434]

이성호 교수는 말하기를, "하나님의 시험은 인간이 견디기 어려운 영적, 도덕적 시련이었습니다. 하나님은 아브라함에게 극심한 희생을 요구하셨습니다. 100세에 얻은 아들 독자 이삭을 더 사랑하는지 아니면 하나님을 더 사랑하는지를 알아보기 위하여 아들을 제물로 드리라는 것이었습니다. 이 시험은 하나님께서 아브라함에게 직접 명령하여 내린 시험이었습니다. 중간에 취소할 수 없는 시험이었습니다. 아브라함은 하나님의 명령을 거절할 수 없습니다. 이것은 아브라함의 희생적인 순종을 하나님이 요구하시는 것입니다."라고 하였다.[435]

"여호와께서 이르시되 네 아들 네 사랑하는 독자 이삭을 데리고 모리아 땅으로 가서 내가 네게 일러 준 한 산 거기서 그를 번제로 드리라"[436]라고 하셨다.

וַיֹּאמֶר קַח־נָא אֶת־בִּנְךָ אֶת־יְחִידְךָ אֲשֶׁר־אָהַבְתָּ אֶת־יִצְחָק וְלֶךְ־לְךָ אֶל־אֶרֶץ הַמֹּרִיָּה וְהַעֲלֵהוּ שָׁם לְעֹלָה עַל אַחַד הֶהָרִים אֲשֶׁר אֹמַר אֵלֶיךָ:[437]

---

434) 한성천. 김시열, *op. cit.*, p. 227.

435) 이성호, <u>나도 원전설교 할 수 있다. 설교Ⅰ권 "모리아 땅"</u>(창 22:1-13), (서울: 도서출판 헤세드, 2017), p. 88.

436) 개역한글 성경, *op. cit.*, 창 22:2.

437) 분해대조 성경, *op. cit.*, 창 22:2.

'모리아'는 מוֹרִיָּה(4179, 모리야) '모리아'의 뜻이다.[438]

'모리야'는 יָהּ(3050, 야흐) 야흐는 야훼(יהוה, 3068)의 단축형으로, '여호와, 주님'[439]의 뜻이다.

'야흐'는 הָיָה(1961, 하야)에서 '유래했고, 계시다, 임하다, 만나다, 더하다, 이루다, 따르다, 지치다, 속하다'[440]의 뜻이 있다.

모리야는 하나님이 아브라함에게 이삭을 바칠 곳으로 지시한 곳이다(창 22:2). 아브라함은 이삭을 제물로 바치기 위해 그곳으로 갔고 거기서 아브라함이 이삭을 제사드리려고 할 때 하나님의 지시로 이삭 대신 수양을 번제로 드렸다(창 22:9-13). 그래서 아브라함은 그 땅 이름을 여호와이레라고 명명했다(창 22:14). 여호와의 사자가 이곳에서 다윗에게 나타났고 갓이 다윗에게 이곳에 여호와께 단을 쌓으라고 말했다(삼하 24:16-18, 대상 21:15 이하) 다윗이 이곳에서 여호와께 단을 쌓았으며(삼하 24:19, 삼하 24:25, 대상 21:19, 대상 21:25, 대상 21:18-25). 솔로몬이 이곳에 성전을 건축했다(대하 3:1).[441]

'이삭'은 יִצְחָק(3327, 이츠하크) '이삭'의 뜻이다.[442]

'이츠하크'는 차하크(צָחַק, 6711)에서 유래했으며 '웃다, 희롱하다, 뛰놀다, 재주를 부리다'[443]의 뜻이다.

이삭은 장차 오실 예수 그리스도의 예표요 그림자이다. 이삭은 아

---

438) 김용환, *op. cit.*, p. 355.

439) *Ibid.*, p. 256.

440) *Ibid.*, p. 162.

441) 이병철, *op. cit.*, 4179.

442) 김용환, *op. cit.*, p. 280.

443) 김용환, *op. cit.*, p. 579.

브라함과 사라의 아들이며, 아브라함의 나이 100세, 사라의 나이 90세에 그랄에서 태어났다(창 17:19,21, 창 21:3-12, 창 22:2-9.). 이삭은 세상에 태어나기도 전에 하나님께서 아이를 위해 이름을 정하시고 알려주신, 성경에서 몇 안 되는 실례 중 하나이다. 그러한 경우는, 구약성경에서 이삭, 이스마엘, 솔로몬, 요시야, 고레스, 이사야의 아들이며, 신약성경에서 세례 요한과 예수이다. '그가 웃었다'를 뜻하는 이삭이라는 아름답고 암시적인 이름은 하나님의 약속에 대한 두 가지 웃음 - 아버지의 기쁨에 넘친 웃음과 곧바로 후회와 믿음으로 변한 사라의 의심의 웃음 - 을 기념하는 것이다(창 21:6). 이삭은 언약의 자녀였다 - "내가 그와 나의 언약을 세우리니"(창 17:19). 언약은 특별히 세 명의 족장들에게 차례로 주어졌다 - "아브라함에게" 그가 갈대아를 떠날 때(창 12:3), "이삭에게" 그가 기근 동안에 가나안에 있을 때(창 26:4), "야곱에게" 벧엘에서(창 28:14). 그러나 언약을 유업으로 맨 처음 받은 자는 이삭이다. 하나님은 그에게 아브라함의 유업 전체를 주셨다(창 24:35). 우리는 이삭이 태어난 지 8일 만에 할례를 받았다는 사실 외에 그의 초기 생애에 대한 기록을 볼 수가 없다(창 21:4). 의심할 여지 없이 그는 어려서부터 마음으로, 그리고 삶 가운데서 하나님의 자녀가 되었으며, 언약을 마음 깊이 간직한 상속자였음이 분명했다.[444]

יִצְחָק(3327, 이츠하크)는 "그가 웃다"는 의미로, "이삭"이란 이름(창 17:19)은 아브라함의 불신에서 비롯된 것이지만, 축복의 상징이 되었고(창 21:6), 결국 전 이스라엘 민족을 지칭하는 이름이 되었다(암 7:9, 16).[445]

---

444)　이병철, *op. cit.*,

445)　R. Laird Harris,(eds), *op. cit.*, p. 953.

요세푸스에 따르면, 이삭이 25세였을 때 브엘세바에서 모리아 땅으로 옮기었으며, 거기서 아브라함은 그를 하나님께 번제물로 바쳤다. 우리는 하나님의 명령에 복종하여 자신의 유일한 아들을 바친 것에서 아브라함의 무조건적인 신앙을 보는 한편, 또한 아버지에 대한 이삭의 절대적인 확신과 기꺼이 희생제물이 되기를 이삭이 허락한 것을 잊어서는 안 된다(창 22:12, 창 26:5, 히 11:17). 이와 같이 우리는 이삭에게서 우리 죄를 위하여 그 자신을 주신 예수 그리스도 그분의 예표를 본다. 자신을 죽음에 내어준 날로부터 이삭을 헌신적인 사람이 되었다.[446]

'사흘'은 아브라함의 여행 기간일 뿐만 아니라 이삭을 바쳐야 할 것인지를 숙고하는 기간이기도 했는데 이것은 그의 결심이 감정적이거나 충동적이 아니었다는 것을 나타낸다. 모리아가 예루살렘이라면 (대 하3:1) 브엘세바를 출발한 아브라함 일행이 약 80㎞ 떨어진 모리아까지 가기 위해서는 하루에 약 27㎞ 정도씩 걸어야 했다.[447]

자신의 사랑하는 아들을 죽이러 가는 길로서의 삼 일 길은 아브라함의 내면적으로 볼 때 엄청난 고통의 시간이었다. 한편 이 여정은 세상 죄를 대속하시기 위하여 스스로를 제물로 삼으사 십자가를 지시고 갈보리로 향하셨던 예수 그리스도의 거룩한 행진의 그림자 역할을 한다.[448]

---

446) 이병철, *op. cit.*,
447) 천 사무엘, *op. cit.*, p. 306.
448) 한성천. 김시열, *op. cit.*, p. 469.

וַיֹּאמֶר אַבְרָהָם אֶל־ נְעָרָיו שְׁבוּ־ לָכֶם פֹּה עִם־ הַחֲמוֹר וַאֲנִי וְהַנַּעַר נֵלְכָה עַד־ כֹּה וְנִשְׁתַּחֲוֶה וְנָשׁוּבָה אֲלֵיכֶם:449)

"이에 아브라함이 종들에게 이르되 너희는 나귀와 함께 여기서 기다리라 내가 아이와 함께 저기 가서 예배하고 우리가 너희에게로 돌아오리라 하고"450)라고 했다.

필자가 보니 '가서'는 יָלַךְ(3212 얄라크)라는 동사이다.

יָלַךְ(3212, 얄라크)는 '행하다, 섬기다, 나아가다, 따라오다, 올라가다, 복종하다, 준행하다, 동행하다, 청종하다, 지나가다'451)의 뜻이다.

아브라함은 종들에게 하나님께서 지정하신 장소에 올라가서 하나님께 예배를 드려 그 뜻을 준행하겠다고 말한다. 아브라함이 산에 올라가는 데 복수를 사용하고 있다. 결국, 아브라함과 이삭과 둘이 동행하여 올라가겠다고 종들에게 말한 것이다.452)

필자가 보니 '경배하다'에 해당하는 '솨하'는 שָׁחָה(7812, 샤하) וְנִשְׁתַּחֲוֶה 접속사-히트팔렐 미완 1인 공성 복수이다.

שָׁחָה(7812, 샤하)는 '엎드리다, 절하다, 경배하다, 굽히다, 부복하다, 굴복하다, 섬기다, 몸을 굽히다'453)라는 뜻이 있다.

강의 재귀형(Hithpael) 미완료형으로 사용되었으므로 '내가 나 자신을 굽혀 섬길 것이다'라는 의미이다. '가서'라는 단어도 미완료 연장

---

449) 분해대조 성경, *op. cit.*, 창 22:5.

450) 개역한글 성경, *op. cit.*, 창 22:5.

451) 김용환, *op. cit.*, p. 269.

452) 강병도, *op. cit.*, p. 627.

453) 김용환, *op. cit.*, p. 665.

형이다. 히브리어에서 미완료 연장형은 말하는 사람의 '의향', '결심' 등을 나타낸다. 따라서 직역하면 '우리가 가리라'(We will go)이다. 이는 아브라함이 이삭을 데리고 하나님께 경배하러 갈 것이라는 결심이 조금도 흔들림이 없음을 보여주는 것이다.[454]

필자가 보니 '돌아오리라'는 שוב(7725, 슈브)라는 말이다.

שוב(7725, 슈브)는 '돌아가다, 돌아오다, 뉘우치다, 회복되다, 중건되다, 돌려주다, 보답하다, 구원하다, 회답하다, 소성시키다'[455]를 의미한다.

한글개역 성경을 볼 때에는 주어가 생략되어 잘 알 수 없으나 원문을 보면 1인칭 복수 권고형(cohortative) 문장이다. 따라서 본문을 직역하면 '그리고 우리가 돌아올 것이다.'가 된다. 다시 말해서 아브라함은 모리아산에서 자신의 사랑하는 아들 이삭을 번제로 드리러 가면서도 번제를 끝내고 돌아온다는 말의 주어로 '우리'라고 복수형을 사용하고 있다. 즉, '자신과 자신의 아들이 함께 되돌아오리라(NIV, And then we will come back)'는 말을 하고 있는 것이다. 이러한 말은 이삭이 죽더라도 그를 요구하신 하나님이 반드시 다시 살리실 것을 확신하는 아브라함의 탁월한 신앙고백이라는 것이다.[456]

아브라함이 이삭을 모리아산에서 하나님께 제물로 바치러 갈 때에 '우리가 경배할 것이다. 그리고 우리가 돌아오리라'라고 말한 사실은 주목할 만하다. 한글개역 성경에는 '내가 경배하고 돌아오리라'고

---

454)　한성천. 김시열, *op. cit.*, p. 471.

455)　김용환, *op. cit.*, pp. 658-659.

456)　John Calvin, 존 칼빈성경주석 출판위원회 편역, <u>창세기Ⅱ</u>, (서울: 성서교재 간행사, 1982), p. 49.

번역되었으나, '내가'가 아닌 '우리가'로 되어 있다.[457]

우리는 히브리서 기자가 이삭을 드리는 아브라함의 행위를 '믿음'으로 규정하고 있으며 아브라함이 죽은 자 가운데서 살리시는 하나님의 능력을 믿었다고 기록했던 점에서 이 신앙고백을 받아들일 수 있다. 히 11:17-19에서 "아브라함은 시험을 받을 때에 믿음으로 이삭을 드렸으니 그는 약속들을 받은 자로되 그 외아들을 드렸느니라. 그에게 이미 말씀하시기를 네 자손이라 칭할 자는 이삭으로 말미암으리라 하셨으니, 그가 하나님이 능히 이삭을 죽은 자 가운데서 다시 살리실 줄로 생각한지라 비유컨대 그를 죽은 자 가운데서 도로 받은 것이니라."고 했다. 정녕 아브라함은 지금까지 자신이 경험한 바와, 받은 바 은혜를 생각해 볼 때 이런 신앙적 결론에 능히 도달했을 것이다(히 11:6).[458]

"번제 나무를 … 이삭에게 지우고"(6절, אֶת־עֲצֵי הָעֹלָה וַיָּשֶׂם עַל־יִצְחָק, 에트 아체 하올라 와야셈 알 이츠하크). 당시 이삭이 나이는 16-17세 정도였다 (Lange), 요세푸스는 25세로 보고 있다. 따라서 어느 견해를 취하든 이삭은 능히 번제에 사용할 무거운 나뭇단을 질 수 있었을 정도의 청년이었다. 청년 이삭의 어깨 위에 자신을 태울 번제 나무를 지고 가는 이 장면은 장차 자신이 달려 돌아가실 십자가를 지시고 골고다 언덕을 오르게 될 예수 그리스도의 희생의 걸음을 예표하는 것이다 (요 19:17).[459]

---

457)　강병도, *op. cit.*, p. 627,
458)　한성천. 김시열, *op. cit.*, p. 471.
459)　*Ibid.*, p. 472.

즉, 충분히 도망갈 수 있었음에도 불구하고 아브라함이 하는 대로 가만히 있었던 것은 이삭이 아비에게 협조했음을 말해 준다. 따라서 본문에 언급된 이삭은 그리스도의 모형이라 할 수 있다. 왜냐하면 이삭은 자신을 얹어 넣을 나무를 지고 갔으며(6절), 자신의 몸이 결박되도록 자발적인 순종을 했고(9절), 자신의 생명이 하나님께서 정하신 방법대로 사라질 처지에서도 그대로 순종했기 때문이다. 이는 마치 그리스도께서 자신의 십자가를 지시고 못 박힐 곳으로 가신 것과 일치한다(사 53장; 요 1:29).[460]

필자가 보니 '두 사람이'라고 한 8절의 구절은 שְׁנַיִם(8147, 세나임)이라는 말이다.

שְׁנַיִם(8147, 세나임)은 '한 쌍, 둘, 새끼, 좌우, 갑절, 양면, 양쪽'[461]의 뜻이다.

'세나임'은 שָׁנָה(8138, 샤나)에서 유래했으며, '옮기다, 변장하다, 다르다, 갈아입다, 변하다'[462]의 뜻이다.

이성호 교수는 이렇게 말하였다. "아브라함이 부활 신앙을 믿었듯이 이삭도 아버지의 신앙을 똑같이 믿었습니다. 그리고 이삭은 아버지의 뜻에 따라서 순종을 하였습니다. 부활 신앙의 믿음이 두 사람에게 옮겨지고 부활 신앙의 옷으로 갈아입었습니다. 두 사람은 앞으로 이루어질 모든 일이 하나님의 뜻 안에서 온전히 그리고 선하게 이루어질 것임을 확실히 믿고 있었습니다."[463]라고 하였다.

---

460)   강병도, *op. cit.*, p. 628.
461)   김용환, *op. cit.*, p. 693.
462)   김용환, *op. cit.*, p. 692.
463)   이성호, *op. cit.*, p. 90.

וַיָּבֹאוּ אֶל־הַמָּקוֹם אֲשֶׁר אָמַר־לוֹ הָאֱלֹהִים וַיִּבֶן שָׁם אַבְרָהָם אֶת־הַמִּזְבֵּחַ וַיַּעֲרֹךְ אֶת־הָעֵצִים
וַיַּעֲקֹד אֶת־יִצְחָק בְּנוֹ וַיָּשֶׂם אֹתוֹ עַל־הַמִּזְבֵּחַ מִמַּעַל לָעֵצִים:464)

"하나님이 그에게 일러주신 곳에 이른지라 이에 아브라함이 그곳에 제단을 쌓고 나무를 벌여 놓고 그의 아들 이삭을 결박하여 제단 나무 위에 놓고"465)라고 하였다.

필자가 살펴본 바로는 '이에 … 단을 쌓고 나무를 벌여 놓고' (וַיִּבֶן…אֶת־הַמִּזְבֵּחַ וַיַּעֲרֹךְ אֶת־הָעֵצִים, 와이벤 … 에트 함미즈뻬아흐 와야아로크 에트 하에침)이다.

'미즈뻬아흐'(הַמִּזְבֵּחַ)에 정관사 '하'(ה)가 사용되어 '그 제단'으로 해석된다. 이는 하나님께서 계시하신 '그 제단'이요, 아들 이삭의 번제에 필요한 바로 '그 제단'이란 뜻으로 이해할 수 있다.466)

또한 '벌여 놓고'라고 해석된 '야아로크'(וַיַּעֲרֹךְ)의 원형은 '아라크'이다.467)

필자가 보니 '벌여놓고'는 עָרַךְ(6186, 아라크)라는 말이다.

עָרַךְ(6186, 아라크)는 '(제단을) 쌓다, 전열(대열)을 갖추다, 대진하다, 진술하다, 설명하다, 준비하다, 갖추다, 벌여놓다, 보살피다, 베풀어 놓다, 구비하다'468)를 의미한다.

'벌여 놓고'라는 말에도 '어떤 일을 위해 늘어놓다'라는 뜻이 있다.

---

464)　　분해대조 성경, *op. cit.*, 창 22:9.

465)　　개역한글 성경, *op. cit.*, 창 22:9.

466)　　한성천. 김시열, *op. cit.*, p. 482.

467)　　*Ibid.*,

468)　　김용환, *op. cit.*, p.534,

하지만 히브리어 '아라크'의 뜻을 정확하게 전달하기 위해서는 '준비하다', '배열하다'라고 번역해야 한다. 왜냐하면 '아라크'는 '어떤 특정한 형식에 맞추어 정확하게 맞추어 놓다'라는 의미가 있기 때문이다. 구약의 제사장들이 제단 위에 희생 제물인 수소 조각을 놓을 때도(레 1:8), 진설병을 배열할 때도(레 24:8) 이 단어가 사용되었다.[469]

실로 참된 제사(예배)는 인간의 필요나 상상력에 의해 드려지는 것이 아니다. 순전히 하나님의 계시에 의존하여 하나님이 기뻐하시는 바로 그 방법을 좇아 오직 하나님만을 의식하며 드려지는 것이 참으로 신령한 제사이다(요 4:21-24).[470]

아브라함이 불씨와 칼을 들었으며 이삭에게 번제에 쓸 나무를 지우고 가게 했다. 이때 이삭은 청년으로 나이는 25-6에 정도였다. 아브라함이 들고 있는 '칼'은 통상적으로 사용하는 '헤레브'(חֶרֶב)가 아니다. '마아케레트'(מַאֲכֶלֶת)로 짐승을 잡는 칼이다. 나귀와 두 하인은 저 멀리 있게 했으며 근접을 금했다. 단둘이만 올라갔다. 부자간의 동행이다. 그러나 말이 없었다. 결국 아들이 입을 열었다. '아버지여'하며 말하였다.[471]

'이삭을 결박하여'(וַיַּעֲקֹד אֶת יִצְחָק, 와야아코드 에트 이츠하크)라고 했는데, '결박하다'라는 뜻의 '아카드'(עָקַד)란 폭력이나 강압의 의미가 내포된 말이다. 특히 본문에 희생제물의 네 사지를 묶는다는 의미로 사용되었다. 그런데 당시 이삭은 혈기 왕성한 나이였고, 아브라함은

---

469) 한성천. 김시열, *op. cit.*, p. 482.
470) *Ibid.,*
471) 이병렬, <u>인간을 찾으시는 하나님</u>, (서울: 신광 출판사, 페트라 성경 연구원, 1995), p. 82.

100세를 훨씬 넘는 노구였다. 그럼에도 불구하고 아브라함이 별다른 어려움 없이 이삭을 묶을 수 있었던 것은 이삭이 아버지의 결박을 거역하지 않고 순순히 받아들였기 때문이었다. 이는 아버지의 권위에 대한 이삭의 철저한 순종과 아버지에 대한 완전한 신뢰, 그리고 그 무엇보다 자신이 번제물이 되는 것이 아버지를 통해서 역사하시는 하나님에게서 나온 것이라는 믿음이 있었기 때문이었다. 하나님께 대한 온전한 믿음이 밑바탕 되지 않고서는 불가능한 일이다. 실로 절대 믿음은 절대 평안과 절대 복종을 가능하게 한다.[472]

한편으로 이삭의 침묵 속의 순종은, 장차 성부 하나님의 뜻을 좇아 묵묵히 십자가를 지시는 예수 그리스도의 거룩한 희생을 조용히 예표 하는 것임을 알 수 있다(사 53:7).[473]

창 22:13을 보면, "아브라함이 눈을 들어 살펴본즉 한 숫양이 뒤에 있는데 뿔이 수풀에 걸려 있는지라 아브라함이 가서 그 숫양을 가져다가 아들을 대신하여 번제로 드렸더라"[474]라고 하였다.

וַיִּשָּׂא אַבְרָהָם אֶת־עֵינָיו וַיַּרְא וְהִנֵּה־אַיִל אַחַר נֶאֱחַז בַּסְּבַךְ בְּקַרְנָיו וַיֵּלֶךְ אַבְרָהָם וַיִּקַּח אֶת־הָאַיִל וַיַּעֲלֵהוּ לְעֹלָה תַּחַת בְּנוֹ׃ [475]

위의 본문을 필자가 살펴보니 '한 숫양이'는 אַיִל(352, 아일)이라는 말이다. אַיִל(352, 아일)은 '숫양, 기둥, 우두머리, 용사, 지도자, 상수리나

---

472) 한성천. 김시열, *op. cit.*, p. 482.
473) 천 사무엘, *op. cit.*, p. 307.
474) 개역한글 성경, *op. cit.*, 창 22:13
475) 분해대조 성경, *op. cit.*, 창 22:13.

무'[476)의 뜻이다.

'아일'은 אול(193, 울)에서 유래했으며, '몸, 배, 지도자, 권세 있는 자, 탁월하다'[477)의 뜻이 있다.

'한 숫양'에 해당하는 '아일'(אול)은 '첫째이다', '강하다'라는 뜻을 지닌 동사 '울'(אול) 또는 '일'(אול)에서 유래한 남성명사로서 거세하지 않은 '숫양', '문이나 창문에 다는 어떤 장식품'을 의미한다.[478)

'한 숫양'에 대한 히브리어 철자 'אול'은 8절에서 아브라함이 '번제할 어린 양의 어디 있느냐'라는 아들 이삭의 질문에 대해 답변했던 내용과 관련이 있는데 즉, 아브라함은 '하나님이 자기를 위하여 친히 준비하시리라'라고 했는데 이에 대한 원문이 '엘로힘 이르에 로'(לו יראה אלהים)로서 각 단어의 첫 글자를 한자씩 떼 내어 만든 글자와 일치하는 특별한 결과를 보여주고 있다. 이는 8절에 기록된 하나님의 대한 아브라함의 놀라운 믿음이 한 치의 오차도 없이 그대로 성취되었음을 보여주고 있는 것이다. 한편 하나님이 이삭을 살리시기 위하여 준비하신 숫양은 훗날 인류의 대속 제물로 하나님께서 친히 준비하신 어린 양 예수 그리스도를 상징하고, 예표 하는 것이다(히 11:19).[479)

"하나님은 어린양 되시는 예수 그리스도를 준비해 놓으시고 자기 백성을 구속하시기 위하여 예수 그리스도를 어린 양으로 예비해 놓으셨습니다. 아브라함이 자신의 의를 버리고 자신을 제물로 드려(롬

---

476) 김용환, *op. cit.*, p. 33.

477) *Ibid.*, p. 20.

478) 강병도, *op. cit.*, p. 631.

479) 한성천, 김시열, *op. cit.*, p. 487.

12:1), 하나님께 온전한 헌신을 했을 때 비로써 권세 있는 자를 보게 되는 축복을 받습니다. 그 숫양은 예수 그리스도를 예표 하는 제물 입니다."[480]라고 하였다.

여기까지 필자가 살펴본 대로 모리아산에서 쌓은 아브라함의 제단은 그의 믿음의 최고봉을 나타내는 것이며 가정 제단을 통해서 하나님께 예배하는 믿음의 신실한 행위였고 거룩한 교회의 모습을 보여주고 있는 것이다. 이상에서 살펴본 대로 아브라함은 세겜과, 벧엘과 헤브론과 모리아산에서 가족이 구성원이 되는 가정 제단을 쌓았고 그것은 장차 교회를 예표하고 상징하는 제단들이었다.

필자는 여기에서 한 곳을 더 추가해서 살펴보기로 하겠다.

(5) 브엘세바(בְּאֵר שֶׁבַע)

바로 창 21:33 말씀이다. "아브라함은 브엘세바에 에셀나무를 심고 거기서 영원하신 여호와의 이름을 불렀으며,"라고 하였다.[481]

וַיִּטַּע אֶשֶׁל בִּבְאֵר שָׁבַע וַיִּקְרָא־שָׁם בְּשֵׁם יְהוָה אֵל עוֹלָם:[482]

필자가 살펴본 대로는 '브엘세바'에서 '에셀나무'를 심고 '여호와의 이름을 불렀다고' 하였는데 분명 여기에서도 제의적 행위가 있었던 것으로 보인다. '에셀나무'의 '에셀'은 אֵשֶׁל(815, 에셀)이라는 말이다.

---

480) 이성호, *op. cit.*, p. 91.
481) 개역한글 성경, *op. cit.*, 창 21:33.
482) 분해대조 성경, *op. cit.*, 창 21:33.

אֵשֶׁל(815, 에셸)은 '에셸나무'[483]의 뜻이 있다.

אֵשֶׁל(815, 에셸)은 שָׁלָה(7951, 샬라흐)에서 유래했으며, '마음이 평안하다, 고요하다, 번영을 누리다, 번영하다, 안심하다'[484]의 뜻이 있다.

에셸(명남)은 영역본에서 대부분 'tamarisk(위성류 나무)'로 번역하며 한글개역 성경에서 "에셸나무"로 번역했다. '에셸나무'는 크기가 약 10m에 이르는 나무로서 네게브 전역에 흔하게 자라고 있다. 아브라함이 브엘세바에서 에셸나무를 심었다는 행위가 무엇을 뜻하는지는 분명하지 않다. 구약에서 나무는 생명과 하나님의 복을 상징하기도 한다(시 1:3; 렘 17:7, 8). 또 한편으로 아브라함은 나무를 취해서 제단을 만들어 하나님에 대한 헌신으로 희생 제사를 드렸다(12:7, 8; 13:18). 이로 보건대 아브라함이 에셸나무를 심었다는 것은 제단을 만들어 브엘세바를 하나님의 성지로 세운 것으로 보인다(N .M. Sama).[485]

구속사적인 의미에서 사막에서 그늘과 안식을 제공하며 보호를 상징하며 구덩이에서 건져주시는 분은 바로 하나님이시며, 예수 그리스도이심을 예표하고 있는 것이다.

아브라함이 아비멜렉과 계약을 체결하고 난 후 재질이 단단하고 생명력이 긴 이 에셸나무를 심은 것은 영원토록 변함없이 은혜를 베푸시며 섭리하시는 하나님을 기념하고 또한 아비멜렉과 맺은 언약이 오래 지속되어져 나가기를 기원하는 마음에서 였다. 그런 후에 '여호와의 이름을 불렀으며'(וַיִּקְרָא ... בְּשֵׁם יְהוָה)라고 했다. 이는 공식적으로

---

483)   김용환, *op. cit.*, p. 69.
484)   최현기, *op. cit.*, p. 768.
485)   강병도, *op. cit.*, pp. 549-55.

예배를 드렸음을 나타내는 관용적인 표현이다(창 4:26; 12:8).[486]

특별히 제단을 쌓은 일은 하나님의 이름을 부르는 일과 연관되는 것으로 보아 더더욱 그러하다(창 26:25). 왜냐하면 본문에서 아브라함은 에셀나무를 심고 영생하시는 하나님의 이름을 불렀기 때문이다.[487]

그러나 본문은 보다 넓은 의미를 지닌다. 왜냐하면 '와이크라'(וַיִּקְרָא)의 원형 '카라'(קָרָא)는 '선언하다'(신 20:10; 렘 34:8), '선포하다'(왕상 21:12; 렘 3:12)로도 번역되며, 또한 '이름'에 해당하는 '쉠(שֵׁם)'은 단순한 호칭이란 의미를 넘어서 그의 인격, 공적 등을 나타내기도 하기 때문이다. 따라서 본문은 아브라함이 하나님이 공의로우시며 전능하신 분이심을 주위 족속들에게 선포했음을 나타낸다고 볼 수 있다. 여러 종류의 우상이 범람하던 가나안 땅에서 아브라함이 유일신 여호와의 기치를 높이 든 것이다. 즉, 여호와는 아브라함의 하나님이 되시며 그 땅 가나안은 여호와의 땅임을 널리 드러낸 것이다. 이와 같이 하나님을 예배하고 선포하는 것은 아브라함뿐만 아니라 아브라함의 영적 후손인 우리들도 힘써야 할 일이다(딤후 4:2).[488]

칼빈은 이 본문을 다음과 같이 해석하였다. '여호와의 이름'을 불렀다는 것은 아브라함이 하나님의 은혜를 증거하기 위하여 하나님에 대한 엄숙한 예배를 새로이 설정했다고 보았다. 하나님을 불렀다는 것과 관련되어 있듯이 아브라함은 어디를 가든지 이런 종교적인 의

---

486)　윤성천. 김시열, *op. cit.*, p. 447.
487)　강병도, *op. cit.*, p. 550.
488)　윤성천. 김시열, *op. cit.*, p. 447.

무를 절대로 소홀히 하지 않았던 것을 우리는 알고 있다. 그리고 자기가 참된 하나님을 섬기는 자라는 사실을 사람들에게 공언하고 선포하는 데 어떤 위험으로도 절대로 동요되지 않고 해냈던 것이다. 아브라함이 이렇게 하나님을 예배하는 일 때문에 그곳 주민들에게 증오의 대상이 되었지만 그것을 그는 개의치 않았다. 이제는 왕의 보호 하에서 더 안전하게 살고 있기 때문에 이런 생활 역시 하나님에게서 받았다는 사실을 사람들에게 앞에서 선포하며 간증하기를 원했던 것이라고 했다.[489]

아브라함은 하나님을 경외하는 사람이었다. 다시 말해, 하나님이 모든 인생의 주권자요, 소유주라는 것을 인정하고 하나님을 그런 하나님으로 대접하며 사는 사람이었다. 또한, 하나님은 신실하신 분이심을 믿고 그의 삶에서 하나님을 그런 하나님으로 대접했다.[490]

필자가 이상에서 살펴본 바와 같이 아브라함은 '단을 쌓았다'고 하는 세겜, 벧엘, 헤브론, 그리고 모리아산에서 뿐만이 아니고 브엘세바 에서도 '여호와의 이름을 부르며' 영생하시는 하나님께 가정 제단을 쌓으며 예배를 드린 것이다.

---

489)　John Calvin, *op. cit.*, p. 88

490)　양명호, <u>참으로 예배하고 싶다</u>, (서울: 생명의 말씀사, 2019), p. 120.

민족을 통한 거룩한 공동체의 형태
(모세 시대)

1) 거룩한 공동체의 모형인 성막

하나님께서 호렙산 떨기나무 아래에서 모세를 불러 애굽의 노예가 되어 있는 이스라엘 민족의 해방자로 세우신 이후에 교회는 가정의 형태에서부터 발전하여 국가의 형태로 변모하게 되었다. 출애굽 이후의 이스라엘 민족은 한 국가로 조직될 뿐만 아니라 거룩한 공동체인 하나님의 교회로 구성이 되었다. 그들은 이전에 형태였던 가족적인 경건이나 각 지파별 신앙만이 아니라 국가의 종교를 표현할 수 있을 만큼 풍부한 제도를 가지게 되었다. 이 시대의 교회 형태에 대하여 벌콥(L.Berkhof) 교수는 다음과 같이 설명하고 있다. 교회는 아직 독립적인 조직을 얻지 못하고, 다만 이스라엘의 국가생활 안에서 그 제도적인 존재로 남아 있었다. 그리고 그것이 취한 특수한 형식은 교회국가(church-state)였다. 우리는 이 양자가 전적으로 하나였다고 말할 수는 없다. 국가 안에서 세속적 종교적 관사들과 공적기관들이 따로 있었던 것이다. 그러나 동시에 국가 전체는 교회를 구성하였으며, 교회는 이스라엘 한 나라에 제한되어 있었다. 그리고 외국인은 이 나라의 시민이 됨으로써 교회에 참여할 수 있었다. 이 시기에는 교리의 현저한 발전이 있었고, 종교적 진리에 대한 양적인 증거가 있었으며, 또한 진리이해에 있어서 그 명료성이 보다 두드러진 것이 사실이다. 하나님 예배는 아주 세밀한 데까지 규정되었고, 주로 제사적이요, 의식적이었으며, 따라서 중앙 성소 중심적이었다.[491]

애굽에서 이동한 사람들의 숫자는 상당히 많았다. 성경의 여러 군데에서는 20세 이상의 남자가 대략 60만이었다고 나와 있다(출 12:37, 38:26, 민 1:46, 2:32, 11, 21, 26:51). 이것은 전체 숫자가 2백만이 넘음을 의미한다. 이들의 대부분은 야곱 가족의 후손이었다.[492]

출애굽기에서 이스라엘이 애굽에서 "나왔다"는 언급이 없는 것은 아니지만(참조, 출 13:4) 이스라엘은 스스로 애써서 나온 것이 아니라, 나오도록 인도함을 받았다. 하나님이 이스라엘 자손을 "그 무리대로 애굽 땅에서 인도하여 내셨더라"(출 12:51; 13:9b, 16b). 출애굽은 전적으로 하나님이 이스라엘에게 베푸신 은총이다. 마침내 이스라엘이 "여호와의 군대"(צבאות יהוה, 치브오트 야훼)로 불린다(출 12:41).[493]

그리하여 모세의 때로부터 이스라엘 민족 안에 국가 형태로 존재하기 시작한 교회는 그리스도께서 초림하시기까지 이 형태로 존속

---

491) Louis Berkhof, *Systematic Thelogy,* (Eerdmans, 1974), p. 570, 하문호, *op cit.,* p. 75에서 재인용.
492) Leon Wood, 김의원 옮김, 이스라엘의 역사, (서울: 기독교 문서 선교회, 1985), p. 144.
493) 왕대일, 엑소더스, 하나님의 성소를 이루기까지, (서울: 도서출판 kmC, 2018), p. 94.

하여 왔다.[494]

필자는 국가적인 교회의 형태가 가장 잘 나타날 뿐만 아니라 거룩한 공동체의 모습이 선명하게 볼 수 있는 곳이 바로 성막이기 때문에 이스라엘 백성들이 출애굽 이후 광야에서의 여정을 살펴보면서 특히 성막을 집중하여 살펴보도록 하겠다.

이성호 교수는 이렇게 말하였다. "성막을 설계하신 분은 하나님이십니다. 하나님은 약 3, 500년 전에 시내 산에서 그 설계도를 제일 먼저 모세에게 계시되었습니다. 하나님의 지시대로 기구와 형태를 식양에 따라 세우게 되었는데 모세는 하나님의 지시대로 순종하며 성막을 세웠습니다. 그 설계도는 노아의 때 방주의 식양을 주시면서 하나님의 뜻과 의도대로 빠짐없이 준행함과 같이 모세도 믿음으로 성막의 설계도 대로 준행하였습니다."[495]라고 하였다.

창 6장 22절을 보면, "노아가 그와 같이 하여 하나님이 자기에게 명하신 대로 다 준행하였더라."[496]라고 했다.

이것을 원문으로 보면 다음과 같다.

$$\text{וַיַּעַשׂ נֹחַ כְּכֹל אֲשֶׁר צִוָּה אֹתוֹ אֱלֹהִים כֵּן עָשָׂה:}^{497)}$$

필자가 살펴보니 '그와 같이 하되'는 עָשָׂה(6213, 아사)라는 말이 사용되었다.

---

494)   하문호, *op. cit.,* p. 75.
495)   이성호, <u>성 막 론</u>, (서울: 도서출판 헤세드, 2017), p. 4.
496)   개역한글 성경, *op. cit.,* 창 6:22.
497)   분해대조 성경, *op. cit.,* 창 6:22.

עָשָׂה(6213, 아사)는 '짓다, 준행하다, 창조하다, 만들다, 실행하다, 순종하다, 성취하다'[498]의 뜻이 있다.

필자가 보니 '명하신'은 צָוָה(6680, 차와)라는 말이다.

צָוָה(6680, 차와)는 '명하다, 명령하다, 허락하다, 작정하다, 말씀하다, 부탁하다'[499]의 뜻이 있다.

"하나님의 명령은 번복도 철회도 안 되는 반드시 명한대로 순종해야만 하는 것입니다. 다른 사람이 대신 해줄 수 있는 것이 아니고 노아가 반드시 행해야 하는 것이었습니다."[500]라고 하였다.

'준행하였더라'는 עָשָׂה(6213, 아사) עָשָׂה 칼 완료 3인 남성 단수, VQAZMS이다.

'노아가 그와 같이 하되 … 다 준행하였더라'(וַיַּעַשׂ נֹחַ כְּכֹל … עָשָׂה) '케콜'(כְּכֹל)에 붙어 있는 전치사 '케'(כְּ)는 '~처럼, '같이', '~을 따라서'란 뜻이 있으며 '콜'은 '하나도 빠짐없이 모든 것을 다 포괄하는'이란 뜻을 지닌 용어이다. 그러므로 본문은 하나님께서 자기에게 명하신 것에 따라서 하나도 빠짐없이 다 행한 노아의 순종적인 신앙을 보여주고 있다. 이 순종은 본 절의 구조에서도 나타난다. 본 절을 시작하는 단어인 '와이아스'(וַיַּעַשׂ) 와 끝맺는 단어인 '아사'(עָשָׂה)는 모두 '~을 행하다'란 뜻의 동일한 동사이다. 따라서 원문의 구조대로 본문을 직역하면 '행하였다 노아는 모든 것을 따라서 … 그렇게 행하였다'이다. 양쪽의 '행위'가 노아를 둘러싸고 있는 이러한 구조는 '교차 대구법' 즉 '카이

---

498)   김용환, *op. cit.*, p.536-538.

499)   *Ibid.*, p. 577.

500)   이성호, *op. cit.*,

아즘(chiasm)'이라고 부르는데 노아의 충성된 모습을 강조해주는 문학적인 기교이다.[501]

"하나님의 명령을 준행함에 있어서 완전한 자기 의지로 그 누구의 영향도 받지 아니하고 안 할 수도 있는 것이었음에도 불구하고 완전하게 모든 것을 다 이행한 노아의 순종을 볼 수 있는 것이었습니다. 동일한 말씀이 모세에게 주어질 때 모세도 그와 같이 행하였습니다."[502]라고 하였다.

출 40:16을 보면, "모세가 그같이 행하되 곧 여호와께서 자기에게 명령하신 대로 다 행하였더라."[503]라고 하였다.

이것을 다시 원문으로 보면 다음과 같다.

וַיַּעַשׂ מֹשֶׁה כְּכֹל אֲשֶׁר צִוָּה יְהוָה אֹתוֹ כֵּן עָשָׂה׃[504]

이성호 교수는 "이스라엘 백성이 출애굽 한 연도는 주전 1446년 1월 14일 유월절이었고, 성막을 짓기 시작한 연도는 주전 1445년 1월 1일이었습니다(출 40:2). 성막은 주전 1445년부터 주전 959년(솔로몬 왕이 예루살렘에 성전이 완성될 때)까지 약 486년 동안 이스라엘 백성들의 삶의 중심이었습니다. 구약의 성막을 확대해 놓은 것이 신약의 예수 그리스도를 상징하는 것입니다. 신약의 예수 그리스도를 축소한 것

---

501) 한성천. 김시열, *op. cit.*, p. 434.
502) 이성호, *op. cit.*,
503) 개역한글 성경, *op. cit.*, 출 40:16.
504) 분해대조 성경, *op. cit.*, 출 40:16.

이 구약의 성막을 상징하는 것입니다."505)라고 하였다.

(1) 성막을 주신 목적

또한 그는 계속해서 말하기를, "하나님께서 이스라엘 백성에게 성막을 주신 의도는 그 백성과 만나기 위함이었습니다. 그래서 성막을 모세를 통하여 세우라고 명령하셨습니다. 그리고 하나님께서 그 성막에 거하시는 장소가 되었습니다. 성막은 이동식 성소로서 하나님께서 자기 백성에게 나타내기 위함이었습니다. 그리고 그곳에서 만나기를 원하셨습니다."506)라고 하였다.

출 25:22에 보면, "거기서 내가 너와 만나고 속죄소 위 곧 증거궤 위에 있는 두 그룹 사이에서 내가 이스라엘 자손을 위하여 네게 명령할 모든 일을 네게 이르리라"507)라고 하였다.

이 본문을 원문으로 보면 다음과 같다.

וְנוֹעַדְתִּי לְךָ שָׁם וְדִבַּרְתִּי אִתְּךָ מֵעַל הַכַּפֹּרֶת מִבֵּין שְׁנֵי הַכְּרֻבִים אֲשֶׁר עַל־ אֲרֹן הָעֵדֻת אֶת־

כָּל־ אֲשֶׁר אֲצַוֶּה אוֹתְךָ אֶל־ בְּנֵי יִשְׂרָאֵל: 508)

필자가 보니 '만나고'는 יָעַד(3259 야아드)라는 말이 사용되었다.

יָעַד(3259 야아드)는 '지명(인명)하다, 정하다, 모으다, 소집하다, 만나다,

---

505) 이성호, *op. cit.,* p. 4.
506) *Ibid.,*
507) 개역한글 성경, *op. cit.,* 출 25:22.
508) 분해대조 성경, *op. cit.,* 출 25:22.

놓다'[509]를 의미한다.

① 이 단어는 '지정한 장소에서 만나다'라는 의미를 나타낸다. 니 팔형은 성소에서 하나님을 만나는 이스라엘에 대해 사용되었다(출 25:22, 출 29:42, 출 29:43, 출 30:6, 출 30:36, 민 17:19). 하나님께서 "속죄소"(캅 포레트)에서 이스라엘의 대표자와 만나는 것이 정해진 만남이라는 사 실은 흥미 있다(출 25:22). 하나님께서 장막 앞에서 백성들을 만난 다 른 때도 그러했다. 백성들은 올 것으로 기대되었으며 하나님은 거기 에서 그들을 만나시겠다고 약속했다. 하나님은 자기의 약속을 지키 신다. ② 이 단어는 '약속하여 만나다'라는 의미를 나타낸다(암 3:3, 욥 2:11, 느 6:2, 느 6:10). ③ 이 단어는 '약속하여 모이다.'라는 의미를 나타 낸다(수 11:5; 시 48:5; 민 10:3; 민 10:4; 왕상 8:5 = 대하 5:6).[510]

또한 하나님이 성막 앞에서 그의 백성들을 만난 것 역시 지정된 만남이었다. 하나님은 이스라엘 백성들이 나오기를 기대하셨으며 거 기서 그들을 만나겠다고 약속하셨다. 하나님은 그의 약속들을 지키 신다.[511]

이성호 교수는 "하나님은 그의 백성과 만나기를 원하셨습니다. 그 만남은 성막을 통하여 이루어지는 만남입니다. 인간의 불순종으로 타락하고 범죄 하여 하나님과 멀어졌습니다. 그러나 하나님은 타락 한 아담과 하와에게 가죽옷을 입히시고 관계를 회복시켜 만나주셨 습니다. 이것을 원시복음이라고 합니다. 그중심에 피 흘림을 통한 예

---

509) 김용환, *op. cit.*, p. 274.
510) 이병철, *op. cit.*,
511) R. Laird Harris,(eds), *op. cit.*, p. 481.

수 그리스도가 있습니다. 예수 그리스도를 통하지 않고는 다시 회복할 수가 없었습니다. 그 언약의 말씀은 신앙 전수를 통하여 가인과 아벨에게도 전수 되었습니다. 그래서 세월이 지난 후에 가인은 땅의 소산으로 아벨은 양의 첫 새끼와 그 기름으로 하나님께 제물을 드린 것입니다. 그리고 하나님은 계속적으로 족장 노아, 아브라함, 이삭, 야곱을 제단을 통하여 만나주셨습니다."[512]라고 하였다.

하나님께 감사와 찬양의 응답을 드리러 온다는 것은 '우리가 예배할 때 하나님이 그 예배 현장에 계신다'는 믿음을 전제한다. 그곳에서 우리는 하나님을 만난다. 단지 만남이 아니고 '특별한 만남'이라고 부르고 싶다. 왜냐하면 우리가 매일 일상에서 개인적으로 하나님을 만나고 알아가는 경험이나 지적인 만남과는 다른 만남을 경험할 수 있는 시간이기 때문이다.[513]

이성호 교수는 "하나님은 모세를 부르시고 그와 즉시 만나주셨습니다. 하나님의 만남은 지명하여 부르신 그의 백성입니다. 그리고 그 지정한 장소에서 만나기를 원하셨습니다. 그곳이 성막이었습니다. 성막에서 만남은 아무나 만나는 곳이 아닙니다. 언약한 백성만 만나는 곳입니다. 그리고 후에 언약을 맺은 백성이 제사를 드리는 제사장의 나라가 되었던 것입니다. 그 거룩한 장소에서 이스라엘 백성이 제사를 드리고 죄 사함을 받게 되는 것입니다."[514]라고 하였다.

'속죄소'라고 했는데 '속죄소'는 כַּפֹּרֶת(3727, 캅포레트)라는 말이다.

---

512)　이성호, *op. cit.*, p. 4.
513)　양명호, <u>보다 예배다운 예배를 꿈꾸다</u>, (서울: 생명의 말씀사, 2020), p. 33.
514)　이성호, *op. cit.*, pp. 4-5.

כַּפֹּרֶת(3727, 캅포레트)는 '속죄소'의 뜻이며, 캅포레트는 카파르(כָּפַר, 3722)에서 유래했으며, '덮다, 가리다, 칠하다, 흔적을 지우다, 보상하다, 감추다, 용서하다, 사하다'[515]의 뜻이 있다.

속죄소는 성막의 지성소에 안치된 언약궤의 상부를 덮는 덮개를 가리키며, 1년에 1회, 대 속죄일에 대제사장이 지성소에 들어가 자기의 죄를 위해, 이스라엘의 죄를 위해 속죄를 하는 장소이다. 순금으로 만들어졌고, 양단에 마주하여 날개를 편 한 쌍의 '그룹'이 설치되었다(출 25:17, 출 25:18, 출 25:19, 출 25:20.).[516]

하나님은 여전히 하늘에 계시고 인간은 땅에 있다. 무한한 거리감을 느낀다. 합치할 수 없는 공간의 거리다. 그래서 선민 이스라엘을 위하여 하나님이 시나이산 꼭대기에 내려오셨다(야라드, יָרַד,3381), 동사 '야라드'는 강림하다, 낮추다 의 의미도 있다. 하나님이 스스로 낮추시고 모세를 만나시기 위해 시나이 산 꼭대기에 강림하셨다. 윗분이 아래로 내려와야 한다. 그 산이 시나이 산(סִינַי)이다. 이스라엘을 대표해서 모세를 불렀다. "여호와께서 시나이 산 꼭대기에 내려오셔서 모세에게 산 꼭 대기로 부르자 모세가 올라갔다"(출 19:20). 하나님이 내려오시고 산꼭대기로 모세를 올라오라고 부르셨다. 하늘과 땅이 만나는 순간이다. 아래 있는 자가 위로 올라가고 위에 있는 지존 자가 아래로 내려오신다. 하나님을 대면하는 순간이었다. 내려오고 올라감으로 그분을 만나다. 주도권은 하나님에게 있다. 하나님이 내려오신 다음 모세를 산꼭대기로 부르셨기 때문이다. 하

---

515)   김용환, *op. cit.*, p. 318.
516)   이병철, *op. cit.*,

나님이 내료오시고 모세가 올라가 만난 종교이다. 시나이 산에서 하늘과 땅이 만났다.[517]

그 두 그룹 사이가 하나님의 보좌이며, 거기서 하나님은 사람을 만나기로 한 것이다(레 25:22, 레 30:6, 민 7:89). 70인 역본에서 캅포레트에 해당하는 헬라어 ἱλαστήριον(2435, 힐라스테리온)은 '화해시키는 것, 속죄하는 것, 화해의 수단, 속죄소'라는 의미를 지닌다. 이 헬라어는 롬 3:25에서 예수 그리스도의 속죄를 나타내는 중요한 용어로 사용되었다. "이 예수를 하나님이 그의 피로 인하여 믿음으로 말미암는 화목 제물로 세우셨으니 이는 하나님께서 길이 참으시는 중에 전에 지은 죄를 간과하심으로 자기의 의로우심을 나타내려 하심이니"라고 했다. 하나님과 사람이 만나는 장소가 속죄소라는 상징은 히브리 종교의 심오한 신학 사상을 나타낸다. 여기서 1년 1회, 속죄일의 행사가 행해졌다(레 16장). 이것은 예수 그리스도의 속죄의 상징으로서 그리스도의 십자가 보혈에 의해 속죄가 완성된 것을 히브리서는 강조하고 있다(히 9:1-12).[518]

다시 하늘에서 한 분이 내려오셨다. 마리아의 몸을 빌려 내려오신 분이 예수 그리스도이시다. 그분은 시나이산이 아니라 이 세상 한복판에 내려오셨다. 땅에 있는 사람들을 정화시켜 하늘로 올려 보내기 위해서다.[519]

이성호 교수는 "성막은 예수 그리스도의 모형입니다. 이스라엘 백

---

517)   이병렬, <u>하늘과 땅이 만난 시나이산</u>, (서울: 신광출판사, 페트라성경원어 연구원(, pp. 59-60.
518)   이병철, *op. cit.*,
519)   이병렬, op. cit., p. 60.

성은 성막을 통하여 장차 오실 예수 그리스도를 바로 알고 바로 믿을 수 있었습니다. 그리고 지금까지의 모든 죄가 용서함을 받는 것입니다. 구약에는 성막을 통하여 동물의 피로 대신 속죄함을 받았지만 지금은 오직 예수 그리스도의 피로 속죄함을 받는 것입니다. 이 목적을 위하여 하나님은 이스라엘 성막을 주셨던 것입니다. 성막 없이는 절대로 하나님을 그의 백성이 만날 수 없기 때문입니다."[520]라고 하였다.

오늘날도 하나님께로 가는 길은 오직 한 길이며 하나님께서 죄인을 만나시는 곳도 오직 한 곳뿐이다. 이 유일한 곳이 광야에 있었던 성막으로 미리 나타나게 되었으며, 그것이 바로 주 예수 그리스도이시며 갈보리 산상에 세워진 십자가이다.[521]

또한 '증거궤'가 나타나는데 '증거궤'는 십계명의 두 돌판이 들어있는 궤를 의미한다. 지성소의 중심은 증거궤이다.

'증거궤'는 עֵדֻת(5715, 에두트)라는 말이다. עֵדֻת(5715, 에두트)는 '증거'의 뜻이며, 에두트는 우드(עוּד, 5749)에서 유래했으며, '되돌아가다, 반복하다, 다시 행하다, 증거하다, 증거'[522]를 의미한다.

에두트는 항상 하나님의 증거와 관련하여 사용된다. 이 단어는 가장 빈번히 장막과 함께 사용되어(출 38:21, 민 1:50, 민 1:53) '증거막'(tabernacle of testimony)이라는 표현을 낳는다. 그리고 또한 궤와 연결되어(출 25:22, 출 26:33, 출 26:34, 출 30:6, 출 30:26) '증거궤'(ark of the

---

520) 이성호, *op. cit.*,
521) Martin Ralph De Haan, 조무길 옮김, <u>성 막</u>, (서울: 생명의 말씀사, 2019), p. 47.
522) 김용환, *op. cit.*, pp. 497-498.

testimony)라는 어구를 낳는다. 사실상 몇몇 실례에서는 증거궤를 지칭하는데 에두트만이 단독으로 사용되어 있다(출 16:34, 출 27:21, 출 30:36, 렘 16:13). 모세는 궤 속에(출 25:21, 궤 앞에, 출 16:34, 출 27:21) 증거(판)를 넣으라는 지시를 받았고 그는 그렇게 했다(출 40:20, 참조: 히 9:4). 여기에서 이 단어가 가리키는 바가 분명해진다. 그것은 십계명이 씌어져 있는 두 개의 석판을 가리킨다(출 24:12, 출 31:18, 출 32:15, 출 34:29). 이 두 개의 판은 하나님께서 이스라엘과 맺은 언약을 나타내며(출 34:27, 출 34:28) 따라서 "언약의 돌판들" tables of the covenant(신 9:9, 신 11:15)이라고 불린다.[523]

하나님의 율법은 그의 증거이다. 왜냐하면 그것은 바로 그 자신의 인격과 목적과 관련된 하나님 자신의 증언(affirmation)이기 때문이다. 구약에서 증거는 기록된 말씀으로 이루어지지만 신약에서 증거의 핵심은 바로 복음의 선포이다.[524]

이성호 교수는 "모세가 시내 산에서 40일을 금식하면서 하나님께 받은 것이 증거판이었습니다. 바로 십계명의 말씀이었습니다. 그 말씀은 하나님과 이스라엘 백성들과 맺은 언약의 말씀입니다."[525]라고 하였다.

그는 계속해서 말하기를, "오늘날의 교회도 하나님의 온전한 말씀이 선포되어야 합니다. 그 말씀은 예수 그리스도입니다. 그 언약의 말씀은 하나님의 자녀가 되었다는 언약의 선포입니다. 바로 예수 그

---

523)   이병철, *op. cit.*,
524)   R. Laird Harris,(eds), *op. cit.*, p. 808.
525)   이성호, *op. cit.*, p. 6.

리스도를 통하여 자녀가 되었다는 선포입니다. 하나님의 말씀이 분명하게 선포 되는 곳에서 진정한 주님의 피로 사신 교회에도 하나님의 임재를 뜨겁게 체험하게 되는 것입니다."[526]라고 하였다.

필자가 살펴본 대로, 하나님은 자신의 뜻을 이루기 위하여 성막의 식양을 모세에게 주시고 그 식양에 따라 이스라엘 백성이 성막 안에서 하나님을 만나고 그의 말씀을 들으며 그의 나라를 완성해 나갈 것을 목적으로 성막을 주셨다.

'명령할'(22절)이라고 하였는데, '명령할'은 צוה(6680, 차와)라는 말이다. צוה(6680, 차와)는 '명령하다, 요구하다, 부과하다, 부탁하다, 지명하다, 정하다'[527]를 의미한다.

하나님께서 무엇을 하라고 명하실 때 그는 그것을 수행할 수 있는 수단을 제공하신다. 예컨대 하나님께서 제사 기구와 건물 축조에 관해 모세에게 지시하실 때 브살렐과 오홀리압에게 지혜의 신을 부어 줌으로써 그 사역을 완수할 수 있게 하셨다(출 31:2-6, 출 35:30-35, 출 36:1). 이러한 물건들을 만듦에 있어서 본문은 먼저 지시 사항을 상술하고 그다음에는 이스라엘이 하나님의 명령을 주의 깊게 수행한 사항에 대해 기술하고 있다(출 25-30장, 출 36-39장, 레 8장, cf: 출 39:5, 출 39:7, 출 39:32, 출 39:42 이하).[528]

하나님의 말씀을 통해서 우리는 하나님을 만나며 하나님의 음성을 들을 수가 있다. 또한 그 말씀 속에서 하나님의 구속의 은혜를 발

---

526) *Ibid.*,
527) 김용환, *op. cit.*, p. 577.
528) 이병철, *op. cit.*,

견하고 담대하게 하나님 앞에 나아갈 수가 있는 것이다. 그래서 종교개혁자 칼빈(J. Calvin)은 "말씀이 가라는 곳에 가고 말씀이 서라는 곳에서 선다."고 말했다.[529]

하나님은 말씀으로 명하심으로써 그 말씀의 진실성을 보증하신다. 이와 같이 그는 언약을 명하셨으며(시 105:8, 시 111:9) 그 언약에 충실한 자들에게 축복을 명하실 것이다(신 28:8, 시 133:3). 하나님은 자기가 명령한 것을 기억하시며 선포된 명령과 관련하여 자기편에서 행해야 할 모든 것을 주의 깊게 이행하신다(대상 16:15). 하나님의 명령에 대한 순종에는 축복이 수반된다. 그러나 거역은 저주를 가져온다(신 11:26 이하). 아담과 하와는 불순종하였으므로 저주를 받았다(창 3:16-19). 이와는 대조적으로 하나님께서 노아에게 방주를 지으라고 명령했을 때 노아는 하나님께서 명하신 모든 것을 준행했으므로 홍수에서 살아남을 수 있었다(창 6:22, 창 7:5). 이스라엘은 출애굽 시에 하나님의 명령에 복종했으며 특히 유월절과 관련하여 그러하였다. 그리하여 그들은 노예 상태에서 도피해 나오게 되었던 것이다(참조: 출 12:28, 출 12:50). 그러나 불행히도 이스라엘은 하나님께서 인도하시는 길에서 떠나는 경향이 있었다(참조: 신 31:29). 그의 계명에 순종하게 되면 행복한 삶과 장수의 결과를 가져온다(신 5:33). 그러므로 이스라엘은 하나님께서 자기들에게 명한 것에서 좌로나 우로나 치우치지 않아야 했다(신 5:32). 하나님의 명령에 대한 순종은 순종하는 자의 의가 된다(신 6:25).[530]

---

529) 한성천, 김시열, *op. cit.*, p. 59.
530) R. Laird Harris,(ed), *op. cit.*, p. 945.

"모세가 그 마친 모든 것을 본즉 여호와께서 명령하신 대로 되었으므로 모세가 그들에게 축복하였더라"(출 39:43)라고 하였다. 하나님을 예배하는 성막을 만들 때, 완성 후 성막을 세우고 그 안에서 섬길 때, 그 모든 일은 하나님께서 명하신 대로 순종해서 했음을 알리고자 함이다.[531]

이상과 같이 필자가 살펴본 대로 하나님께서 이스라엘 백성들에게 성막을 주신 목적은 그들과의 회복된 만남을 위함이며, 예수 그리스도를 통한 증거를 위함이며, 그리고 그의 백성들 통하여 하나님의 명령 즉, 하나님의 뜻을 이루기 위함이었다.

(2) 성막의 명칭

이성호 교수는 "하나님께서 모세와 이스라엘 백성에게 성막의 식양을 주시며 하나님의 뜻에 따라 짓게 하시고 각각의 이름을 사용하셨습니다. 그리고 그의 백성은 그 이름의 의미를 알고 지키며 살아가야 합니다. 각각의 이름은 예수 그리스도를 상징하는 그분의 사역을 의미합니다. 성막의 이름들에는 얼마나 중요한 의미를 가지고 있나 볼 수 있습니다. 그 이름이 귀하고 귀한 것이기 때문에 쓰여진 용도나 모양을 따라 여러 가지 명칭이 주어졌습니다."[532]라고 하였다.

출 25:8-9를 보면, "내가 그들 중에 거할 성소를 그들이 나를 위하여 짓되, 무릇 내가 네게 보이는 모양대로 장막을 짓고 기구들도 그

---

531) 양명호, *op. cit.*, p. 114.
532) 이성호, *op. cit.*, p. 8.

모양을 따라 지을지니라."[533)라고 하였다.

이것을 원문으로 보면 다음과 같다.

וְעָשׂוּ לִי מִקְדָּשׁ וְשָׁכַנְתִּי בְּתוֹכָם׃

כְּכֹל אֲשֶׁר אֲנִי מַרְאֶה אוֹתְךָ אֵת תַּבְנִית הַמִּשְׁכָּן וְאֵת תַּבְנִית כָּל־כֵּלָיו וְכֵן תַּעֲשׂוּ׃(534

필자가 보니 위 본문에서 '내가 … 거할'(וְשָׁכַנְתִּי, 웨솨카느티)라는 말이다.

שָׁכַן(7931, 샤칸)은 '정착하다, 거주하다, 머물다, 들어가다, 계시다, 살다, 체류하다'[535)를 의미한다.

동사 샤칸(שָׁכַן, 7931)은 구약성경에서 129회 사용되며, 하나님은 43회에 걸쳐 이 동사의 주어가 된다. 그는 시온 산에 거하시며(시 74:2) 자기 백성 중에 거하신다(출 25:8). 그는 예루살렘에 거하실 것이다(슥 8:3). 하나님이 자기 '이름'을 두시려고 택한 곳은 예루살렘이다(신 12:11, 등등).[536)

따라서 '솨칸'이란 말은 하나님의 입장에서는 택한 백성들 가운데 '계신다'는 의미를 가지지만 하나님으로부터 택함받은 백성의 입장에서는 하나님의 각별한 보호와 은혜를 입는다는 뜻을 가진다. 지금 본 절에서 하나님은 모세를 향해 당신의 택한 백성 가운데 거하며 보호하시고 은혜 내려주실 바로 그 처소, 즉 성막을 짓도록 지시하

---

533) 개역한글 성경, *op. cit.*, 출 25:8-9.
534) 분해대조 성경, *op. cit.*, 출 25:8-9.
535) 김용환, *op. cit.*, p. 675.
536) 이병철, *op. cit.*,

고 계시는 것이다. 이렇듯 당시 성소를 통해 택한 백성 가운데 거하
시며 이스라엘과 만나셨던 하나님은 지금도 살아계시며 성령을 통해
항상 우리와 함께하시며 은혜를 내려 주신다는 사실을 확인해야 한
다(마 28:20).[537]

'식양과 … 식양을 따라'(9절)은 תַּבְנִית וְאֵת … תַּבְנִית אֶת, 에트 타브니트
… 웨에트 타브니트)인데, 본문에 연속해서 2번이나 나오는 '타브니
트'(תַּבְנִית, 8403)라는 말이 나온다.[538]

'타브니트'(תַּבְנִית, 8403)는 바나(בָּנָה, 1129)에서 유래했으며, '만들다', '세
우다', '건설하다'[539]라는 뜻이 있다.

유대인들은 전통적으로 하나님께서 성막 본체의 모형과 그 안에
위치한 번제단 등의 제반 성물들을 환상 가운데서 모세에게 그대
로 보여주셨다고 생각하였다. 오늘날로 말하면 모델 하우스(Model
house)와 같은 것을 가리킨다. 하지만 하나님께서 성막의 모델을 모
세에게 그대로 환상으로 보여주셨든 그렇지 않든 간에 한 가지 분명
한 사실은 하나님께서 구약의 성막 제도를 하나하나 일일이 계시하
여 주셨다는 것이다. 이처럼 하나님께서 인간의 자율에 맡기지 않고
처음부터 철저히 계시하신 것은 성막이 하나님의 거룩하신 속성과
장차 예수 그리스도가 수행하실 십자가 속죄 사역과 구원의 원리,
죄인 된 자가 거룩하신 하나님 앞에 나가는 방법을 모형적으로(모델
로) 보여주는 실로 너무나 중요한 성격을 지녔기 때문이다. 이런 맥락

---

537) 한성천. 김시열, <u>옥스퍼드 성경원어대전, 7권 출애굽기 25장-40장</u>, (서울: 제자원, 2005), p.
34.
538) *Ibid.,*
539) 김용환, *op. cit.,* p. 97

에서 히브리서 기자는 구약의 장막을 가리켜 '하늘에 있는 것의 모형과 그림자'(히8:5)라 하였다. 이처럼 그리스도의 속죄 사역을 통한 구원의 원리는 어느 날 갑자기 생겨난 것이 아니라 실로 태초부터 세워진 것이며 여러 사건을 통해 계속 예언되어 왔던 것이다.[540]

"성소"는 하늘의 하나님이 땅에 오실 때 "거하시는" 곳이다. 성소는 하나님이 "거주하시는"(샤칸, שָׁכַן) 공간으로 구별된 장소이다. 출애굽기 25:8은, 직역하면, "지어라 나를 위한 성소를"(베아쑤 리 미크다쉬, וְעָשׂוּ לִי מִקְדָּשׁ), "내가 그들 속에 거할 수 있도록"(베샤칸티 베토캄, וְשָׁכַנְתִּי בְּתוֹכָם)으로 읽을 수 있다. 이제부터 이스라엘은 하나님을 위한 성소를 지어야 한다. 출애굽기 25:8부터 31:11에 이르기까지 본문을 이끌어가는 중요한 단어는 "짓다/만들다"(아싸, עָשָׂה)이다. 우리말 성경에서는 이 동사가 "짓다", "만들다", "짜다" 등으로 표현되고 있다.[541]

첫째, 장막(מִשְׁכָּן). 출 25:9에 보면, "무릇 내가 네게 보이는 모양대로 장막을 짓고 기구들도 그 모양을 따라 지을지니라".[542]라고 하였다. 이것을 원문으로 보면 다음과 같다.

כְּכֹל אֲשֶׁר אֲנִי מַרְאֶה אוֹתְךָ אֵת תַּבְנִית הַמִּשְׁכָּן וְאֵת תַּבְנִית כָּל־ כֵּלָיו וְכֵן תַּעֲשׂוּ:[543]

필자가 보니 '장막'은 מִשְׁכָּן(4908, 미쉬칸)이라는 말리 사용되었다. מִשְׁכָּן

---

540)   윤성천.김시열, *op. cit.* p. 36.
541)   왕대일, <u>엑소도스, 하나님의 성소를 이루기까지</u>, (서울: 도서출판 kmc), p. 187.
542)   개역한글 성경, *op. cit.*, 출 25:9.
543)   분해대조 성경, *op. cit.*, 출 25:9.

(4908, 미쉬칸)은 '거처, 장막, 성막, 뜻이며, 샤칸(שָׁכַן, 7931)에서 유래했으며, '정착하다, 거주하다, 머무르다, 거처, 장막, 성막'[544]을 의미한다.

하나님을 위한 성소를 "장막"(미쉬칸, מִשְׁכָּן)이란 말로 바꿔 부른다. 히브리어 미쉬칸은 우리말에서는 성막으로 번역된다. 중요한 것은 장막 성소를 하나님이 시내산에서 모세에게 "보여준"(마르에, הָרְאִיתָ), "모양"(타브닛, תַּבְנִית)대로 만들라는 것이다(참조, 25:40; 26:30; 27:8). "모양"이란 도본이다. 성막은 하나님이 모세에게 "보여준" 모양대로 만들어야 한다. "보여준"이란 말에는 눈으로 본 형태란 뜻이 내포되어 있다. 모세가 체험한 하늘 성전을 고스란히 닮은 장막 성소를 만들라는 것이다.[545]

이성호 교수도 이와 같이 말하였다. "장막은 천막으로 지어진 바깥 덮개였습니다. 언제든지 쉽게 이동할 수 있도록 만들어졌습니다. 이 장막은 잠시 머무를 장소이지 영구적으로 정착하여 머무는 장소가 아닙니다. 이 장막은 만남의 장소였으며 이스라엘 백성이 광야 40년을 중심으로 하나님을 만나고 그의 명령을 따라 백성이 순종할 대젖과 꿀이 흐르는 가나안 땅을 차지할 수 있었습니다. 이스라엘 백성이 하나님을 만나기 위해서는 희생제물의 흘린 피에 의해서 사람이 하나님을 만날 수가 있었습니다. 그 한 장소가 장막이었습니다. 오늘날도 거룩한 성도들이 예수 그리스도를 만날 수 있는 방법이 그의 보혈의 공로를 의지하는 것입니다. 이스라엘 백성이 장막을 통하여 하나님을 만났듯이 우리도 예수 그리스도를 통하여 하나님을 만

---

544)   김용환, *op. cit.*, p. 410.
545)   왕대일, *op. cit.*, p. 188.

나는 유일한 통로입니다. 그 통로는 하나님께서 만세 전에 세우신 그의 역사하심입니다. 아담과 하와가 하나님 앞에 죄를 범하고 에덴동산에서 쫓겨났지만 하나님께서 그들을 사랑하셔서서 가죽옷을 입히시고 그 피 흘림의 역사 없이는 회복할 수 없다는 확실한 증거를 보여주셨습니다. 이 땅의 교회도 일시적인 장소입니다. 우리가 영원히 머물 장소는 새 예루살렘이기 때문입니다."[546)라고 하였다.

둘째, 성막(מִשְׁכָּן). 출 26:30에 보면. "너는 산에서 보인 양식대로 성막을 세울지니라."[547)라고 하였다.

וַהֲקֵמֹתָ אֶת־ הַמִּשְׁכָּן כְּמִשְׁפָּטוֹ אֲשֶׁר הָרְאֵיתָ בָּהָר׃[548)

필자가 보니 '성막'은 מִשְׁכָּן(4908, 미쉬칸)이라는 단어가 사용되었다. '미쉬칸'은 샤칸(שָׁכַן, 7931)에서 유래했으며, '정착하다, 거주하다, 머무르다, 거처, 장막, 성막'[549)의 뜻이다.

성막은 하나님께서 모세에게 말씀하실 때 먼저 사용하신 명칭이다. 그 성막 안에 모세는 1년 중에 364일을 들어가 거룩하신 하나님을 만나고 하나님의 말씀을 듣고 나오는 장소이며 대 속죄일 하루는 대제사장이 들어가 이스라엘 백성을 위하여 하나님께 제사를 드리며 만나는 곳이다. 그러나 이 장소도 일시적인 장소이다. 하나님께서

---

546)   이성호, *op. cit.*, pp. 8-9.
547)   개역한글 성경, *op. cit.*, 출 26:30.
548)   분해대조 성경, *op. cit.*, 출 26:30.
549)   김용환, *op. cit.*, p. 410.

영원히 거할 장소는 아닙니다. 오직 이스라엘 백성과 만남을 통하여 그들에게 찬양과 영광을 받기 위한 장소였다. 가장 신성한 곳이요, 최대로 거룩한 곳이요, 최고로 엄숙한 곳이다.[550]

성막에 대한 가장 일반적인 히브리어 단어는 기본적으로 "거하는 장소"를 의미하는 "미쉬칸"(מִשְׁכָּן)이다. 이 용어는 거주자의 임재를 강조하는 만큼 해당 거처의 물리적인 건물을 강조하지는 않는다. "미쉬칸"은 주로 "성막"(tabernacle)으로 번역된다.[551]

이성호 교수는 다음과 같이 말하였다. "성막을 중심으로 이스라엘 백성은 머물고 움직였습니다. 그리고 구름 기둥과 불기둥의 역사하심이 성막을 중심으로 이스라엘 백성들을 보호하셨습니다. 성막은 예수 그리스도를 상징하는 거룩한 장소입니다. 이스라엘 백성 40년 동안 광야의 삶은 그분의 보호와 인도하심이 없이는 살아갈 수 없는 곳입니다. 그의 사랑과 용서와 은혜로 이스라엘 백성은 가나안 땅으로 들어갈 수가 있었습니다. 가나안 땅을 가려면 반드시 광야를 통과하고 가야 합니다. 우리가 천국을 갈 수 있는 것도 예수 그리스도의 대속의 은혜를 입고 교회 생활을 통하여 믿음의 말씀으로 성화되고 예수 그리스도의 인도함으로 들어가는 곳이 천국입니다. 이스라엘 백성이 성막을 통하여 하나님을 만났듯이 우리도 교회를 통하여 말씀 가운데 거하시는 예수 그리스도를 만나는 것입니다."[552]라고 하였다.

---

550) 강문호, <u>성막으로 성경을 말한다</u>. (서울: 한국 가능성 계발원, 1998), p. 36.

551) J. Daniel Hays, 홍수연 옮김, <u>하나님의 임재와 구원·구속사로 본 성막과 성전</u>, (서울: 새물결플러스, 2020), p. 20.

552) 이성호, *op. cit.*, p. 9.

셋째, 회막(מוֹעֵד). 출 29:42에 보면, "이는 너희가 대대로 여호와 앞 회막 문에서 늘 드릴 번제라 내가 거기서 너희와 만나고 네게 말하리라."[553]라고 하였다. 원문으로는 다음과 같다.

עֹלַת תָּמִיד לְדֹרֹתֵיכֶם פֶּתַח אֹהֶל־מוֹעֵד לִפְנֵי יְהוָה אֲשֶׁר אִוָּעֵד לָכֶם שָׁמָּה לְדַבֵּר אֵלֶיךָ שָׁם׃[554]

흔히 히브리어 단어 "오헬"(천막, אֹהֶל, 168)은 "만남의 장소"(מוֹעֵד, 4150, 모에드)를 뜻하는 단어와 결합하여 "회막"(tent of meeting)이라는 뜻의 어구를 형성한다(출 27:21) 하나님의 거처로서의 성막을 강조할 때 성경은 하나님의 임재를 강조하는 "미쉬칸"(거하는 장소)을 선호한다. 하지만 성경이 성막에서 일하는 제사장들의 사역을 묘사할 때는 그곳이 인간이 하나님을 만나는 장소임을 강조하는 "회막"이라는 어구를 선호한다.[555]

이스라엘 백성이 하나님께 드릴 번제는 회막에서 드려야 합니다. 회막은 하나님께서 지정한 장소이고 하나님께서 그곳에서 그의 백성을 만나시겠다고 말씀하신 장소입니다. '거기서'(שָׁם …, 솸마 … 솸므). 한글개역 성경에서는 '거기서'를 뜻하는 부사 '솸므'(שָׁם)가 한 번 밖에 번역되지 않았다. 그러나 원어 성경에는 '거기서(만나고)', '거기서(말하리라)'란 표현으로 두 번 사용되었다. 이는 '거기' 즉 번제 드리는 장소인 '회막 문'을 강조하기 위한 것이었다. 곧 하나님께서 이스라엘 백성과

---

553) 개역한글 성경, *op. cit.*, 출 29:42
554) 분해대조 성경, *op. cit.*, 출 29:42.
555) J. Daniel Hays, *op. cit.*, pp. 20- 21.

만나시고 말씀하시는 곳은 다른 어떤 곳이 아닌 예배 처소로 거룩하게 구별하신 회막이다. 물론 무소부재하신 하나님께서 세상천지 가운데서 계시지 않는 곳이 없다. 하지만 교회는 하나님을 만나고 그분의 말씀을 들을 수 있는 특별한 장소이다. 이는 교회의 일차적인 목적이 바로 하나님께 예배드리는 것이기 때문이다. 따라서 우리는 교회에 모이기를 힘쓰고(히10:25) 그곳에서 하나님을 만나 예배드리는 일에 힘써야 한다.[556]

'회막'은 מוֹעֵד(4150, 모에드)이며, '계절, 절기, 정한 때, 장소, 모임'의 뜻이다.[557]

'모에드'는 야아드(יָעַד, 3259)에서 유래했으며, '정하다, 만나다, 모이다, 소환하다'[558]의 뜻이 있다.

이성호 교수는 "회막은 이동식 천막입니다. 회막은 사람들의 모임에 의미를 두고 지어진 이름입니다. 회막은 하나님께서 정한 대에 이스라엘 백성이 하나님 앞에 나와 정한 집회로 모이는 장소를 의미합니다. 여호와 하나님은 회막에서 모세와 만났습니다. 또한, 하나님은 회막 문에서 구름으로 나타나셔서 사람이 그 친구와 이야기함같이 그에게 이야기하셨습니다. 하나님께서 모세와 이스라엘 백성을 만나는 목적이 계시입니다. 첫 번째 천막은 성막이 완성되기 전에 사용되었으며 '오헬 모에드'(אֹהֶל־מוֹעֵד)는 모세가 하나님의 식양에 따라 만들어진 회막을 의미합니다. 이 시대에 우리가 모여 드리는 예배의 장소가

---

556) 한성천.김시열, *op. cit.*, p. 268.
557) 김용환, *op. cit.*, p. 353.
558) *Ibid.*, p. 274.

교회요, 구약에는 '회막'이었습니다. 우리도 정한 때에 거룩한 성도들이 모여서 하나님을 만나고 말씀을 통하여 그의 음성을 듣는 것입니다. 우리의 정한 때는 거룩한 주일입니다. 그리고 신랑 되시는 예수 그리스도께서 하나님의 정한 때에 이 땅에 다시 오셔서 우리를 그의 처소로 데리고 가실 때 그의 나라에서 영원히 찬양과 영광을 돌리는 모임을 하게 되는 것입니다."[559]라고 하였다.

하나님이 어디에서 모세와 만나시는가? 속죄의 자리, 용서와 화해의 자리, 씻어주고 덮어주는 하나님의 의가 드러나는 자리에서 만나신다. 주 하나님이 어디에서 그리스도인과 만나시는가? 기독교 신앙은 이 속죄소(증거궤)의 가르침을 예수 그리스도의 사역에서 수렴하였다.[560]

넷째, 증거 막(לְמִשְׁכַּן הָעֵדֻת). 민1:53에 보면, "레위인은 증거의 성막 사방에 진을 쳐서 이스라엘 자손의 회중에게 진노가 임하지 않게 할 것이라 레위인은 증거의 성막에 대한 책임을 지킬지니라 하셨음이라."[561]고 하였다. 원문은 다음과 같다.

וְהַלְוִיִּם יַחֲנוּ סָבִיב לְמִשְׁכַּן הָעֵדֻת וְלֹא־יִהְיֶה קֶצֶף עַל־עֲדַת בְּנֵי יִשְׂרָאֵל וְשָׁמְרוּ הַלְוִיִּם אֶת־מִשְׁמֶרֶת מִשְׁכַּן הָעֵדֻת׃[562]

---

559) 이성호, *op. cit.*, p. 10.

560) 왕대일, <u>성막이 된 하늘 성전. 성막의 정음(正音), 회막의 복음(福音)</u>, (서울: 대한 기독교서회, 2019), p. 120.

561) 갱역한글 성경, *op. cit.*, 민 1:53.

562) 분해대조 성경, *op. cit.*, 민 1:53.

필자가 살펴보니 '증거의 막'은(לְמִשְׁכַּן הָעֵדֻת, 하미쉬칸 하에두트)이다. עֵדֻת(5715, 에두트) '증거'의 뜻과 מִשְׁכָּן(4908, 미쉬칸) '거처, 장막, 성막' 뜻의 합성어이다.

에두트는 우드(עוּד, 5749)에서 유래했으며, '되돌아가다, 반복한다, 다시 향하다, 증거하다, 증거'[563]를 의미한다.

미쉬칸은 샤칸(שָׁכַן, 7931)에서 유래했으며, '정착하다, 거주하다, 머무르다, 거처, 장막, 성막'[564]을 의미한다.

'막'(מִשְׁכָּן)은 하나님이 거주하시는 공간인 성소를 가리킨다. 이 말은 때로 언약궤나 율법을 새간 돌판을 지칭하기도 한다(출 31:18; 32:15; 34:29; 출 25:22; 26:33-34; 30:6, 26; 31:7; 39:35; 40:3,5, 20-21; 민 4:5; 7:89; 수 4:16.).[565]

하나님의 성소를 "증거 막"으로 부르는 것은 제사장 전승에서는 흔하지 않다. 증거 막이라는 용어는 출애굽기 38:21, 민수기 1:50, 10:11에도 등장한다. 증거 막은 "증거판"(출 31:18; 32:15; 34:29). "언약궤"(출 25:22; 26:33-34; 30:6,26; 31:7; 39:35; 40:3, 5, 20-21; 민 4:5; 7:89; 수 4:16), "증거 막"(민 9:15; 17:22-23; 18:2; 대하 24:6), "증거궤"(레 24:3)으로도 불린다.[566]

증거 막이란 하나님의 거룩하심과 공의로우심을 증거하는 십계명이 새겨진 두 돌판, 곧 '증거판'이 보관되어 있는 성막 본체를 가리킨다. 성막을 가리키는 많은 명칭들이 있음에도 불구하고 특별히 하나님의 공의와 거룩함에서 비롯된 십계명 두 돌판이 보관되어 잇는 장

---

563)   김용환, *op. cit.*, pp. 497-498.

564)   *Ibid.*, p. 675.

565)   이병철, *op. cit.*,

566)   왕대일, 대한기독교서회 창립 100주년 기념 성서주석 4 민수기,(서울: 대한기독교서회, 2007). p. 101.

소임을 강조하는 "증거 막(מִשְׁכַּן הָעֵדֻת, 미쉬칸 하에두트)"이라는 이름이 사용된 것은 레위인들에게 맡겨진 직분이 하나님의 거룩하심 율법에 따라 성결하고 거룩하게 수행되어야 할 막중한 직분임을 강조하기 위한 것이다.[567]

이성호 교수는 "증거 막은 율법과 계약의 말씀 즉, 증거의 말씀이 있는 곳이라 하여 지어진 이름입니다. 성막 안에는 지성소가 있었고 지성소 안에 안치된 언약궤 안에는 십계명이 있었습니다. 그리고 그 궤 앞에는 아론의 싹 난 지팡이와 만나의 항아리가 있었습니다. 십계명은 하나님의 의로운 기준을 증거하는 의미였습니다. 이스라엘 백성은 어려움과 고난이 있을 때 언약 곧 증거의 말씀을 기억하며 살아야 합니다. 또한, 재판하는데 증거하기 위하여 이곳에 와서 증인이 되기도 하였습니다. 우리도 세상 죄를 지고 가는 예수 그리스도를 믿는 믿음의 자녀들은 하나님의 거룩한 기준을 온전히 비추는 증거자가 되어야 합니다. 하나님께서 모세에게 아론의 싹 난 지팡이를 간직하라고 명령하셨습니다. 오늘날 성도들은 하나님의 권위를 부여받은 자들입니다. 예수님 때문에 거룩한 제사장으로 택함을 받은 자들입니다. 그래서 우리는 땅끝까지 이르러 복음의 증인이 되어야 합니다."[568]라고 하였다.

다섯째, 성소(מִקְדָּשׁ). 출 25:8을 보면, "내가 그들 중에 거할 성소를

---

567) 한성천. 김시열. <u>옥스퍼드 원어성경대전 010 민수기 제1-12장,</u>(서울 제자원, 2005), p. 95.
568) 이성호, *op. cit.*, p. 10.

그들이 나를 위하여 짓되,"[569]라고 하였다. 원문은 아래와 같다.

וְעָשׂוּ לִי מִקְדָּשׁ וְשָׁכַנְתִּי בְּתוֹכָם:[570]

하나님이 이스라엘 백성 중에 거할 처소가 성소이다. '성소'는 מִקְדָּשׁ (4720, 미크다쉬)라는 말이 사용되었다. מִקְדָּשׁ(4720, 미크다쉬)는 '거룩한 장소, 성소'[571]의 뜻이다.

미크다쉬는 카다쉬(קָדַשׁ, 6942)에서 유래했으며, '거룩하다, 빼앗기다, 성별하다, 예비시키다, 구별하다, 깨끗하다, 드리다'[572]라는 뜻이다.

이 단어들이 가리키는 의미는 곧 하나님의 지극히 거룩하신 성품과 더불어 하나님이 임재하시는 처소가 바로 구별된 거룩한 곳이 됨을 생생하게 가르쳐 준다. 마찬가지로 오늘날 우리 성도들도 그 마음에 거룩하신 하나님께서 임재하셔서 구별하셨기 때문에 거룩한 자가 될 수 있다. "너희는 내게 거룩할지어다 이는 나 여호와가 거룩하고 내가 또 너희로 나의 소유를 삼으려고 너희를 만민 중에서 구별하였음이니라"(레 20:26).[573]

성막의 또 다른 이름이 성소이다. 모세에게 처음 이름을 사용하셨다. 성소는 사람들 가운데 하나님이 거하시는 거룩한 장소이다. 이 곳은 세상의 것과 구별된 장소이다. 하나님께 대한 예배를 위해 드려

---

569)　개역한글 성경, *op. cit.*, 출 25:8.
570)　분해대조 성경, *op. cit.*, 출 25:8.
571)　김용환, *op. cit.*, p. 397.
572)　*Ibid.*, pp. 595-596.
573)　한성천. 김시열., *op. cit.*, p. 34.

진 예비 된 장소를 의미한다.[574]

서로 연관된 두 히브리어 단어인 "코데쉬"(קֹדֶשׁ)와 "미크다쉬"(מִקְדָּשׁ)는 모두 성전 혹은 성막을 가리키는 데 사용되지만 서로 다른 뉘앙스를 전달한다. 두 단어는 모두 "거룩함"을 강조한다. "코데쉬"는 기본적으로 "거룩한 것"을 의미하는 일반적인 용어다. 이것은 "거룩한 날", "거룩한 땅" 혹은 "거룩한 안식일" 등 여러 형태로 사용될 수 있다. 성전이나 성막에 사용될 경우 이것은 일반적으로 "성소"(즉 거룩한 장소)로 번역된다. "미크다쉬"는 보다 더 구체적인 의미를 지니며 기본적으로 "그 거룩한 장소"(the holy place)를 뜻한다. 이것은 성전과 성막에 모두 사용되며, 보통 "성소"(sanctuary)로 번역된다. 어디든지 하나님의 임재가 거하는 곳이라면 "거룩한" 장소인 것이다.[575]

이성호 교수도, "성소는 사람들 가운데 하나님이 거하시는 거룩한 장소입니다. 이곳은 세상의 것과 구별된 장소입니다. 하나님께 대한 예배를 위해 드려진 예비 된 장소를 의미합니다. 하나님께서 백성 중에 거하실 때 성소에 거하셨기 때문입니다. 그리고 그곳은 거룩하고 깨끗한 곳이기 때문에 더렵혀지면 절대로 안 되는 곳입니다. 이곳은 희생 제사를 드리는 장소요, 또한 영원한 도피처이기도 합니다. 예수 그리스도는 우리의 영원한 도피처가 되시고 그의 십자가의 구속하심으로 우리의 죄를 깨끗하게 씻어주셨습니다. 빼앗겼던 그의 자녀들을 모두 찾으시고 회복시켜 주셨습니다. 스스로가 하나님의 뜻대로 예비된 희생 제물이었습니다. 그리고 그는 예비된 장소에서 거룩

---

574) 강문호, *op. cit.*, p. 37.
575) J. Daniel Hays, *op. cit.*, p. 21.

한 제물이 되셨습니다. 또한 부활하셔서 하나님 보좌 우편에 앉아계시고 그의 백성들을 위하여 중보가 되셨습니다. 그 장소가 거룩한 성소입니다."[576)라고 하였다.

여섯째, 법 막(ﬠָעֵדֻת לְאֹהֶל). 대하 24:6을 보면, "왕이 대제사장 여호야다를 불러 이르되 네가 어찌하여 레위 사람을 시켜서 여호와의 종 모세와 이스라엘의 회중이 법막을 위하여 정한 세를 유다와 예루살렘에서 거두게 하지 아니하였느냐 하니"[577)라고 하였다.

וַיִּקְרָא הַמֶּלֶךְ לִיהוֹיָדָע הָרֹאשׁ וַיֹּאמֶר לוֹ מַדּוּעַ לֹא־דָרַשְׁתָּ עַל־הַלְוִיִּם לְהָבִיא מִיהוּדָה וּמִירוּשָׁלַ͏ִם אֶת־מַשְׂאַת מֹשֶׁה עֶבֶד־יְהוָה וְהַקָּהָל לְיִשְׂרָאֵל לְאֹהֶל הָעֵדֻת:[578)

'법 막을 위하여 정한 세를'(הָעֵדֻת לְאֹהֶל … דָרַשְׁתָּ לֹא, 에트 마스아트… 레오헬 하에두트). '법 막을 위하여'로 번역된 '레오헬 하에두트'(הָעֵדֻת לְאֹהֶל)에서 '하에두트'는 대하 23:11에서는 '율법 책'으로 번역된 단어이다.[579)

이 단어가 '덮는 것' 혹은 '장막'이라는 의미의 단어 '오헬'(אֹהֶל)과 함께 사용된 합성어로, '증거 막' 곧 '성막'을 지칭하고 있다(출 38:21). אֹהֶל (168, 오헬) 천막, 거처의 뜻으로 오헬(명남)은 구약 히브리 성경에서 약 340여회 나오며, 본래 '천막'(tent)를 의미하며 다음의 의미로 사용되

---

576)   이성호, *op. cit.*, p. 11.
577)   개역한글 성경, *op. cit.*, 대하 24:6.
578)   분해대조 성경, *op. cit.*, 대하 24:6.
579)   한성천. 김시열, <u>옥스퍼드 원어성경대전36. 역대하 제 21-36장</u>, (서울: 제자원, 2005), p. 149.

었다.[580]

유목민의 거처나(창 4:20; 13:5; 18:16; 25:27, 등), 목자(렘 6:3), 여자들(창 31:33; 삿 4:17; cf. 사 54:2), 군대(삼상 17:54; 렘 37:10 등), 그리고 짐승(대하 14:14) 등의 거처를 의미하는 데 사용되었다. 이 단어는 또한 혼례의 장막을 의미하는 데에도 사용된다(삼하 16:22).[581]

오헬은 '성막', 장막은 본래 나무틀 위에 펼쳐진 두 겹의 천과 두 겹의 가죽으로 된 천막이었다(출 26:7, 출 26:14 이하). 모세는 장막을 건축하기에 앞서 진 밖에 '장막'을 쳤다(출 33:7). 거기서 그는 하나님을 만났다. 진 밖의 '장막'은, 장막을 건축한 후, 시내 산에서 출발하기에 앞서 당분간 생활할 수 있는 장소로 제공되었다(민 11:16-17, 민 12:4-5). 결국 언약궤가 장막 안으로 옮겨졌으며(출 40:21), 거기서 여호와는 모세와 만났고 이스라엘에게 말씀하셨다(출 29:42). 이 구조물은 그 속에 언약궤와 증거판이 있었던 까닭에 증거 막(민 9:15, 민 17:22 이하) 뿐만 아니라 '만남의 천막'(회 막)으로 불렸다.(민 9:15). 그것은 '회 막'으로서 하나님이 (대제사장) 모세를 통해 그의 백성들을 거기서 만나 자신의 뜻을 그들에게 계시한 장소였다(삼상 2:22).[582]

"성막의 다른 명칭이 '법 막'입니다. 법궤가 들어있는 곳이라 하여 붙여진 명칭입니다. 이스라엘 백성이 지켜야 할 법도 즉, 하나님께서 친히 쓰신 십계명 두 돌판을 안치해 놓은 곳을 의미합니다. 이스라엘 백성은 십계명의 말씀을 반드시 지켜야 합니다. 그렇지 않으면 저

---

580)　이병철, *op. cit.,*

581)　R. Laird Harris,(eds), *op. cit.,* p. 17.

582)　이병철, *op. cit.,*

주가 그들에게 임하게 되는 것입니다. 율법을 완성하신 분은 예수 그리스도입니다. 그 말씀은 하나님의 사랑과 이웃의 사랑입니다. 예수 그리스도는 하나님의 사랑과 이웃의 사랑을 십자가에서 완성하신 분이십니다. 우리가 그 예수 그리스도를 영접할 때 영생의 복을 누리며 살아가게 되는 것입니다. 이것이 믿는 백성에게는 복음이 되는 것입니다."[583]라고 하였다.

일곱째, 하나님의 집(בֵּית הָאֱלֹהִים). 삿 18:31을 보면, "하나님의 집이 실로에 있을 동안에 미가의 지은바 새긴 신상이 단 자손에게 있었더라."[584]라고 하였다. 원문은 다음과 같다.

וַיָּשִׂימוּ לָהֶם אֶת־ פֶּסֶל מִיכָה אֲשֶׁר עָשָׂה כָּל־ יְמֵי הֱיוֹת בֵּית־ הָאֱלֹהִים בְּשִׁלֹה:[585]

"'하나님의 집'은 אֱלֹהִים(430, 엘로힘) 하나님과 בֵּית(1004, 바이트) 집, 가정의 합성어입니다. 하나님이 거하시는 곳이라 하여 붙여진 이름입니다. 예배의 장소를 의미합니다. 하나님께서 임재한 장소입니다. 하나님께서 그 집에 계시고 그 집에서 모세에게 말씀하셨습니다. 그리고 그 집에서 하나님께 제사를 드리는 곳입니다. 이스라엘 백성은 하나님이 계시는 그 집을 중심으로 살 때 복이 그들에게 임했습니다. 그러나 그 집을 떠나고 불만과 불평, 그리고 우상 숭배를 할 때 저주가

---

583) 이성호, *op. cit.*, p. 11.
584) 개역한글 성경, *op. cit.*, 삿 18:31.
585) 분해대조 성경, *op. cit.*, 삿 18:31.

임했습니다.”[586]라고 하였다.

성전(성막)에 해당하는 가장 일반적인 히브리어 용어 중 하나가 바로 “바이트”(בַּיִת, 때로는 “하나님의 집”을 의미하는 “벧엘”[בֵּית-אֵל] 같이 벧 혹은 베트로 음력되기도 함)다. 이 단어가 기본적의 기본적인 의미는 단순히 “집”(house) 혹은 “거처(residence)다.[587]

한편, 삿 18:31에 언급된 ‘하나님의 집’은 ‘빼트 하엘로힘’(בֵּית הָאֱלֹהִים)은 언약궤가 보관되어 있는 실로의 회 막과 거짓 신상들이 세워져 있어 부패한 종교의 악취만 나는 미가의 신당과 단을 대조시키는 역할을 하고 있다. 삿 17:5의 ‘신당’으로 번역된 ‘빼트 엘로힘’(בֵּית אֱלֹהִים)과 본문에 ‘하나님의 집’으로 번역된 ‘빼트 하엘로힘’(בֵּית הָאֱלֹהִים)은 정관사 ‘하’(הַ)의 유무만 차이 날 뿐 완전히 동일한 것은 결코 우연이 아니다. 그리고 삿 17:5의 ‘신당’이라고 번역된 ‘빼트 엘로힘’에서 ‘신’에 해당하는 ‘엘로힘’은 일반적으로 유일신 하나님을 지칭하는 용어지만(창 1:1), 생명이 없는 이방 우상을 지칭하는 단어이기도 하다(출 20:3; 신 13:2; 왕상 20:10).[588]

사사기의 저자는 실로에 있는 하나님의 집 즉 회 막을 가리켜 ‘회 막’(אֹהֶל מוֹעֵד, 오헬 모에드-출 28:43), ‘성막’(הַמִּשְׁכָּן, 함미쉬칸- 출 26:7), 혹은 ‘여호와의 장막’(אֹהֶל יְהוָה, 오헬 예흐와-왕상 2:28)이라고 표현할 수도 있었는데 그렇게 하지 않고 삿 17:5에 표현했던 단어 ‘빼트 엘로힘’을 그대로 표현하였던 것은 저자의 특별한 의도가 있는 것으로 보여진다. 이는

---

586) 이성호, *op. cit.*, p. 12.

587) J. Daniel Hays, *op. cit.*, p. 21.

588) 한성천. 김시열, <u>옥스퍼드 원어성경대전19. 사사기 10-21장</u>, (서울: 제자원, 2003), p. 483

본 사사기의 저자가 미가의 '신당'(빼트 엘로힘)과 실로에 있는 '참 성막'(빼트 엘로힘)이 외형적으로도 비슷하거니와 사람들의 관념 속에서 비슷한 기능을 하는 곳으로 인식될지 모르나 실로에 있는 성막만이 진정한 하나님의 집임을 의도적으로 보여주기 위하여 이와 같은 대조의 표현을 사용한 것이다. 이처럼 '엘로힘'(אלהים)에 유일성을 의미하는 정관사 '하'(ה)를 덧붙임으로서 실로에 있는 회 막만이 살아 계시고 유일하신 여호와 하나님의 집임을 뚜렷이 부각시키고 있다.[589]

"우리가 예배드리는 교회도 하나님이 계시는 집입니다. 태초에 하나님께서 계신 곳이 그의 집이었습니다. 그리고 인간을 창조하시고 아담과 하와가 그의 집에서 영원히 살아가기를 원하셨습니다. 그 집이 하나님이 계시는 에덴동산이었습니다. 하나님은 언제나 그 집에 계셨고 지금도 그 집에 계십니다. 그리고 예수 그리스도를 통하여 언약이 파괴되었던 것을 다시 회복시키시고 그 집에 들어오도록 역사하셨습니다."[590]라고 하였다.

성막에 대한 명칭은 이외에도 '여호와의 집'(삼상 1:7), '세상의 속한 성소'(히 9:1), '하나님의 처소'(행 7:46) 등이 있다.[591]

"하나님께서 우리에게 성막을 말씀하실 때 각각의 명칭을 사용하여 부르셨습니다. 그 명칭에 맞게 사용할 때 각각의 의도와 의미가 무엇인지 알 수가 있었습니다. 그 명칭들은 장막, 성막, 회 막, 증거막, 성소, 법 막, 하나님의 집으로 지칭 되었습니다. 모두 예수 그리

---

589) *Ibid.*, p. 484.
590) 이성호, *op. cit.*, p. 12.
591) 강문호, *op. cit.*, p. 38.

스도를 예표 하는 것들입니다. 그 중심에 예수그리스도가 계십니다. 성막은 세속적인 것으로부터 구별되고 분리된 거룩한 장소입니다. 하나님께서 머무르는 장소입니다. 예수 그리스도는 거룩하시고 죄에서 분리된 깨끗한 하나님이십니다. 성막은 우리의 모든 죄를 덮으시고 깨끗하게 하시는 거룩한 장소를 의미합니다. 예수 그리스도 안에 있으면 거룩한 백성이 되고 그 죄가 소멸하여 영원히 기억되십니다. 그리고 그분의 온전한 백성으로 살아가는 것입니다. 이스라엘 백성은 성막 안에서 하나님을 만나고 그의 음성을 들었습니다. 우리도 거룩한 전에서 하나님을 믿고 그의 음성을 듣는 거룩히 구별된 성도의 삶을 살아가는 성도가 되시기를 주님의 이름으로 축원합니다.”[592] 라고 하였다.

(3) 성막의 예물(출 25:3-7)

출 25:2에 보면, “이스라엘 자손에게 명령하여 내게 예물을 가져오라 하고 기쁜 마음으로 내는 자가 내게 바치는 모든 것을 너희는 받을지니라.”라고 하셨다.[593]

‘가져오라’ לָקַח(3947, 라카흐)라는 단어가 사용되었다. ‘라카흐’는 ‘취하다, 데려가(오)다, 가져오다, 끌어오다, 축복하다, 본받다’ 등의 뜻이 있다.[594]

그리고, ‘기쁜 마음으로’ 바치라고 하셨다. ‘기쁜 마음’은 נָדַב(5068, 나

---

592)   이성호, *op. cit.*, p. 12.
593)   개역한글 성경, *op. cit.*, 출 25:2.
594)   김용환, *op. cit.*, p. 340.

다브) יִדְּבֵהוּ 칼 미완 3인 남성 단수-3인 남성 단수이다.

'나다브'는 '자원하다, 기쁘다, 드리다, 헌신하다'[595]의 뜻이 있다.

성막의 모든 재료는 하나님의 백성들이 자원하여 드린 예물로 이루어졌다. 그것이 설혹 황금이라 할지라도, 나그네나 외국인이 드린 것은 이스라엘의 하나님께서 거하실 처소를 장식하는 일에는 사용이 금지되었다. 변화 받지 않은 죄인들이 드리는 것은 하나님께서 받지 않으시며, 성도들의 예물에 함께 섞여서도 안 된다.[596]

"하나님께서 이스라엘 백성에게 명하여 성막의 재료를 가지고 오라고 하셨습니다. 그 재료를 예물이라고 하셨습니다. '예물' תְּרוּמָה (8641, 테루마) '기증물, 제물, 높인다'는 뜻입니다. 예물은 하나님께 높이 올려 받치는 고귀한 제물이라는 것입니다. 이스라엘은 자원하는 마음에서 드려지는 믿음입니다."[597]라고 하였다.

'예물'은 תְּרוּמָה(8641, 테루마)이며, '기증물, 제물, 높인다'[598]의 뜻이 있다.

'테루마'는 룸(רוּם, 7311)에서 유래했으며, '오르다, 떠오르다, 일어나다, 생기다, 올리다, 높이다, 높다'[599]를 의미한다.

일반적인 용례로 쓰일 때 이 단어는 다음과 같은 것을 가리킨다. 성막을 건축하는 데 바쳐진 물건들(출 25:2-3), 성전을 재건하도록 바사 왕과 그 밖의 사람들이 드린 헌물(스 8:25), 반 세겔의 속죄금(출

---

595) *Ibid.,* pp. 427-428.

596) John Ritchie, 김병희 옮김, 광야의 성막, (경기도 고양: 전도출판사, 2016), p. 17.

597) 이성호, *op. cit.,* p. 13.

598) 김용환, *op. cit.,* p. 728.

599) *Ibid.,* pp. 628-629.

20:13), 제사장들을 위해 지정된 십일조의 십일조(민 18:25-32), 에스겔의 성전 이상에 나오는 거룩한 땅(겔 45:1).[600]

"하나님께서 그 예물을 자신의 소유 중에 취하여 드리라고 말씀하셨습니다. 광야를 통과해서 출애굽 하는 이스라엘 백성이 가지고 있는 예물이 무엇이 있었겠습니까? 애굽에서 나올 때 가져 왔던 은과 금이 있었습니다. 그 제물은 하나님께서 아브라함과 횃불 언약을 체결할 때 '네 자손이 제물을 이끌고 나오리라'라고 예언하신 말씀대로 이루어졌습니다. 그리고 즉시 순종하여 드려야 합니다."[601]라고 하였다.

'재물'은 רְכוּשׁ(7399, 레쿠쉬)라는 말이며, '소유, 재물, 물품, 소유물, 물건, 재산'[602]의 뜻이다. 레쿠쉬는 라카쉬(רָכַשׁ, 7408) 에서 유래했으며, '모으다, 얻다'[603]의 뜻이 있다.

여기서 우리는 하나님께 헌금 드리는 자의 참된 자세를 배우게 된다. 그것은 신약시대 사도 바울의 가르침대로 헌금 드릴 때 즐겨 내며 동시에 인색함으로나 억지로 하지 않는 것이다.(고후 9:7).[604]

"이스라엘 백성은 하나님께 예물을 드릴 때 눈치를 보지 않았습니다. 그리고 즉시 드렸습니다. 예물은 자신이 가지고 있는 것 중에 가장 귀한 것을 드리는 것입니다. 이스라엘 백성은 자신들의 가지고 나

600)　R. Laird Harris,(eds), *op. cit.*, p. 1049.

601)　이성호, *op. cit.*, p. 13.

602)　김용환, *op. cit.*, p. 635.

603)　*Ibid.*,

604)　한성천. 김시열, *op. cit.*, p. 30.

온 금과 은과 놋의 귀중한 장식품을 하나님께 드렸습니다."[605]라고
하였다.

첫째, '금'을 드렸다.

출 25:3을 보면 "너희가 그들에게서 받을 예물은 이러하니 금과 은
과 놋과,"[606]라고 하였다.

וְזֹאת הַתְּרוּמָה אֲשֶׁר תִּקְחוּ מֵאִתָּם זָהָב וָכֶסֶף וּנְחֹשֶׁת:[607]

'금'은 זָהָב(2091, 자하브)인데, '금'[608]의 뜻이 있다.

'자하브'는 זָהַב(사용하지 않는 어근)에서 유래했으며, '반짝이다, 빛나다,
밝다, 아름답다'[609]의 뜻이 있다.

이 단어는 '금'을 나타내는 여러 가지 히브리 단어 중에서 가장 기
본적인 단어이다. 그러나 이 단어는 여러 가지 다른 종류의 금을 나
타내주는 많은 형용사의 수식을 받는다. '좋은' 금은 창 2:12에서 에
덴동산과 연관되어 언급되어 있다. 금에 대한 대부분의 언급은 성막
이나 솔로몬의 성전, 궁전과 관련되어 있다. 언약궤는 정금으로 싸여
졌으며 그 주위에 금테가 둘려져 있다(출 25:11). 등대는 정금을 쳐서
만들었으며, 등대의 밑판과 줄기와 가지도 정금을 쳐서(미크샤) 만들

---

605)   이성호, *op. cit.*,

606)   개역한글 성경, *op. cit.*, 출 25:3

607)   분해대조 성경, *op. cit.*, 출 25:3.

608)   김용환, *op. cit.*, p. 174.

609)   최현기, *op. cit.*, p. 264.

었다(출 37:17, 출 37:22). 그룹도 역시 금을 쳐서 만들었다(출 25:18). 금실은 대제사장의 에봇을 짓는 데 사용되었다(출 28:6). 금은 두들겨 쳐서 얇은 박으로 만들어 금박을 입히는 데 사용되기도 하였다. 지성소도 이 정금으로 입혔으며(왕상 6:20), 등대들도 동일한 금으로 만들어졌다(왕상 7:49). 레바논 나무 궁에 있는 솔로몬의 그릇들도 정금으로 만든 것이다(왕상 10:21, 대하 9:20). 솔로몬은 쳐서 늘인 금(사후트)으로 방패를 만들었는데, 이것들을 더 강하게 하기 위하여 다른 금속과 합금시켜 만들었다(왕상 10:16). 그의 상아로 만든 보좌도 '정금'으로 덧입혔다(왕상 10:18). 솔로몬의 전설적인 치세 동안에 금이 오빌 에서 도입되었다(왕상 9:28, 참조: 시 45:9.)[610]

'자하브'는 '반짝이다'는 어원에서 유래하였는데 '황금'(스 1:6), '광채'(욥 37:22)란 뜻이다.[611]

"금은 불순물이 들어가지 않은 순수한 정금을 말합니다. 금은 말씀의 보화를 상징합니다. 금의 용도는 성막을 만들 때 사용되는 것입니다. 금을 두들겨서 얇은 막으로 만들어 금을 입혀서 사용합니다. 지성소도 정금으로 입혔고 금 등대도 동일한 금을 두드려서 만들었습니다. 그 금은 고난당하시는 예수 그리스도를 상징합니다. 정금이 망치로 수만 번 두들겨 맞을 때 완전한 금등대가 만들어져 지성소에서 쓰임 받듯이 율법을 완성하시고 십자가에서 두들겨 맞으시고 수치를 당할 때 하나님께 완전히 쓰임 받음을 상징하고 있습니

---

610)　　이병철, *op. cit.*, 2091.
611)　　한성천. 김시열, *op. cit.*, p. 30.

다."[612]라고 하였다.

둘째로, '은'을 드렸다.

'은'은 כֶּסֶף(3701, 케세프)인데, '은금, 돈, 은, 충분한 대가, 밭값, 땅값, 속전, 값'[613]의 뜻이 있다.

케세프는 카사프(כָּסַף, 3700)에서 유래했으며, '창백해지다, 기다리다, 찢다, 창피를 당하다, 치욕을 당하다, 구하다, 수치, 바라다'[614]의 뜻이 있다.

케세프는 새로이 채굴되어 제련된 은(잠 25:4 잠 26:23 겔 22:18), 그릇, 나팔, 우상을 만들기 위한 재료로서의 은(창 44:2 창 24:53 민 10:2 출 20:23 사 2:20)을 의미한다.[615]

"성막에서 '은'은 갈고리와 가름대로 은을 사용했습니다. 서로 연결하는 연결 고리로 사용되었습니다. '은'은 예수 그리스도를 상징합니다. 그가 십자가에서 살이 찢기고 창피와 수치를 당할 때 우리가 나음을 입고 떨어져 기다리시던 거룩하신 하나님과 연결되고 그의 백성으로 회복되었습니다. 기둥에 묶인 가름대는 절대로 빠지지 않습니다. 그리고 든든한 울타리의 역할을 할 수 있는 것입니다. 우리도 예수 그리스도와 연결되기만 하면 넘어지지 않고 굳건히 서서 갈 수 있습니다."[616]라고 하였다.

---

612) 이성호, *op. cit.*, p. 13.
613) 김용환, *op. cit.*, p. 316.
614) *Ibid.,*
615) 이병철, *op. cit.*, 3701.
616) 이성호, *op. cit.*, p. 13.

셋째, '놋'을 드렸다.

'놋'은 נְחֹשֶׁת(5178, 네호세트)라는 말이며, '동철, 놋, 동, 놋줄, 차꼬, 사슬'[617]의 뜻이 있다.

'네호세트'는 נָחַשׁ(5172, 나하쉬)에서 유래했으며, '깨닫다, 알아채다, 예언한다. 경험으로 알다, 점치다'[618]의 뜻이 있다.

'네호세트'에 대한 언급 중 반수 이상이 성막과 성전 건축 및 부수하는 필요 비품과 기구의 제작을 기술하는 부분에 있다. '네호세트'로 만들어진 것은 성막의 기둥 받침(출 26:37), 단의 그릇(출 27:3), 쇠 살대 및 고리들(출 27:4), 그 밖의 기물들과 장식물이다. 그리고 단은 놋으로 쌌다(출 27:2). 아마도 가장 주목할 만한 것은 솔로몬의 '놋' brazen 바다이다(왕상 7:23-27, 참조: 왕하 25:13).[619]

"놋은 구리와 아연의 합금입니다. 놋은 성막의 기둥 받침, 단의 그릇, 고리로 사용되고 장식물과 그리고 단을 놋으로 만들었습니다. '놋'도 역시 예수 그리스도를 상징합니다."[620]라고 하였다.

"이스라엘 백성들이 불 뱀에 물려 죽을 수밖에 없지만 하나님은 놋 뱀을 믿음으로 쳐다본 자들에게 믿음을 주셔서 즉시로 많은 사람들 중에 한 사람 한 사람에게 은혜를 베푸시고, 살려 주셨습니다."[621]라고 하였다.

실제로 놋 뱀을 달아 놓은 장대를 바라보면 살리라는 하나님의 말

---

617)　김용환, *op. cit.*, p. 439.
618)　*Ibid.*, p. 438.
619)　이병철, *op. cit.*, 5178.
620)　이성호, *op. cit.*, p. 14.
621)　이성호, <u>이스라엘 진</u>, (서울: 도서 출판 헤세드, 2016), p. 82.

씀을 믿음으로 받아들이고 그 말씀을 따라 그것을 바라보는 자는 불 뱀에게 물린 상처와 모든 증상이 말끔히 낫게 되었다.[622]

"놋 뱀은 예수 그리스도를 상징하는 말씀입니다(요 3:14). 놋 뱀을 처다볼 때 고난당하시는 예수 그리스도를 깨닫게 되는 것입니다. 그 예수님은 아무나 깨닫는 것이 아닙니다. 예언의 말씀을 믿는 자들이 깨닫게 되고 나음을 입는 것입니다."[623]라고 하였다.

넷째, 각색 실을 드렸다.

출 25:4를 보면, "청색 자색 홍색실과 가는 베실과 염소털과"[624]라고 하였다. 원문은 다음과 같다.

וּתְכֵלֶת וְאַרְגָּמָן וְתוֹלַעַת שָׁנִי וְשֵׁשׁ וְעִזִּים:[625]

'청색'은 תְּכֵלֶת(8504, 테켈레트)이며, '청색'[626]의 뜻이다.

'테켈레트'는 שָׁחַל(7826, 샤할)에서 유래했으며, '나감향, 으르릉 거리다, 향내 나는 껍질, 껍질을 벗기다, 깍지를 까다'[627]의 뜻이 있다.

'청색' 또는 '남색'이란 의미를 가지는 '테켈레트'에 접속사 '와우'가 결합한 형태이다, 당시 베니게 인들은 지중해 연안에서 자생하는 하

---

622) 한성천. 김시열. <u>옥스퍼드 원어성경대전11. 민수기 제 13-25장,</u>(서울: 제자원, 2006), p. 504.

623) 이성호, *op. cit.*, p. 14.

624) 개역한글 성경, *op. cit.*, 출 25:4.

625) 분해대조 성경, *op. cit.*, 출 25:4.

626) 김용환, *op. cit.*, p. 718.

627) 최현기, *op. cit.*, p. 761.

늘색 조개껍질에서 청색 실을 만드는 염료를 추출하였다. 청색 실을 성막 양장이나 제사장 의복 제조들에 이용되었다(출 26:1; 28:6). 한편 성막 재료나 제사장 복식에 사용된 하늘의 빛깔인 이 청색 실은 하나님의 한없이 넓으신 사랑과 이 세상에 오실 예수 그리스도의 거룩한 성품을 상징한다.[628]

'자색'은 אַרְגָּמָן(713, 아르가만)이란 말인데, '자색, 자색 옷'[629]의 뜻이 있다. 아르가만은 אַרְגַּם에서 유래했으며, '도주하다, 주홍색, 자주색(빛)'을 의미한다.[630]

이 색은 고귀한 색으로 알려졌으며, 아프리카, 소아시아, 페니키아(베니게)의 연안에서 악귀 패(뿔 고동)에서 채집한 염료로 염색된 것이었다. 이 자주색은 고대에 가장 고귀한 색이었으며, 두로 사람은 이 염료의 기술에 뛰어나 '두로 자색'은 가장 유명하다. 이 색소는 아주 고가였기 때문에 왕실, 권력, 부유층의 색으로 여겨졌다. 잘 알고 있듯이 자주색은 신, 왕, 그리고 귀족의 의복을 상징했다. 자주색의 베나 실은 극히 값비싼 것이며(출 26:1, 출 26:31, 출 26:36, 에 1:6, 아 3:10, 겔 27:7). 이런 자주색 의복은 왕족, 귀족, 고관이 착용했다(삿 8:26, 에 8:5, 잠 31:22, 아 7:5 이하, 렘 10:9). 「예수님의 고소 자들은 잔인하게도 가능한 한 예수님을 바보스럽게 보이도록 시도하면서, 재판정에서 그에게 자주색 옷을 입혔다(막 15:17, 요 19:2, 요 19:5). 예수님은 틀림없이 다른 모든 사람들이 입고 있는 것과 같은 옷을 입었을 것이며 이 점에서 구

---

628) 한성천. 김시열, *op. cit.*, p. 31.
629) 김용환, *op. cit.*, p. 62.
630) 최현기, *op. cit.*, p. 47.

별되지 않았던 것 같다. 그의 고소 자들이 유다를 고용하여 예수님을 가리키게 했다는 점에서 더욱 그렇다. -그는 자주색 옷을 입지 않았고 그에게는 후광도 없었다.」 구약성경에서 자주색은 특별히 예식적인 배경에서 언급되었다. 자색 실은 성막의 휘장(출 25:4, 출 26:1), 솔로몬 성전의 휘장(대하 2:14, 대하 3:14)등을 짜는데 사용되었다.[631]

이러한 자색은 왕이 입는 복의 색깔인 바 하나님과 예수 그리스도의 존귀하시고 공의로우신 성품을 상징하는 것이다.[632]

"자색은 통치자를 상징하는 색입니다. 만왕의 왕으로 오신 예수 그리스도를 상징하는 색입니다. 그는 유대인의 왕이십니다. 그는 만왕의 왕이시기 때문에 자색 옷을 입으셨습니다."[633]라고 하였다.

'홍색'은 תּוֹלָע(8438, 톨라)이며, '벌레, 분홍색, 홍색 실, 진홍색, 붉은 옷, 구더기, 지렁이'[634]의 뜻이 있다.

톨라는 알라(לַע, 3216)에서 유래했으며, '분별없이 말하다, 경솔하게 말하다, 성급하게 말하다, 서원하다'[635]의 뜻이 있다.

고대 시대에서 밝은 주홍색(혹은 심홍색) 염료는, 중동 지방이 원산지인 케르메스 참나무(Quercus coccifera)에 기생하는 케르메스(아람어 qirmiz, 여기서 'crimson'이라는 말이 유래함) 곤충, 즉 연지벌레(Coccus ilicis)의 암컷에서 채취되었다. 이 염료는 매우 귀중하게 여겨졌으며(애 4:5) 성막에서 사용된 천과 그곳에서 예배하는 자들이 입었던 의복을 염

---

631) 이병철, *op. cit.*, 713.
632) 한성천. 김시열., *op. cit.*, p. 31.
633) 이성호, *op. cit.*, p. 14.
634) 김용환, *op. cit.*, p. 713.
635) *Ibid.*, p. 270.

색하는데 사용되었다. 톨라아트는 출애굽기에서 '주홍(재료)'라는 의미로 26회 사용된다. 이 염료는 그 불변성과 짙은 붉은 색깔로 인하여 사 1:18의 인상적인 표현에서 아주 적절하게 사용된다. 이 구절에서 용서하시는 하나님께서 그의 완악한 백성들에게 이렇게 말씀하신다.[636]

한편 이러한 핏빛과도 같은 진홍색은 장차 이 세상에 오셔서 십자가에서 아낌없이 보혈을 흘리실 예수 그리스도의 희생과 겸허한 인격을 상징한다.[637]

이성호 교수도 이렇게 말했다. "홍색 실은 피의 색입니다. 십자가에서 피 흘려 죽으신 예수 그리스도를 상징하는 색입니다. 그는 십자가에서 고난당하시고 피를 흘리셨기 때문에 우리가 구원의 은혜를 입을 수 있었습니다. 여리고 성이 멸망당할 때 '라합'은 그 집에 붉은 줄로 구원을 받았습니다. 홍색 실은 바로 예수 그리스도를 상징합니다"[638]라고 하였다.

'가는 베실'은 שׁשׁ(8336 셰쉬)라는 말이다. שׁשׁ(8336 셰쉬)는 '세마포 옷, 가는 베실, 가는 베, 가는 베줄, 세마포, 화반석, 세마포 휘장'[639]을 의미한다.

셰쉬는 애굽산 아마포였던 이상 이것이 출애굽기에서 가장 빈도 높이 발견된다는 점은 이해할만하다. 이것은 이스라엘 백성들이 성막 축조와 관련하여 바쳤던 예물의 일부였으며 성막의 휘장을 이 아

---

636) 이병철, *op. cit.*, 8438.
637) 한성천. 김시열, *op. cit.*, p. 31.
638) 이성호, *op. cit.*, p. 14.
639) 김용환, *op. cit.*, p. 706.

마포로 만들었다(출 25:4, 출 35:6, 출 35:23, 출 35:25, 출 35:35). 제사장의 의복은 모두 아마포로 지었다(출 28:5, 출 28:39, 출 39:28-29). 세마포를 입은 한 가지 목적은, 제사장들이 제단의 열 가까이에서 힘든 일을 할 때 땀 흘리는 것을 방지하는데 있었다(창 41:42). 세마포 옷은 또한 후에 여인의 의상의 일부로서(잠 31:22) 화려한 옷차림의 표가 되었다.[640]

이러한 흰색 베실은 예수 그리스도의 죄 없으신 순결한 성품을 상징한다.[641]

이성호 교수도, "흰 세마포는 예수 그리스도를 상징합니다. 깨끗하고 성결하시며 죄가 없으신 예수 그리스도를 말씀합니다. 세마포는 울타리에 사용되었습니다. 울타리는 '구별하다, 분리한다는 뜻입니다. 예수 그리스도께서 담당하신 십자가의 사역은 세상의 분리와 구별을 의미합니다. 그리고 구원받은 백성의 구별을 의미하고 있습니다."[642]라고 하였다.

자색은 왕권의 표시이며 왕을 의미하는 색이다. 홍색은 피의 색으로 희생을 말해준다. 하얀색은 지금까지 살펴본 대로 완전함과 의를 상징하는 색이다. 그리고 청색은 하늘을 가리키는 색이다. 이 색들을 주 예수 그리스도께 적용해 보면 왕으로서, 희생하는 종으로서, 완전한 인간으로서, 완전한 하나님으로서의 그리스도를 4중적인 의미로 말해준다.[643]

---

640) 이병철, *op. cit.*, 8336.
641) 한성천. 김시열, *op. cit.*, p. 31.
642) 이성호, *op. cit.*, p. 14.
643) Martin Ralph De Haan, *op. cit.*, p. 58.

다섯째, 각종 짐승의 털과 가죽을 드렸다.

'염소털'을 드렸는데, '염소털'은 עֵז(5795, 에즈)라는 단어이다. עֵז(5795, 에즈)는 '염소, 염소털'[644]의 뜻이 있다.

에즈는 아자즈(עָזַז, 5810)에서 유래했으며, '힘 있다, 강하다, 견고히 하다, 이기다, 승리를 얻다, 든든하게 하다'[645]의 뜻이 있다.

'염소'(스 6:17)란 뜻과 더불어 '염소털'을 가리키는 '에즈(עֵז)'의 복수형에 접속사 '와우'(וְ)가 결합되었다. 이 염소털은 검은 색깔인데 성막을 덮는 네 겹의 막 중에 두 번째로 덮인 제2 앙장의 재료로 사용되었다(출 26:7).[646]

'염소털'(עִזִּים, 이짐)은 가공하지 않은 염소털을 가리키며, 염색하지 않은 다른 모직물과 같이 가장 가격이 싼 천에 해당한다.[647]

"성막에서 염소털은 성막을 덮는 외부 앙장에 사용되었습니다. 당시에 염소 한 마리에 얻을 수 있는 털의 양은 대략 200g입니다. 성막에 필요한 털의 양은 염소 2천 마리가 필요했습니다. 히브리인들의 염소에 대한 개념은 좋은 의미와 나쁜 의미로 같이 사용되었습니다. 염소는 굽이 갈라지고 되새김하는 정한 동물이기에 음식으로 허용되었습니다. 그리고 희생 제물로도 사용되었습니다. 나쁜 의미로는 부끄러움을 모르고 이기주의며 강한 힘을 상징하는 동물입니다. 그러나 성막에서 사용되어진 염소는 예수 그리스도 상징합니다. 대속죄일에 속죄제의 제물로 염소를 사용했다. 두 마리의 염소를 사

---

644)　김용환, *op. cit.*, p. 502.
645)　*Ibid.*, pp. 503-504.
646)　한성천, 김시열, *op. cit.*,
647)　강병도, *op. cit.*, p. 209.

용했습니다. 두 마리의 염소를 사용했고 한 마리는 지성소에 들어가고 다른 한 마리는 '아사셀'을 위하여 광야로 보내졌습니다. 이스라엘의 죄를 적은 것을 짊어지고 광야로 끌려갑니다. 이것은 장차 우리의 죄를 짊어지고 광야 같은 세상에서 버림받고 방황하다가 마침내는 십자가에서 죽으시는 예수 그리스도를 예표하고 있습니다."[648]라고 하였다.

에즈는 족장 시대부터 계속하여 이스라엘의 일상생활에서 염소의 중요성을 설명해 준다. 새끼 염소들은 때때로 음식으로 사용되었다(창 27:9). 암염소는 우유를 제공하였고(창 27:27), 가죽은 가죽 제품으로, 털은 옷으로 이용되었다(출 25:4, 출 26:7, 출 35:6 이하). 이렇게 다양한 용도로 사용되는 이 동물은 또한 희생 제물로도 바쳐졌다. 제사 문맥에서 통례로 '염소 새끼'라는 어구가 나온다(예: 레 4:23). 그러나 암염소도 희생 제사에 사용되었다(민 15:27).[649]

'붉은 물 들인 숫양의 가죽'을 드렸는데, '붉은 물 들인'은 אדם(119, 아담)이라는 말이다. אדם(119, 아담)은 '얼굴이 붉어지다. 붉게 하다, 붉다'[650]를 의미한다.

이스라엘이 종살이하였던 애굽이나 애굽에 인접한 리비아는 피혁과 염색 기술이 매우 발달하였는데 이스라엘 백성들은 애굽에서 종살이하며 이런 우수한 기술들을 습득하였다.[651]

푸알형(분사)에서 '붉게 된, 붉게 물든'(출 25:5; 출 26:14; 출 35:7; 출 36:19;

---

648) 이성호, *op. cit.*, pp. 14-15.
649) 이병철, *op. cit.*, 5795.
650) 김용환, *op. cit.*, p. 15.
651) 한성천. 김시열, *op. cit.*, p. 32.

출 39:34)에서 수양의 가죽에 대하여 사용되었다. 성막을 건축을 위해 드릴 목록에 "붉은 물들인 숫양의 가죽"이 포함되었으며, 이 물건은 성막의 덮개로 사용하기 위한 것이다. 해달의 가죽은 숫양의 가죽의 윗덮개이다(출 26:14).[652]

'해달의'라고 한 말은 שׁחת(8476, 타하쉬)라는 말이 사용되었다. שׁחת(8476, 타하쉬)는 '해달, 물돼지'[653]의 뜻이 있다.

שׁחת(8476, 타하쉬)는 חוּשׁ(2363, 후쉬)에서 유래했으며, '서두르다, 서둘러 하다, 격해지다, 느끼다, 움직이다, 행동하다, 급히 서두르다'[654]의 뜻이 있다.

출 25장-39장과 민 4장에서 이 단어(13회)는 모두 성막과 그 부속물을 덮는데 사용된 가죽들을 가리킨다. 오소리는 시나이(sinai)에서 찾아보기가 매우 힘들며 또한 아랍어 투하스(tuhas: 돌고래)는 히브리어 타하쉬의 동족어인 것으로 여겨진다. 이러한 이유로 최근의 대부분의 주석가들은 이 히브리어를 '돌고래'(dolphin, porpoise), '듀공'(dugong) 등등으로 번역한다. 코가 병처럼 생긴 청백돌고래(Tursiops truncatus)는 동부 지중해에서 발견되며, 듀공(Dugong dugong)은 홍해와 아카바만에 많이 서식하고 있다. 후자의 가죽은 지금도 베두인(Bedouin) 사람에 의하여 신발을 만드는데 사용되고 있다. 일반적으로 가능성이 있는 것으로 여겨지듯이 만일 타하쉬가 성막의 가장 바깥쪽 보호 덮개였다면 돌고래나 듀공과 같은 해양 동물의 가죽이

---

652)   이병철, *op. cit.*, 119.

653)   김용환, *op. cit.*, p. 716.

654)   최현기, *op. cit.*, p. 281.

그 질긴 성질과 방수성으로 인하여 매우 적합했을 것이다.[655]

이성호 교수는 다음과 같이 말하였다. "성막의 덮개는 숫양의 가죽과 해달의 가죽을 사용했습니다. 붉게 물들였다는 것은 가죽을 붉게 물들였다는 것을 의미하며, 가죽에 물들인다는 것은 쉽지 않았습니다. 그러나 완전히 붉게 물들인 가죽이 덮개로 사용됩니다. 이것은 예수 그리스도께서 십자가에서 피 흘리고 고난당하신 것을 의미합니다. 숫양과 해달의 가죽은 외부에서 염색을 통하여 물들일 수밖에 없습니다. 예수님께서도 철저하게 고통을 당하시고 완전하게 죄 때문에 죽을 것을 의미합니다. 붉게 물들이는 것은 한 번에 완성되지 않습니다. 반복적으로 정성을 쏟을 때 붉게 물들여지는 것입니다. 한 군대도 남겨지지 않고 모두 붉게 물이 들었다는 것입니다. 그렇게 될 때 성막의 덮개로 사용되는 것이다. 이처럼 예수 그리스도께서도 완전한 피 흘림을 당할 때 하나님께서 역사하시는 대속의 죄를 그의 백성이 속량 받게 되는 것입니다."[656]라고 하였다.

여섯째, 조각목을 드렸다.

'조각목'은 שִׁטִּים עֲצֵי(와아체 쉿팀)으로 두 단어의 합성어이다. '목'은 עֵץ(6086, 에츠)라는 단어이며, '나무, 나뭇가지, 수목, 막대기, 널판, 목재'[657]를 의미한다.

'조각'은 שִׁטָּה(7848, 쉿타)라는 말이다. שִׁטָּה(7848, 쉿타)는 '조각목, 싯딤나

---

655)　R. Laird Harris,(eds), *op. cit.*, p. 1209.

656)　이성호, *op. cit.*, p. 15.

657)　김용환, *op. cit.*, p. 526.

무, 아카시아 나무'[658]를 의미한다.

쉿타는 שׁוּט(7751, 슈트)에서 유래했으며, '이리저리 돌아다니다, 여기저기 돌아다니다, 매질하다, 대리다, 멸시하다, 경멸하다'[659]의 뜻이다.

한글개역은 "조각(목), 싯딤나무"로 번역했다. 사해 주변 및 시내 반도에 무성한 나무이며, 광야를 녹화시키는 하나님의 전능하심에 대해 인용되어 있다(사 41:19). 이 나무는 성막의 목조 부분과 기구에 사용한 나무이다(출 25:5, 출 25:10, 출 25:13, 출 25:23, 출 25:32, 출 27:1, 출 27:6, 출 30:1, 출 30:5 등, 출 36-38장).[660]

가볍고 내구성이 강해서 성막 본체를(출 26:15) 비롯해 '법궤(출 25:10)', '진설병상'(출 25:23), '분향단'(출 37:25), '번제단'(출 38:1) 등 모든 성물의 재료에도 바로 이 조각목이 사용되었다. 그런데 하나님의 임재를 상징하고 장차 예수 그리스도를 통해 완성될 구원의 원리를 보여주는 거룩한 성막이나 성막의 기구들을 제작하는 데 이스라엘 사람들이 소중한 재목으로 여기는 백향목이나 잣나무 혹은 상수리나무 등을 쓰지 않고 광야에서 마음대로 자라나는 흔한 조각목을 사용하신 까닭은 무엇일까? 이는 자아 구세주로 오실 예수 그리스도를 예표하기 위해서이다. 사 53:2에서 "그는 주 앞에서 자라나기를 연한 순 같고 마른 땅에서 나온 줄기 같아서 고운 모양도 없고 풍채도 없은즉 우리의 보기에 흠모할만한 아름다운 것이 없도다"라고 예언했다. 이는 천한 인간의 몸에서 태어나 십자가의 고통까지 당하시는 고

---

658)   *Ibid.*, p. 668.

659)   *Ibid.*, p. 661.

660)   이병철, *op. cit.*, 7848.

난당하시는 예수 그리스도의 겸손한 인생을 예표하는 바 구원의 진리를 담고 있는 성막 각 기구들의 재료가 광야에서 흔히 볼 수 있는 조각목으로 만들어졌다는 것도 이와 의미가 동일하다고 볼 수 있는 것이다.[661]

"성막의 조각목은 언약궤와 언약궤를 옮기는 두 개의 채가 모두 조각목입니다. 분향단과 그 채, 떡 상과 그 채, 번제 단과 그 채, 성막의 널판, 널판의 띠와 중간 띠, 성소의 기둥이 모두 조각목이었습니다. 조각목은 싯딤나무를 의미합니다. 이 나무를 아카시아나무과에 속하며 가시가 돋고 단단하고 질긴 나무입니다. 이 나무는 광야의 모래바람에 시달리며 자라는 나무로서 보잘것없는 나무이며, 이 나무로 성막을 만들라고 말씀하셨습니다. '조각목'은 예수 그리스도를 상징하는 나무입니다. 싯딤 나무는 상처가 많은 나무이며 울퉁불퉁 꼬인 나무입니다. 그래서 땔감으로 사용되던 나무입니다. 그러나 그 나무를 사용할 때는 조각을 내고 붙여서 사용했습니다. 바로 고난당하신 예수 그리스도를 상징하는 것입니다.[662]라고 하였다.

일곱 번째, 각종 기름과 향품과 보석들을 드렸다.

출 25:6-7을 보면, "등유와 관유에 드는 향품과 분향할 향을 만들 향품과 호마노며 에봇과 흉패에 물릴 보석이니라."[663]라고 하였다.

원문은 다음과 같다.

---

661) 한성천. 김시열, *op. cit.*, p. 32.

662) 이성호, *op. cit.*, p. 15.

663) 개역한글 성경, *op. cit.*, 출 25:6-7.

שֶׁמֶן לַמָּאֹר בְּשָׂמִים לְשֶׁמֶן הַמִּשְׁחָה וְלִקְטֹרֶת הַסַּמִּים:

אַבְנֵי־שֹׁהַם וְאַבְנֵי מִלֻּאִים לָאֵפֹד וְלַחֹשֶׁן: (664)

성막의 불을 밝히는데 사용되는 등유와 관유에 드는 향료와 향을 만들 향품과 에봇과 흉패에 물릴 보석이 필요했다. '등유'는 מָאֹר(3974, 마오르)라는 말이다. מָאֹר(3974, 마오르)는 '광명, 등잔, 등불, 등유, 빛, 발광체'[665]의 뜻이 있다. 마오르는 오르(אוֹר, 215)에서 유래했으며, '빛나다, 광채 나다, 영화롭다, 밝아지다, 밝다, 빛나다, 빛, 발광체'[666]를 의미한다.

여기서 '등유'에 해당하는 '쉐멘 람마오르'(שֶׁמֶן לַמָּאֹר)는 문자적으로 '등을 위한 기름'을 뜻한다. 성소에 있는 촛대에는 항상 등불을 켜 두어야 했고, 등유는 바로 이에 소용되는 기름을 말한다.[667]

"등유는 감람나무 열매에서 추출한 기름입니다. 성소에 등불을 밝히는데 사용되었습니다. 매일 저녁 7개의 등잔에 불을 밝혀야 했습니다. 등유의 사용되는 용도는 제단을 쌓을 때, 등불을 켤 때, 소제를 드릴 때, 위임식을 할 때, 병자를 고칠 때입니다. 감람유는 빛 되시는 예수 그리스도를 상징합니다. 성막에서 등잔에 불을 밝히지 못하면 제사장의 사역을 감당할 수가 없었습니다. 그 빛으로 제사장은 지성소에서 사역을 할 수가 있었습니다. 예수 그리스도께서도

---

664)   분해대조 성경, *op. cit.*, 출 25:6-7
665)   김용환, *op. cit.*, p.342.
666)   *Ibid.*, p. 22.
667)   강병도, *op. cit.*, p. 210.

어두운 세상에 빛으로 오시고 어둡던 세상을 밝히시고 그 빛을 보게 하서서 어둡던 눈이 밝아지고 새로운 소망의 삶을 살게 하셨습니다.”[668]라고 하였다.

‘관유에 드는’이라는 말은 לְשֶׁמֶן הַמִּשְׁחָה(레쉐멘 함미쉬하)이다. ‘레쉐멘’(לְשֶׁמֶן)은 ‘지방’(시 109:24), ‘기름’(창 28:18)이란 뜻을 가진 ‘쉐멘’(שֶׁמֶן)에 ‘~을 위하여’라는 뜻의 전치사 ‘레’(ל)가 결합된 형태이다. 또 ‘함미쉬하’는 ‘기름을 바르다’(출 29:2), ‘(위임식을 위해) 기름을 붓다’(출 28:41)는 뜻을 가진 ‘마솨흐’(מֹשַׁח)에서 파생한 명사형 ‘미쉬하’(מִשְׁחָה)에 정관사 ‘하’(ה)가 결합된 형태이다. 따라서 ‘관유에 드는’을 풀어 설명하면 ‘성별 의식을 위한 기름 제조에 사용되는’이라는 의미이다. KJV에서는 ‘성별용 기름을 위하여’(for anointing oil)라고 번역하였다.[669]

‘관’은 מִשְׁחָה(4888, 미쉬하)이며, ‘관유 기름 부음, 기름 부음 받다’[670]의 뜻이다. 미쉬하는 마샤흐(מָשַׁח, 4886)에서 유래했으며, ‘기름을 붓다, 바르다, 기름 부음 받다, 붓다, 기름 바르다’[671]를 의미한다.

‘유’는 שֶׁמֶן(8081, 세멘)이며, ‘기름, 등유, 관유, 감람’[672]의 뜻이다. 세멘은 샤만(שָׁמַן, 8080)에서 유래했으며, ‘살찌다, 둔하다, 지방질로 덮다’[673]라는 뜻이 있다.

따라서 ‘레쉐멘 함미쉬하’(לְשֶׁמֶן הַמִּשְׁחָה)는 직역하면 ‘기름 붓는 기름을

---

668) 이성호, *op. cit.*, p. 16.
669) 한성천. 김시열, *op. cit.*, p. 33.
670) 김용환, *op. cit.*, p. 409.
671) *Ibid.*, pp. 408-409.
672) *Ibid.*, p. 688.
673) *Ibid.*,

위하여'라는 뜻이다. '미쉬하'(기름, מִשְׁחָה)에 정관사가 첨가된 것은 특별히 제사장 위임식 등 종교의식에 사용되는 깊을 강조한 것이다.[674]

"관유는 감람유에 액체 몰약과 향기로운 육계와 창포와 계피를 섞어 만든 기름입니다. 관유는 성별 의식에 사용된 거룩한 기름으로, 제사장, 선지자, 왕의 위임식 때, 성소에 기물들을 성별할 때 관유를 발라 거룩하게 했습니다. 감람유를 얻기 위해서는 틀에 감람나무 열매를 넣고 짤 때 감람유를 얻을 수가 있습니다. 관유는 고난당하시는 예수 그리스도를 상징합니다. 그의 살과 뼈가 틀에서 짜일 때처럼 흘리고 고난당하심을 상징합니다."[675]라고 하였다.

'호마노'는 שֹׁהַם(7718, 쇼함)이라는 말이다. שֹׁהַם(7718 쇼함)은 '호마노, 마노, 청옥수'[676]의 뜻이다. '에봇과' 이 말의 원문은 לָאֵפֹד(라에포드)인데, אֵפֹוד(646, 에포드), לָאֵפֹד(라에포드) 전치사-관사-명사 남성 단수, 명사 '에포드'에 전치사 '레'(לְ)와 정관사 '하'(ה)가 합성된 '라'가 결합된 형태로 '그 에봇을 위하여' 또는 '그 에봇에'란 뜻을 가진다.[677]

에봇은 본래 대제사장용으로 만들어진 거룩한 의복이었다(출 28:4 이하, 39:2 이하). 이것은 금실, 청색, 자색, 홍색실과 가늘게 꼰 베실로 만들어졌으며, 양편 어깨에서 고정되었고 거기에 에봇을 매는 허리띠를 엮었다. 이스라엘 지파들의 이름을 새긴 두 개의 얼룩마노는 어깨에 고정시켰다. 에봇의 길이는 궁둥이 아래까지 내려왔거나 아니면 허리까지만 왔던 것 같다. 4줄로 12개의 보석을 단 흉패는 순금

---

674) 강병도, *op. cit.*, p. 210.

675) 이성호, *op. cit.*, p. 16.

676) 김용환, *op. cit.*, p. 658.

677) 한성천. 김시열, *op. cit.*, p. 33.

으로 만든 사슬로 에봇에 부착되었다. 에봇 아래에는 제사장의 발끝까지 오는 에봇의 푸른 겉옷이 있었다. 위기에 에봇을 통하여 하나님의 뜻을 알 수 있었다(삼상 23:9, 삼상 30:7의 다윗). 이스라엘에서는 예언과 에봇이 하나님의 뜻을 식별하는 수단으로 인정되었다. 우림 둠밈과 함께 에봇으로 묻는 것은, 전문 용어로는 '여호와 앞에 들어가다'이다(출 28:30, 삿 20:27, 삼상 14:18, 삼상 14:41).[678]

대제사장 이외의 사람들도 에봇을 입었다. 즉 소년 사무엘이 엘리 제사장 밑에서 섬기는 동안 베 에봇을 착용했다(삼상 2:18). 놉에 있던 85명의 제사장들은 베 에봇을 입었다(삼상 22:18). 다윗은 궤를 예루살렘으로 운반하는 행렬을 따를 때, 에봇을 입고 있었다(삼하 6:14, 대상 15:27). 이것은 특별히 종교적인 의미를 지닌 의복이며, 형태는 간소한 것이었다. 분명히 대제사장의 에봇은 평신도 예배자들이 입었던 에봇 보다 더 정교했으며 더 많이 장식되었다.[679]

'흉패에'는 וְלַחֹשֶׁן(웰라호셴)이라는 말이다. חֹשֶׁן(2833, 호셴)은 '흉패'[680]의 뜻이다. 호셴(חֹשֶׁן)은 '아름답다, 장식하다, 번쩍이다, 내포하다'[681]의 뜻이 있다.

접속사 '와우', 그리고 전치사 '레'(לְ)와 정관사 '하'(הַ)가 합성된 '라'가 '가슴에 대는 판' 즉, '흉패'를 뜻하는 명사 '호셴'(חֹשֶׁן)에 결합되어 직역하면 '그리고 그 흉패를 위하여'이다. 그런데 아랍어 동족어에서는 이 '호셴'이란 단어가 '아름다움', '탁월함'을 의미하고 있다. 이러한 어근

---

678) 이병철, *op. cit.*, 646.
679) R. Laird Harris,(eds), *op. cit.*, p. 78.
680) 이병철, *op. cit.*, 2833.
681) 최현기, *op. cit.*, p. 310.

의 의미는 이 '흉패'가 대제사장의 거룩한 의복을 구성하는 여러 부분 가운데 가장 귀하고 아름다운 부분임을 시사해주고 있다. 어쨌든 '흉패'는 대제사장이 제일 겉에 입는 조끼 모양의 에봇 가슴에 메다는 가로, 세 개, 세로 네 줄 도합 열두 개의 보석이 장식된 주머니를 말하는데, 이 주머니 안에는 하나님의 뜻을 물을 때 사용하는 우림과 둠밈이 있어 '판결 흉패'로도 불렀다(출 28:15-30).[682]

'보석이니라'는 אֶבֶן(68, 에벤)이라는 말이다. אֶבֶן(68, 에벤)은 '돌, 반석, 돌판, 보석, 물매'[683]의 뜻이 있다.

에벤(명여)은 기본어이며, 일반적인 돌로, 각종 재료로, 귀한 보석으로 사용된 '돌(stone)'을 의미한다.[684]

'보석'에 해당하는 '아브네'(אַבְנֵי)는 복수명사로서 '보석들'이란 뜻이다. '물릴 보석들'이란 흉패 위에 고정시키는 보석들을 말하거나(출 28:17-21; 39:10-14), 에봇과 흉패 윗에 고정시키는 모든 보석을 지칭한다.[685]

귀중한 돌로 보석으로 사용되었다. 에벤은 보석에 대해 사용되었다(창 2:12). '에벤 하쉬쇼함'의 일반적인 의미는 '얼룩마노'(onyx stone)이다. 그러나 이곳과 이 두 단어가 함께 나오는 6곳의 구절들에서는 '홍옥수' cornelian(NEB), '유리' lapis lazuli(토라와 NAB), 그리고 다른 뜻으로도 나타난다. 영어 단어 "sapphire"(사파이어)는 히브리어 삽피르(sappir)를 반영한다. 출 25:7에서 이 두 단어가 결합하여 '보석 박기' jewelry setting를 뜻하며 그 외의 구절들에서도 이렇게 결합되

---

682) 한성천. 김시열. *op. cit.*, p. 34.
683) 김용환, *op. cit.*, pp. 11-12.
684) 이병철, *op. cit.*, 68.
685) 강병도, *op. cit.*, p. 210.

어 나온다.[686)]

"성막의 보석은 제사장의 에봇에 사용될 것입니다. 12개의 보석이 필요합니다. 호마노, 홍보석, 황옥, 녹주옥, 석류석, 남보석, 홍마노, 호박, 백마노, 자수정, 옥보석, 벽옥의 보석입니다. 보석은 하나님의 택한 이스라엘 백성을 의미합니다. 그 보석 위에 이스라엘의 이름을 새겨 넣었습니다. 그 이름은 12지파를 상징하며 12지파는 구원받은 성도들을 상징합니다. 그래서 택한 선민이 가는 천국에는 12 기초석 위에 세워졌고 3열 두 진주 문으로 됐습니다."[687)]라고 하였다.

필자가 지금까지 살펴본 대로 성막을 짓기 위해서는 이처럼 많은 예물이 드려져야 했다. 모든 예물들이 결국 예수 그리스도를 상징하고 있고 교회의 머리 되시는 그리스도가 모든 것을 다스리고 있는 것이다.

(4) 성막을 짓는 법

성막은 또한 세상 가운데 있으나, 세상에 속하지 아니한 교회, 즉 광야 상태에 있는 하나님의 교회의 모형이기도 하다.[688)]

어떻게 성막을 지어야 할까? "내가 네게 보이는 모양대로 장막을 짓고." 25:9는 하나님을 위한 성소를 "장막"(천막)이라고 부른다. 25:8만 보면 성소는 구별된 장소이다. 25:9가 다짐하는 "하나님이 보여주신 모양대로"는 그 하나님의 성소가 장막이어야 한다고 가르친다. 장

---

686)　이병철, *op. cit.*, 68.

687)　이성호, *op. cit.*, p. 16.

688)　John Ritchie, *op. cit.*, p. 17.

막이 무엇인가? 이동식 천막이다. 다이나믹(dynamic)한 것이다. 성막 신앙이 회고하는 이스라엘의 하나님은 정적인 분이 아니라 동적인 분이시다.[689]

이성호 교수는 말하기를, "하나님께서는 시내 산에서 십계명과 언약의 법을 주시고 바로 성막의 식양을 주셨습니다. 성막은 하나님께서 이스라엘 백성 가운데 거하실 처소입니다. 그리고 모세와 그 백성에게 성막은 하나님께서 누가 지으며 어떻게 지어야 하는지 정하셨습니다. 무엇을 가지고 할 것인지를 명확하게 하셨습니다. 이 명령을 받은 모세와 이스라엘 백성은 하나님의 방법으로 성막을 지어야 합니다. 성막은 하나님의 계시입니다. 그러므로 순종하며 명령에 따라 지어야 합니다."[690]라고 하였다.

첫째, 성막은 택함을 받은 자가 지어야 한다.

출 25:1-2에 보면, "여호와께서 모세에게 일러 가라사대 이스라엘 자손에게 명하여 내게 예물을 가져오라 하고 무릇 즐거운 마음으로 내는 자에게서 내게 드리는 것을 너희는 받을지니라."[691]라고 하였다.

이것을 다시 원문으로 보면 다음과 같다.

וַיְדַבֵּר יְהוָה אֶל־מֹשֶׁה לֵּאמֹר׃

דַּבֵּר אֶל־בְּנֵי יִשְׂרָאֵל וְיִקְחוּ־לִי תְּרוּמָה מֵאֵת כָּל־אִישׁ אֲשֶׁר יִדְּבֶנּוּ לִבּוֹ תִּקְחוּ אֶת־תְּרוּמָתִי׃[692]

<hr>

689) 왕대일, *op. cit.*, p. 103.

690) 이성호, *op. cit.*, p.17

691) 개역한글 성경, *op. cit.*, 출 25:1-2.

692) 분해대조 성경, *op. cit.*, 출 25:1-2.

필자가 본 바로는 '일러 가라사대'는 וַיְדַבֵּר(와예답베르)라는 말이다.

דָּבַר(1696, 다바르)는 '말씀하다, 명령하다, 이르다, 말하다, 선포하다, 진술하다, 강론하다, 공포하다, 쟁론하다, 위로하다'[693]의 뜻이다.

"모세와 이스라엘 백성에게 내려진 명령은 출애굽 후 45일 만에 도착한 시내 산에서 받았습니다. 그 성막은 모세와 이스라엘 백성에게만 짓도록 허락하셨습니다. 그 백성이 언약 백성입니다. 이제 모세와 이스라엘 백성은 하나님의 말씀에 복종해야 합니다. 하나님의 명령은 성막의 성취를 바라고 말씀하셨습니다. 그의 말씀은 곧 선언이었습니다. 취소되거나 번복되지 않으시는 명령이었습니다. 반드시 성막은 모세를 중심으로 이스라엘 백성이 만들어야 합니다."[694]라고 하였다.

필자가 살펴보니 '가져오라'는 לָקַח(3947, 라카흐)라는 말이다.

לָקַח(3947, 라카흐)는 '가져오다, 취하다, 손에 넣다, 운반하다'[695]의 뜻이 있다.

라카흐(לָקַח)는 '택하다, 빼앗다, 바르다, 거느리다, 옮기다, 양육하다, 축복하다, 적시다, 영접하다, 보복하다, 취한다. 취하다, 손에 넣다, 얻다(받다), 가져오다, 붙잡다, 운반하다, 아내로 삼다, 움켜쥐다, 구입하다'[696] 등의 의미로 사용된다.

이성호 교수는 "하나님께서 성막을 짓기 위하여 모세와 이스라엘 백성에게 가져오라는 것은 예물이었습니다. 성막은 이스라엘 백성의

---

693) 김용환, *op. cit.*, pp. 141-142..

694) 이성호, *op. cit.*, p. 17.

695) 이병철, *op. cit.*, 3937.

696) 김용환, *op. cit.*, pp. 339-340.

예물로 지어지는 것입니다. 그 예물은 애굽에서 가져온 그들의 것입니다. 430년 동안 노역을 하면서 준비한 것입니다. 애굽 땅에 있었던 그 예물이 이스라엘 백성의 택한 손에 의하여 옮겨지고 있습니다. 백성의 손에 있게 준비하셨던 것입니다. 그의 피와 땀으로 적신 소중한 것입니다. 그리고 그 취한 예물을 가지고 오라고 명령하십니다. 이제 이스라엘 백성은 애굽의 통제를 받으며 살지 않아도 됩니다. 성막 안에 거하시는 거룩하신 하나님의 양육을 받으며 영원한 안식의 은혜를 누리게 될 것입니다. 그리고 그의 보호를 받고 인도함을 받으며 강대국의 보복을 당하지 않고 축복의 삶을 살게 될 것입니다. 그래서 성막은 그들의 것을 가지고 와서 지어야 합니다."[697]라고 하였다.

둘째 반드시 정한 예물로 지어야 한다.

출 25:3-7에 보면, "너희가 그들에게서 받을 예물은 이러하니 금과 은과 놋과 청색 자색 홍색실과 가는 베실과 염소털과 붉은 물들인 수양의 가죽과 해달의 가죽과 조각목과 등유와 관유에 드는 향품과 분향할 향을 만들 향품과 호마노며 에봇과 흉패에 물릴 보석이니라."[698]라고 하였다.

원문은 다음과 같다.

---

697)   이성호, *op. cit.*, p. 18.

698)   개역한글 성경, *op. cut.*, 출 25:3-7

וְזֹאת הַתְּרוּמָה אֲשֶׁר תִּקְחוּ מֵאִתָּם זָהָב וָכֶסֶף וּנְחֹשֶׁת:

וּתְכֵלֶת וְאַרְגָּמָן וְתוֹלַעַת שָׁנִי וְשֵׁשׁ וְעִזִּים:

וְעֹרֹת אֵילִם מְאָדָּמִים וְעֹרֹת תְּחָשִׁים וַעֲצֵי שִׁטִּים:

שֶׁמֶן לַמָּאֹר בְּשָׂמִים לְשֶׁמֶן הַמִּשְׁחָה וְלִקְטֹרֶת הַסַּמִּים:

אַבְנֵי־שֹׁהַם וְאַבְנֵי מִלֻּאִים לָאֵפֹד וְלַחֹשֶׁן:[699]

필자가 살펴본 바로는 '받을'은 לָקַח(3947, 라카흐)이다.

לָקַח(3947, 라카흐)는 '빼앗다, 모으다, 옮기다, 찾아내다, 축복하다, 동원하다, 숨기다, 보복하다, 구원하다, 취한다'[700]는 뜻이다.

"이스라엘 백성이 받을 예물은 구원받은 백성의 선물입니다. 그들이 몫이었습니다. 430년간 숨겨졌던 보물입니다. 그 보물은 애굽의 땅에서 이스라엘 백성의 땅으로 옮겨졌습니다. 이스라엘 백성 200만 명이 동원되고 애굽의 삶을 통하여 모아진 그들의 것이었습니다. 그리고 하나님의 거하시는 성막의 재료로 쓰임 받아 축복의 땅으로 옮겨질 보배입니다."[701]라고 하였다.

필자가 살펴보니 '예물'은 תְּרוּמָה(8641, 테루마)이다.

תְּרוּמָה(8641, 테루마)는 '제물, 요제물, 성물, 예물, 거제, 거제물, 봉헌물'[702]의 뜻이 있다.

테루마는 룸(רוּם, 7311)에서 유래했으며, '높아지다, 높다, 올라가다, 교만하다, 자랑하다, 들리다, 드리다, 높이다, 일어나다, 장대하다, 세

---

699) 분해대조 성경, *op. cit.*, 출 25:3-7.

700) 김용환, *op. cit.* p. 340.

701) 이성호, *op. cit.*, p. 19.

702) 김용환, *op. cit.*, p. 728.

우다'[703]의 뜻이 있다.

이 용어는 의미가 약화되어서 예물을 어떤 방식으로 드리는지에 대한 암시 없이 단순히 '예물 gift'이나 '제물 offering'을 의미하게 되었다.[704]

"예물은 하나님께 높이 올려 받치는 고귀한 물품입니다. 교만한 마음으로 드리지 말아야 합니다. 그리고 그 예물의 가치를 따지며 자랑하듯이 드려서도 안 됩니다. 그 예물은 하나님의 나라를 세우는 예물이 되어야 합니다."[705]라고 하였다.

셋째, 성막은 하나님의 지시대로 지어야 한다.

출 25:8-9에 보면, "내가 그들 중에 거할 성소를 그들이 나를 위하여 짓되 무릇 내가 네게 보이는 모양대로 장막을 짓고 기구들도 그 모양을 따라 지을지니라."[706]라고 하였다.

וְעָשׂוּ לִי מִקְדָּשׁ וְשָׁכַנְתִּי בְּתוֹכָם׃

כְּכֹל אֲשֶׁר אֲנִי מַרְאֶה אוֹתְךָ אֵת תַּבְנִית הַמִּשְׁכָּן וְאֵת תַּבְנִית כָּל־כֵּלָיו וְכֵן תַּעֲשׂוּ׃[707]

"성막은 하나님께서 거할 처소입니다. 그런고로 하나님을 위하여 이스라엘 백성들 즉 택한 백성들이 지어야 합니다. 그 모양대로 장막

---

703) *Ibid.*, pp. 628- 629.
704) 이병철, *op. cit.*, 8641.
705) 이성호, *op. cit.*, p. 19.
706) 개역한글 성경, *op. cit.*, 출 25:8-9
707) 분해대조 성경, *op. cit.*, 출 25:8-9.

을 짓고 기두들도 그 모양을 따라 지어야 합니다.”[708]라고 하였다.

‘거할’은 שָׁכַן(7931, 샤칸)이라는 말이다.

שָׁכַן(7931, 샤칸)은 ‘정착하다, 거주하다, 엎드리다, 계시다, 덮이다, 세우다, 떨어뜨리다, 머문다’[709]라는 뜻이다.

이성호 교수는 “하나님께서 태초에 거룩한 집에 머물면서 아담과 함께 영원히 거하기를 원하셨습니다. 그것이 하나님의 창조의 목적이었습니다. 그러나 아담이 일방적으로 언약을 파기 하였시켰습니다. 그러나 하나님의 계획은 계속되었습니다. 성막은 하나님께서 임재하실 거룩한 장소입니다. 그리고 그의 백성을 세우시고 영원히 함께 정착하시기를 원하고 계십니다. 이보다 더 큰 복은 없습니다. 성막은 하늘나라의 모형입니다. 그래서 영원한 것이 아닙니다.”[710]라고 하였다.

‘짓되’는 עָשָׂה(6213, 아사)이다.

עָשָׂה(6213, 아사)는 ‘일하다, 창조하다, 준행하다, 대접하다, 대우하다, 순종하다, 기억하다, 성취하다, 형통하다, 갚다, 형성하다, 이룬다’[711]라는 뜻이다.

성막은 돈으로 짓는 것이 아니다. 성막은 하나님의 뜻에 따른 헌신으로 짓는다. 눈에 보이는 성막을 짓기 전에 내가 먼저 눈에 보이지 않는 성막이 되어야 한다.[712]

---

708) 이성호, *op. cit.*, p. 20.
709) 김용환, *op. cit.*, p. 675.
710) 이성호, *op. cit.*, p. 20.
711) 김용환, *op. cit.*, pp 536-538.
712) 왕대일, *op. cit.*, p. 255.

"하나님께서 이스라엘 백성에게 성막을 지으라고 명령하셨습니다. 그것은 그들에게 기회를 주신 것입니다. 여호와 하나님은 선택되고 언약 백성들인 그들에게 기회를 주신 것이며 그들과 함께 하기 위하여 머물 장소이기 때문입니다. 그리고 그의 백성으로 인정하셨다는 것입니다. 하나님은 성막을 통하여 창조의 목적을 회복하시기를 원하셨습니다. 그리고 그의 뜻을 이루시며 그의 백성들이 그 조상 아담처럼 불순종하지 않고 순종하기를 바라셨습니다."[713]라고 하였다.

'모양대로'는 תַּבְנִית(8403, 타브니트)라는 말이 사용되었다.

תַּבְנִית(8403, 타브니트)는 '모양, 설계도, 양식, 구조, 모형, 형상'[714]의 뜻이 있다.

타브니트는 바나(בָּנָה, 1129)에서 유래했으며, '짓다, 새우다, 건축하다, 건설하다, 건축되다, 증축하다, 만들다, 번성하다'[715]의 뜻이 있다.

"성막은 하나님께서 보이는 모양대로 지어야 합니다. 하나님께서 이스라엘 백성에게 성막 짓는 일을 맡기신 것은 하나님의 능력이 부족해서가 아닙니다. 그것은 이스라엘 백성을 전적으로 믿고 그 사역에 동참하게 하시며 순종의 복을 누리게 하심입니다."[716]라고 하였다.

출애굽기 25:9가 다짐하는 것은 "장막"(성막)은 하나님이 모세에게 보여준 "모양대로" 지어야 한다는 사실이다. 이 "모양"을 보고자 모세는 출애굽기 24장에서 시내 산 위로 올라야 했다. 성막은 하나님이 시내 산에서 모세에게 보여주신 "모양대로" 지어져야 한다. 여기에서

---

713) 이성호, *op. cit.*, p. 20.
714) 김용환, *op. cit.*, p. 711.
715) *Ibid.*, p. 97.
716) 이성호, *op. cit.*, pp. 20-21.

중요한 단어가 "모양대로"이다.[717]

"성막은 택한 백성이 반드시 지어야 합니다. 그리고 반드시 정한 예물을 드려야 합니다. 그리고 성막은 하나님의 지시대로 지어야 합니다. 이스라엘 백성들에게 성막은 유일하게 하나님을 만나는 거룩한 장소입니다. 성막에서 그들의 죄를 씻고 정결하게 되는 것입니다. 우리도 교회의 머리가 되시고 본체이신 예수 그리스도를 만나고 그 하나님께 찬양과 영광을 돌릴 때 온전한 백성의 삶을 살 수가 있는 것입니다. 성막은 하나님의 방법으로 짓고 순종할 때 복이 되는 것입니다."[718]라고 하였다.

교회는 성막이 되신 예수 그리스도를 전해야 한다. 예수께서 하셨던 "모양대로" 교회가 따라가야 한다. 갈릴리에서 복음을 전하시고, 귀신을 내쫓으시고, 병자를 낫게 하시고, 소외된 자들을 찾아 가셨던 그 모양대로 교회가 전하고, 내쫓고, 낫게 하고, 찾아가야 한다. 갈릴리 사람들은 천한 "그들"이었다. 멸시받던 "그들"이었다. 그랬던 "그들"을 예수님이 찾아가가셔서 고치시고, 가르치시고, 예수 그리스도의 증인으로 세우시지 않았던가! 그 갈릴리에서 예루살렘으로 오르시면서, 그 예루살렘 성전 밖 골고다로 나가서 십자가를 지시지 않았던가! 그 "모양대로", 그 "모양을 따라" 우리 그리스도인들이 걸어갈 때 예수 그리스도의 교회가 진정 하나님이 보여주신 "모양대로" 지어지는 성막이 될 것이다.[719]

---

717) 왕대일, *op. cit.*, pp. 107-108.
718) 이성호, *op. cit.*, p. 21.
719) 왕대일, *op. cit.*, p. 108.

필자가 이상에서 살펴본대로 하나님은 질서의 하나님이시기에 철저하게 하나님의 지시대로 보여주신 식양대로 지어야 하는 것이다. 교회도 인간 중심이 아니라 하나님의 말씀 중심으로 세워지고 유지 발전 되어야 하는 것이다.

2) 성막의 여러 식양들

이성호 교수는 "하나님께서 모세에게 성막의 식양을 정확하게 자세히 가르쳐 주심은 그의 선조 노아의 때도 이같이 자세히 알려 주셨습니다. 방주가 오실 예수 그리스도를 예표 하듯이 성막도 오실 예수 그리스도를 예표하고 있습니다. 노아도 하나님께서 방주의 식양을 가르쳐 주시고 하나님의 뜻대로 준행할 때 영생의 복을 누렸습니다. 방주를 하나님의 방법대로 식양대로 만들어야 합니다. 이제 모세도 성막을 만들 때 하나님께서 가르쳐 주신 식양대로 만들 때 복이 임하는 것입니다."[720]라고 하였다.

(1) 성막 뜰(출 27:9-19)

첫째, 성막 울타리(출 27:9-19).

성막을 밖에서 보면 울타리만 보인다. 동쪽이나 서쪽에서 보면 10개씩의 기둥이 보이고, 남쪽이나 북쪽에서 보면, 20개씩 보인다. 기

---

720)   이성호, *op. cit.*, p. 22.

둥의 높이는 2.5m 정도(5큐빗)가 되어 사람의 키보다 좀 높다. 그리고 동쪽에 있는 문 외에는 모두 세마포로 둘러 쳐져 있다.[721]

"하나님께서 모세에게 성막의 울타리를 만들라고 명령하셨습니다. 성막의 울타리는 거룩한 구별과 그 안에서 안전한 보호와 안식을 의미합니다. 그래서 성막의 울타리도 거룩한 장소를 의미합니다. 양이 양의 울타리 안에 머물 때 가장 안전하고 목자의 보호를 받으며 맹수로부터 자신의 생명을 보호받게 되는 것처럼, 성도가 예수 그리스도 안에 들어갈 때 가장 안전하고 완전한 구원의 복을 받게 되는 것입니다. 그 울타리는 목자가 미리 만들어 놓은 장소입니다. 양은 주인의 문으로 들어가기만 하면 되는 것입니다.[722]

이 문은 이스라엘의 하나님께서 거하시는 처소로 들어가는 유일한 문이다. 누구든지 안으로 들어가려 하는 자는 반드시 하나님께서 지정하신 대로 복종해야 한다. 선택의 여지도 없으며, 다른 방도도 없다.[723]

출 27:9에 보면, "너는 성막의 뜰을 만들지니 남쪽을 향하여 뜰 남쪽에 너비가 백 큐빗의 세마포 휘장을 쳐서 그 한 쪽을 당하게 할지니,"[724]라고 하였다.

원문은 다음과 같다.

---

721)   강문호, *op. cit.*, p. 58.
722)   이성호, *op. cit.*, p. 22.
723)   John Ritchie, *op. cit.*, p. 23.
724)   개역한글 성경, *op. cit.*, 출 27:9.

וְעָשִׂיתָ אֵת חֲצַר הַמִּשְׁכָּן לִפְאַת נֶגֶב־ תֵּימָנָה קְלָעִים לֶחָצֵר שֵׁשׁ מָשְׁזָר מֵאָה בָאַמָּה אֹרֶךְ לַפֵּאָה הָאֶחָת:[725]

필자가 살펴보니 '세마포 휘장을 쳐서'는 שֵׁשׁ … קְלָעִים(켈라임 … 쉐쉬)라는 말이다.

קֶלַע(7050, 켈라)는 '물매, 물맷돌, 세마포 휘장, 포장, 휘장'[726]의 뜻이 있다.

켈라는 칼라(קָלַע, 7049)에서 유래했으며, '내던지다, 조각하다, 새기다, 아로새기다'[727]의 뜻이 있다.

세마포 장은 성막의 뜰 주변에 남북으로 100큐빗(45.6m) × 동서로 50큐빗(22.8m)의 넓이로 둘러쳐져 성막의 경계를 알려 주며 일반 사람들이나 짐승들의 출입을 제한함으로써 성막의 거룩함을 보존하는 역할을 하였다.[728]

필자가 보니 '남쪽을'은 תֵּימָן(8486, 테만)이라는 단어이다.

תֵּימָן(8486, 테만)은 '남쪽, 남방, 남풍'[729]의 뜻이 있다.

'테만'은 יָמַן(3231, 야만)에서 유래했으며, '오른편으로 가다, 오른편을 택하다, 오른손을 사용하다'[730]의 뜻이 있다.

"성막의 반드시 울타리를 만들어야 하는데 남쪽을 향하여 만들어야 합니다. 광이 100 큐빗의 세마포 장을 칩니다. 기둥은 20개이

---

725)　분해대조 성경, *op. cit.*, 출 27:9.

726)　김용환, *op. cit.*, p. 605.

727)　*Ibid.*,

728)　한성천. 김시열, *op. cit.*, p. 146.

729)　김용환, *op. cit.*, p. 717.

730)　*Ibid.*, p. 271.

고 받침은 놋입니다. 북쪽에는 광이 100 큐빗이고 기둥이 20개이고 받침이 역시 놋이었습니다. 동편과 서편에는 10개씩 세웠습니다. 성막 울타리에 쓰인 기둥과 놋 받침은 총 60개입니다. 히브리인들의 남쪽이 곧 오른쪽입니다. 오른쪽은 빛이 있는 곳이며 영광을 나타냅니다. 성막의 문을 통과하여 들어오는 자들은 빛의 자녀이며 하나님의 영광을 높이는 자들을 의미합니다. 그런 이유로 성막의 울타리는 아무나 들어올 수 없는 구별된 장소입니다. 예수 그리스도의 두 손에 못 자국으로 효력을 얻고 생명과 구원을 받은 자들이 거하는 장소입니다. 그들은 영원히 하나님을 섬기며 울타리 안에서 보호를 받게 된다는 의미입니다."[731]라고 하였다.

필자가 보니 '꼰'은 שָׁזַר(7806 샤자르)이라는 말이다.

שָׁזַר(7806, 샤자르)는 '꼬다'[732]의 뜻이 있다.

שָׁזַר(꼰) 이 단어는 한글 성경에는 번역과정에서 빠진 단어이다.

"세마포 휘장은 가는 베실로 '꼰' 세마포 휘장으로 쳐서 만들어야 합니다. 울타리 휘장은 반드시 꼰 베실로 만들어지도록 작정 되어졌습니다. 가는 베실의 의지는 모두 상실한 상태입니다. 실을 꼬는 사람의 의지에 의해 단단히 꼬아지고 세마포 천으로 사용되도록 작정된 것입니다. 다른 방법으로 만들면 울타리의 휘장으로는 사용할 수 없습니다. 이것은 바로 고난당하시는 예수 그리스도를 상징합니다. 예수 그리스도는 십자가의 구속하심으로 그의 백성의 울타리가 되시고 멸망의 자리에서 구별하여 생명의 울타리 안으로 들어오도록

---

731)　이성호, *op. cit.*, p. 22.
732)　김용환, *op. cit.*, p. 665.

구별해주셨습니다. 예수님의 사역은 오직 예수 그리스도 한 분으로 지정하셨습니다."[733]라고 하였다.

'세마포'는 שֵׁשׁ(8336, 세쉬)이며, '세마포 옷, 가는 베실, 가는 베, 세마포'[734]의 뜻이 있다.

'세쉬'는 שִׁישׁ(7893, 샤이쉬)에서 유래했으며, '희다'[735]는 뜻이다.

"성막의 울타리는 세마포 천으로 만들었습니다. 세마포는 흰색입니다. 유대인들의 개념에 흰색은 '죄 없음'과 '속죄의 순결함'을 상징하고 있습니다. 대 속죄일에 제사장이 입는 옷이 흰색의 세마포 옷입니다. 계시록에 죄 없는 자를 의미하는 색은 바로 흰색이다. 어린양(죄가 없으신 분의 이미지), 흰 세마포, 백 보좌, 등 흰색은 겸손과 성결을 나타내는 색입니다. 히브리인들의 겸손과 교만은 하나님과의 관계에서 사용되었습니다. 교만은 하나님을 의지하지 않고 자기중심에 사는 자, 겸손한 자는 하나님을 의지하는 자입니다. 죄 있는 자들은 스스로 울타리를 넘을 수 없습니다. 문으로 들어오지 않으면 모두 도적입니다. 양은 주인의 문을 통과하여 들어오지만, 이리는 문을 통과하지 않고 담을 넘어서 들어옵니다. 예수 그리스도의 '의'의 옷을 입은 자들은 성도의 옳은 행실을 의미합니다. 그래서 세마포를 입은 성도는 예수 안에 있는 구속하심으로 값없이 의롭다 함을 얻은 자들이다. 세상과 구별된 생명을 얻은 자들입니다."[736]라고 하였다.

뜰의 울타리 막은 세마포 장으로 되어 있는데, 요한계시록 19장

---

733) 이성호, *op. cit.*, pp. 22-23.

734) 김용환, *op. cit.*, p. 706.

735) *Ibid.*, p. 671.

736) 이성호, *op. cit.*, p. 23.

7-8절을 보면, "어린 양의 신부가 빛나고 깨끗한 세마포를 입었은즉 이 세마포는 성도들의 옳은 행실"이라고 했다. 그러므로 세마포는 의의 상징이다. 하지만 그리스도를 떠나 있는 사람은 그러한 의가 없다. 인간의 가장 최선은 "더러운 옷"(사 64:6). 그것은 하나님의 의와 비교해 볼 때, 성령께서 보여주시는 인간의 의의 최선이 상징이다.[737]

출 27:10을 보면, "그 기둥이 스물이며 그 받침 스물은 놋으로 하고 그 기둥의 갈고리와 가름대는 은으로 할지며,"[738]라고 하였다.

이것을 다시 원문으로 보면 다음과 같다.

וְעַמֻּדָיו עֶשְׂרִים וְאַדְנֵיהֶם עֶשְׂרִים נְחֹשֶׁת וָוֵי הָעַמֻּדִים וַחֲשֻׁקֵיהֶם כָּסֶף:[739]

"울타리의 기둥은 스물이며 받침도 스물입니다. 받침은 놋으로 만들어졌습니다. 그 기둥의 갈고리와 가름대는 은으로 만들어야 합니다."[740]라고 하였다.

필자가 보니 '기둥'은 עַמּוּד(5982, 암무드)라는 말이다.

עַמּוּד(5982, 암무드)는 C.NMP-ZMS, '기중, 대, 낭실'[741]의 뜻이 있다.

'암무드'는 아마드(עָמַד, 5975)에서 유래했으며, '변하지 아니하다, 여전하다, 정하다, 머물다, 섬기다, 참여하다, 옮기다, 재판하다, 나누

---

737) John Ritchie, *op. cit.*, p. 25.

738) 개역한글 성경, *op. cit.*, 출 27:10.

739) 분해대조 성경, *op. cit.*, 출 27:10.

740) 이성호, *op. cit.*,

741) 김용환, *op. cit.*, p. 519.

다, 맡기다, 택한다, 받치다, 지탱하다, 파수하다, 보존하다'[742]의 뜻
이 있다.

"성막의 울타리의 기둥은 절대 변하거나 흔들리지 말아야 합니다. 광야는 모래바람이 강하게 불어오는 곳입니다. 기둥이 쓰러지면 성막은 지탱하기 어렵고 존재할 수 없습니다. 세워진 60개의 기둥은 모두 변하지 않는 기둥이 되어야 합니다. 울타리의 기둥은 영원히 변하지 않으시는 예수 그리스도를 상징합니다. 예수 그리스도는 이 땅에서 섬김을 받으러 오지 않으시고 도리어 섬기러 오셨습니다. 그리고 그의 백성을 구출하시기 위하여 고난에 참여하시고 그들의 죄를 옮기시고 자신의 '의'를 그의 백성에게 옮기셨습니다. 예수님의 구속 역사는 오직 택한 백성을 위하여 하나님께서 맡기셨습니다. 예수님은 광야 40년 동안 이스라엘 백성의 기둥이 되어 주셨습니다."[743]라고 하였다.

거기에는 살짝 빠질 수 있는 구멍이나, 잘못 조절된 모퉁이 같은 곳은 전혀 없다. 만일 하나님의 긍휼만 의지하고 그분의 거룩하심과 의로우심을 보지 않는다면, 큰 실수를 저지르고 있는 것이다. 그것은 하나님의 나라로 들어가지 못할 다른 길로 올라가고 있는 것과 같다.[744]

본문을 필자가 보니 '갈고리와 가름대'는 וּוָשְׁקֵיהֶם … וָוֵי(와웨 … 와하슈케헴)라는 말이다.

---

742) *Ibid.*, pp. 517-518.
743) 이성호, *op. cit.*, p. 23
744) John Ritchie, *op. cit.*, p. 27.

'와웨'는 ווֹ(2053, 와우)이며, '갈고리와'[745]의 뜻이 있다.

와우(명남)는 히브리 문자의 6번째 문자 이름이며, '갈고리 hook, 거리 못 peg, 핀 pin'을 의미한다. 구약성경에서 이 단어는 13회 나오며, 장막의 휘장을 고정시키는 은 갈고리와 금 갈고리에 대해 사용되었다(출 26:23, 출 26:27, 출 27:10, 출 27:11, 출 27:17, 출 36:36, 출 36:38, 출 38:10, 출 38:11, 출 38:12, 출 38:17, 출 38:19, 출 38:28).[746]

필자가 살펴보니 '하슈케헴'은 원형 '하슈크' חָשׁוּק(2838, 하슈크)라는 말이다.

חָשׁוּק(2838, 하슈크)는 '띠(리본)나 고리'의 뜻이며, 하슈크는 하샤크(חָשַׁק, 2836)의 수동분사이며, '결합하다, 합류하다, 모이다, 집착하다, 매이다, 사랑하다, 기뻐하다'[747]를 의미한다.

갈고리는 포장을 기둥에 걸어 고정시키기 위한 '걸쇠'(hook)이다. 가름대는 기둥과 기둥을 서로 연결하여 고정시키며, 또한 포장들을 팽팽하게 유지시켜 주는데 필요한 긴 장대(bar)이다.[748]

'갈고리와 가름대'는 성막 뜰 포장을 거는 기둥과 기둥을 연결하는데 중요한 역할을 하였다. 성막 뜰 포장을 거는 기둥은 아래로 땅에 묻힌 받침과 기둥들을 서로 연결시켜주는 가름대로 인해 광야의 모진 바람을 능히 이겨낼 수 있었다. 이렇게 기둥 하나하나가 가름대(가로대)에 의해 서로서로 연결될 대 사막의 험한 광풍도 능히 견딜 수 있도록 성막 뜰 포장들을 든든하게 고정시켜 주었듯이 성도들은

---

745) 김용환, *op. cit.*, p. 171.
746) 이병철, *op. cit.*, 2053.
747) 김용환, *op. cit.*, p. 236.
748) 강병도, *op. cit.*, p. 390.

예수 그리스도 안에서 상호간에 아름답고 긴밀한 교제를 나누며 연합할 때만이 비로소 세속의 험한 광풍을 능히 이기게 될 것이다.[749]

'은으로 할지며'는 כֶּסֶף(3701, 케세프)라는 말이며, NMS, '은, 은으로 된 돈'[750]의 뜻이 있다.

케세프는 카사프(כָּסַף, 3700)에서 유래했으며, '창백해지다, 열망하다, 바라다, 구하다, 욕구하다, 치욕을 당하다, 열망하다, 사모하다, 기다리다'[751]의 뜻이 있다.

케세프는 새로이 채굴되어 제련된 은(잠 25:4 잠 26:23 겔 22:18), 그릇, 나팔, 우상을 만들기 위한 재료로서의 은(창 44:2 창 24:53 민 10:2 출 20:23 사 2:20)을 의미한다.[752]

"하나님께서 모세에게 기둥의 갈고리와 가름대를 모두 은으로 만들라고 명령하셨습니다. 가름대는 기둥과 연결되고 갈고리는 서로가 풀리지 않고 지탱하도록 연결하는 고리입니다. 서로가 돕지 않으면 자신의 역할을 할 수 없는 기구들입니다. 모두 은으로 만들어졌습니다. 갈고리와 가름대의 '은'은 예수 그리스도를 상징합니다. 주님은 그의 백성이 회개하고 돌아오기를 기다리셨습니다. 그리고 십자가에서 살이 찢기시고 피를 쏟으며 모든 수치를 당하셨습니다. 그리고 그의 백성을 십자가에서 구원하셨습니다. 그 십자가의 구속의 은혜를 열망하는 자들은 모두 성막 안으로 들어와야 합니다. 그리고 그의 피로 모든 죄를 씻음 받아야 합니다. 그리고 그 휘장은 세상의

---

749)   한성천. 김시열, *op. cit.*, p. 630.
750)   김용환, *op. cit.*, p. p. 316.
751)   *Ibid.*,
752)   이병철, *op. cit.*, 3701.

사람들과 구별을 나타냅니다."[753]라고 하였다.

출 27:19를 보면, "성막에서 쓰는 모든 기구와 그 말뚝과 뜰의 포장 말뚝을 다 놋으로 할지니라."[754]라고 하였다.

원문은 다음과 같다.

לְכֹל כְּלֵי הַמִּשְׁכָּן בְּכֹל עֲבֹדָתוֹ וְכָל־יְתֵדֹתָיו וְכָל־יִתְדֹת הֶחָצֵר נְחֹשֶׁת׃[755]

'그 말뚝과 뜰의 포장 말뚝을 다'(וְכָל־יְתֵדֹתָיו וְכָל־יִתְדֹת הֶחָצֵר, 웨콜 예테도타이우 웨콜 이트도트 헤하체르),라는 말이다. 직역하면 '그리고 그것의 모든 말뚝들 그리고 그 뜰의 모든 말뚝들'이다. 여기서 앞에 나온 '그것의 말뚝들'은 성막 본체를 덮고 있는 덮개와 웃 덮개를 텐트 모양으로 고정시키는 데 사용된 말뚝들이고 뒤에 나오는 '그 뜰의 모든 말뚝들'은 성막 뜰 포장을 든든하게 고정시키는 데 사용된 말뚝들이다.[756]

'말뚝'은 יָתֵד(3489 야테드)이며, NFP-ZMS, '핀, 바늘, 못, 말뚝, 삽'[757]의 뜻이다.

야테드(명여)는 야타드(יָתַד)에서 유래했으며, '못을 때려 박다, 단단하게 하다'의 뜻이 있다. 야테드는 천막의 '핀, 쐐기 못'에 대해 사용되었다. 이 핀 또는 말뚝은 천막을 안전하게 하는데 사용되었으며

---

753) 이성호, *op. cit.*, p. 24.

754) 개역한글 성경, *op. cit.*, 출 27:19.

755) 분해대조 성경, *op. cit.*, 출 27:19.

756) 한성천.김시열, *op. cit.*, p. 152.

757) 김용환, *op. cit.*, p. 296..

청동 못은 장막을 함께 고정시켜 주었다(출 27:19, 출 35:18, 출 38:20, 출 38:31, 출 39:40). 비유적으로 종의 사역의 중요성이 확대되었음을 강조하기 위해, 이사야는 천막을 넓히고, 줄을 길게 하고 말뚝을 견고하게 하라고 권고한다(사 54:2). '핀(pin), 쐐기 못, 말뚝(stake), 못, 걸이 못(peg, nail)'을 의미한다.[758]

"말뚝의 재료는 모두가 놋입니다. 성막의 말뚝은 성막 본체를 덮고 있는 막의 덮개와 웃 덮개를 팽팽하게 고정하는데 사용하는 것들입니다. 성막의 말뚝은 동서남북 울타리의 기둥 60개를 고정시키고 세마포 장과 뜰의 문장을 견고하게 잡아줍니다. 고정시키는 말뚝의 역할은 특히, 모래바람이 강력한 광야에서는 꼭 필요한 기구입니다. 말뚝도 예수 그리스도를 상징하고 있습니다. 주님께서 십자가에서 꿰뚫림을 당하실 때 그의 백성이 거룩하신 하나님과 연결되고 넘어지지 않으며 단단하게 서는 것입니다. 말뚝은 또한 연결 고리입니다. 못은 양쪽의 물건을 연결하여 하나로 만들어 주는 역할을 합니다. 주님은 십자가에서 그의 양손에 못으로 찔림을 당하실 때 하나님과 우리가 연결되도록 역사하셨습니다. 이것은 나의 의지와 상관없는 전적인 하나님의 은혜입니다. 말뚝은 땅에 박혀 있듯이 우리도 예수 그리스도의 말씀 안에 박혀있는 성도가 되어야 합니다."[759]라고 하였다.

이상과 같이 필자가 살펴본 대로 성막의 울타리는 거룩한 분리와 보호를 나타내고 있다. 울타리 안은 하나님의 거룩한 소유이다. 성

---

758)　이병철, *op. cit.*, 3489.
759)　이성호, *op. cit.* p. 25.

막의 기둥은 예수 그리스도를 상징하고 있다. 든든하신 예수 그리스
도께 연결되어 있을 때 흔들려 넘어지지 않게 되는 것이다. 말뚝은
그리스도와의 연합을 예표하고 상징하고 예표 하는 것이다.

둘째, 성막 문(출 27:16).

이성호 교수는 "성막 안으로 들어가려면 반드시 문을 통과해서 들
어가야 합니다. 성막으로 들어가는 문은 뜰 동쪽 끝에 있다. 동쪽
은 유다 지파와 잇사갈, 스불론 지파가 있는 곳입니다. 제사장이 성
막에 들어갈 대 해가 지는 서쪽을 바라보고 들어가서 해가 뜨는 동
쪽을 바라보고 나옵니다. 솔로몬 성전도 동쪽으로 문을 내었습니다.
동쪽은 해가 뜨는 쪽입니다. 예수 그리스도를 향하고 있는 방향입니
다. 예수 그리스도는 이 땅에 빛으로 오셨습니다. 이 문은 울타리에
서 열린 유일한 문입니다. 문의 폭이 9.12m, 높이 2.25m로 열린 문
으로 되어 있습니다. 그 문은 청색, 자색, 홍색, 실과 가늘게 꼰 베실
로 아름답게 수놓아졌습니다. 성막에는 세 개의 출입문이 있는데 성
막 뜰에 있는 뜰의 문, 성소 입구의 문, 지성소 입구와 휘장이 있습니
다.[760]라고 하였다.

출 27:16을 보면, "뜰 문을 위하여는 청색 자색 홍색 실과 가늘게
꼰 베 실로 수놓아 짠 스무 큐빗의 휘장이 있게 할지니 그 기둥이 넷
이요 받침이 넷이며,"[761]라고 하였다.

원문은 다음과 같다.

---

760)   *Ibid.*, p. 26.
761)   개역한글 성경, *op. cit.*, 출 27:16.

וּלְשַׁעַר הֶחָצֵר מָסָךְ עֶשְׂרִים אַמָּה תְּכֵלֶת וְאַרְגָּמָן וְתוֹלַעַת שָׁנִי
וְשֵׁשׁ מָשְׁזָר מַעֲשֵׂה רֹקֵם עַמֻּדֵיהֶם אַרְבָּעָה
וְאַדְנֵיהֶם אַרְבָּעָה: [762]

'뜰 문을 위하여는'(וּלְשַׁעַר הֶחָצֵר, 울레쇠아르 헤하체르)라는 말이며, '울레쇠아르'(וּלְשַׁעַר)에서 '쇠아르'는 원래 '쪼개다'는 뜻을 지닌 동사 '쇠아르'(שַׁעַר)에서 유래 되어 '열림'이란 의미를 가지는데, 한글개역 성경에서는 주로 '문'(삼상 4:18). '성문'(창 34:24) 등으로 번역된다. '울레쇠아르'는 여기에 접속사 '와우'(וֹ)와 '~을 위하여'라는 뜻의 전치사 '레'(לְ)가 결합된 형태이다. 또 '헤하체르'는 '마당'(출 8:13), '뜰'(삼하 17:18)이란 뜻을 가진 '하체르'에 정관사 '하'(הַ)가 결합된 형태이다. 따라서 한글개역 성경의 '뜰 문을 위하여'는 거의 원문 직역에 가까움을 알 수 있다. 이 '뜰 문'은 번제단이 놓여 있는 성소의 마당을 향해 들어가는 성막의 출입문이다.[763]

'문'은 שַׁעַר(8179, 샤아르)는 '열림, 문, 성문, 문박, 성중'[764] 등의 뜻이 있다.

'샤아르'는 שָׁעַר(8176, 샤아르)에서 유래했으며, '쪼개다, 떼어놓다, 평가하다, 생각하다, 값을 매기다'[765]의 뜻이 있다.

이스라엘 백성들이 하나님이 임재 해 계시는 성소로 들어가기 위해서는 제일 먼저 이 '뜰 문'을 통과하는 것이 순서였다. 이 '뜰 문'을 통과하지 않고서는 도저히 성소로 나아갈 수 없었던 것이다. 이런

---

762) 분해대조 성경, *op. cit.*, 출 27:16.
763) 한성천. 김시열, *op. cit.*, p. 150.
764) 김용환, *op. cit.*, pp 695-696.
765) *Ibid.*, p. 695.

맥락에서 영적 의미를 살펴본다면 성막의 '뜰 문'은 오늘날 성도들이 하나님께로 나아갈 수 있는 유일한 길이요, 문이라 할 수 있는 예수 그리스도를 상징적으로 보여 준다. 그렇다 성막의 문은 예수 그리스도를 상징하는 문이다(요 10:9).[766]

"주님께서 유일한 구원의 문입니다. 생명으로 들어가는 문은 오직 예수 그리스도를 통과해서 들어가야 합니다. 성막은 속죄 제물이 있어야 들어가는 곳입니다. 제물에게 자신의 죄를 모두 전가하고 쪼개서 드려질 때 우리의 모든 죄가 씻음 받을 수 있습니다. 이 속죄 제물은 우리의 짐을 대신 지시고 십자가에서 죽으신 예수 그리스도를 상징합니다. 하나님의 거룩한 전은 속죄의 피 없이는 들어가지 못합니다. 성막으로 들어가는 문은 오직 복음 외에는 어떤 방법이 없습니다. 율법으로 들어가려는 자들은 모두가 도적입니다. 자신의 행위로 들어가는 자들은 구원에 이르지 못하고 영원한 불 못의 문으로 들어가는 자들입니다."[767]라고 하였다.

셋째, 번제 단(출 27:1-8).

성막의 뜰 안에는 번제단과 놋대야가 성소의 문과 뜰의 출입문 사이의 일직선상에 놓여 있었다. 이것들은 성소 안에 있는 다른 모든 기구들과 여러 가지 점에 있어서 대조를 이룬다. 번제단과 놋대야는 뜰 안에 노출되어 있어서 모든 지파들이 이것들을 볼 수 없었으며,

---

766)　한성천. 김시열, *op. cit.*, p. 150.
767)　이성호, *op. cit.*, pp. 26-27.

따라서 이 두 장소에서 행해지는 봉사는 공적인 성질을 띠었다.[768]

이성호 교수는 "성막의 문을 통과하여 들어오면 성막 뜰이 있습니다. 성막의 뜰은 성소와 지성소를 둘러싼 성막의 마당을 가리킵니다. 성막의 뜰은 바깥과는 엄격히 구별된 거룩한 장소입니다. 성막의 문은 예수 그리스도를 상징하는 문입니다. 그 문을 통과한 사람은 죄를 통감하고 들어온 죄인입니다. 그리고 제일 먼저 만나는 곳이 논으로 된 번제 단입니다. 번제 단은 희생 제사를 드리는 곳입니다. 이곳은 하나님과 인간을 연결하는 중개 역할을 하는 장소입니다."[769]라고 하였다.

출 27:1을 보면, "너는 조각목으로 길이가 다섯 큐빗, 너비가 다섯 큐빗의 제단을 만들되 네모반듯하게 하며 높이는 삼 큐빗으로 하고."[770]라고 하였다.

원문은 다음과 같다.

וְעָשִׂיתָ אֶת־הַמִּזְבֵּחַ עֲצֵי שִׁטִּים חָמֵשׁ אַמּוֹת אֹרֶךְ וְחָמֵשׁ אַמּוֹת רֹחַב רָבוּעַ יִהְיֶה הַמִּזְבֵּחַ וְשָׁלֹשׁ אַמּוֹת קֹמָתוֹ׃[771]

"죽인다."라는 뜻을 지닌 낱말에서 온 "제단"은 곧 도살의 장소였다. 교회 안에 다른 제단을 쌓아놓는 의식주의는 사실 상 십자가와 그리스도의 희생에 충분성(Sufficiency)을 부인하는 행위이다. 그것은

---

768) John Ritchie, *op. cit.*, p. 34.
769) 이성호, *op. cit.*, p. 29.
770) 개역한글 서경, *op. cit.*, 출 27:1
771) 분해대조 성경, *op. cit.*, 출 27:1.

바로 "제단"이다(출 29:12, 30:20). 왜냐하면 다른 제단은 없었기 때문이다. 그리스도, 오직 그리스도만이 이 상징에 대한 해답이다. 그분이바로 "그 제단"이며 "그 어린양"이 되신다. 이곳 외에 하나님과 죄인이서로 만날 수 있는 또 다른 장소는 결코 없었다(히 10:26).[772]

제단(함미쯔베아흐, הַמִּזְבֵּחַ)은 "네모반듯하게"(로하브 라부아, רֹחַב רָבוּעַ 27,1), 즉 사각형(square)형태로 만들라고 지시한다. 제단은그 위에 제물을 태워서 드리는 도구이다. 번제단이다(참조. 출 29:38-42). 모세가 여기에서 만들어야 하는 제단은 "그 네 모퉁이 위에뿔"(출 27:2)이 하나씩 있는 형태이다. 여기에 "뿔"(케렌, קֶרֶן)은 "제단의뿔들"(카르노트 함미쯔베아흐, קַרְנֹת הַמִּזְבֵּחַ, 레 4:18)이다. 뿔 달린 네모반듯한 제단이라는 것이다.[773]

"번제 단은 조각목으로 만들어야 합니다. 그리고 그 크기도 하나님께서 알려준 방법과 식양대로 만들어야 합니다. 모양은 네모반듯하게 하고 길이와 너비와 높이를 정확하게 만들어야 번제 단으로 사용됩니다."[774]라고 하였다.

한글개역은 "조각(목), 싯딤나무"로 번역했다. 쉿타는 사해주변 및시내 반도에 무성한 나무이며, 광야를 녹화시키는 하나님의 전능하심에 대해 인용되어 있다(사 41:19). 이 나무는 성막의 목조 부분과 기구에 사용한 나무이다(출 25:5, 출 25:10, 출 25:13, 출 25:23, 출 25:32, 출 27:1, 출 27:6, 출 30:1, 출 30:5 등, 출 36-38장).[775]

---

772)   John Ritchie, *op. cit.*, pp. 35-36.
773)   왕대일, *op. cit.*, pp. 140- 141
774)   이성호, *op. cit.*, p. 29.
775)   이병철, *op. cit.*,

이성호 교수는 말하기를, "이 나무도 고난당하시는 예수 그리스도를 상징합니다. 예수님은 이 땅에 오셔서 가난한 자들과 소외된 자들을 위해 사역하셨지만, 그에게 돌아온 것은 철저하게 외면당하고 십자가의 수치와 멸시를 받았습니다. 그러나 이것이 하나님의 뜻이고 주님은 하나님의 뜻에 순종하시고 그의 자녀들을 구원하신 십자가의 승리였습니다."[776]라고 하였다.

'길이'는 אֹרֶך(753, 오레크)이며, NMS, '장이, 길이, 길다'[777]의 뜻이다.

오레크는 아라크(אָרַך, 748: 길다)에서 유래했으며, '길다, 장수하다, 생존하다, 오래 살다, 연장하다,'[778]의 뜻이 있다.

"번제 단은 조각목으로 길이를 다섯 큐빗으로 만들어야 합니다. 숫자 5는 하나님의 은혜와 기적을 의미합니다. 번제 단의 제물을 통하여 은혜를 입은 자들은 그의 생명이 오래 장수하여 그의 나라가 확장되고 삶이 천국에서 연장된다는 의미입니다. 번제 단에 제물이 완전히 재가 될 때 그들의 죄가 씻음 받고 깨끗하게 되는 것입니다. 예수 그리스도를 만난 자들은 그의 은혜로 깨끗하게 씻음 받고 장수의 복을 누린다는 것을 의미합니다."[779]라고 하였다.

'너비'는 רֹחַב(7341, 로하브)이며, NMS, '폭, 넓이, 확장, 확대'[780]의 뜻이 있다.

로하브는 라하브(רָחַב, 7337)에서 유래했으며, '크게 열리다, 넓히다,

<hr>

776) 이성호, *op. cit.*, p. 29.
777) 김용환, *op. cit.*, p. 64.
778) *Ibid.*,
779) 이성호, *op. cit.*, p. 29.
780) 김용환, *op. cit.*, p. 631.

넓게 하다, 입을 크게 벌리다, 마음을 열다, 영혼을 넓게 연다'[781]의 뜻이 있다.

로하브(רֹחַב, 7341). 넓이 breadth, 넓은 공간 expanse, 폭 width. 어근 라하브(רָחַב, 7337)에서 파생한 이 남성 명사는 창 6:15에서 처음 나오는데, 여기에서 KJV는 '넓이' breadth(한글개역 "광")라고 번역한다.[782]

"번제 단의 너비도 다섯 큐빗으로 만들어야 합니다. 마찬가지로 숫자 5는 하나님의 은혜와 기적을 의미합니다. 번제 단에서 죄인이 씻음 받은 자들은 입을 크게 열고 그의 마음을 열어 하나님을 찬양할 때 그의 연혼이 넓게 열리는 것입니다. 그리고 그의 나라가 확장되며 그의 백성이 넓혀진 하늘나라에서 복을 누리게 되는 것입니다."[783]라고 하였다.

'높이'는 קוֹמָה(6967, 코마)이며, '크기, 키, 신장, 높이, 높음'[784]의 뜻이 있다.

코마는 쿰(קוּם, 6965)에서 유래했으며, '일어서다, 일어나다, 들다, 임하다, 성취하다, 견고히 하다, 세워지다'[785]의 뜻이 있다.

"번제 단의 높이는 3큐빗으로 만들어야 합니다. 3은 완전과 부활을 상징합니다. 십자가에서 제물이 되신 예수님께서 그의 약속처럼 3일 만에 부활하시고 완전하게 성취하셔서 그의 백성을 천국의 백성으로 복구시켜 주셨습니다. 그리고 영원히 거주할 수 있도록 확정하

---

781)   *Ibid.*, p. 630.
782)   이병철, *op. cit.*, 7341.
783)   이성호, *op. cit.*, p. 30.
784)   김용환, *op. cit.*, p. 599.
785)   *Ibid.*, pp. 598-599.

셨습니다. 번제 단이 네모반듯하다는 것은 하나님의 공의를 상징합니다. 십자가에서 죄 값을 치르게 하심으로 공의를 이루게 하셨습니다."786)라고 하였다.

'단'은(הַמִּזְבֵּחַ, 함미즈뻬아흐)라는 말이 사용되었다.

מִזְבֵּחַ(4196, 미즈베아흐)는 D.NMS. '향단, 제단, 번제단'787)의 뜻이 있다.

'미즈뻬아흐'는 זָבַח(2076, 자바흐)에서 유래했으며, '희생 제물로 도살하다, 살육하다, 희생을 드리다, 잡아드리다, 제물로 바치다, 제사 드리다'788)의 뜻이 있다.

제단에 대한 유대 랍비의 설명 한 토막은 지나칠 수 없다. 제단을 가리키는 히브리어 자음 네 개, "맴, 자인, 베트, 헤트"(מ, ז, ב, ח)를 유대 랍비(J. H. Hertz)는 이렇게 풀이 했다. "맴"(מ)은 "멕힐라"(מחילה), 즉 용서를, "자인"(ז)은 "제쿠트"(זכות), 즉 은총을, "베트"(ב)는 "브라카"(ברכה), 즉 축복을, "헤트"(ח)는 "하임"(חיים) 즉, 생명을 상징한다. 재단에서 용서함으로 하나님과 화목하게 되고, 제단이 주는 은총으로 감사한 삶을 살게 되고 제단에 나아오는 자가 복된 인생이며, 제단에서 길과 진리와 생명 되시는 주님을 만나게 된다는 것이다. 결국 이스라엘 종교는 제단 중심의 신앙이다.789)

구약 제사의 가장 기초가 되고 핵심이 되는 희생 짐승을 죽여 불태워 드리는 제단에 대한 규례를 통하여 우리는 하나님 앞에서 자신의 자아를 죽여 스스로 겸비하지 않고서는 살아 있는 참된 예배

---

786)　이성호, *op. cit.*, p. 30.
787)　김용환, *op. cit.*, p. 357.
788)　*Ibid.*, pp. 172-173.
789)　왕대일, *op. cit.*, pp. 141-142.

를 드릴 수 없다는 사실을 깨닫게 된다. 인간의 모든 욕정과 죄와 허물을 완전한 희생 제물 되신 예수 그리스도와 함께 십자가에 못 박아 죽이지 않는 자는 결코 살아계신 거룩한 하나님 앞에 나갈 수 없다는 사실을 명심해야 한다(갈 5:24). 한편 하나님께서 계시하신 번제단의 크기는 가로 5큐빗(약 2.28m), 세로 5큐빗(약 2.28m), 높이 3큐빗(약 1.36m)이므로 다른 이방 신전의 제단들보다 결코 크다고 할 수 없었다. 당시 이방 신전에는 이보다 훨씬 큰 제단들이 많이 있었다. 그럼에도 불구하고 이 제단을 그 어떤 제단보다 귀중하게 여겨야 하는 이유는 바로 하나님의 계시에 따라 지어졌고 하나님께서 기쁘시게 받을 제사가 드려지는 제단이었기 때문이다. 그리고 혹자는 제단의 규격이 5큐빗 × 3큐빗이었다는 점에서도 영적인 의미를 찾는다. 이는 성경에서 '5'는 은혜의 수이며 '3'은 삼위일체 하나님의 완전수로 보고 번제단의 5와 3이란 숫자로 이루어진 것은 하나님의 은혜의 완전함을 상징하는 것으로 보는 것이다.[790]

이성호 교수는 "그러나 동물의 제사의 효력은 일시적인 것입니다. 반복적인 제물이 필요했습니다. 그러나 예수 그리스도께서 십자가의 제물이 되시고 대속하셔서 인간의 모든 죄를 한 번에 씻어주시고 덮으셨습니다. 이것은 완전한 속죄를 의미합니다. 그리고 십자가의 구속하심은 하나님께서 만세 전에 예비하셨습니다. 동물의 제사는 예수 그리스도가 십자가에서 제물이 될 것을 예표하고 있습니다."[791]라고 하였다.

---

790)　한성천. 김시열, *op. cit.*, p. 133.
791)　이성호, *op. cit.*, p. 30.

출 27:2-3을 보면, "그 네 모퉁이 위에 뿔을 만들되 그 뿔이 그것에 이어지게 하고 그 제단을 놋으로 싸고, 재를 담는 통과 부삽과 대야 와 고기 갈고리와 불 옮기는 그릇을 만들되 제단의 그릇을 다 놋으 로 만들지며,"[792]라고 하였다.

원문은 다음과 같다.

וְעָשִׂיתָ קַרְנֹתָיו עַל אַרְבַּע פִּנֹּתָיו מִמֶּנּוּ תִּהְיֶיןָ קַרְנֹתָיו וְצִפִּיתָ אֹתוֹ נְחֹשֶׁת׃

וְעָשִׂיתָ סִּירֹתָיו לְדַשְּׁנוֹ וְיָעָיו וּמִזְרְקֹתָיו וּמִזְלְגֹתָיו וּמַחְתֹּתָיו לְכָל־כֵּלָיו תַּעֲשֶׂה נְחֹשֶׁת׃[793]

제단은 반드시 놋으로 싸고 모든 그릇은 다 놋으로 만들어야 한 다. 성막 안의 기구들은 금으로 혹은 금을 입혀 만든 반면, 성막 뜰 에 있는 기구들은 놋으로 만들었음을 주목하라. 물론 놋 역시 매우 귀하고 비싼 것이지만 금만큼 비싸지는 않다. 따라서 뜰에서 성막 을 향해 나아가면서 기구들이 놋에서 금으로 바뀌는 것은 하나님의 임재와 관련이 있는 거룩함과 영광의 상징적 의미를 더욱 극대화한 다.[794]

필자가 본 바로는 '뿔'은 קַרְנֹתָיו(카르노타이우)라는 말이다. קֶרֶן(7161, 케 렌)은 '뿔, 양각나팔, 광선, 광채'[795]의 뜻이 있다.

'케렌'은 קָצַע(7106, 카차)에서 유래했으며, '긁어내다, 구석에 놓이다,

---

792)   개역한글 성경, *op. cit.*, 출 27:2-3.
793)   분해대조 성경, *op. cit.*, 출 27:2-3.
794)   J. Daniel Hays, *op. cit.*, p. 75.
795)   김용환, *op. cit.*, p. 615.

문질러 닦다, 문질러 벗겨내다, 깨끗이 하다'[796]의 뜻이 있다.

케렌은 일차적으로 여러 동물들(수양, 들소)의 뿔(들)을 의미한다. 코끼리의 상아는 거대한 뿔로 언급되었다(혹은 오해 되었다)(겔 27:15). 케렌은 또한 자주 등장하는 파생적 의미로는 힘 strength, 자만 pride, 약동하는 생명력 vitate에 대해 사용되었다. 슈미트(L. Shmidt)는 '구약성경에서 뿔은 상징적 예언 행위나(왕상 22:11) 이스라엘을 흩어버렸던 세력에 대한 환상 중의 묘사에서(슥 1:18-21) 물리적 힘에 대한 표현으로 등장할 뿐만 아니라, 뿔 자체가 힘 power을 뜻하는 직접적 용어가 된다'고 말했다(신 33:17, 삼하 22:3, 시 18:2).[797]

"케렌"의 동사형에 기대어 "섬광"(합 3:4)으로 이해 할 수도 있다. "케렌"의 어원인 동사 "카란"(קָרַן)은 '빛나다', '빛을 내다'는 뜻이다.[798]

"뿔은 힘과 능력 그리고 승리와 영광을 상징합니다. 하나님의 권세와 능력을 상징합니다. 이 뿔은 구원의 뿔입니다. 이 뿔도 예수 그리스도를 상징합니다. 죽을 수밖에 없는 죄인들의 그 뿔 되시는 예수 그리스도의 복음의 줄을 잡으면 구원을 얻어 영생의 복을 누리게 되는 것입니다."[799]라고 하였다.

'재를 담는'은 דָּשֵׁן(1878, 다셴)이며, דָּשֵׁן(1878, 다셴)은 '살찌다, 기름지다, 기름 붓다(바르다)'[800]를 의미한다.

---

796) 김용환, *op. cit.*, p. 609.
797) 이병철, *op. cit.*, 7161.
798) 왕대일, *op. cit.*, p. 141.
799) 이성호, *op. cit.*, p. 30.
800) 김용환, *op. cit.*, p. 156.

'통'은 סִיר(5518, 시르)이며, '단지, 항아리, 솥'[801]을 의미한다.

따라서 '재를 담는 통'은 엄격하게 말하면 내다 버릴 재와 짐승의 기름찌끼를 담기 위해 마련된 냄비들이나 접시들을 가리킨다. 이 재와 깊은 번제단에서 희생제물을 태울 때 생겼는데, 번제단 곁 '재 담는 통'에 한테 모아졌다가 제사가 끝나면 성막 바깥 재 버리는 장소에 버려졌다.[802]

'부삽'은 יָע(3257, 야)이며, '삽'의 뜻이 있으며, 야아(יָעָה, 3261)에서 유래했으며, '나르다, 옮기다, 제거하다, 소탕 한다'[803]라는 뜻이 있다.

'대야'는 מִזְרָק(4219, 미즈라크)이며, '사발, 대접, 대야'의 뜻이며, 자라크(זָרַק, 2236)에서 유래했으며, '날리다, 뿌리다, 많이 흩트린다'[804]라는 뜻이 있다.

"성막에서 사용되는 대야는 제물의 피를 담아서 뿌리는데 사용된 그릇입니다. 바로 예수 그리스도를 상징합니다. 우리의 죄 값을 담당하시기 위하여 십자가에서 물과 피를 다 쏟으신 예수 그리스도의 대속의 은혜를 의미하고 있습니다."[805]라고 하였다.

'갈고리'는 מַזְלֵג(4207, 마즐레그)이며, '쇠 갈고리, 끌어 올린다'[806]라는 뜻이 있다.

'불 옮기는 그릇'은 מַחְתָּה(4289, 마흐타)이며, '화로, 향로, 잘라낸 심지

---

801) *Ibid.*, p. 476.
802) 한성천. 김시열, *op. cit.*, p. 135.
803) 김용환, *op. cit.*, p. 274
804) *Ibid.*, p. 185.
805) 이성호, *op. cit.*, p. 31.
806) 김용환, *op. cit.*, p. 358.

를 담는 접시'[807]의 뜻이 있다.

마흐타는 하타(תָּחָה, 2846)에서 유래했으며, '움켜쥐다, 가져가다, 붙잡다, 품다, 홱 잡아챈다'[808]라는 뜻이 있다.

본 절에서는 불씨를 모으는 기능보다는 '옮기는' 기능을 강조하여 '불 옮기는 그릇'으로 번역되었다. 그런데 한글개역 성경이 번제단의 기구들을 모두 단수로 번역하여 각각 하나씩만 만든 것처럼 말하고 있으나 원어 성경을 보면 모두 복수 형태로 여러 개를 만들었음을 알 수 있다.[809]

마흐타(מַחְתָּה)는 성막과 성막의 봉사에 필요한 기구에 대한 묘사와 함께 처음 나온다. 그것들은 금으로 만들어졌으며(출 25:38, 출 37:23, 민 4:9), 일곱 가지 달린 등잔에 함께 사용되거나 그것의 일부였다. 또 어떤 것은 단과 함께 사용되었으며 놋으로 만들어졌다(출 27:3, 출 38:3, 민 4:14).[810]

'단의 그릇'은 כְּלִי(3627, 케리)이며, '물품, 용구, 용기, 기구'[811]의 뜻이 있다.

케리는 칼라(כָּלָה, 3615)에서 유래했으며, '결심하다, 결정하다, 소멸하다, 쇠멸하다, 상하다, 진멸하다, 쇠잔하다, 깨어지다'[812]의 뜻이 있다.

---

807)　*Ibid.*, p. 363.
808)　*Ibid.*, p. 237.
809)　한성천. 김시열, op. cit., p. 135.
810)　이병철, *op. cit.*,
811)　김용환, *op. cit.*, p. 310.
812)　*Ibid.*, p. 309.

이 단어가 의미하는 장비, 그릇, 연장, 용구 등은 주어진 업무 혹은 직무를 수행하는데 적합한 것이다. 이 단어들의 용례 중 107회는 성막 및 성전의 기구에 관계된다.[813]

출 27:4-5에서는 "제단을 위하여 놋으로 그물을 만들고 그 위 네 모퉁이에 놋 고리 넷을 만들고, 그물은 제단 주위 가장자리 아래 곧 제단 절반에 오르게 할지며"[814]라고 하였다. 원문은 다음과 같다.

וְעָשִׂיתָ לּוֹ מִכְבָּר מַעֲשֵׂה רֶשֶׁת נְחֹשֶׁת וְעָשִׂיתָ עַל־הָרֶשֶׁת אַרְבַּע טַבְּעֹת נְחֹשֶׁת עַל אַרְבַּע קְצוֹתָיו׃
וְנָתַתָּה אֹתָהּ תַּחַת כַּרְכֹּב הַמִּזְבֵּחַ מִלְּמָטָּה וְהָיְתָה הָרֶשֶׁת עַד חֲצִי הַמִּזְבֵּחַ׃[815]

'놋으로 그물을'(מִכְבָּר מַעֲשֵׂה רֶשֶׁת נְחֹשֶׁת, 미크빠르 마아세 레쉬트 네호쉐트). 한글개역 성경은 '미크빠르 마아세'에 대한 번역을 생략하고 있다. '미크빠르'(מִכְבָּר)는 '쇠격자 덮개'를 뜻하는 말이며 '마아세'는 '만들다', '일하다'란 뜻을 지닌 동사 '아사'(עָשָׂה)에서 유래된 명사로서 '작품', '공작물'이라는 의미를 함축적으로 나타내고 있다(출 39:5; 신 14:29; 왕상 7:8; 시19:1). 그리고 '레쉬트'(רֶשֶׁת)는 '그물'(시 9:15; 호5:1)이란 뜻이고, '네호쉐트'(נְחֹשֶׁת)는 '놋'(신 28:23), '동'(민 31:22)이란 뜻이다. 따라서 본문은 '놋 그물 세공 격자 덮개'(a grate of network of brass)란 뜻이다.[816]

"번제 단의 그물은 놋으로 만들어야 합니다. 희생제물이 잘 타도록 그리고 재가 번제 단 아래로 떨어지도록 사용된 그물입니다. 이것

---

813)   이병철, *op. cit.*, 3627.
814)   개역한글 성경, *op cit.*, 출 27:4-5.
815)   분해대조 성경, *op. cit.*, 출 27:4-5.
816)   한성천. 김시열, *op. cit.*, p. 136.

은 바로 예수 그리스도를 상징합니다. 그물은 상속자라는 의미가 있습니다. 번제 단의 그물을 만든 것은 예수 그리스도를 통해 천국을 유업으로 받을 자를 가르는 것입니다. 그 그물 위에서 불태워지는 것은 확실한 자신의 죄 때문임을 믿고 고백하는 자가 유업으로 받는 상속자입니다."817)라고 하였다.

출 27:6-8을 보면, "또 그 제단을 위하여 채를 만들되 조각목으로 만들고 놋으로 쌀지며, 제단 양쪽 고리에 그 채를 꿰어 제단을 메게 할지며, 제단은 널판으로 속이 비게 만들되 산에서 네게 보인 대로 그들이 만들게 하라."818)고 하였다.

원문으로는 다음과 같다.

וְעָשִׂיתָ בַדִּים לַמִּזְבֵּחַ בַּדֵּי עֲצֵי שִׁטִּים וְצִפִּיתָ אֹתָם נְחֹשֶׁת:

וְהוּבָא אֶת־בַּדָּיו בַּטַּבָּעֹת וְהָיוּ הַבַּדִּים עַל־שְׁתֵּי צַלְעֹת הַמִּזְבֵּחַ בִּשְׂאֵת אֹתוֹ:

נְבוּב לֻחֹת תַּעֲשֶׂה אֹתוֹ כַּאֲשֶׁר הֶרְאָה אֹתְךָ בָּהָר כֵּן יַעֲשׂוּ: 819)

"제단에 채를 만들어야 합니다. 그 채는 조각목으로 만들고 놋으로 싸며 양 고리에 꿰어 제단을 이동할 때 제사장들이 어깨에 메도록 했습니다."820)라고 하였다.

'채'는 בַּד(905, 바드)이며, '채, 지체, 가지, 빗장'821)의 뜻이 있다.

---

817)　이성호, *op. cit.* p. 32.
818)　개역한글 성경, *op. cit.*, 출 27:6-8.
819)　분해대조 성경, *op. cit.*, 출 27:6-8.
820)　이성호, *op. cit.*, p. 32.
821)　김용환, *op. cit.*, p. 77.

바드는 바다드(דָּדַד, 909)에서 유래했으며, '외롭다, 떨어지다, 외롭다, 고립된다, 고독하다'[822]라는 뜻이 있다.

"채는 성물을 운반할 때 운반할 수 있도록 사용하는 기구입니다. 채는 고리와 짝이 되도록 제작되었습니다. 채는 조각목으로 만들어서 놋으로 쌌습니다. 바로 고난당하시는 예수 그리스도를 상징합니다. 예수님께서 십자가에서 고난당하실 때 홀로 외롭고 쓸쓸히 유대인 형제에게 고립되고 외면당하셨습니다. 그러나 그의 구속은 그의 백성을 살리는 완전한 승리이며 사랑이었습니다. 그리고 세상으로부터 완전한 분리를 의미합니다."[823]라고 하였다.

'널판'은 לוּחַ(3871, 루아흐)이며, '돌판, 판자, 빛난다'[824]라는 뜻이 있다.

'루호트'(לֻחֹת)는 '판자'(겔 27:5), '돌판'(신 9:9), '서판'(사 30:8) 등으로 번역되는 단어로서 넓은 판을 가리키는 '루아흐'(לוּחַ)의 복수형으로 번제단의 사방 네 면에 이 널판을 세우고 속을 텅 비도록 만들라는 명령을 언급하고 있다. 그리고 아래 위가 훤히 뚫린 채 단의 중간 높이에 놋으로 만든 그물을 걸 것을 다시 한 번 상세히 지시하는 것이다(4, 5절).[825]

루아흐는 기록한 돌판(출 24:12, 출 34:28에서 십계명을 새긴 판), 성막의 널판(출 27:8, 출 38:7) 혹은 배에 대는 판자(겔 27:5), 솔로몬 성전의 놋대야의 버팀대 금속판(왕상 7:36)에 대해 사용되었다.[826]

---

822) *Ibid.,*

823) 이성호, *op. cit.,* p. 32.

824) 김용환, *op. cit.,* p. 333.

825) 한성천. 김시열, *op. cit.,* p. 139.

826) 이병철, *op. cit.,* 3871.

"널판은 성막의 골격을 형성하고 밖에서 들어오는 바람을 막고 성막 내부를 보호하는 역할을 합니다. 널판은 반드시 조각목으로 만들어야 합니다. 그리고 금으로 싸야 합니다. 이는 예수 그리스도의 인성과 신성을 상징합니다. 귀하지 않은 조각목으로 만든 널판은 예수 그리스도의 인성을 나타내고, 널판을 금으로 싼 것은 예수 그리스도의 신성을 나타냅니다. 각 널판이 두 개의 촉으로 연결된 것은 예수 그리스도와 성도의 연합을 상징합니다."[827)라고 하였다.

필자가 살펴보니 '보인'은 הֶרְאָה(헤르아)라는 말이며, רָאָה(7200, 라아)에서 유래하였다.

רָאָה(7200, 라아)는 '보다, 바라보다, 조사하다'[828)를 의미한다.

이 단어가 의미하는 바는 곧 하나님께서 분명하게 보여주시고, 명확하게 가르쳐 주셨다는 뜻을 가진다. 이처럼 성막의 모든 기구는 인간의 생각대로 만들어진 것이 아니라 하나님이 모든 것을 명쾌하게 지시해주신 대로 만들어진 신적 기원을 가진 것이다. 오늘날 교회도 이와 마찬가지로 하나님 말씀에 따라 설립되고 유지 발전되어야 하는 신적 기원을 가진 곳이다. 따라서 교회에서 행해지는 모든 예배와 행사들은 분명한 하나님의 뜻에 한 치의 오차도 어긋남이 없어야 할 것이다.[829)

"번제 단은 모두 예수 그리스도를 상징하고 있습니다. 동물의 제사는 예수 그리스도께서 십자가에서 제물이 될 것을 예표하고 있습

---

827) 이성호, *op. cit.*, pp. 32-33.
828) 김용환, *op. cit.*, pp. 618-619.
829) 한성천. 김시열, *op. cit.*, p. 139.

니다. 성막은 예수 그리스도를 통하여 들어가고 그 안에서 죄 사함을 받고 세상 밖으로 나오는 곳입니다… 그러나 동물의 제사로는 죄와 사망이 완전하게 종결되지 못합니다. 오직 독생자 예수 그리스도의 피 흘림 없이는 영원한 속죄가 없습니다. 율법의 '의'가 아닌 복음의 '의'로 완전한 속죄를 받는 성도가 되어야 하는 것이다."[830]라고 하였다.

넷째, 물두멍.

물두멍은 성막 뜰 안에 있는 두 번째의 용기이며, 번제단과 성소 사이에 놓여 있었다. 그런데 성경에는 이 물두멍의 크기나 모양에 대한 언급이 없으며, 사막을 여행할 때 어떻게 그것을 운반 했는지에 대한 설명도 나와 있지 않다. 성경이 침묵을 지키는 것은 성경에 기록된 것만큼이나 중요하다.[831]

"성막 뜰에는 물두멍이 있습니다. 물두멍은 물을 담아 놓고 쓰는 놋으로 된 큰 통입니다. 물두멍은 제사장이 성소에 들어가기 전에 또는 제사를 드리기 전에 이곳에서 손과 발을 씻는 곳입니다. 또한, 물두멍의 물로 희생 제물을 씻어야 했습니다. 하나님께서 물두멍은 크기나 무게를 언급하지 않으셨습니다. 단지 재료는 놋으로 만들고 받침도 놋으로 하라고 하셨습니다. 이것은 물의 양을 제한을 두지 않았다는 것입니다. 제사장은 더렵혀진 몸을 수시로 씻고 제물을 드리라는 의미입니다. 우리는 오늘 물두멍을 통하여 그 의미를 깨닫고

---

830)　이성호, *op. cit.*, p. 33.
831)　John Ritchie, *op. cit.*, p. 68.

예수 그리스도를 만나는 기쁨이 있기를 바랍니다."832)라고 하였다.

출 30:17-18을 보면, "여호와께서 모세에게 말씀하여 이르시되, 너는 물두멍을 놋으로 만들고 그 받침도 놋으로 만들어 씻게 하되 그것을 회막과 제단 사이에 두고 그 속에 물을 담으라."833)라고 하셨다.

원문을 보면 다음과 같다.

וַיְדַבֵּר יְהוָה אֶל־ מֹשֶׁה לֵּאמֹר:

וְעָשִׂיתָ כִּיּוֹר נְחֹשֶׁת וְכַנּוֹ נְחֹשֶׁת לְרָחְצָה וְנָתַתָּ אֹתוֹ בֵּין־ אֹהֶל מוֹעֵד וּבֵין הַמִּזְבֵּחַ וְנָתַתָּ שָׁמָּה מָיִם:834)

'물두멍'은 כִּיּוֹר(3595, 키요르)이며, 물두멍, 냄비, 화로,835)의 뜻이 있다.

키요르는 쿠르(כוּר, 3564)에서 유래했으며, '냄비, 대야, 용광로, 가마솥, 화덕, 아궁이, 피다'836)를 의미한다.

이것은 분명히 깊은 냄비와 비슷한 구조물이었다. 키요르는 성막의 놋대야와 성전의 놋대야를 가리킨다. 이 놋대야는 성막에서는 입구와 제단과의 중간에 놓여 있다(출 30:18, 출 30:28, 출 31:9, 출 35:16, 출 38:8, 출 39:39, 출 40:7, 출 40:11, 출 40:30, 레 8:11.). 솔로몬 성전에서는 10개의 놋대야가 있었으며, 그중 5개는 성전의 남쪽, 다른 5개는 성전의 북쪽에 설치했다(왕상 7:30, 왕상 7:38, 왕상 7:43, 왕하 16:17, 대하 4:6, 대하 4:14).837)

---

832)　이성호, *op. cit.*, p. 34.
833)　개역한글 성경, *op. cit.*, 출 30:17-18.
834)　분해대조 성경, *op. cit.*, 출 30:17-18.
835)　김용환, *op. cit.*, p. 307.
836)　*Ibid.*, p. 304.
837)　이병철, *op. cit.*, 3595.

이 단어는 '대야, 남비, 화로 발판'의 뜻이 있으며, 23회 나오며 그 중 20회는 성막의 대야나 성전의 대야와 관계가 있다.[838]

물두멍은 이스라엘 여인들의 놋 거울로 만들어졌다. 그 거울은 사람의 모습을 있는 그대로 비춰준다. 그것은 사람의 아름다움이나 추한 모습을 보여주긴 하지만 그것을 바꾸지는 못한다. 그것은 더러움을 드러내긴 하지만 그것을 깨끗케 하지는 못한다. 여성은 아름다움이 특징이라 할 수 있다. 그러므로 이스라엘 여성들은 자신의 아름다움을 볼 수 있는 거울을 귀히 여겼을 것이다. 그럼에도 불구하고 그녀들은 하나님의 제사장들이 쓸 물두멍을 만들기 위해 거울을 기쁜 마음으로 포기했던 것이다. 이것은 귀한 은혜의 열매였다.[839]

물두멍은 제사장이 섬기는 회막 기구가 아니라 제사장을 도와주는 기구이다. 물두멍은 아론과 그의 아들들이 회막에 들어갈 때에, 회막에 들어가서 회막의 제단 위에 제물을 드리는 사역을 수행하려고 할 때에, 제사장들은 그곳에서 먼저 그 손과 발을 씻도록 하는 회막 설비이다. 제사를 드리기 전에 손발을 씻어야 제사장들이 죽지 않게 된다는 것이다.[840]

성막에 있는 놋대야는 제사장의 손과 발을 씻기 위한 것이며(출 30:18), 성전에 있는 열 개의 놋대야는 희생제물을 씻기 위한 것이다(대하 4:6). 주조한 바다(대하 4:2, 대하 4:6)는 보다 일찍이 있었던 놋대야의 기능을 나타낸다. 또한 큰 바다는 대야를 채우는 저수 통으로 기

---

838)   R. Laird Harris,(eds), *op. cit.*, p. 536.

839)   John Rirchie, *op. cit.*, p. 70.

840)   왕대일, *op. cit.*, p. 192.

능 했던 것 같다. 대야는 바퀴 달린 받침대 위에 있어서, 바다로 가서 물을 채웠으며, 그리고는 용도에 따라 여러 곳으로 옮길 수 있었다. 제사장들은 틀림없이 높은 구조물이었던 바다에서 씻지 않았다. 그들은 그 바다의 물로 손과 발을 씻었다(출 30:18-21).[841]

"물두멍과 받침대는 모두 놋으로 만들어졌습니다. 바로 예수 그리스도를 상징하고 있습니다. 물두멍이 만들어지기 위해서는 풀무 불인 용광로에 들어가서 반복적으로 만들어진 큰 가마솥과 같은 종류의 그릇입니다. 예수 그리스도께서 십자가에서 고난과 수치 그리고 피 흘리심과 물을 다 쏟으시고 죽으셨습니다. 그리고 부활하셔서 승천하시고 성령을 우리에게 보내 주셨습니다."[842]라고 하였다.

'씻게 하되'는 לְרָחְצָה(레로흐차)라는 말이다.

רָחַץ(7364, 라하츠)는 '씻기다, 씻다, 목욕하다'[843]라는 뜻이 있다.

직역하면 '씻게 하기 위하여'(to wash withal)이다. 이는 성막에서 물두멍이 차지하는 역할이 무엇인지를 분명하게 보여 준다. 물두멍은 제사장이 성소에 들어가기에 앞서 번제 드릴 때 손이나 몸에 묻은 희생 짐승의 피나 기타 오물들을 깨끗하게 씻기 위해 마련된 기구였다. 그래서 물두멍은 번제단과 성소 사이에 위치하였고 물두멍에서 손 등을 깨끗하게 씻지 않고는 성소에 들어갈 수가 없었다.[844]

"제사장의 손과 발을 씻지 않고 들어갈 수 없기 때문입니다. 물은 말씀을 상징합니다. 물두멍의 물이 계속해서 채워지듯이 하나님의

---

841)	이병철, *op. cit.*, 3595.
842)	이성호, *op. cit.*, p. 34.
843)	김용환, *op. cit.*, p. 632.
844)	한성천. 김시열, *op. cit.*, p. 300.

말씀은 영원히 마르지 않음을 의미합니다. 우리의 죄는 말씀이신 예수 그리스도의 피로 씻지 않으면 사함을 얻을 수가 없습니다. 반드시 물로 손과 발을 씻듯이 죄는 예수 그리스도의 피로 씻어야 합니다. 내 안에 율법을 따라 살아간다면 복음의 말씀으로 씻고 거룩한 백성으로 살아가야 합니다. 말씀으로 씻는다는 의미는 말씀에 비추어 보면서 회개의 삶을 따라 살아가라는 의미이다."[845]라고 하였다.

물두멍의 가르침을 이해하려면 이것을 먼저 기억해야 한다. 모세는 제사장을 임명하는 날 그들을 회막 문으로 데려가 물로 온몸을 씻겼다(출 29:4, 레 8:6). 이것은 제사장의 임명식에서 첫 번째로 있어야 할 사항이었다. 그들이 "씻겨 지기 전에는" 거룩한 옷을 입을 수 없었으며, 기름 부음도 받지 못했으며, 하나님께 경배 드리기 위해 성소 안으로 들어갈 수도 없었다. 이 씻는 의식은 다름 사람에 의해 수행되었으며 제사장 자신은 거기에 전혀 관여할 수 없었다. 그 후 일단 제사장에 임명된 사람은 제사장직을 수행하는 모든 기간 동안 다시는 이와 같은 씻음을 받을 필요가 없었다. 이것은 "중생의 씻음"과 관계가 있다(딛 3:5, RSV, "중생의 물두멍", 즉 laver of regeneration 으로 나와 있음). 출애굽기 29장 4절에 "씻기다"(wash)라고 번역된 단어는 "전부를 씻기다"(wash all over)라는 의미이며, 물두멍과 연관되어 사용된 단어와는 다른 것이다(출 30:18). 그것은 경배와 섬김의 장소에 들어가기 전에 반드시 먼저 해야 할 씻음이다. 그리고 일단 한 번 씻음을 받으면 제사장은 그 씻음의 영원한 효   아래 있게 된다. 그것은 두 번째의 출생 즉 중생의 씻음에 있어서도 마찬가지다. 거듭

---

845)　이성호, *op. cit.*, p. 35.

나기 전까지는 아무도 하나님을 경배할 수 없다. 새로운 성품을 받기 전까지는 아무도 하나님의 존전에 들어가 그분과 교제를 나눌 수 없는 것이다.[846]

　‘물을 담으라’는 מַיִם … וְנָתַתָּ(웨나탓티 … 마임)이다. 물두멍을 만들라는 명령에 이어 그 속에 물을 가득 채우라는 명령이 주어졌다. 여기서 물은 물론 앞서 설명한 바와 같이 성소에 들어가는 제사장의 수족을 씻는 용도로 사용되었다. 그런데 우리는 이러한 일을 통하여 영적 교훈을 찾아볼 수 있다. 성경에서 ‘물’(מַיִם, 마임)은 일반적으로 말씀과(요15:3; 엡5:26,27), 성령을(요4:10-14) 상징한다. 따라서 물로 수족을 씻는 것은 말씀과 성령으로 마음을 씻어 흠이 없게 하는 것을 상징한다. 앞서 나온 번제 단에서 흘린 희생의 피는 우리의 죄를 씻는 그리스도의 피를 상징하지만, 본문의 물은 예수 그리스도의 피 공로로 중생을 체험하고 난 이후에도 죄와 허물로 오염되기 쉬운 마음을 깨끗케 하는 말씀과 성령의 사역을 상징하는 것이다(시 119:9). 다라서 하나님의 임재를 상징하는 성막에 들어가기 위해서는 먼저 그리스도의 대속을 상징하는 번제 단을 거쳐야 하지만 마음의 거룩을 상징하는 물두멍도 반드시 거쳐야 한다. 이를 통해 볼 때 오늘날 우리도 예수 그리스도의 대속의 공로로 구원에 반열에 들어섰다는 것에 만족하는 것이 아니라 말씀과 성령의 능력으로 늘 정결한 마음을 가짐으로 하나님과 기쁨의 교제를 나누는 자들이 되어야 한다.[847]

---

846)　John Ritchie, *op. cit.*, p. 73.
847)　한성천. 김시열, *op. cit.*, p. 300.

(2) 성소

출 15:17을 보면, "주께서 백성을 인도하사 그들을 주의 기업의 산에 심으시리이다. 여호와여 이는 주의 처소를 삼으시려고 예비하신 것이라 주여 이것이 주의 손으로 세우신 성소로소이다."[848]라고 하였고, 또한 출 25:8을 보면, "내가 그들 중에 거할 성소를 그들이 나를 위하여 짓되,"[849]라고 하였다.

이것을 원문으로 보면 각각 다음과 같다.

תְּבִאֵמוֹ וְתִטָּעֵמוֹ בְּהַר נַחֲלָתְךָ מָכוֹן לְשִׁבְתְּךָ פָּעַלְתָּ יְהוָה מִקְּדָשׁ אֲדֹנָי כּוֹנְנוּ יָדֶיךָ:[850]

וְעָשׂוּ לִי מִקְדָּשׁ וְשָׁכַנְתִּי בְּתוֹכָם:[851]

성소는 하나님의 지극히 거룩하신 성품과 더불어 하나님이 임재하시는 처소가 바로 구별된 거룩한 곳임을 의미한다.[852]

성막 혹은 장막은 크기와 명칭이 다른 두 개의 방으로 나뉘어져 있었다. 이 두 방 중 더 큰 첫째 방은 "성소"라 불리었으며, 둘째 방은 '지성소'라 불리었다.[853]

성막에서 두 번째로 거룩한 영역은 성소이다. 이 성소에는 상과 등잔대가 있어야 한다. 상이 먼저 나오는 것은 상이 증거궤에 이어

---

848) 개역한글 성경, *op. cit.*, 출 15:17.

849) 개역한글 성경, *op. cit.*, 출 25:8.

850) 분해대조 성경, *op. cit.*, 출 15:17.

851) *Ibid.*, 출 25:8.

852) 한성천. 김시열, *op. cit.*, p. 34.

853) John Ritchie, *op. cit.*, p. 102,

서 두 번째로 거룩한 것이기 때문이다. 그 뒤를 등잔대가 따르고 있다.[854)

필자가 살펴보니 '성소'는 מִקְדָּשׁ(4720, 미크다쉬)라는 말이다.

מִקְדָּשׁ(4720, 미크다쉬)는 '지성소, 성물, 성소'[855)의 뜻이 있다.

미크다쉬는 카다쉬(קָדַשׁ, 6942)에서 유래했으며, '거룩하다(출 29:21), 성결하다(신 21:5), 구별하다(출 27:26), 깨끗케 하다(삼하 11:4)'[856)를 의미한다.

미크다쉬는 '성막과 그 구내'에 대해 사용되었다(출 25:8, 레 16:33, 레 21:23). 미크다쉬는 거룩한 영역에 바쳐진 것을 의미하며 이 점에서 이 어근의 기본 의미와 일치하고 있다. 이 단어가 성소를 가리킬 때 그것은 하나님께 대한 예배를 위해 드려진 물리적 장소를 의미한다. 이곳은 거룩하였다. 왜냐하면 하나님께서 백성 중에 거하실 때 바로 이 장소에 거하였기 때문이다(출 25:8). 그리고 그곳의 거룩함을 더럽히면 안 되었다(레 12:4, 레 19:30, 레 20:3, 레 21:12, 레 21:23.).[857)

이 단어는 레위 족속의 예배에 바쳐진 성막의 물건들에 사용된다(민 10:21). 희생 제물들 중에서 특별히 거룩한 부분은 미크다쉬(מִקְדָּשׁ)라고 불리운다(민 18:29). 미크다쉬(מִקְדָּשׁ)라는 단어는 시편 68:35, H36에서는 하나님의 거처를 말하지만, 어떤 주석에서는 이것을 예루살렘에 있는 성전으로 본다. 비유적으로 이 단어는 피난처를 말하는데

---

854) 왕대일, *op. cit.*, p. 194.

855) 김용환, *op. cit.*, p. 397.

856) *Ibid.*, pp. 595-596.

857) 이병철, *op. cit.*, 4720.

사용되기도 한다(사 8:14, 겔 11:16).[858] 이 성소 안에는 다음과 같은 여러 기구들이 있었다.

첫째, 성막의 널판(출 26:15-30). "하나님께서 시내 산에서 모세에게 성막의 널판은 조각목으로 만들라고 말씀하셨습니다. 그 널판을 금으로 쌌습니다. 조각목은 쉽게 구할 수 있는 나무입니다. 만약 그 널판을 만드는 재료가 어렵게 구한다면 이스라엘 백성은 광야에서 성막을 만들 수 없었을 것입니다. 가장 흔하고 쓸모없는 나무를 쓸모 있게 만들어 사용하셨습니다. 성막의 울타리와 기둥, 띠를 널판으로 만들게 하셨습니다. 널판은 성막의 골격을 형성하고 광야의 바람을 막아주고 성막 내부를 보호하는 역할을 합니다. 널판이 없다고 하면 성막의 귀한 기구들은 보호를 받을 수 없습니다."[859]라고 하였다.

출 26:15를 보면, "너는 조각목으로 성막을 위하여 널판을 만들어 세우되,"[860]라고 하셨다.

וְעָשִׂיתָ אֶת־הַקְּרָשִׁים לַמִּשְׁכָּן עֲצֵי שִׁטִּים עֹמְדִים:[861]

필자가 보니 '널판'은 קֶרֶשׁ(7175, 케레쉬)라는 말이다.

קֶרֶשׁ(7175, 케레쉬)는 '판자, 널판, 갑판, 쪼개다'[862]을 의미한다.

---

858) R. Laird Harris,(eds), *op. cit.*, p. 985.

859) 이성호, *op. cit.*, p. 38.

860) 개역한글 성경, *op. cit.*, 출 26:15.

861) 분해대조 성경, *op. cit.*, 출 26:15.

862) 김용환, *op. cit.*, p. 616.

성소와 지성소를 감싸고 있던 앙장과 덮개들은 은으로 만들어진 받침대와 그 위에 게워진 널판들에 의해서 고정되었다. 본 절에서는 '널판들'(הַקְּרָשִׁים, 하케라쉼)에 관해서 기록하고 있다. 우선 '널판'은 '조각목'으로 만들어졌다. '조각목'에 해당하는 히브리어 '아체 쉬팀'(עֲצֵי שִׁטִּים)은 모두 복수로서 '아체'(עֲצֵי, 나무들)는 연계형이다. '쉬팀'(שִׁטִּים)을 한글 공동번역이나 RSV, NIV는 '아카시아'(acacia)로, KJV는 문자 그대로 '싯딤'(shittim)으로 옮기고 있다.[863]

"성막의 널판은 싯딤 나무를 잘라서 만든 조각목이라고 합니다. 나무 자체를 사용할 수 없습니다. 광야에서 자라는 조각목은 그 크기가 매우 작습니다. 그리고 곧바르지 않아서 조각내서 다시 붙이고 사용해야 성막의 널판으로 사용할 수 있습니다. 널판은 쪼개서 사용하는 재료입니다. 쪼개지 않으면 널판이 될 수 없습니다. 그 널판은 바로 조각목을 의미하고 복수의 개념은 쪼개진 널판들을 의미합니다. 이 널판도 고난당하시는 예수 그리스도를 상징합니다."[864]라고 하였다.

많은 사람이 잘 찾지 않은 것으로 재목으로 거의 사용하지 않는 것이다. '그는 주 앞에서 자라나기를 연한 순 같고 마른 땅에서 나온 뿌리 같아서 고운 모양도 없고 풍채도 없은즉 우리가 보기에 흠모할 만한 아름다운 것이 없도다.'(사53:2)의 바로 그 예수 그리스도를 예표하고 있다.[865]

---

863)   강병도, *op. cit.*, pp. 315-316.

864)   이성호, *op. cit.*, p. 38,

865)   한성천. 김시열, *op. cit.*, p. 117.

출 26:29-30을 보면, "그 널판들을 금으로 싸고 그 널판들의 띠를
꿸 금 고리를 만들고 그 띠를 금으로 싸라. 너는 산에서 보인 양식대
로 성막을 세울지니라."[866]라고 하였다.

원문은 다음과 같다.

וְאֶת־ הַקְּרָשִׁים תְּצַפֶּה זָהָב וְאֶת־ טַבְּעֹתֵיהֶם תַּעֲשֶׂה זָהָב בָּתִּים לַבְּרִיחִם וְצִפִּיתָ אֶת־ הַבְּרִיחִם זָהָב׃
וַהֲקֵמֹתָ אֶת־ הַמִּשְׁכָּן כְּמִשְׁפָּטוֹ אֲשֶׁר הָרְאֵיתָ בָּהָר׃ [867]

필자가 살펴보니 '싸라'는 צָפָה(6823, 차파)라는 단어를 사용했다.

צָפָה(6823, 차파)는 '씌우다, 늘어뜨리다, 입히다, 도금하다'[868]를 의미
한다.

성막과 성전의 많은 기구들은 금으로 싸거나 입혔다. 언약궤(출
25:10 이하, 출 25:13, 출 25:28), 상(출 25:23 이하), 분향단(출 30:3, 출 30:5), 성
전의 수많은 기구(왕상 6:20, 왕상 6:22, 왕상 6:28, 왕상 6:30, 왕상 6:32), 상아
보좌(왕상 10:18), 성전의 문과 기둥(창 18:16) 등이다. 성막의 많은 기구
들이 정금으로 도금되었다. 언약궤의 안팎(출 25:10 이하, 출 25:13, 28)이
나, 상(출 25:23 이하) 그리고 분향단(출 30:3, 5) 등도 이에 해당된다. 번제
단의 뿔들에는 놋을 입혔다(출 27:2, 6). 솔로몬은 성전 내부를 금으로
입혔다(왕상 6:20 이하). 그리고 수많은 기구들도 마찬가지다(왕상 6:20,
22, 28, 30, 32).[869]

---

866) 개역한글 성경, *op. cit.*, 출 26:29-30.
867) 분해대조 성경, *op. cit.*, 출 26:29-30.
868) 김용환, *op. cit.*, p. 587.
869) 이병철, *op. cit.*, 6823.

솔로몬은 성전 내부를 금으로 입혔다(왕상 6:20 이하). 그리고 수많은 기구들도 마찬가지다(왕상 6:20, 22, 28, 30, 32). 그는 또한 보석으로 전을 장식했다(대하 3:6). 상아로 만든 그의 큰 보좌도 금으로 입혔다(왕상 10:18). 분명히 때로는 금 도금을 다시 갈아야 했다. 히스기야가 성전의 문과 문기둥에 도금을 하였다는 기록이 있다(왕하 18:16). 이 금은 오늘날 사용되는 얇은 금박이 아니었다. 그것은 다시 벗겨내 조공물로 사용될 수 있었다(왕하 18:16).[870]

"널판 48개 모두 금으로 싸야 합니다. 띠를 꿸 금 고리도 만들어야 합니다. 금 고리는 총 184개의 금고리가 필요합니다. 그 띠도 금으로 싸야 합니다. 조각목이 전혀 보이지 않도록 싸야 합니다. 금으로 싼 것은 예수 그리스도의 인성과 신성을 상징합니다. 조각목과 널판과 가름대는 예수 그리스도의 인성, 금으로 싼 널판과 띠 고리, 가름대는 예수 그리스도의 신성을 상징합니다. 이토록 예수 그리스도께서 인성과 신성을 지니고 이 땅에 대속 제물로 오심을 성막의 기구들을 통하여 계시해주고 있습니다."[871]라고 하였다.

성막의 골격으로서 성막을 든든히 세우고 있던 48개의 널판이 모두 띠로 연결되었던 것을 알 수 있다. 널판이 은 받침 위에 촉으로 고정되어 있었지만, 그 고정된 것을 더욱 더 든든히 하기 위해서 열다섯 개의 띠를 사용하여 그것들을 모두 연결하였다. 48개의 널판은 하나하나가 따로따로 세워져 있었지만 그 널판들을 하나로 묶어주는 것이 바로 이 열 다섯 개의 띠였다. 그러한 의미에서 널판들을

---

870)   R. Laird Harris,(eds), *op. cit.*, p. 966.
871)   이성호, *op. cit.*, p. 41.

하나로 묶어 주던 띠는 교회의 일치와 연합을 가능케 하는 매개를 상징한다고 볼 수 있다. 그러면 그리스도 안에서 성도가 연합과 일치를 이룰 수 있게 하는 매개는 과연 무엇일까? 그것은 바로 성도간의 사랑이다. 성막에서 48개의 널판들이 띠로 말미암아 하나로 연합되었듯이 성도들은 오직 사랑으로만 하나로 연합될 수 있는 것이다.[872]

이와 같은 것이 바로 예루살렘에 있었던 교회였고(행 8:1), 고린도에 있었던 하나님의 교회였으며(고전 1:2), 갈라디아 여러 교회들이었다(갈 1:2). 그 교회들은 오직 성도들로만 이루어져 있었으며, 하나님의 중심에 모여 하나님의 방법으로 결합되어 있었다. 이 교회들은 하나님의 교회들의 신령한 표본이 된다. 널판들의 "중간에" 있던 그 띠가 널판 모두를 결합했듯이, "가운데"계신 주님께서 모인 성도들을 결합하고 계신다.[873]

둘째, 성막의 앙장과 덮개(출 26:1-14)

"성막은 지성소와 성소를 덮는 덮개가 필요합니다. 덮개는 광야의 햇빛과 모래바람과 비바람으로부터 보호하는 동시에 성소와 지성소가 외부로부터 철저하게 차단시키는 기능을 합니다. 성막의 덮개는 4겹으로 되어 있습니다. 맨 안쪽에 네 가지 색깔로 수놓아진 앙장은 가늘게 꼰 베셀의 세마포에 청색, 자색, 홍색, 실로 수놓아 만들어진 것인데 그것을 덮는 두 번째 앙장은 염소털로 되어 있고 이것은 중

---

872) 한성천. 김시열, *op. cit.*, pp. 119-120.
873) John Ritchie, *op. cit.*, p. 92.

동에 유목민들이 천막을 만들 때 사용하고 있습니다. 세 번째 덮개
인 붉은 물들인 수양의 가죽으로 되어 있고 그다음 네 번째 덮개는
해달의 가죽으로 되어 있습니다. 두 겹은 가죽으로 되어 있고 두 겹
은 천으로 되어 있습니다."[874]라고 하였다.

출 26:1-2를 보면, "너는 성막을 만들되 가늘게 꼰 베실과 청색 자
색 홍색 실로 그룹을 정교하게 수놓은 열 폭의 휘장을 만들지니, 매
폭의 길이는 스물여덟 큐빗, 너비는 네 큐빗으로 각 폭의 장단을 같
게 하고,"[875]라고 하였다.

이 본문을 다시 히브리어로 보면 다음과 같다.

וְאֶת־הַמִּשְׁכָּן תַּעֲשֶׂה עֶשֶׂר יְרִיעֹת שֵׁשׁ מָשְׁזָר וּתְכֵלֶת וְאַרְגָּמָן וְתֹלַעַת שָׁנִי כְּרֻבִים מַעֲשֵׂה חֹשֵׁב תַּעֲשֶׂה אֹתָם׃

אֹרֶךְ הַיְרִיעָה הָאַחַת שְׁמֹנֶה וְעֶשְׂרִים בָּאַמָּה וְרֹחַב אַרְבַּע בָּאַמָּה הַיְרִיעָה הָאֶחָת מִדָּה

אַחַת לְכָל־הַיְרִיעֹת׃[876]

필자가 살펴보니 '열 폭의 휘장'은(עֶשֶׂר יְרִיעֹת, 에세르 에리오트)이라는
말이다. '에리오트'라는 יְרִיעָה(3407, 예리아) 장막, 휘장, 덮개[877]의 뜻을
가진 단어이다.

예리아는 야라(יָרֵא, 3415)에서 유래했으며, '떨다, 전율하다, 시기하
다, 근심하다'[878]을 의미한다.

덮개와 앙장에는 각각 두 세트가 있었다. 덮개에는 해달의 가죽으

---

874) 이성호, *op. cit.*, p. 42.
875) 개역한글 성경, *op. cit.*, p. 출 26:1-2.
876) 분해대조 성경, *op. cit.*, 출 26:1-2.
877) 김용환, *op. cit.*, p. 288.
878) *Ibid.*, p. 289.

로 만든 윗덮개(바깥 덮개)와 붉은 물들인 수양의 가죽으로 만든 아랫덮개(안 덮개)가 있었다. 바깥 앙장 세트는 염소털로 만들어져서 "막"으로 불렸고, 안 앙장 세트는 가늘게 꼰 베셀과 청색, 자색, 홍색 실로 만들어져서 "성막"으로 불렸다. 그것들은 아버지께서 거하셨던 그리스도를 가리키며, 또한 그분께선 현재 거하시고 동행하시는 총체적인 하나님의 교회와 성도 개개인을 가리킨다.[879]

성막은 꼬아 만든 좋은 아마포와 푸른색과 자줏빛과 그리고 주홍색의 직물을 엮어서 만든 열개의 휘장으로 구성되었다(출 26:1). 휘장들은 일련의 고리들로 함께 고정되었다. 성막 덮개는 염소털로 만들어진 11개의 휘장들로 이루어졌으며, 휘장 절반을 뒤에 매달아 두었다.[880]

덮개는 가늘게 꼰 베실과 청색 자색 홍색 실로 만들어야 한다고 명하셨다(출 26:1-2). 이러한 재료들은 모두 예수 그리스도를 상징하는데 가늘게 꼰 베실은 예수님의 의로움과 깨끗함을 나타내는 색이요, 또한 성도의 옳은 행실을 나타낼 때 세마포 옷을 말씀하셨다. 그리고 청색은 하늘의 색이며 하나님이 계시는 곳을 상징한다. 구원받은 성도들이 하늘을 보면서 천국을 상징하고 하나님을 기다리며 바라보라는 의미이다. 그리고 자색은 왕과 귀족들이 입는 옷의 색깔이다. 자색은 만왕의 왕으로 오시는 예수 그리스도를 상징한다. 그의 자녀는 모두 천국 백성인 것이다. 또한 홍색은 십자가의 고난을 상징하며 예수 그리스도의 피 흘림을 상징하는 색이다. 아무 죄도 없으신 예

---

879)　John Ritchie, *op. cit.,* p. 96.
880)　이병철, *op. cit..,* 3407.

수님께서 죄인들을 위하여 십자가에서 대속의 주로 오셔서 그의 백
성을 살리시는 사역을 하신 것이다.[881]

덮개는 또 염소털로 만들어야 한다.

출 26:6-8을 보면, "금 갈고리 쉰 개를 만들고 그 갈고리로 휘장을
연결하게 한 성막을 이룰지며, 그 성막을 덮는 막 곧 휘장을 염소털
로 만들되 열한 폭을 만들지며, 각 폭의 길이는 서른 큐빗, 너비는
네 큐빗으로 열한 폭의 길이를 같게 하고"[882]라고 하였다.

이를 원문으로 보면 다음과 같다.

וְעָשִׂיתָ חֲמִשִּׁים קַרְסֵי זָהָב וְחִבַּרְתָּ אֶת־הַיְרִיעֹת אִשָּׁה אֶל־אֲחֹתָהּ בַּקְּרָסִים וְהָיָה הַמִּשְׁכָּן אֶחָד׃

וְעָשִׂיתָ יְרִיעֹת עִזִּים לְאֹהֶל עַל־הַמִּשְׁכָּן עַשְׁתֵּי־עֶשְׂרֵה יְרִיעֹת תַּעֲשֶׂה אֹתָם׃

אֹרֶךְ הַיְרִיעָה הָאַחַת שְׁלֹשִׁים בָּאַמָּה וְרֹחַב אַרְבַּע בָּאַמָּה הַיְרִיעָה הָאֶחָת מִדָּה אַחַת לְעַשְׁתֵּי עֶשְׂרֵה יְרִיעֹת׃[883]

'염소털'은 עֵז(5795, 에즈)이며, '암염소, 염소, 염소털, 암 염소'[884]의 뜻
이 있다.

에즈는 아자즈(עָזַז, 5810)에서 유래했으며, '강하게 하다, 강하게 만
들다, 강해지다, 강하게 되다, 힘 있다, 승리를 얻다, 견고히 하다, 부
끄러움을 모른다'[885]라는 뜻이 있다.

에즈는 족장 시대부터 계속하여 이스라엘의 일상생활에서 염소의

---

881)   이성호, *op. cit.*, p. 42.
882)   개역한글 성경, *op. cit.*, 출 26:6-8.
883)   분해대조 성경, *op. cit.*, 출 26:6-8.
884)   김용환, *op. cit.*, p. 502.
885)   *Ibid.*, pp. 503-504.

중요성을 설명해 준다. 새끼 염소들은 때때로 음식으로 사용되었다(창 27:9). 암염소는 우유를 제공하였고(창 27:27), 가죽은 가죽 제품으로, 털은 옷으로 이용되었다(출 25:4, 출 26:7, 출 35:6 이하). 이렇게 다양한 용도로 사용되는 이 동물은 또한 희생 제물로도 바쳐졌다. 제사 문맥에서 통례로 '염소 새끼'라는 어구가 나온다(레 4:23). 그러나 암염소도 희생 제사에 사용되었다(민 15:27).[886]

이것들은 속죄받은 것에 대한 기념물이었다. 매일 드리는 속죄제의 제물은 염소 새끼였으며(민 20:15), 죄에서 정결함을 받기 위해서도 염소가 희생 제물로 선택되었다(레 16장). 문 위에 매달린 두 개의 앙장은 하나님께 나아갈 수 있는 유일한 근거로 죄를 없애야만 된다는 사실을 보여주었으며, 또한 제사장들이 하나님의 성소에 들어갈 때마다 그것들이 그들의 눈에 뛰었으므로 그것들은 제사장들에게도 기념물이 되었다. 염소털 앙장들로 고리와 놋 갈고리로 서로 연락되었다(출 26:11). 이것은 우리로 하여금, 하나님께 인정을 받는 유일한 하나 됨은 반드시 의롭고 거룩해야 된다는 것을 생각나게 한다.[887]

"이 염소의 털도 예수 그리스도를 상징합니다. 염소는 하나님께 드리는 제물로 사용되었습니다. 특히 대 속죄일에 속죄 제물로 사용되었습니다. 그래서 염소는 우리를 위하여 속죄 제물이 되신 예수 그리스도를 예표 합니다. 예수님은 자신의 죄에 부끄러움을 모르는 자들을 위하여 대속의 십자가를 지셨습니다. 그리고 승리하셔서 그의 자녀들을 견고하게 세우셨습니다. 그리고 그들의 믿음을 견고하

---

886)　R. Laird Harris,(eds), *op. cit.*, p. 853.
887)　John Ritchie, *op. cit.*, p. 100.

게 하셨습니다. 염소털로 성소의 덮개를 사용하심으로 예수그리스도의 은혜를 입고 체험하게 되는 것입니다. 그리고 죄에서 영원히 자유로움을 누리게 되는 것입니다."[888]라고 하였다.

출 26:13-14를 보면, "막 곧 휘장의 길이의 남은 것은 이쪽에 한 큐빗, 저쪽에 한 큐빗씩 성막 좌우 양쪽에 덮어 늘어뜨리고, 붉은 물들인 숫양의 가죽으로 막의 덮개를 만들고 해달의 가죽으로 그 윗덮개를 만들지니라."[889]라고 했다.

원문은 다음과 같다.

וְהָאַמָּה מִזֶּה וְהָאַמָּה מִזֶּה בָּעֹדֵף בְּאֹרֶךְ יְרִיעֹת הָאֹהֶל יִהְיֶה סָרוּחַ עַל־ צִדֵּי הַמִּשְׁכָּן מִזֶּה וּמִזֶּה לְכַסֹּתוֹ׃

וְעָשִׂיתָ מִכְסֶה לָאֹהֶל עֹרֹת אֵילִם מְאָדָּמִים וּמִכְסֵה עֹרֹת תְּחָשִׁים מִלְמָעְלָה׃[890]

'붉은 물 들인'이란 말은 אָדֹם(119, 아담)이며, '붉게 물들다, 붉어지다, 붉다'[891]라는 뜻이 있다.

칼 형에서 '붉다', 애 4:7에서 몸이 붉은 것에 대해 사용되었다. "전에는 존귀한 자의 몸이 눈보다 깨끗하고 젖보다 희며 산호보다 [붉어] 그 윤택함이 마광한 청옥 같더니", 예루살렘의 점령과 파괴 이후, 그 주민들이 겪은 고난을 묘사하면서 "존귀한 자들" 곧 예루살렘의 모습을 그린다. 그들의 과거의 모습과 현재의 모습을 묘사한다. 그들은 하나님의 은혜로 눈보다 깨끗하고 젖보다 희며 산호들 보다 붉어

---

888) 이성호, *op. cit.*, p. 43.
889) 개역한글 성경, *op. cit.*, 출 26:13-14
890) 분해대조 성경, *op. cit.*, 출 26:13-14.
891) 김용환, *op. cit.*, p. 15.

그 윤택함이 갈아서 빛낸 청옥 같았다. 그러나 이제 그들의 얼굴을 숯보다 검고 가죽이 뼈에 붙어 막대기 같이 말랐다. 이는 그들의 죄 때문이었다. 푸알 형(분사)에서 '붉게 된, 붉게 물든' 출 25:5, 출 26:14, 출 35:7, 출 36:19, 출 39:34에서 숫양의 가죽에 대하여 사용되었다. 성막을 건축을 위해 드릴 목록에 "붉은 물 들인 숫양의 가죽"이 포함되었으며, 이 물건은 성막의 덮개로 사용하기 위한 것이다. 해달의 가죽은 숫양의 가죽의 윗덮개다(출 26:14).[892]

"성소의 덮개로 사용하려면 반드시 붉게 물들여져야 합니다. 이것은 하나님의 명령이요 하나님의 계획하신 방법이기 때문입니다. 가죽을 붉게 물들이기 위해서는 반복적으로 괴롭혀야 합니다. 가죽 스스로 그 고통을 거부할 수 없습니다. 이것은 예수 그리스도의 피 흘림을 상징하는 것입니다. 붉은색은 피를 상징하고 속죄를 의미합니다. 십자가의 피 흘림으로 우리의 죄가 사함을 받은 것입니다. 십자가 대속의 죽음은 전적인 하나님의 뜻입니다. 예수님의 삶은 출생에서부터 십자가까지 모두 수난과 수치와 고통의 길이었습니다. 그 길은 거부할 수 없는 대속이었습니다. 오직 예수 그리스도 한 분에게만 허락된 사역이었습니다."[893]라고 하였다.

본문을 보면 성막이 네 겹의 천막으로 덮여 있었음을 알 수 있다. 이것은 성막이 세상과 철저히 분리되었음을 의미한다. 즉 하나님께서 임재 하여 계시는 지극히 거룩한 장소인 성막은 세상의 그 어떤 세력도 들어올 수 없는 철저히 구별된 장소였다는 것이다. 이 같은

---

892) 이병철, *op. cit.*, 119.
893) 이성호, *op. cit.*, p. 45.

사실은 오늘날 예수 그리스도로 말미암아 하나님의 성전 된 성도들에게 중대한 영적 교훈을 주는 것이다. 그것은 바로 성막이 세상과 철저하게 분리되어 있었던 것처럼 하나님의 성전 된 성도들 역시 세상과 철저히 분리된 구별되고 거룩한 삶을 살아야 한다는 것이다.[894]

이것은 죽음의 봉헌에 대한 상징이다. 수양은 희생 제물로 사용되었는데 특히 제사장직의 위임식에서 그러했다(레 8장). 어린양이 죽기까지 순종하신 주 예수님의 온유하심과 낮아지심을 상징한다면, 수양은 주님의 기운과 힘, 그리고 죽기까지 하나님께 철저히 헌신하셨던, 그 헌신의 길에서 그분을 계속 인도했던 마음의 확고한 목적을 상징한다.[895]

"예수님은 인성과 신성을 지니시고 이 땅에 내려오신 하나님이십니다. 그 예수 그리스도를 만나려면 스스로 죄인임을 고백하고 성막(교회) 안으로 들어와야 만날 수 있습니다. 밖에서 보이는 모습은 가죽으로 덮은 모습밖에 볼 수 없습니다. 우리가 섬기는 교회는 외형으로 보이는 모습은 그저 건물의 화려함 밖에 볼 수 없습니다. 교회가 얼마나 큰지 교회의 성도가 얼마 정도인지 누가 있는지, 그것은 중요하지 않습니다. 교회 안으로 들어올 때 그 안에 계시는 예수 그리스도를 만날 수 있습니다. 성막 안에 들어와서 죄 사함을 받았습니다. 우리도 예수 안에 들어와야 죄 사함을 받을 수가 있습니다. 그리고 하나님께서 허락하신 크고 비밀스러운 영광을 볼 수 있는 것입

---

894)　한성천. 김시열, *op. cit.*, pp. 97-98.
895)　John Ritchie, *op. cit.*, pp. 98-99.

니다."[896]라고 하였다.

성막 본체의 두 앙장과 두 덮개의 모습 속에서 이 땅에 있는 죄인들을 구원하시기 위해 가장 비천한 모습으로 오셨으나 그 안에는 어느 누구도 가까이 할 수 없는 크나큰 신적 영광을 지니셨던 예수 그리스도를 바라볼 수 있다. 그것은 성막 자체가 그리스도를 예표하기 때문이다. 본래 예수님은 하나님과 본질적으로 동일하신 분이시며 이 땅을 창조하실 때도 하나님과 함께 하셨던 분이시다(요 1:1-3). 그런데 그분이 우리를 죄에서 구원하시기 위해서 하늘의 영광을 버리시고 지극히 비천한 인간의 몸을 입으셨던 것이다.[897]

셋째, 성막의 등대(출 25:31-40). 성소에 있는 마지막 세 번째의 기구는 황금 촛대 혹은 정금 등대였다. 이 기구는 정금으로 만들어졌으며 하나의 밑판에다 일직선으로 서있는 가운데 가지, 그리고 이 가운에 가지를 중심으로 좌우 각각 세 개씩 여섯 가지, 그리고 이 가운데 가지를 중심으로 좌우 각각 세 개씩 여섯 가지로 되어 있었다. 일곱 가지의 각 끝에 있는 황금 등잔에는 순결한 감람유가 들어 있었으며, 이 기름은 성소 안에 비추기 위해 항상 타고 있었다. 성소 안에 빛의 근원은 오직 이것뿐이었으며, 제사장들은 이 빛으로 말미암아 여호와를 섬기고 예배했다. 이 촛대는 성소의 남쪽에 진설병을 마주하여 서 있었다. 이 정금 등대에는 우리 영혼이 기쁨과 축복으로 묵상할 수 있는 깊고 귀한 진리들이 많이 들어 있다. 그리스도는

---

896)　이성호, *op. cit.*, p. 46.
897)　한성천. 김시열, *op. cit.*, p. 100.

친히 "그 생명"이요, "그 빛"이시다. 하늘의 빛과 생명은 그 복스러운 그리스도 안에 그 근원을 두고 있으며, 그분 안에서 나타났던 것이다.[898]

이성호 교수는 "하나님은 모세에게 순금으로 등잔대를 만들라고 말씀하셨습니다. 그 모양은 밑판과 한 개의줄기와 여섯 가지로 일곱 등대의 모양으로 만들라고 하셨습니다. 그 등대는 빛으로 이 땅에 오신 예수 그리스도를 상징합니다. 금 등잔대는 성소의 남쪽에 위치하고 있는데 히브리인들의 남쪽은 하나님의 영광을 나타내며 빛이 있는 곳입니다. 그런 의미에서 금 등대는 남쪽에 놓여야 합니다. 그 금 등대의 불빛은 대제사장이 그곳에서 봉사하는데 꼭 필요한 성물입니다. 성막 안에는 금 등대의 불빛 이외에는 전혀 다른 빛이 없습니다. 성소는 거룩하신 하나님만 임재 하는 곳입니다."[899]라고 하였다.

출 25:31-32를 보면, "너는 순금으로 등잔대를 쳐 만들되 그 밑판과 줄기와 잔과 꽃받침과 꽃을 한 덩이로 연결하고, 가지 여섯을 등잔대 곁에서 나오게 하되 다른 세 가지는 이쪽으로 나오고 다른 세 가지는 저쪽으로 나오게 하며,"[900]라고 했다.

원문을 살펴보면 다음과 같다.

וְעָשִׂיתָ מְנֹרַת זָהָב טָהוֹר מִקְשָׁה תֵּעָשֶׂה הַמְּנוֹרָה יְרֵכָהּ וְקָנָהּ גְּבִיעֶיהָ כַּפְתֹּרֶיהָ וּפְרָחֶיהָ מִמֶּנָּה יִהְיוּ׃

---

898) John Ritchie, *op. cit.*, p. 127.

899) 이성호, *op. cit.*, p. 47.

900) 개역한글 성경, *op. cit.* 출 25:31-32.

'등대를'은 מְנוֹרָה(4501, 메노라)이며, '등대, 촛대'[902]의 뜻이 있다. 메노라는 נור(5135, 누르) 에서 유래했으며, '빛나다, 타다, 불'[903]의 뜻이 있다.

이러한 멤 접두 명사는 등불이 놓인 대(특별한 '등불 자리')를 나타낸다. 이것은 대개 장막이나 성전의 등대를 의미한다(예외, 왕하 4:10). 여호와는 모세에게 성소에 일곱 등불을 떠받치는 등대를 두라고 명령하셨다. 이 일곱 등불은 그의 백성에 대한 하나님의 완전한 주권을 상징한다. 일곱 등잔불의 빛은 항상 불타야 하며 아침과 저녁(까지) 정리해야 했다.(레24:2). 등불을 정리하는 동안 수행하는 자들은 하나님의 백성의 기도를 상징하는 향을 불살라야 했다(출 30:7-8, 참조: 카타르). 따라서 '등불'은 그의 말씀을 통하여, 그의 택하신 왕, 그리고 궁극적으로 그의 메시야를 통하여 행하시는 하나님의 인격적인 인도하심에 대한 상징이다(삼하 22:39).[904]

'등대'(מְנֹרֹת, 메노라트)는 나무 위에 순금을 입히는 것이 아니라 오직 '순금'(זָהָב טָהוֹר, 자하브 타호르, '정금')으로만 만들어야 했다. 왜냐하면 그 크기가 작았고, 이에 소요되는 품목들이 적은 양으로도 충분하였기 때문이다. 그럼에도 불구하고 실제로는 대략 34kg 정도의 금이 소요

---

901) 분해대조 성경, *op. cit.*, 출 25:31-32.
902) 김용환, *op. cit.*, p. 380.
903) *Ibid.*, p.435.
904) 이병철, *op. cit.*, 4501.

된 것으로 알려졌다.[905)]

하나님은 모세에게 "순수한" 금(정금)으로 등잔대를 만들라고 말씀하신다. "순수한"으로 번역된 히브리어 단어는 제사장들이 행하는 의식과 연관이 있다. 즉, "순수한" 것은 의식적으로 정결한 것이다. 그러나 이 단어는 구체적으로 금 안에 어떤 불순물도 남아 있지 않다는 의미에서 금의 금속공학적인 측면을 가리킬 수도 있다. 이 단어는 이외에도 '밝게 빛나는 것"을 의미하기도 한다. 따라서 "순수한 금'은 금의 밝게 빛나는 면을 강조한 것일 수도 있다. 이상의 "순수한"에 대한 세 가지 의미는 모두 가능하지만(의식적으로 정결한, 금속공학적으로 불순물이 없는, 색상이 밝게 빛나는), 금속학적인 의미가 가장 개연성이 높다.[906)]

하나님의 지도자들은 자기 백성을 제사장으로서의 민족, 즉 모든 민족들을 예배에서 하나님께로 인도해야 하는 민족으로 이끌어야만 했다. 슥 4장에서 끊이지 않고 계속 기름(즉 성령)을 공급 받는 등대(교회)에 대해 언급한다. 이에 대한 해석(슥 4:6 이하)에 따르면 이 상징은 스룹바벨(과 그의 추종자들)에게 적용되지만, 실로 스룹바벨 시대를 넘어서 메시야 시대에까지 확대 적용될 것이라는 사실은 분명한 것 같다(계1:20). 이러한 상징은, 그리스도인들은 세상의 빛이며(마 5:14) 그들의 등불은 항상 타고 있어야 하며(눅 12:35, 빌 2:15) 사람들 앞에 비추어(마 5:16) 불경건한 자를 하나님께로 인도하고 그리스도의 재림을 기다리는 복된 기대와 예비의 상태에 있게 하는 것이다. 신약성경에

---

905)   강병도, *op. cit.*, p. 235.
906)   J. Daniel Hays, *op. cit.*, pp. 63-64.

서도 역시 등대는 교회를 상징하는데, 이는 마땅히 인정되어야 한다 (계 1:20).[907]

'메노라'라는 말은 '빛'이라는 뜻의 '오르'에서 온 것이다. 즉, 등잔대 는 전적으로 '빛'과 연관되어 있다는 것이다. 그러므로 등잔대의 메 시지는 이것이다. '예배를 통해 우리 심령 속에 일어나는 역사는 빛 이요, 밝음'이라는 것이다. 예배는 그 자체가 빛으로 나오는 것이고, 예배를 통해 모든 심령이 어두움에서 밝음으로 바뀌는 것이다. 예배 가 어둡고, 침침하고, 예배 자들이 여전히 어두움 가운데 있다면 그 것은 예배가 아니다. 예배는 밝아야 한다. 예배를 드리는 사람들의 모든 심령이 밝아져야 한다. 그것이 참된 예배이다.[908]

이 등대는 성소 입구에서 안으로 들여다 보았을 때 지성소의 휘 장 앞 왼편에 위치하였는데 진설병상과 마주 보고 있다. 등대는 앙 장과 덮개로 덮인 어두운 성소 안을 환하게 밝혀 주는 구실을 하였 다(출 27:21). 이런 등대의 특성으로 인해 등대는 종종 빛과 진리 되시 는 예수 그리스도와 그의 사역을 예표 하는 것으로도 해석되었다(요 8:12).[909]

'쳐 만들되'에서 '쳐'는 מִקְשָׁה(4749, 미크샤)이며, NFS. '망치로 두들겨 만든 제품'[910]의 뜻이 있다.

미크샤는 קָשָׁה(7185, 카샤)에서 유래했으며, '어렵다, 굳다, 완고하다,

---

907)   이병철, *op. cit.*, 4501.
908)   유진소, <u>성막에서 예배를 배우다</u>, (서울: 사단법인 두란노 서원, 2020), pp. 73-74.
909)   한성천. 김시열, *op. cit.*, p. 73.
910)   김용환, *op. cit.*, p. 399.

곤란하다, 엄격하다, 맹렬하다, 통렬하다'[911]를 의미한다.

등잔대 제작 방법과 관련하여 하나님은 등잔대의 줄기와 잔과 꽃받침과 꽃을 "두들겨서" 만들라는 지시를 내릴 때 이 용어를 두 번 사용하신다(출 25:31, 36). 성막 건축을 위한 금세공 방법에는 두 가지 종류가 있다. 몇 가지 물품(궤의 상자 부분, 진설병이 놓인 상)은 나무로 만들고 그 위에 금박을 씌운다. 사실 금이 지닌 매우 중요한 특성중 하나는 순응성(malleability), 즉 금을 두드려 펴서 종잇장 같이 얇게 만들 수 있다는 것이다. 또 다른 금세공 방법은 금을 훨씬 더 두껍게(금박 정도는 아니지만 그래도 여전히 얇게) 두드려 편 다음, 속이 빈 물건을 만드는 것이다. 이러한 물건을 만들기 위해 나무로 된 틀을 사용하는데, 그 나무틀은 그대로 남겨두지 않고 나중에 제거한다. 아마도 이것이 등잔대를 만드는 방법일 것이다.[912]

치는 것은 슬픔과 고난을 상징하며, 이것은 곧 교회의 출생지인 십자가의 고난을 가리키고 있다. 바로 이 치는 과정을 통해 정금등대의 각종 가지와 꽃과 잔이 만들어졌다. 금 한 달란트가 침을 받기까지는 이 모든 것들이 아직 그 달란트 속에 숨겨져 있었다. 그러나 망치가 능숙한 손에 일단 쥐어지면 촛대는 만드는 사람의 눈앞에 틀림없는 작품으로 완성되어 놓일 때까지 하나씩 하나씩 만들어져 갔다. 교회도 그와 같이 형성되었다. 여호와 하나님께서 첫 아담을 "깊이 잠들게" 하신 후 그의 옆구리에서 그의 배우자가 될 "여자"를 지으셨다. 이 침(beating)은 십자가의 쓰디쓴 고난을 예시하고 있으며, 그

---

911) *Ibid.*, p. 616.
912) J. Daniel Hays, *op. cit.*, pp. 64-65.

리스도의 몸이자 신부인 교회는 바로 이 때문에 생겨났다. 한 달란트의 금은 그 자체가 값지고 귀한 것이었다. 하지만 그것을 치지 않았다면 정금 등대가 생겨나지 않았을 것이다. 둘째아담이신 하나님의 아들의 상하심과 죽으심이 없었다면 둘째 이브인 교회, 즉 그분의 몸이자 그분의 신부인 교회는 생겨날 수 없었을 것이다.[913]

'만들되'는 עָשָׂה(6213, 아사)이다. עָשָׂה(6213, 아사)는 '일하다, 행하다, 만들다, 형성하다, 이루다'[914]를 뜻한다.

"금 등대는 망치로 두드려서 만들어야 합니다. 금 스스로가 모형을 만들 수 없습니다. 누군가에 의하여 모형을 만들게 되어 있습니다. 금이 두들겨 맞지 않으면 등대의 형태가 만들어지지 않습니다. 금이 풀무 불에 들어가고 다시 나와 망치로 두들겨 맞고 여러 번 반복하고 또 다시 작은 망치로 수천 번 두드립니다. 그리고 계속해서 반복 될 때 금등대가 만들어집니다. 금 등대는 바로 고난당하시는 예수 그리스도를 상징합니다. 그가 십자가에서 고난당하시기로 작정된 유일한 하나님이십니다. 채찍을 맞고 옷이 찢겨지며 수치를 당하셨습니다. 그의 살과 피가 조각이 나고 더럽혀질 때 우리는 그 빛의 자녀가 되었습니다. 그가 십자가의 대속으로 순종할 때 빼앗겼던 그의 자녀를 찾으시고 영생의 복이 회복이 되었습니다. 그의 자녀들은 고난당하신 예수 그리스도의 십자가의 구속하심을 기억해야 합니다. 그의 희생과 순종의 사역이 완성된 빛으로 그의 백성을 비추게

---

913)   John Ritchie, *op. cit.*, pp. 128-129.
914)   김용환, *op. cit.*, pp. 536-538.

되었던 것입니다."[915]라고 하였다.

출 25:33을 보면, "이쪽 가지에 살구꽃 형상의 잔 셋과 꽃받침과 꽃이 있게 하고 저쪽 가지에도 살구꽃 형상의 잔 셋과 꽃받침과 꽃이 있게 하여 등잔대에서 나온 가지 여섯을 같게 할지며"[916]라고 하였다.

이것을 원문으로 보면 다음과 같다.

שְׁלֹשָׁה גְבִעִים מְשֻׁקָּדִים בַּקָּנֶה הָאֶחָד כַּפְתֹּר וָפֶרַח וּשְׁלֹשָׁה גְבִעִים מְשֻׁקָּדִים בַּקָּנֶה הָאֶחָד כַּפְתֹּר וָפָרַח כֵּן לְשֵׁשֶׁת הַקָּנִים הַיֹּצְאִים מִן־הַמְּנֹרָה:[917]

필자가 살펴본 바로는 '살구꽃 형상의 잔'(גְבִעִים מְשֻׁקָּדִים, 게비임 메슉카딤)라는 말을 사용하였다.

'잔'이라는 단어는 גָּבִיעַ(1375, 가비아)이며, '잔, 사발, 볼록하게 되다'[918]의 뜻이 있다.

'살구꽃 형상'이란 말은 שָׁקַד(8246, 샤카드)이며, '살구꽃 형상의, 편도모양처럼 되다'[919]의 뜻이 있다.

샤카드는 샤케드(שָׁקֵד, 8247, 편도)에서 유래한 동사이며, '편도모양처럼 되다'를 의미한다. 구약성경에서 이 단어는 6회, 푸알 분사형으로만 나오며, '편도 꽃 형상'(한글개역: "살구꽃 형상")의 잔을 묘사한다(출

---

915)   이성호, *op. cit.*, p. 47.
916)   개역한글 성경, *op. cit.*, 출 25:33.
917)   분해대조 성경, *op. cit.*, 출 25:33.
918)   김용환, *op. cit.*, p. 118.
919)   *Ibid.*, p. 700.

25:33, 출 25:34, 출 37:19, 출 37:20).[920]

또한 이 단어는 שָׁקַד(8245, 샤카드)에서 유래하였으며, '깨어있다, 지켜 보다, 지키다, 감시하다, 망보다, 경계하다'[921]를 의미한다.

살구꽃은 사실 우리말 번역이고, 정확히는 영어 번역 그대로 '아몬드 꽃'이다. 그런데 당시 우리말에는 '아몬드'가 없었기 때문에 살구 꽃으로 번역한 것이다. 어떤 히브리 대학의 한 유대인 교수는 아몬드 가 겨울이 지나고 봄이 오면 가장 먼저 꽃을 피우기에 생명과 능력 을 상징해서 그렇다고 하는데 그것이 틀린 말은 아니지만 성경적인 근거는 없다. 정확한 의미는 아몬드라는 히브리어 단어에 있다. 아몬 드는 히브리어로 '솨카드'이다. '솨카드'라는 말의 본래의 뜻은 '경계하 다, 잠자지 않다, 밤샘하다, 방심하지 않다'이다. 바로 이 단어를 그대 로 이름 붙인 것이 아몬드 곧 솨카드인 것이다. 그리고 그것이 바로 메노라인 것이다.[922]

그런데 이 동사의 명사형인 '솨케드'(שָׁקֵד)가 '살구나무'(전 12:5)를 뜻하 게 된 것은 이 살구나무가 이른 봄인 1, 2월에 꽃을 피워 봄을 미리 알리는 역할을 한 데서 비롯되었다고 한다. 이렇게 동일한 어근에서 나온 '솨카드'(경계하다, 지키다)와 '솨케드'(살구나무)의 관계를 가장 잘 드 러내고 있는 성경 본문은 렘 1:11,12이다. 여기에서 하나님은 예레미 야에게 '살구나무(솨케드)'를 통해(렘1:11) 하나님 자신이 그 말씀을 지 켜(쇼케드, '솨카드'의 분사형) 행한다는(렘1:12) 사실을 현장 교육 시키고

---

920) 이병철, *op. cit.*, 8246.
921) 김용환, *op. cit.*, p. 700.
922) 유진소, *op. cit.*, pp. 77-78.

계신다. 즉 예례미야는 살구나무를 보면서 그 나무가 지닌 의미에 의한 연상 작용을 통해 하나님이 그 말씀을 그대로 지키신다는 것을 확실하게 깨달아 읽게 된 것이다. 따라서 등대의 잔을 살구꽃 형상으로 만든 이면에는 단순히 장식만을 위한 것이 아니라 하나님의 성소에 나아오는 제사장들이 이를 보고 진리 가운데 항상 깨어 경성하며 영적으로 각성하라는 묵시적인 가르침도 있었음을 알 수 있다.[923]

살구꽃 모양의 꽃받침에서 나온 가지들처럼, 그리고 여호와께서 택하신 그 제사장의 지팡이에 났던 살구처럼 교회는 그리스도의 죽음과 부활의 열매이며 그리스도와 함께 살리심을 받고 축복을 받았다. 가지가 포도나무로부터 수액을 공급받듯 성도들도 그분으로부터 활액을 공급받아 의의 열매를 맺으며, "예수의 생명"이 "그들의 죽을 몸"에 나타난다(고후 4:11).[924]

"등대의 가지는 살구꽃 형상으로 만들어야 합니다. 살구꽃은 아몬드 꽃을 가리킵니다. 이스라엘 땅에서 제일 먼저 치는 꽃이 아몬드 꽃입니다. 이 꽃은 제일 먼저 겨울에서 봄을 알리는 꽃입니다. 그래서 금 등대의   은 살구꽃 형상으로 만들어야 합니다. 금 등대를 만들기 위해서는 망치로 금을 두드려야 합니다. 금은 두드리는 사람에 의해서 엄청난 고통으로 맞아야 합니다. 그래서 살구꽃 형상이 만들어지는 것입니다. 그 모습이 반복적으로 행할 때 완성될 수 있습니다. 금 등대는 빛 되시는 예수 그리스도를 상징합니다. 예수님은 부

---

923) 한성천. 김시열, *op. cit.*, pp. 74-75.
924) John Ritchie, *op. cit.*, p. 132.

활의 첫 열매가 되셨습니다. 그리고 죽음에서 제일 먼저 일어나셨습니다."[925]라고 하였다.

출 25:39-40을 보면, "등잔대와 이 모든 기구를 순금 한 달란트로 만들되, 너는 삼가 이 산에서 네게 보인 양식대로 할지니라."[926]라고 하였다.

원문은 다음과 같다.

כִּכַּר זָהָב טָהוֹר יַעֲשֶׂה אֹתָהּ אֵת כָּל־ הַכֵּלִים הָאֵלֶּה׃

וּרְאֵה וַעֲשֵׂה בְּתַבְנִיתָם אֲשֶׁר־ אַתָּה מָרְאֶה בָּהָר׃[927]

'한 달란트'는 כִּכַּר(3603, 킥카르)라는 말이다. כִּכַּר(3603, 킥카르)는 NFS. '원형지대, 둥근 빵, 원형 추, 달란트'[928]의 뜻이 있다.

히브리인들의 무게 단위이며, 후에 화폐 단위로도 사용된 한 달란트는 3000세겔, 즉 34kg에 해당한다. 등대와 부속 기구인 불집게, 불똥 그릇을 만드는 데 소요된 정금의 무게는 무려 34kg이나 되었던 것이다. 금 한 달란트는 은 한 달란트의 15배의 가치에 해당하며 은 1달란트는 헬라 화폐인 드라크마의 6000배인데, 1드라크마는 성인 한 사람의 하루 품삯이었다. 이렇게 본다면 금 한 달란트는 성인 9만 명의 하루 품삯에 해당하는 엄청난 금액이었다.[929]

---

925)   이성호, *op. cit.*, p. 48.
926)   개역한글 성경, *op. cit.*, 출 25:39-40.
927)   분해대조 성경, *op. cit.*, 출 25:39-40.
928)   김용환, *op. cit.*, pp. 307-308.
929)   한성천. 김시열, *op. cit.*, p. 79.

이성호 교수는 다음과 같이 말하였다. "한 달란트의 금 가격은 수 십억의 가치를 지니고 있습니다. 그 등대와 기구를 정금으로 만들라는 것은 십자가에서 구속하신 예수 그리스도의 그 가치를 가격으로 계산할 수 없는 무한한 사랑을 의미하고 있습니다. 금 등대의 제작은 작은 부품들을 만든 뒤에 하나로 결합한 것이 아니라 하나의 정금 덩어리에서 받침과 줄기와 가지가 만들어진 것입니다. 당시의 성막 건축의 책임자는 '브살렐'이었습니다. 그의 금속 가공이 얼마나 세심하고 대단한지를 엿볼 수 있습니다. 그 금 등대 하나를 조각가가 조각하듯이 세심하게 완성하기까지 정성이 필요했습니다. 모세는 하나님께서 시내 산에서 보여주신대로 기억하고 금 등대를 만들었습니다. 그 금 등대는 하나님의 방법으로 만들어져야 성소에서 사용할 수 있습니다. 예수 그리스도께서도 아버지의 방법대로 이 땅에 빛으로 오셔서 아버지의 뜻대로 사역하시고 그의 뜻대로 순종하여 십자가로 그의 뜻을 이루었습니다. 그의 희생으로 우리의 더러운 불순물의 죄가 조각조각 사라지고 그의 의가 임하게 된 것입니다. 금 등대는 빛 되시는 예수 그리스도를 상징합니다. 그 빛이 내게 비출 때 우리는 빛의 자녀가 되는 것입니다. 그 빛은 우리가 요구하거나 구하여 받는 것이 아니고 오직 예수 그리스도의 구속의 은혜 없이는 받을 수 없는 하나님의 선물입니다."[930]라고 하였다.

넷째, 성막의 떡 상(출 25:23-30).

성소의 다음 기구는 열두 개의 진설병이 놓인 진설병 상이다. 이 기구는 조각목으로 만들어진 후 그 위에 금이 입혀졌으며, 상부에는

---

930)　이성호, *op. cit.*, pp. 50-51.

금관 모양의 테가 둘려 있었다. 또 그 사면에 손바닥 넓이만한 턱을 만들고 그 턱 주위에 금으로 만든 두 번째의 테가 있었다. 고운 가루로 만들어져 그 위에 유향이 입혀진 열두 개의 진설병이 상 위에 두 줄로 놓여 있었다. 한 주가 끝날 때마다 제사장은 이 진설병을 새로운 것으로 교환하고 묵은 것은 제사장들이 먹었다. 진설병 상은 성소의 북쪽에 황금 촛대와 마주하여 서 있었다.[931]

누구에게 상을 만들라고 지시하는가? "너"에게이다. 모세를 가리킨다. 우리말 성경에서는 "너는" 이란 단어가 23, 29절에만 나오지만, 히브리어 본문에서는, 이 2인칭 단수 남성형 어미가 23, 23, 25, 26, 28, 29, 20 절에 모두 나온다. 출 25:10-27:19에서 하나님의 말씀을 듣는 대상자는 대부분 "너는"(2인칭 남성 단수)이다. 경우에 따라서는 "너희"(2인칭 남성복수)가 사용되기도 하지만, 성막의 제반 기구를 만들어야 되는 지시를 듣는 대상은 대부분 "너는"이다.[932]

"광야 40년 동안 농사를 지을 수 없었습니다. 그래서 만나를 가지고 진설병을 만들어 올렸습니다. 이스라엘 백성은 광야에서 육신을 위한 만나를 먹었으나 모두 죽었습니다. 성막에서 떡 상은 예수 그리스도를 상징합니다. 그 떡은 말씀을 상징합니다. 주님은 하늘에서 내려온 산 떡이라고 하셨고 이 떡을 먹으면 영생하리라고 말씀하셨습니다. 성막에서 드려지는 떡은 고운 가루를 취하여 드려야 합니다. 고운 가루는 순수한 가루를 의미합니다. 다른 것이 들어가지 않은 곧 누룩이 들어가지 않은 떡입니다. 총 12 개의 떡이 떡 상위에

---

931)　John Ritchie, *op. cit*., p. 116.
932)　왕대일, *op. cit*., pp. 122-123.

진설되어야 합니다. 떡은 안식일마다 새로운 떡으로 바꾸어야 합니다. 이 떡을 제사장이 먹을 때 반드시 거룩한 곳에서 먹어야 합니다. 하나님께서 이스라엘 백성에게 만나를 주신 목적은 인간이 떡으로만 사는 것이 아니라 여호와 하나님의 입에서 나오는 말씀으로 사는 것을 알게 하시기 위함입니다.”[933]라고 하였다.

출 25:23-24를 보면, “너는 조각목으로 상을 만들되 길이는 두 큐빗, 너비는 한 큐빗, 높이는 한 큐빗 반이 되게 하고, 순금으로 싸고 주위에 금 테를 두르고”[934]라고 하였다.

원문은 다음과 같다.

וְעָשִׂיתָ שֻׁלְחָן עֲצֵי שִׁטִּים אַמָּתַיִם אָרְכּוֹ וְאַמָּה רָחְבּוֹ וְאַמָּה וָחֵצִי קֹמָתוֹ׃

וְצִפִּיתָ אֹתוֹ זָהָב טָהוֹר וְעָשִׂיתָ לּוֹ זֵר זָהָב סָבִיב׃[935]

위 본문을 필자가 살펴보니 ‘상’은 שֻׁלְחָן(7979, 슐한)이라는 말이 사용되었다.

שֻׁלְחָן(7979, 슐한)은 ‘탁자, 식탁, 상’의 뜻이 있다.[936]

슐한은 שָׁלַח(7971, 샬라흐) 샬라흐(동사)는 기본 어근이며, ‘보내다, (손을) 뻗치다, 쫓아내다, 내보내다’[937]를 의미한다.

슐한은 성막, 성전의 의식용 상에 대해 사용되었다. 성막에는 진설

<hr>

933) 이성호, *op. cit.*, p. 52.
934) 개역한글 성경, *op. cit.*, 출 25:23-24.
935) 분해대조 성경, *op. cit.*, 출 25:23-24.
936) 김용환, *op. cit.*, p. 679.
937) *Ibid.*, pp. 678-679.

병을 두는 상이 하나 있었다(출 25:23 이하, 레 24:6, 민 3:31, 민 4:7). 솔로몬은 성전을 위해서 열 개의 상을 만들었으며(대하 4:8), 에스겔 성전은 열두 개의 상이 있었다(겔 40:39-43.).[938]

이 상은 아카시아 나무를 사용하여 길이 91㎝, 넓이 46㎝, 높이 69㎝의 크기로 만들고 금으로 완전히 입혀야 한다. 이 상의 용도는 "진설병"을 놓기 위함이다. 레위기 24:5-9는 떡에 관한 자세한 내용 가운데 일부를 소개한다. 레위 제사장들은 이스라엘의 열두 지파를 상징하는 것으로 보이는 떡 열두 점을 안식일마다 상에 놓아야 한다. 또한 상위에 금으로 된 대접과 숟가락과 병과 "붓는 잔"을 놓아야 한다(출 25:29; 37:16). 지성소의 궤와 마찬가지로 상은 채를 이용하여 다루고 옮겨야 하는데 이는 상의 거룩한 지위를 강조하는 것이다(출 25:26-28; 37:12-15).[939]

성소 입구에서 안으로 들여다보았을 때 지성소 휘장 앞 오른편에 위치하여 등대와 마주보게 놓여 있었다. 그 상 위에는 하나님께 드리는 12지파를 상징하는 12개의 무교병이 놓여 있었기 때문에 이 상은 진설병상이라고도 불렀다.[940]

그런데 이 '진설병'에는 놀라운 의미가 담겨 있습니다. 우리말로는 '진설병' 즉 '제사의 법식에 따라 상 위에 차려 놓은 떡'이라고 쓰고 있지만 히브리어는 그 의미가 좀 다르다. 진설병은 히브리어 '레헴 파님'(לֶחֶם פָּנִים)이라 하는데 여기서 '레헴'(לֶחֶם)은 '베들레헴'(בֵּית לֶחֶם)에서 보

---

938) 이병철, *op. cit.*, 7979.

939) J Daniel Hays, *op. cit.*, pp. 60-61.

940) 한성천. 김시열, *op. cit.*, p.. 63.

듯이 '빵'을 말하는 것이고, 정말 중요한 의미는 바로 '파님'(פָּנִים)이다 (실제로 '진설병'을 '레헴 파님'(לֶחֶם פָּנִים)이라고 길게 부르지 않고 그냥 '파님'이라고 부르기도 한다). 그러면 '파님'(פָּנִים)은 무언인가? 이것은 바로 '얼굴'이다. 그러니까 진설병, 즉 '레헴 파님'(לֶחֶם פָּנִים)의 정확한 의미는 '얼굴의 빵'인 것이다.[941]

'레헴 파님'(לֶחֶם פָּנִים)에는 두 가지 의미가 있다. 한편에서는 문자적으로 "얼굴의 빵"(bread of faces)이다. 히브리어 "파님"(얼굴)이 "누구누구 앞에"라는 의미를 지니기에, "레헴 파님"(לֶחֶם פָּנִים)은 하나님의 "면전에 차려진 빵"이 된다. 그래서 "거룩한 떡"(삼상 21:4)이라고도 불렸다. 다른 한편으로 히브리어 "파님"(단수에서는 파네, פָּנֶה)에는 장소적인 의미도 있다. 즉, "어디어디 앞에"라는 뜻도 있다. 이 경우 "레헴 파님"(לֶחֶם פָּנִים)은 "보여주는 빵"(bread of display)이 된다.[942]

"진설병"이란 "알현 떡(the presence bread)" 혹은 "얼굴 떡(bread of the faces)"을 뜻한다.[943]

향단에서는 예배가 있었고 진설병 상에서는 교제가 있었다. 향단에서는 제사장이 드리기만 했지만 진설병 상에서는 드리기도 하고 받기도 했다. 매 안식일마다 제사장은 새 진설병을 여호와께 그리려고 가져왔으며, 매 안식일마다 제사장은 하나님의 떡을 그분이 주시는 것처럼 받았다. 전자는 우리가 가까이 나아가 예배할 때 하나님께 그리스도를 드리는 것을 표현하며, 후자는 우리 영혼이 먹는 떡

---

941) 유진소, *op. cit.*, pp. 65-66.
942) 왕대일, *op. cit.*, p 126.
943) John Ritchie, *op. cit.*, p. 117.

이 되시는 그리스도를 하나님께서 우리에게 주시는 것을 나타낸다. 제사장들은 여호와께 드린 예물 중에서 자기 몫을 취했으며, 그들은 이것을 개인적으로, 다른 시간과 장소에서 먹을 수 있었다. 성소 안의 진설병 상에 있는 주님의 만찬을 함께 나누는 성도들과 하나님 사이의 교제 및 성도와 성도 사이의 교제에 대한 특별한 표현이다.[944]

그런데 식탁을 함께 한다는 것은 상호 사랑을 나누는 것을 가리킨다는 점에서 상은 사랑과 화목을 상징한다(삼하 9:12; 시 23:5) 따라서 성막 안에 상이 있다는 것은 하나님께서 당신의 백성들과 깊은 사랑을 나누시겠다는 의미이다. 그리고 당시 짐승 가죽을 땅에 펴고 그 위에 음식을 올려놓아 식사하던 중근동 유목민들의 식사 습관을 비추어 볼 때 성소에서 배치한 금으로 싼 상은 그 자체만으로도 최고의 존경과 경외를 표한다는 의미를 지녔다.[945]

이성호 교수는 "'슐한'은 제사용으로 쓰임 받는 상을 의미합니다. 이 상도 역시 예수 그리스도를 상징합니다. 상 위에 진설병이 올라갑니다. 이 떡은 하나님께 바쳐지는 거룩한 떡이라는 의미입니다. 떡은 예수 그리스도의 못 박힌 살을 의미합니다. 주님께서 잡히시기 전날 밤 제자들과 식사를 나누실 때 이는 너희를 위한 내 몸이라고 말씀하셨습니다. 상은 예수 그리스도의 십자가의 죽음을 상징합니다. 이 상은 땅에서 높이 올려져있습니다. 그의 살과 피가 십자가에서 찢기고 손가락질당할 때 세상의 죄와 이혼하고 올무에서 벗어나 거룩한

---

944) John Ritchie, *op. cit.*, p. 119.
945) 한성천. 김시열, *op. cit.*, p.. 63.

백성으로 돌아 왔다는 것을 의미합니다. 그리고 부정하지 않은 몸으로 올려 짐을 받았다는 것입니다.”[946]라고 하였다.

출 25:25-26을 보면, “그 주위에 손바닥 넓이만한 턱을 만들고 그 턱 주위에 금으로 테를 만들고, 그것을 위하여 금 고리 넷을 만들어 그 네 발 위 네 모퉁이에 달되,”[947]라고 하였다.

이것을 히브리어 원문으로 보면 다음과 같다.

וְעָשִׂיתָ לוֹ סָבִיב וְעָשִׂיתָ זֵר־ זָהָב לְמִסְגַּרְתּוֹ סָבִיב:
וְעָשִׂיתָ לּוֹ אַרְבַּע טַבְּעֹת זָהָב וְנָתַתָּ אֶת־ הַטַּבָּעֹת עַל אַרְבַּע הַפֵּאֹת אֲשֶׁר לְאַרְבַּע רַגְלָיו:[948]

필자가 살펴본 바로는 ‘손바닥 넓이만한 턱’(מִסְגֶּרֶת טֹפַח, 미쓰께레트 토파흐)라는 말을 사용하였다. ‘미쓰께레트’(מִסְגֶּרֶת, 4526)는 ‘가장자리, 테두리, 요새, 견고한 곳,’[949]의 뜻이 있다.

미스케레트는 사가르(סָגַר, 5462)에서 유래했으며, ‘수축하다, 잠기다, 넘기다, 간직하다, 내주다, 압제하다, 봉쇄한다, 가두어두다, 닫혀있다’[950]의 뜻이 있다.

‘가장자리, 테(두리)’의 뜻이며, 미스케레트는 성막에 있는 진설병의 상의 테두리(출 25:25, 출 25:27, 출 37:12, 출 37:14), 솔로몬 성전 바퀴달린 바다의 기초부분(왕상 7:28, 왕상 7:29, 왕상 7:31, 왕상 7:32, 왕상 7:35, 왕상

---

946)   이성호, *op. cit.*, p. 52.
947)   개역한글 성경, *op. cit.*, 출 25:25-26.
948)   분해대조 성경, *op. cit.*, 출 25:25-26.
949)   김용환, *op. cit.*, p. 382.
950)   *Ibid.*, p. 471.

7:36, 왕상 16:17)에 대해 사용되었다.[951]

턱은 평평한 곳에 갑자기 조금 높인 자리를 의미한다. 이 턱은 손바닥 넓이로 만들어 떡 상의 둘레를 따라 만들었는데 이렇게 진설병상 주변에 옆판으로 테두리를 두른 이유는 진설병상에 올려진 하나님께 바쳐진 떡이 아래로 미끄러져 하나님의 거룩하심을 훼손하는 일이 없도록 하기 위함이었다.[952]

그리고 '토파흐'는 טֹפַח(2948, 토파흐)이며, '손바닥 넓이만한'[953]의 뜻이 있다.

토파흐는 타파흐(טָפַח, 2946)에서 유래했으며, '펴다, 펼치다, 뻗다, 벌리다, 확장하다, 운반하다, 나르다'[954]의 뜻이 있다.

'손바닥 넓이'(출 37:12; 겔 40:5), 즉 '한 뼘'을 의미한다. '손바닥 넓이'라 함은 대략 7.6㎝를 말한다.[955]

"예수 그리스도 위에 올려 진 백성은 사단의 권세에 넘겨지지 않고 예수 그리스도의 피 흘림의 은혜에 잠기며 안전하게 보호를 받으며 살아갈 수가 있음을 예표하고 있습니다."[956]라고 하였다.

출 25:27-30을 보면, "턱 곁에 붙이라 이는 상을 멜 채를 꿸 곳이며, 또 조각목으로 그 채를 만들고 금으로 싸라 상을 이것으로 멜 것이니라. 너는 대접과 숟가락과 병과 붓는 잔을 만들되 순금으로 만

---

951)   이병철, *op. cit.*, 4526.
952)   한성천. 김시열, *op. cit.*, p. 64.
953)   김용환, *op. cit.*, p. 246.
954)   *Ibid.*,
955)   한성천. 김시열, *op. cit.*, p. 64.
956)   이성호, *op. cit.*, p. 53.

들며, 상 위에 진설병을 두어 항상 내 앞에 있게 할지니라."[957]라고
하였다. 30절을 원문으로 보면 다음과 같다.

וְנָתַתָּ עַל־ הַשֻּׁלְחָן לֶחֶם פָּנִים לְפָנַי תָּמִיד:[958]

'항상 내 앞에 있게 할지니라'(לְפָנַי תָּמִיד, 레파나이 타미드)고 했는데, '레
파나이'는 '~에게(to)'라는 뜻의 전치사 '레'와 '얼굴'이란 뜻의 '파님(פָּנִים)'
과 1인칭 단수 접미어가 결합된 형태이다. 이처럼 전치사 '레'에 '파님'
이 결합하면 항상 '~ 의 앞에서'(출 34:23; 신 31:11)라는 의미를 갖는 히
브리어의 관용적 표현이 된다.[959]

또 '타미드'는 תָּמִיד(8548, 타미드)이며, '항상, 연속, 계속, 영속'[960]의 뜻
이다.

타미드(명남)는 '펴다, 계속하다, 계속적으로, 항상, 매일, 연속성,
계속 continuity, 영속 perpetuity'를 의미한다. 타미드는 올라(עֹלָה,
5930)와 함께 형용사적 속격 구문으로 가장 자주 사용되어, 매일 아
침과 저녁에 하나님께 계속적으로 드리는 전번 제물을 나타낸다(출
29:42, 민 28:6, 민 28:10, 민 28:15, 민 28:23, 스 3:5, 느 10:34).[961]

따라서 본문은 진설병상의 진설병은 매일매일, 그리고 죽을 때까
지 규례에 따라 멈추지 말고 하나님 앞에 올려놓으라는 의미이다.

---

957)　개역한글 성경, *op. cit.,* 출 25:27-30.

958)　분해대조 성경, *op. cit.,* 출 25:30.

959)　한성천. 김시열, *op. cit.,* p. 67,

960)　김용환, *op. cit.,* p. 721.

961)　이병철, *op. cit.,* 8548.

이는 곧 우리들이 먹고 마시며 호흡하고 살아가는 모든 것이 하나님의 은혜로 된 것인 줄 알고 매일매일, 그리고 죽는 날까지 잊지 말고 하나님 앞에 감사하라는 영적 의미를 가지고 있다.[962]

가장 중요한 것은 '하나님의 얼굴'이다. 그 얼굴이 네게서 돌려지고, 가려지고, 외면하시는 삶이 아닌, 그 얼굴이 너를 향해 계시고, 하나님이 그렇게 너를 대면해서 보시는 삶을 사는 것, 그것이 최고의 은혜를 받는 것이요, 그것이 최고로 아름다운 삶을 사는 것이요, 그래서 이것이 최고의 축복을 받는 것이라는 것이다(민 6:24-26).[963]

"진설병은 떡 상위에 올려진 떡을 의미합니다. 진설된 떡은 지극히 거룩한 것으로 구별되었습니다. 진설병은 하나님 임재의 떡입니다. 제사장이 그 떡을 떡 상에 올리면서 하나님의 임재를 기다렸을 것입니다. 우리도 예배를 통하여 하나님의 임재하심을 기다려야 합니다. 하나님의 거룩하심의 은총은 죄인에게 엄청난 사죄의 은총과 자비와 긍휼을 의미합니다. 또한 진설병 재료는 고운 가루에 기름과 소금이었습니다. 그리고 화덕에 구워 만듭니다. 소금은 하나님의 언약을 상징합니다. 언약 백성은 반드시 말씀을 듣고 지켜 순종해야 합니다. 성도가 소금의 짠맛을 잃으면 안 됩니다. 성도가 복음의 맛을 잃으면 멸망 받습니다. 하나님께서 만세 전에 택한 백성은 그 말씀에 귀를 기울이고 말씀의 떡을 사모합니다. 그리고 거룩한 주일을 철저히 지키면서 교제할 때 복을 누리게 됩니다."[964]라고 하였다.

---

962)	한성천. 김시열, *op. cit.*, p. 67.
963)	유진소, *op. cit.*, p. 67.
964)	이성호, *op. cit.*, p. 55.

다섯째, 성막의 분향단(출 30:1-10).

분향단은 등잔대, 제단과 함께 제사장이 보살펴야 하는 회막의 기구이다. 등잔대와 제단과 분향단은 아침저녁마다 손질하거나 다루거나 살펴야 한다. 등잔대와 제단과 분향단은 일종의 소프트웨어이다. 성막이 회막으로 운영되는 프로그램에 등불관리, 제단 관리 분향단 관리가 있다는 것이다. 이 세 가지는 제사장이 수행해야 할 일상적인 사역이다(출 27:21, 28:1, 29:44, 30:7, 10). 따라서 25:1-30:1이 분향단을 만들라는 지시를 맨 뒤에 둔 것은 분향단 관리가 등불 관리와 제단 관리 다음에 이어지는 회막 봉사이기 때문이다.[965]

이 분향단은 높이 91㎝, 가로 46㎝, 세로 46㎝의 정 사각기둥 모양이어야 하며 아카시아 나무로 만들고 금으로 입혀야 한다. 상단의 네 모서리에 돌기를 세워야 하는데, 본문에서는 이를 "뿔"이라고 부른다(출 30:1-3). 이러한 유형의 제단을 "뿔이 달린 제단"이라고 부르는데, 구약서경, 시대에는 상당히 흔한 일이었다. 분향단은 양 측면에 금 고리를 달고 금으로 입힌 아카시아 나무로 된 채를 고리에 끼워 그것을 운반하는 데 사용하도록 만들어야 한다. 분향단은 성소 안, 즉 지성소와 성소를 나누는 휘장 정면에 놓아야 한다. 대제사장 아론은 아침과 저녁마다 등잔대에 등불을 켜기 위해 성소로 나아올 때 분향단에 향을 태워야 한다(출 30:7-8). 이러한 행위는 제사장들이 성소에 있을 동안에는 언제나 그곳이 연기와 향내로 가득 차 있어야 한다는 의미를 갖고 있다. 그뿐만 아니라 분향단과 그 제단에서 태우는 특별한 향은 매년 한 번 있는 속죄일에 대제사장이 드리는 속

---

965) 왕대일, *op. cit.*, p. 176.

죄제에서 중요한 역할을 담당한다(출 30:10; 레 16:11-19).[966]

　"성소에서 분향단은 향을 피우는 곳입니다. 조각목으로 만들고 금으로 싸서 만들었습니다. 사방에 4개의 뿔을 만들고 상단 4면에 금테를 둘러야 합니다. 분향단은 속죄소 맞은편에 두었습니다. 그리고 아침과 저녁으로 향기로운 향을 피워 하나님께 향을 올려드렸습니다. 성막에서 분향단이 없으면 제사장의 사역을 할 수 없을 만큼, 동물의 피 썩는 냄새가 진동했기 때문입니다. 이스라엘 백성들이 죄를 지을 때마다 속죄 제물을 가지고 와서 하나님께 제사를 드렸습니다. 그래서 그 피를 휘장에 뿌려지기 때문에 피 썩는 냄새가 났습니다. 그때 필요한 것이 분향단의 향기로운 냄새가 필요했던 것입니다. 그 향기가 하늘로 올라가는데 성도의 기도라고 말씀하셨습니다. 우리의 기도를 천사가 금향로에 담아 보좌 앞으로 가지고 올라갑니다. 그래서 그 향을 피우기 위하여 향단이 필요했습니다."[967] 라고 하였다.

　출 30:1-2에 보면, "너는 분향할 제단을 만들지니 곧 조각목으로 만들되, 길이가 한 큐빗, 너비가 한 큐빗으로 네모가 반듯하게 하고 높이는 두 큐빗으로 하며 그 뿔을 그것과 이어지게 하고,"[968]라고 하였다.

　원문은 다음과 같다.

---

966)　J. Daniel Hays, *op. cit.*, pp. 68-69.
967)　이성호, *op. cit.*, p. 56.
968)　개역한글 성경, *op. cit.*, 출 30: 1-2.

וְעָשִׂיתָ מִזְבֵּחַ מִקְטַר קְטֹרֶת עֲצֵי שִׁטִּים תַּעֲשֶׂה אֹתוֹ:
אַמָּה אָרְכּוֹ וְאַמָּה רָחְבּוֹ רָבוּעַ יִהְיֶה וְאַמָּתַיִם קֹמָתוֹ מִמֶּנּוּ קַרְנֹתָיו:[969]

필자가 위 본문을 살펴보니 '분향할 단'은 מִזְבֵּחַ מִקְטַר קְטֹרֶת(미즈뻬아흐 미크타르 케토레트)라고 하였다.

'미크타르'는 מִקְטַר(4729, 미크타르)이며, '분향하는 장소(제단), 희생제물을 태우는 장소, 향로'[970]의 뜻이 있다.

미크타르는 카타르(קָטַר, 6999)에서 유래했으며, '향을 피우다, 향을 피워 올리다, 태우다, 분향하다, 불사르다, 향내 풍기다, 사르다'[971]의 뜻이 있다.

또한 '케토레트' 역시 '미크타르'와 같이 '카타르'에서 유래하였는데, '케토레트'는 קְטֹרֶת(7004, 케토레트) NFS, '분향연기, 태우는 희생제물의 냄새나 향기'[972]의 뜻이 있다.

케토레트는 카타르(קָטַר, 6999)에서 유래했으며, '향을 피우다, 향을 피워 올리다, 태우다, 분향하다, 불사르다, 향내 풍기다, 사르다'의 뜻이 있다. '연기, 태우는 희생제물의 냄새 또는 향기, 향(incense)'을 의미한다. 케토레트는 불사를 때 향기로운 냄새를 발하는 것을 의미한다. 즉 향기(잠 27:9) 또는 (보다 일반적으로는) 제의용 향을 의미한다(출 25:6, 출 30:7-9, 민 7:14-62, 대상 6:49, 대하 2:4, 시 66:15, 잠 27:9, 사 1:13, 겔 8:11,

---

969) 분해대조 성경, *op. cit.*, 출 30: 1-2.
970) 김용환, *op. cit.*, p. 307.
971) *Ibid.*, p. 601.
972) 김용환, *op. cit.*, p. 602.

겔 16:18 등).[973]

그리고 본문 서두에 나오는 '미즈빼아흐'(מִזְבֵּחַ)는 '제단'이란 뜻인데 따라서 본문을 직역하면 '향의 분향 제단' 혹은 '분향의 향단'이다. 이처럼 동일한 어근의 단어가 두 번 반복된 것은 강조의 뜻을 갖는데 이는 기도를 상징하는 하나님께 향을 바치는 그 일이 매우 중요한 일임을 암시하는 것이다.[974]

"이스라엘 백성은 향의 연기가 희생 제물의 피와 함께 하늘에 상달 될 때 자신들의 기도도 함께 올라간다고 믿었습니다. 예수 그리스도께서도 자신의 몸을 십자가에서 희생 제물로 태우고 그의 백성에게 생명의 은혜를 베풀어 주셨습니다. 우리의 죄가 그에게 전가되었기 때문에 스스로 희생 제물이 되시고 자신의 몸을 태우신 것이다."[975]라고 하였다.

'네모가 반듯하게'는 רָבַע(7251, 라바)라는 말이다.

רָבַע(7251, 라바)는 '네모 반듯하게, 정사각형으로 하다, 네모(직각)로 하다'[976]의 뜻이 있다.

그리스도는 제단이요, 성도들은 제사장이며, 하늘은 예배의 장소다. 하나님을 예배하는 지상의 장소는 처음에는 성막이요 그다음은 성전이었다. 그러나 그리스도의 십자가 이후로는 우리의 금향단은 하늘에 있으며 우리는 믿음과 진정으로 거기에 가 그분으로 말미암

---

973)   이병철, *op. cit.*, 6999.
974)   한성천. 김시열, *op. cit.*, p. 277.
975)   이성호, *op. cit.*, p. 56.
976)   김용환, *op. cit.*, p. 623.

아 하나님을 예배한다.[977]

"분향단은 네모반듯해야 합니다. 향단을 네모반듯하다는 것은 하나님께 기도하는 자세가 하나님의 공의대로 바르고 정직한 기도를 드리라는 의미입니다. 자신의 정욕을 위한 기도를 드리지 말고 그의 나라와 그의 '의'를 위한 기도를 드리라는 의미입니다. 그래서 하나님과의 관계가 바르게 하고 이웃과 화목한 후에 기도드리라는 의미입니다."[978]라고 하였다.

또한 분향단은 속죄소 맞은편에 두어야 한다고 했다.

출 30:5-6의 히브리어 원문을 보면 다음과 같다.

וְעָשִׂיתָ אֶת־הַבַּדִּים עֲצֵי שִׁטִּים וְצִפִּיתָ אֹתָם זָהָב׃

וְנָתַתָּה אֹתוֹ לִפְנֵי הַפָּרֹכֶת אֲשֶׁר עַל־אֲרֹן הָעֵדֻת לִפְנֵי הַכַּפֹּרֶת אֲשֶׁר עַל־הָעֵדֻת אֲשֶׁר אִוָּעֵד

לְךָ שָׁמָּה׃[979]

'맞은 편'은 פָּנִים(6440, 파님)이며, '맞은편, 얼굴, 건너편, 진설병, 현관, 얼굴빛, 얼굴을(땅에 대고 엎드리다), 출입구' 등의 뜻이 있다.[980]

파님은 파나(פָּנָה, 6437)에서 유래했으며, '권고하다, 돌아가다, 돌아보다, 쳐다보다, 섬기다, 들어가다, 바라보다, 향하다'[981]의 뜻이 있다.

파님은 ① 사람의 얼굴(창 31:2), "그의 외모"(창 4:5), 한 인간 전체를

---

977) John Ritchie, *op. cit.*, p. 112.

978) 이성호, *op. cit.*, p. 56.

979) 분해대조 성경, *op. cit.*, 출 30:5-6.

980) 김용환, *op. cit.*, pp. 556-557.

981) *Ibid.*, pp. 555-556.

뜻하는 대용어(신 7:10)로 사용되었다. ② 관찰자에게로 향해진 면, 예를 들어 '지면'(창 2:6), ③ 이 단어는 관계를 표현하기 위하여 여러 전치사들과 함께 사용된다. 예를 들면, ~의 면전에서(before the face of), ~앞에서(before), ~속으로(into), ~의 정면에서(in front of), ~의 반대편에(opposite) 등이다.[982]

"분향 제단은 증거궤 위 속죄소 맞은편 곧 증거궤 앞에 있는 휘장 밖에 두어야 합니다. 그 속죄소는 하나님과 만날 장소입니다."[983]라고 하였다.

필자가 보니 '증거궤'는 עֵדוּת(5715, 에두트)라는 말이 사용되었다.

עֵדוּת(5715, 에두트)는 '증거'[984]의 뜻이다.

'에두트'는 우드(עוּד, 5749)에서 유래했으며, '되돌아가다, 반복하다, 다시 행하다, 증거하다, 얽히다, 경고하다, 비유하다, 바로서다, 증거한다, 입증하다, 권면하다'[985]의 뜻이 있다.

"증거궤는 성소의 가장 깊은 곳, 가장 거룩한 장소인 지성소 안에 보관되어 있습니다. 그곳에 하나님의 말씀인 십계명의 두 돌판이 들어있는 거룩한 장소입니다. 성막 전체에서 가장 신성한 장소입니다. 그 말씀은 이스라엘 백성에게 경고의 말씀입니다. 말씀을 반복하여 읽고 회개하여 깨닫고 돌아오라는 말씀입니다. 그 말씀의 중심은 거룩하신 하나님을 증거하는 말씀입니다. 분향단은 바로 이 증거궤 앞

---

982)   이병철, *op. cit.*, 6440.
983)   이성호, *op. cit.*, p. 58.
984)   김용환, *op. cit.*, p. 495.
985)   *Ibid.*, pp. 497-498.

에 놓아두어야 합니다."[986]라고 하였다.

분향단이 하나님이 임재하시는 지성소의 휘장 바로 앞에 놓이게 된 이유는 두 가지이다. 첫째는 분향이 성도의 기도를 상징하므로 하나님께서 항상 성도들의 곁에 계시며 그들의 기도에 귀 기울이신 다는 사실을 보여주시 위한 것이었다. 둘째는 분향단의 연기가 언제 나 지성소의 휘장을 가리게 함으로써 존귀하시고 거룩하신 하나님 에 대해 경외심을 갖게 하기 위함이었다.[987]

분향단은 성소에서 제사장이 향을 피우는 곳이다(출 30:7-8).

출 30:7-8에 보면, "아론이 아침마다 그 위에 향기로운 향을 사르 되 등불을 손질할 때에 사를지며, 또 저녁 때 등불을 켤 때에 사를 지니 이 향은 너희가 대대로 여호와 앞에 끊지 못할지며,"[988]라고 하 였다.

이것을 다시 히브리 원문을 보면 다음과 같다.

וְהִקְטִיר עָלָיו אַהֲרֹן קְטֹרֶת סַמִּים בַּבֹּקֶר בַּבֹּקֶר בְּהֵיטִיבוֹ אֶת־ הַנֵּרֹת יַקְטִירֶנָּה׃
וּבְהַעֲלֹת אַהֲרֹן אֶת־ הַנֵּרֹת בֵּין הָעַרְבַּיִם יַקְטִירֶנָּה קְטֹרֶת תָּמִיד לִפְנֵי יְהוָה לְדֹרֹתֵיכֶם׃[989]

필자가 위 본문을 살펴보니 '향기로운 향을… 사르되'(קְטֹרֶת סַמִּים … וְהִקְטִיר, 웨히크틸 … 케토레트 쌈밈)라고 하였다.

---

986)　이성호, *op. cit.,* p. 58.
987)　한성천. 김시열, *op. cit.,* p. 280.
988)　개역한글 성경, *op. cit.,* 출 30:7-8
989)　분해대조 성경, *op. cit.,* 출 30:7-8.

'향기로운'은 ㅁㅁ(5561, 삼)이며, '향료, 분향, 향품, 향기로운'[990]의 뜻이다.

따라서 '케토레트 쌈밈'은 직역하면 '분향의 향' 또는 '향품의 향'이 된다. 하나님께서 시내 산에서 모세에게 성막 제작에 관한 구체적이고 세부적인 규례와 양식을 말씀하실 때 '향품'의 제조 규례에 대해서도 분명하게 말씀해주셨다(출 30:34-38). 분향은 바로 이런 정해진 규례에 따라 제작되어 하나님 앞에 드려져야 했다. 결국 이는 하나님이 정해주신 규례에 따라 제조된 향이라야 하나님께서 기쁘게 받으시는 향기로운 향이 된다는 사실을 분명하게 가르쳐 준다. 한편 향은 성도가 하나님께 드리는 기도를 상징한다. 이러한 향의 제조 방식까지 하나님께서 직접 계시하셨다는 사실은 우리가 하나님 앞에 드리는 기도에도 하나님이 원하시는 내용과 형식이 있다는 것을 가르쳐 준다. 아무렇게나 기도해도 하나님이 무조건 그 기도를 다 들어 응답하시는 것은 아니다. 그래서 예수님께서도 친히 기도의 방법과 기도의 내용(즉, 주기도문)을 가르쳐 주셨던 것이다(마 6:9-13). 뿐만 아니라 주님은 먼저 기도해야 할 것과 나중에 기도해야 할 내용도 구분해주셨다(마 6:33).[991]

이것은 여호와의 명령대로 네 종류의 향료(소합향, 나감향, 풍자향, 유향)로 만들어진 거룩한 향이다. 아무도 이것과 비스하게 만들어져서는 결코 안 되었다. 왜냐하면 만일 누가 그렇게 했다간 여호와의 백

---

990)   김용환, *op. cit.*, p. 480.
991)   한성천. 김시열, *op. cit.*, p.281.

성 중에서 끊어졌기 때문이다.[992]

위 본문을 보면, '사르되'는 קָטַר(6999, 카타르)라는 말이 사용되었다.

קָטַר(6999, 카타르)는 '희생제물을 불사르다, 연기로 그것을 올려 보내다'의 뜻이 있다.[993]

'카타르'는 קְטֹרֶת(7004, 케토레트)에서 유래했으며, '연기, 태우는 희생제물의 냄새나 향기, 태우다, 사르다, 향냄새'[994]의 뜻이 있다.

케토레트는 불사를 때 향기로운 냄새를 발하는 것을 의미한다. 즉 향기(잠 27:9) 또는 (보다 일반적으로는) 제의용 향을 의미한다(출 25:6, 출 30:7-9, 민 7:14-62, 대상 6:49, 대하 2:4, 시 66:15, 잠 27:9, 사 1:13, 겔 8:11, 겔 16:18 등).[995]

제사장이 성소에 들어가서 등을 손질하거나(아침에) 등불을 켤 때에(저녁에) 피워야 할 향은 하나님의 계시가 선포되는 증거궤를, 하나님의 임재가 있는 보좌를, 속죄소가 있는 지성소를 보호하는 장치이다. 분향단의 향은 하나님의 임재를 보호하는 수단이다. 오래전 구약학자 멘델홀(G. Mendenhall)은 분향단에서 피우는 향을 "마스크"(mask)라고 불렀다.[996]

즉, 가리개이다. 분향할 제단은 하나님의 영광을 보호하는 가리개라는 것이다. 하나님은 사람의 분으로 보아서는 안 된다. 분향단에

---

992)　John Ritchie., *op. cit.*, p. 113.

993)　김용환, *op. cit.*, p. 601.

994)　*Ibid.*, p. 602.

995)　이병철, *op. cit.*, 7004.

996)　G. E. Mendenhall, *The Tenth Generation: The Origin of Biblical Tradition,*(Baltimore: The Johns Hopkins Univ., 1973), p. 212, 왕대일, *op. cit.*, p. 181에서 재인용.

서 사르는 향은 하나님의 임재를 가려주는 구름이고 하나님의 영광을 보호하는 마스크이다.[997]

이성호 교수는 "아론은 아침과 저녁에 향기로운 향을 즉시 피워야 합니다. 이 향은 연기로 올라가게 하는 성도의 기도입니다. 그 향기는 등불을 손질할 때도 향을 피워야 합니다. 그 향은 하나님께서 정하시고 받으시는 향기입니다. 기도는 빛 되시는 예수 그리스도 앞에서 드려야 향기로운 기도가 되는 것입니다. 그 향기로운 기도는 주님의 은혜 없이는 하나님께서 기뻐하지 않으십니다. 향을 규칙적으로 피웠듯이 성도의 기도는 규칙적으로 끊임없이 드려야 합니다."[998]라고 하였다.

필자가 보니 '다른'은(출 30:9) זר(2114, 주르)라는 말이 쓰여졌다.

זר(2114, 주르)는 '다른, 배반하다, 이방, 음녀, 대작, 외국인, 창녀'[999]의 뜻이 있다.

다른 향과 다른 불은 용납되지 않았다. 번제단의 희생제물을 사르던 불이 향단의 향을 살랐다. 그리고 속죄제물의 피가 일 년에 한 번씩 향단의 뿔에 발라졌다. 이와 같이 우리의 예배에 있어서도 우리는 갈보리를 바라보아야 한다. 우리는 오직 십자가 옆에서 살 때에만 하나님을 예배할 수 있다. 나답과 아비후는 다른 불을 드렸다가 하나님 앞에서 죽었다(레 10:1). 그들은 실제로 제사장이었으며, 그들은 올바른 향을 가지고 있었지만 하늘에서 내려온 번제단의 불을 사용

---

997) *Ibid.*, p. 181.
998) 이성호, *op. cit.*, p. 58.
999) 김용환, *op. cit.*, pp. 175-176.

하지 아니하고 다른 불을 사용했던 것이다(레 9:24).[1000]

교회는 하나님의 영광을 드러내는 성소가 되어야 하면서도 하나님의 영광을 보호하는 울타리가 되어야 한다. 교회는 하나님의 살아계심을 드러내는 도구가 도면서도 세속주의의 도전을 막아내는 차단막이 되어야 한다.[1001]

"이 향기를 사를 때 반드시 필요한 불이 번제 단의 불을 사용해야 합니다. 그렇지 않으면 죽임을 당합니다. 나답과 아비후가 다른 불을 가지고 들어갈 때 죽었습니다. 반드시 하나님께서 정해주신 불을 사용해야 향기로운 향이 올라가는 것입니다. 기도의 향기는 예수 그리스도의 이름으로 드려야 합니다. 모르는 사람의 임으로 드리는 하나님을 배반하는 음녀와 같은 자입니다. 하나님 앞에 다른 사람의 이름을 부르면 창녀와 같이 모든 신을 품는 이방인들과 같은 버려진 자들입니다. 오직 예수 그리스도의 이름 앞에 향기로운 향기를 올려 드려야 합니다."[1002]라고 하였다.

우리의 영혼이 그분을 경외하며, 그분을 숭배하며, 그분의 집에 숨어 그분의 임재 앞에서 그분을 예배하게 되기를 바란다. 이제 얼마 안 있으면 우리는 하나님과 어린양의 보좌 앞에서 구속받은 몸으로 허리를 굽혀 그분을 영원토록 찬양하게 될 것이다.[1003]

1000)　John Ritchie, *op, cit.*, p. 114.
1001)　왕대일, *op. cit.*, p. 182.
1002)　이성호, *op. cit.*, p. 59.
1003)　John Ritchie, *op, cit.*, p. 115.

(3) 지성소

"이곳은 성막에서 가장 깊숙한 안쪽에 위치하고 있습니다. 그리고 지성소에 들어가기 전에 무거운 휘장으로 완전히 막혀 있습니다. 성막의 휘장은 성소와 지성소를 구분하고 있습니다. 대 제사장 외에는 누구도 들어갈 수 없는 곳입니다. 일반 제사장들도 들어갈 수 없는 장소입니다."[1004]라고 하였다.

휘장은 여호와를 직접 알현할 수 있는 장소인 지성소와 제사장들이 예배하며 섬기는 장소인 성소 중간에 위치하여 둘로 나누는 역할을 했다. 이 휘장은 청색, 자색, 홍색 실과 가늘게 꼰 베실로 짜져서 그 위에 그룹들(Cherubim)이 수놓아져 있었다. 그리고 이 휘장은 금 갈고리로 네 기둥 위에 드리워져 있었는데, 이 네 기둥은 조각목으로 만들어져 그 위에 금이 입혀 있었으며 네 은 받침 위에 서 있었다. 이 휘장이 드리워져 있는 한 제사장들은 하나님을 직접 뵈옵지 못하도록 차단되었으며, 하나님의 영광은 그들의 눈에 가려져 있었다. 대제사장만이 오직 일 년에 단 한 번 그의 손에 속죄의 피를 가지고 거룩한 향의 연기에 둘러싸인 채 지성소를 들어갈 수 있었다.[1005]

이것은 성소와 지성소가 가지는 거룩함의 차이 때문이었다. 즉, 성소에는 제사장들이 봉사하는 예물과 기구가 놓여 있었으나, 지성소에는 하나님의 임재는 상징하는 거룩한 언약궤(법궤, 증거궤)가 놓여져

1004)   이성호, *op. cit.*, p. 61.
1005)   John Ritchie, *op. cit.*, p. 137.

있었기 때문이었다.[1006)

출 26:33에 언급하기를 "그 휘장을 갈고리 아래에 늘어뜨린 후에 증거궤를 그 휘장 안에 들여 놓으라 그 휘장이 너희를 위하여 성소 와 지성소를 구분하리라."[1007)라고 했다.

원문은 다음과 같다.

וְנָתַתָּה אֶת־הַפָּרֹכֶת תַּחַת הַקְּרָסִים וְהֵבֵאתָ שָׁמָּה מִבֵּית לַפָּרֹכֶת אֵת אֲרוֹן הָעֵדוּת וְהִבְדִּילָה הַפָּרֹכֶת לָכֶם בֵּין הַקֹּדֶשׁ וּבֵין קֹדֶשׁ הַקֳּדָשִׁים׃[1008)

필자가 본 바로는 '구분하리라'는 말은 בָּדַל(914, 바달)이라는 말이 사용되었다.

בָּדַל(914, 바달)은, '나누다, 분리하다, 끊어버리다, 지명하다, 찢다, 떠난다,'[1009)는 뜻이다.

이성호 교수는 말하기를, "휘장이 성소와 지성소를 구분 했습니다. 하나님께서 직접 명령하셨습니다. 휘장은 안과 밖을 구분했습니다. 하나님의 자녀와 세상의 자녀, 이스라엘과 이방인으로 구분하셨습니다. 휘장 안으로 아무나 들어갈 수 없습니다. 지명한 대제사장만 들어갈 수가 있습니다. 휘장을 통하지 않고는 지성소 안으로 들어갈 수 없듯이 예수 그리스도를 통하지 않고는 천국에 들어갈 자가 없습니다. 하나님께서는 예수 그리스도를 십자가에 대속 주로 지

1006)　강병도, *op. cit.*, p. 327.
1007)　개역한글 성경, *op. cit.*, 출 26:33.
1008)　분해대조 성경, *op. cit.*, 출 26:33.
1009)　김용환, *op. cit.*, pp. 77-78.

명하셨습니다. 그 거룩한 피의 은혜로 죄가 떠나가고 멸망의 자리에서 끊어지게 된 것입니다. 그러므로 죄인 스스로가 하나님 앞에 나갈 수 없습니다. 예수 그리스도를 통하지 않고는 갈 수 없는 곳입니다."[1010]라고 하였다.

이는 '성소'에 해당하는 히브리어 '코데쉬'(קֹדֶשׁ)가 '거룩한 곳'이란 뜻인 데 반해 '지성소'(קֹדֶשׁ הַקֳּדָשִׁים, 코데쉬 하코다쉼)는 '거룩한 곳들 중의 거룩한 곳'이라는 의미를 지니고 있음에서도 분명히 드러난다.[1011]

'지성소'는 קֹדֶשׁ הַקֳּדָשִׁים(코데쉬 학카다쉼)인데, '코데쉬'는 קֹדֶשׁ(6944, 코데쉬) NMS, '분리됨, 거룩함, 신성함, 지성소, 지성물, 거룩한 곳, 성결한, 성산'[1012]의 뜻이 있다.

코데쉬는 카다쉬(קָדַשׁ, 6942)에서 유래했으며, '거룩하다, 성별하다, 준비하다, 구별하다, 깨끗하게 하다, 예비하다'[1013]의 뜻이 있다.

명사 코데쉬는 '거룩함'의 개념을 내포한다. 즉 이것은 거룩한 영역에 속하는 사물, 따라서 범속한 것과는 구별되는 사물의 본질적 특성이다. 이러한 구분이 레 10:10과 겔 22:26에서 명백히 드러난다. 여기에서 코데쉬가 홀(불경스러운, 세속적인, 범속한)의 반의어로 등장한 것이다. "거룩한"이라는 단어가 '두려운 신비(mysterium tremendum)를 시사한다.'는 오토(R. Otto)의 견해는 일리가 있다. 즉 그것은 어느 정도의 경외를 가지고 하나님에 대해 말하는 것이다. 이 단어는 신격과 거의 같은 동의어로 사용될 수 있다. "그의 거룩한 이름"은 하나님의

1010) 이성호, *op. cit.*, pp. 62-63.
1011) 강병도, *op. cit.*, pp. 327-328.
1012) 김용환, *op. cit.*, p. 596.
1013) *Ibid.*, pp. 595-596.

이름이다. 하나님이 거주하시는 내실을 거룩한 곳들 중의 거룩한 곳이라 부른다. 곧 지성소라는 뜻이다.[1014]

'학카다쉼'(הַקֳּדָשִׁים)은 '코데쉬'와 동일한 어원인 '카다쉬'의 복수형에 정관사가 결합된 형태이다. 따라서 '지성소'란 '그 성소들의 성소'란 뜻인데 원어 성경의 헬라어 번역본인 70인 역(LXX)은 이를 문자적으로 풀어서 '거룩한 곳들 중의 거룩한 곳'(του αγιου των αγιων, 투 하기우 톤 하기온)이라 번역하였다. KJV는 이를 '가장 거룩한 처소'(the most holy place)로 번역하였다. 이곳은 성막 가운데서 가장 거룩한 처소였기에 함부로 들여다 볼 수 없도록 휘장으로 가려져 있었다.[1015]

첫째, 성소의 휘장.

"성소의 휘장은 찢어지지 않게 정교하게 만들어져야 합니다. 청색 자색 홍색 실과 가늘게 꼰 베 실로 짜서 휘장을 만들었습니다. 모두가 예수 그리스도를 상징하는 실들입니다. 하나님의 계획은 정교해서 인간의 힘과 지혜가 들어가지 못하게 하셨습니다. 성막의 휘장은 하나님께서 모든 것을 계산하여 만들었기 때문에 인간의 계산으로는 풀 수 없는 거룩한 것입니다. 그러나 그렇게 정교하게 만들어진 휘장이 찢어졌습니다(마 27:51). "이에 성소 휘장이 위로부터 아래까지 찢어져 둘이 되고 땅이 진동하며 바위가 터지고". 전승에 의하면 휘장이 찢어지려면 양쪽에서 황소 3마리가 당겨야 찢어진다고 했습니다. 그 휘장은 예수 그리스도께서 십자가를 지시고 영혼이 떠나

1014)　이병철, *op. cit.*, 6942.
1015)　한성천. 김시열, *op. cit.*, p. 124.

갈 때 위에서 아래로 완전히 찌어졌습니다. 위에서 아래로 찢어졌다
는 것은 주님이 갈보리 십자가에서 그 제물이 흡족한 제물로 인정되
었으며 기뻐 받으시는 희생 제물이었습니다. 휘장 찢어짐으로 성소
에서 지성소로 들어갈 수 있게 만들어 놓으셨습니다. 이제 믿음으로
예수 그리스도의 '의'의 옷을 입은 자들은 누구나 지성소에 들어가서
하나님께 직접 예배를 드리게 되었습니다. 동물의 제사는 더 이상
필요가 없어졌습니다. 제사장의 봉사도 필요 없어졌습니다."[1016]라고
하였다.

그러나 이 두 장소는 단지 휘장 하나로만 가려져 있을 뿐이며, 이
휘장은 예수 그리스도의 육체를 예표 하는 것으로서, 훗날 예수 그
리스도께서 십자가에서 돌아가셨을 때 이 휘장은 둘로 찍어졌다(마
27:51; 막 15:38). 따라서 이제는 제사장과 일반인 사이의 구별이 없어지
고 누구든지 하나님께 나아가는 것이 가능해졌다(히 10:19-22). 한편
등대가 있는 성소로부터 차단된 지성소는 빛이 없어 어두웠음에 틀
림없었고(왕상 8:12), 그 안에 들어가는 대제사장은 자연히 조심스럽게
행동했을 것이다.[1017]

출 26:34-35에 보면, "너는 지성소에 있는 증거궤 위에 속죄소를
두고, 그 휘장 바깥 북쪽에 상을 놓고 남쪽에 등잔대를 놓아 상과
마주하게 할지며"[1018]라고 하였다.

원문으로는 다음과 같다.

1016)   이성호, *op. cit.*, pp. 61-62.

1017)   강병도, *op. cit.*, p. 328.

1018)   개역한글 성경, *op. cit.*, 출 26:34-35

וְנָתַתָּ֥ אֶת־הַכַּפֹּ֖רֶת עַל אֲר֣וֹן הָעֵדֻ֑ת בְּקֹ֖דֶשׁ הַקֳּדָשִֽׁים׃

וְשַׂמְתָּ֧ אֶת־הַשֻּׁלְחָ֛ן מִח֥וּץ לַפָּרֹ֖כֶת וְאֶת־הַמְּנֹרָה֙ נֹ֣כַח הַשֻּׁלְחָ֔ן עַ֛ל צֶ֥לַע הַמִּשְׁכָּ֖ן תֵּימָ֑נָה וְהַשֻּׁלְחָ֕ן תִּתֵּ֖ן

עַל־צֶ֥לַע צָפֽוֹן׃[1019]

'마주하게 할지며'는 נֹכַח(5227, 노카흐)라는 말이며, '~의 앞에, 목전, 향하다, 똑바르다, 얼굴을 향하여, 맞은 편, 정면에'[1020]의 뜻이 있다.

"휘장 밖의 북쪽에는 상을 놓고 남쪽에는 등잔대를 마주하게 놓아야 합니다. 히브리인들의 북쪽은 어둠과 수치를 상징합니다. 그곳에 상을 놓으라고 했습니다. 그 상은 죄의 어둠에 있는 자들이 불순종으로 수치를 당하고 스스로의 힘으로 하나님 앞에 나갈 수 없었습니다. 그래서 말씀의 떡이신 예수 그리스도께서 친히 어둠과 그늘이 되셔서 인간의모든 수치를 담당하셨습니다. 그래서 그는 이 땅에서 빛으로 오시고 빛의 자녀로 회복시켜주셨습니다. 그 빛이 비칠 때 어둠과 수치가 사라지는 것입니다. 등잔대는 남쪽에 놓았습니다. 남쪽은 빛이 있는 곳이고 하나님의 영광을 상징합니다. 예수님은 하나님의 영광을 위하여 빛으로 오셨습니다. 그 빛은 아무나 볼 수가 없습니다. 내가 스스로 요구한다고 볼 수 있는 것이 아닙니다. 하나님의 전적인 은혜 없이는 볼 수 없습니다. 그래서 휘장 밖에는 북쪽에 상이 놓여 있어야 하고 남쪽에는 등잔대가 서로 마주 보며 놓여 있어야 합니다. 이 모든 기구가 하나님의 목전에 행하여 맞은 편 정면에 서로 놓여 있어야 합니다."[1021]라고 하였다.

1019) 분해대조 성경, *op. cit.*, 출 26:34-35
1020) 김용환, *op. cit.*, p. 444.
1021) 이성호, *op. cit.*, pp. 63-64.

"성막 안에는 성소와 지성소를 구분하기 위하여 하나님께서 휘장을 만들라고 하셨습니다. 그 휘장은 단순한 천에 불과할지 모릅니다. 그러나 그 휘장은 성소와 지성소를 구분하며 보호하신다는 의미를 말씀하고 있습니다. 어쩌면 이 시대 우리가 섬기는 교회가 단순히 건물로 볼 수 있지만, 아니 무방비하게 있는 것 같지만, 하나님께서 세상의 건물과 거룩하게 분리하시고 보호하시며 지키신다는 확실한 증거를 보여주고 있습니다. 휘장은 예수 그리스도의 육체를 상징합니다. 예수 그리스도는 십자가 위에서 자신의 몸을 던지셔서 하나님께 나가는 길을 열어주셨습니다… 우리가 제사장이 되었고 매 시간 하나님 앞에 나와 예배하며 찬양과 영광을 드려야 합니다. 그리고 예배를 통하여 그 하나님을 계속해서 만나고 교제하며 주님 다시 올 때까지 최선을 다해서 섬기는 성도가 되시기를 주님의 이름으로 축원합니다."[1022]라고 하였다.

둘째, 성막의 법궤(출 25:10-16).

출 25:10-16을 보면, "그들은 조각목으로 궤를 짜되 길이는 두 큐빗 반, 너비는 한 큐빗 반, 높이는 한 큐빗 반이 되게 하고, 너는 순금으로 그것을 싸되 그 안팎을 싸고 위쪽 가장자리로 돌아가며 금테를 두르고, 금 고리 넷을 부어 만들어 그 네 발에 달되 이쪽에 두 고리 저쪽에 두 고리를 달며, 조각목으로 채를 만들어 금으로 싸고, 그 채를 궤 양쪽 고리에 꿰어서 궤를 메게 하며, 채를 궤의 고리에 꿴 대로 두고 빼내지 말지며, 내가 네게 줄 증거판을 궤 속에 둘지

1022)　이성호, *op. cit.*, pp. 63-64.

며"[1023]라고 하였다.

원문으로는 다음과 같다.

וְעָשׂוּ אֲרוֹן עֲצֵי שִׁטִּים אַמָּתַיִם וָחֵצִי אָרְכּוֹ וְאַמָּה וָחֵצִי רָחְבּוֹ וְאַמָּה וָחֵצִי קֹמָתוֹ׃

וְצִפִּיתָ אֹתוֹ זָהָב טָהוֹר מִבַּיִת וּמִחוּץ תְּצַפֶּנּוּ וְעָשִׂיתָ עָלָיו זֵר זָהָב סָבִיב׃

וְיָצַקְתָּ לּוֹ אַרְבַּע טַבְּעֹת זָהָב וְנָתַתָּה עַל אַרְבַּע פַּעֲמֹתָיו וּשְׁתֵּי טַבָּעֹת עַל צַלְעוֹ הָאֶחָת וּשְׁתֵּי

טַבָּעֹת עַל צַלְעוֹ הַשֵּׁנִית׃

וְעָשִׂיתָ בַדֵּי עֲצֵי שִׁטִּים וְצִפִּיתָ אֹתָם זָהָב׃

וְהֵבֵאתָ אֶת הַבַּדִּים בַּטַּבָּעֹת עַל צַלְעֹת הָאָרֹן לָשֵׂאת אֶת הָאָרֹן בָּהֶם׃

בְּטַבְּעֹת הָאָרֹן יִהְיוּ הַבַּדִּים לֹא יָסֻרוּ מִמֶּנּוּ׃

וְנָתַתָּ אֶל הָאָרֹן אֵת הָעֵדֻת אֲשֶׁר אֶתֵּן אֵלֶיךָ׃[1024]

"하나님이 계시는 곳은 하늘입니다. 하나님은 그의 백성을 만나기 위하여 이 땅에 보좌를 두셨습니다. 그곳이 증거판이 있는 법궤입니다. 그 법궤가 있는 곳이 지성소입니다. 하나님의 보좌가 있는 곳이 하나님이 임재하신 곳입니다. 하나님이 임재하신 지성소로 들어가기 위해서는 휘장을 통해서 들어가야 합니다. 휘장은 예수 그리스도를 상징합니다. 우리가 거룩하신 하나님을 만나기 위해서는 십자가에서 죽으신 예수 그리스도의 피의 공로를 의지하지 않으면 하나님 앞에 나갈 수 없습니다… 이 시대에 우리는 하늘에 계신 하나님을 만날 수 없습니다. 예수 그리스도의 대속의 은혜를 믿을 때 구원이 확신이 오고 그 피로 사신 교회를 통하여 또한, 말씀을 통하여 살아계

1023) 개역한글 성경, *op. cit.*, 출 25:10-16.
1024) 분해대조 성경, *op. cit.*, 출 25:10-16.

신 하나님을 만날 수 있는 것입니다."[1025]라고 하였다.

'궤'는 אֲרוֹן(727, 아론)이라는 말이며, NMS에서 '궤, 언약궤, 상자, 관'[1026]의 뜻이 있다.

'아론'은 אָרָה(717, 아라)에서 유래했으며, '뜯다, 따다, 모으다, 잡아 찢다, 거둔다'[1027]는 뜻이 있다.

아론은 '언약궤'에 대해 사용되었다. 이 궤는 조각목으로 만들어졌으며, 모퉁이에는 금 고리가 있었고, 궤를 운반할 수 있도록 통에 이 고리가 꿰어져 있다(출 25:10-21, 출 37:1-9). 궤의 크기는 길이가 2.5큐빗, 넓이가 1.5큐빗, 높이가 1.5큐빗 이었으며, 안과 밖은 금으로 도금되었다(출 25:11). 그것은 속죄소와 날개를 쭉 뻗친 그룹이 놓여있다.[1028]

이 궤는 조각목 위에 안팎으로 정금이 입혀진 상자였다. 궤 상부에는 금테(금관) 장식이 있었고 네 모서리에는 금고리가 있어서 사막을 여행할 때 어깨에 멜 수 있도록 조각목에다 금이 입혀진 두 개의 채가 고리에 꿰어 있었다.[1029]

성막을 만들 때 제일 먼저 만드는 궤를 증거궤라고 부르는 것은 그 안에 "증거판"(에두트 עֵדֻת, 아론 하에두트 הָאֵדֻת אֲרוֹן, 출 25:16, 22)이 있기 때문이다. 증거판은 하나님이 쓰신 돌판(출 31:18), 곧 십계명 판이다. 십계명은 이스라엘 신앙 공동체에게는 헌법과도 같은 가르침이

1025) 이성호, *op. cit.*, p. 65.
1026) 김용환, *op. cit.*, p. 63.
1027) 최현기, *op. cit.*, p. 48.
1028) 이병철, *op. cit.*, 727.
1029) John Ritchie, *op. cit.*, p. 141.

다. 성막의 증거궤는 이스라엘에게 십계명을 주신 하나님을 증거 한
다.[1030]

　이 궤는 두 돌판이 거룩한 구원의 증거라는 뜻에서 '증거궤'라고
불려지기도 했다(출 25:22). 이 궤의 명칭으로는 "여호와의 궤"(수 4:11
등), "하나님의 궤"(삼상 3:3 등), "언약궤"(민 10:33등), "증거궤"(출 25:22등, 13
회), "주의 권능의 궤"(시 132:8), "거룩한 궤"(대하 35:3, 1회)이다. 블레셋
인들은 이 궤를 "이스라엘 신의 궤"라고 불렀다(삼상 5:2-11 등). 이 궤
는 광야의 시기에 레위 인들이 메고 행렬 앞에서 행했다(신 10:8). 궤
가 운반될 때, 의식적인 공식 문구가 낭송되었다(민 10:35-36). 이 궤는
요단을 횡단하고(수 3-4장) 여리고를 포위 공략할 때(수 6-7장) 특별한
역할을 하였다.[1031]

　"이스라엘 백성은 궤를 중심으로 12지파가 모여 진을 쳤습니다.
그 궤를 중심으로 행진하고 40년을 광야에서 살았습니다. 광야에서
여호와의 궤가 이스라엘 백성 앞에 행하며 그들이 머물 장소에 진을
쳤습니다. 구원받은 백성은 말씀을 중심으로 교회로 모여야 합니다.
교회는 구원받은 백성이 모이는 거룩한 장소인 것입니다. 십자가의
구속하심으로 거둔 자들이 모이는 곳입니다."[1032]라고 하였다.

　출 25:11-13을 보면, "너는 순금으로 그것을 싸되 그 안팎을 싸고
위쪽 가장자리로 돌아가며 금테를 두르고, 금 고리 넷을 부어 만들
어 그 네 발에 달되 이쪽에 두 고리 저쪽에 두 고리를 달며, 조각목

1030)　왕대일, *op. cit.*, p. 117.
1031)　이병철, *op. cit.*, 727.
1032)　이성호, *op. cit.*, pp. 65-66.

으로 채를 만들어 금으로 싸고"[1033)라고 하였다.

필자가 살펴보니 11절의 '싸되'는 צָפָה(6823, 차파)라는 말이 쓰였다. צָפָה(6823, 차파)'는 '씌우다, 입히다, 도금하다'[1034)를 의미한다.

성막과 성전의 많은 기구들은 금으로 싸거나 입혔다. 언약궤(출 25:10 이하, 출 25:13, 출 25:28), 상(출 25:23 이하), 분향단(출 30:3, 출 30:5), 성전의 수많은 기구(왕상 6:20, 왕상 6:22, 왕상 6:28, 왕상 6:30, 왕상 6:32), 상아 보좌(왕상 10:18), 성전의 문과 기둥(창 18:16) 등이다. 성막의 많은 기구들이 정금으로 도금되었다. 언약궤의 안팎(출 25:10 이하, 출 25:13, 28)이나, 상(출 25:23 이하) 그리고 분향단(출 30:3, 5) 등도 이에 해당된다. 번제단의 뿔들에는 놋을 입혔다(출 27:2, 6).[1035)

"언약궤는 안팎을 모두 정금으로 입혔습니다. 금은 영원히 변질되거나 불순물이 들어가지 않은 순수한 것입니다. 그것은 궤 속에 있는 것이 매우 귀하다는 것을 의미하고 그 말씀은 영원히 변질되지 않는다는 것을 의미하고 있습니다. 금은 꾸미지 않아도 그 자체가 깨끗하고 반짝거리는 아름다움이 있습니다. 이것은 영적으로 그 법궤가 순결하고 정결함을 나타내고 있습니다. 그러므로 언약궤를 싸고 있는 정금은 순결하고 깨끗하신 예수 그리스도를 상징하고 있습니다."[1036)라고 하였다.

이처럼 하나님은 모세에게 조각목으로 만들어진 법궤를 순금으로 입히도록 지시하셨는데, 이것은 조각목이 상징 하는 바 예수 그리스

1033)　개역한글 성경, *op. cit.*, 출 25:11-13.

1034)　김용환, *op. cit.*, p. 587.

1035)　이병철, *op. cit.*, 6823.

1036)　이성호, *op. cit.*, p. 66.

도께서 겸허한 인성과 더불어 정금과 같은 영화롭고 순전한 신성을
동시에 지니셨음을 보여주기 위함이다.[1037]

출 25:14-16을 보면, "그 채를 궤 양쪽 고리에 꿰어서 궤를 메게 하
며, 채를 궤의 고리에 꿴 대로 두고 빼내지 말지며, 내가 네게 줄 증
거판을 궤 속에 둘지며"[1038]라고 하였다.

원문은 다음과 같다.

וְהֵבֵאתָ אֶת־ הַבַּדִּים בַּטַּבָּעֹת עַל צַלְעֹת הָאָרֹן לָשֵׂאת אֶת־ הָאָרֹן בָּהֶם׃

בְּטַבְּעֹת הָאָרֹן יִהְיוּ הַבַּדִּים לֹא יָסֻרוּ מִמֶּנּוּ׃

וְנָתַתָּ אֶל־ הָאָרֹן אֵת הָעֵדֻת אֲשֶׁר אֶתֵּן אֵלֶיךָ׃[1039]

"채는 양쪽 고리에 꿰서 메게 하고 그 채는 절대로 빼지 말아야 합
니다. 그리고 그 궤 속에 증거판을 두어야 합니다."[1040]라고 하였다.

'메게 하며'는 נָשָׂא(5375, 나사) '들어 올리다, 가지고 가다, 나르다, 취하
여 가다'[1041]의 뜻이 있다.

이 단어의 칼 형은 기본적으로 세 가지 각기 다른 의미, 즉 ① '들
어 올리다'(to lift up), ② '가져가다, 나르다'(to bear, carry), '지탱하다'
(support), ③ '취하다'(to take), '제거하다'(take away)를 나타낸다. '들어
올리다'(to lift up)라는 의미는 문자적으로, 그리고 비유적으로 여러 어

1037) 한성천, 김시열, *op. cit.*, p. 47.
1038) 개역한글 성경, *op. cit.*, 출 25:14-16.
1039) 분해대조 성경, *op. cit.*, 출 25:14-16.
1040) 이성호, *op. cit.*, p. 67.
1041) 김용환, *op. cit.*, pp. 459-461.

구에서 사용된다.[1042]

증거궤나 진설병 상에는 그 네 모퉁이에 금고리가 있다. 고리가 하는 역할이 무엇인가? 채를 넣어 운반하는 용도로 쓰인다. 성막이 이동식 성소라는 증거이다. 붙박이 성전과는 달리 광야 교회(성막)는 "운반되는 성소", "움직이는 성소"였다. 민수기는 레위 사람들인 고핫 자손과 게르손 자손과 므라리 자손이 증거궤나 진설병 상을 비롯한 성막의 온갖 제반 기구들을 모두 어깨에 메고 운반해야 한다고 가르친다(민 4:4-15, 24-26, 31-32).[1043]

"언약궤는 하나님께서 허락한 사람이 어깨에 메고 운반할 수 있습니다. 아무나 운반하면 죽습니다. 죄를 씻고 용서받은 사람이 정결할 때 그 궤를 들어 올릴 수 있습니다. 다윗 왕은 언약궤를 다윗 성으로 메어 오는 사역을 계획했습니다. 그런데 그 궤를 메는 사람의 조건이 있었습니다. 첫째, 성결해야 합니다. 둘째, 언약궤를 메어 올려야 합니다. 셋째, 규례대로 메어야 합니다. 이스라엘 백성이 광야에서 행진할 때 언약궤는 '고핫' 자손이 어깨에 메고 가도록 규정했습니다."[1044]라고 하였다.

'증거판'은 עֵדוּת(5715, 에두트), '증거'[1045]의 뜻이다. 에두트는 우드(עוּד, 5749)에서 유래했으며, '되돌아가다, 반복하다, 얽히다, 경계하다, 명령하다, 세우다, 다시 행하다, 증거 한다, 경책한다, 명령한다, 바로

1042) 이병철, *op. cit.*, 5375.

1043) 왕대일, *op. cit.*, p. 116.

1044) 이성호, *op. cit.*, p. 67.

1045) 김용환, *op. cit.*, p. 495.

서다'[1046)]의 뜻의 뜻이 있다.

"증거판은 하나님께서 모세에게 주신 십계명을 의미합니다. 그 증거판은 하나님께서 구원에 대한 증거를 기록하여 담아 두었다는 것입니다. 모세는 그 두 돌판을 가지고 40일 만에 금식하고 내려왔지만, 아론을 비롯한 이스라엘 백성들은 모세가 죽을 줄 알고 금송아지를 만들어 우상숭배를 하였습니다. 이를 본 모세는 하나님이 주신 그 두 돌판을 던져 금송아지 우상을 파괴하였습니다. 하나님이 우상을 파괴하라고 명령하지도 않은 일입니다. 두 돌판을 던지라고도 하지 않았습니다. 하나님은 모세에게 질책을 내리시지를 않고 두 돌판을 다시 직접 만들어서 가지고 오라고 하십니다. 하나님이 다시 만들어서 새롭게 주셔도 되는데 왜 모세에게 직접 만들어 오라고 하셨을까요? 영적 의미는 하나님이 광야 시내 산에서 주신 첫 번째 주신 십계명은 그들에게 주신 율법입니다. 이 율법으로는 가나안에 들어갈 수 없음을 의미하여 두 돌판을 이스라엘 백성들에게 던져버린 것입니다. 모세는 자신이 두 돌판을 직접 만들어서 하나님 앞에 나아갑니다. 두 돌판을 만들 때 모세는 모난 돌을 깨트리고 쪼아서 갈고 다듬어서 만들었을 것입니다. 많은 수고와 고통이 필요합니다. 결국, 두 번째 돌판은 십자가에서 고난당하시는 예수 그리스도를 의미합니다. 예수 그리스도 위에 율법의 말씀을 하나님이 다시 쓰시고 모세에게 주셨습니다. 예수님도 율법을 폐하러 오심이 아니라 완성하러 오신 분이십니다. 하나님은 손으로 직접 두 돌판을 쓰서서 지성소에 있는 법궤 속에 증거판으로 보관하게

1046) *Ibid.*, pp. 497-498.

하셨습니다."[1047]라고 하였다.

성막에 증거궤가 있다는 것은 말씀하시는 하나님을 증거 한다. 하나님의 임재를 하나님의 말씀으로 증거 한다. 하나님의 계심을 하나님이 주신 말씀에서 확인할 수 있다는 진리이다. 창조의 하나님은, 구원의 하나님은, 언약의 하나님은, 하나님이 이스라엘 가운데 계신다는 증거를 말씀(계명)이 담긴 "궤"로 보여주셨다.[1048]

법궤가 하나님의 말씀인 십계명을 보존할 목적으로 만들어졌음을 보여주는데 법궤가 하나님의 말씀을 보존하는 것이라 할 때 이는 구약 예언의 말씀의 성취로 이 땅에 오셨으며 더 나아가 말씀이 육신이 되신 분으로 말씀 그 자체라 할 수 있는 예수 그리스도를 상징한다고 할 수 있다(요 1:1-5).[1049]

법궤 속에 '둘 지며'라고 했는데, נתן(5414, 나탄)이라는 말이 사용되었다.

נתן(5414, 나탄)은 '주다 give, 두다, 놓다, 세우다, 만들다, 저장하다, 바르다, 분향하다, 태우다, 구원하다, 정하다, 갚아주다'[1050]를 의미한다.

결국 법궤가 그 안에 증거판을 넣어 두는 것이기에 중요하다고 한다면, 이제 다음과 같은 결론이 나온다. '예배의 기본과 출발 그리고 예배의 결론과 목적은 모두 증거판이다.', '예배는 하나님과 우리 사이의 관계를 증거하는 그 증거로부터 시작되고, 예배의 근거는 바로 그

1047)　이성호, *op. cit.*, pp. 67-68.
1048)　왕대일, *op. cit.*, p. 117.
1049)　한성천. 김시열, *op. cit.*, p. 49.
1050)　김용환, *op. cit.*, pp. 464-466.

하나님과 우리 사이의 관계의 증거에 있으며, 예배의 결론과 목적은 바로 그 증거, 즉 하나님과의 관계로 가는 것이다.'[1051]라고 하였다.

"교회는 하나님이 임재하시는 거룩한 장소입니다. 법궤에는 오직 두 돌판의 말씀이 있듯이 교회는 오직 예수 그리스도의 복음의 말씀만 선포되어야 합니다. 진리가 선포되는 교회는 다툼이 없고 분열이 없고 거룩한 공동체가 그 진리 앞에 온전히 하나가 되는 것입니다. 진리가 선포되는 곳이 옳은 교회요 옳은 목회자입니다. 법궤에는 하나님의 심판의 처소입니다. 부정한 자가 들어오면 하나님의 공의에 의하여 죽습니다. 법궤는 하나님의 공의가 선포되는 곳입니다. 교회도 하나님의 공의가 살아 움직일 때 하나님의 역사하심이 나타나는 것입니다. 그럴 때 성도가 구원의 복을 누리며 영생의 소망을 마음에 품고 살아갈 수 있는 것입니다."[1052]라고 하였다.

셋째, 성막의 속죄 소(출 25:17-22).

속죄소라 불리는 언약궤의 뚜껑은 정금으로 만들어졌으며, 뚜껑의 양쪽 끝에는 금으로 된 두 그룹이 서있었다. 그리고 그룹의 날개는 속죄소에 그늘을 만들었고, 그룹의 얼굴은 서로 마주하여 속죄소를 향해 있었다.[1053]

십계명 위에 있는 이 상자의 윗부분(즉 덮개)은 "속죄소"라고 불리는 금으로 된 특별한 조각품이다. 이 "덮개"에 해당하는 히브리어(כפרת)는 "덮다, 위에 뿌리다"라는 뜻을 지닌 단어에서 유래했다. 한편으로

1051)   유진소, *op. cit.*, pp. 43-44.
1052)   이성호, *op. cit.*, p. 69.
1053)   John Ritchie, *op. cit.*, p. 144.

이 단어는 이것이 이 상자의 "덮개"라는 단순한 의미를 반영한다. 따라서 이에 대한 좋은 번역은 단순히 "덮개" 혹은 "덮는 뚜껑"이 될 수 있다. 또 다른 한편으로 대제사장은 매년 속죄일에 지성소에 와서 속죄의 의미에서 바로 이 덮개 위에 피를 뿌리도록 되어 있다(레16장). 따라서 "부리는 곳" 혹은 "속죄하는 곳"이라는 의미도 역시 유효하다. NIV는 이 한 단어를 "속죄의 덮개"(atonement cover)로 번역하는데, 이는 이 용어가 전달하는 두 가지 개념(속죄함과 덮음)을 모두 반영하고자 한 것이다.[1054]

"법궤의 뚜껑이 속죄소입니다. 뚜껑은 덮는다는 의미가 있습니다. 법궤에 뚜껑이 없다면 사람들은 그곳을 들여다볼 것입니다. 들여다본 사람은 그 자리에서 죽습니다. 그래서 법궤 뚜껑인 속죄소가 필요했습니다. 속죄소는 죄인들의 죄를 속해주는 곳입니다. 하나님께서 죄인들을 만나주시고 그들의 허물과 죄를 용서 받는 장소가 속죄소입니다. 대제사장은 1년에 한 번 대 속죄일에 속죄제를 드립니다. 속죄소 위와 앞에 피를 뿌리 이스라엘 백성의 죄를 속했습니다. 이것은 예수 그리스도의 속죄를 상징하는 것입니다. 대 속죄일의 제물은 숫염소 두 마리입니다. 두 염소를 취하여 회막 문 여호와 앞에 둡니다. 두 염소를 제비뽑아 한 마리는 여호와를 위하여 다른 한 마리는 아사셀을 위하여 안수하고 속죄제로 드립니다. 아사셀을 위하여 제비뽑은 염소는 산채로 모든 불의를 지고 광야로 보내집니다. 구약의 속죄 제물은 예수 그리스도를 상징합니다."[1055]라고 하였다.

1054)　J. Daniel Hays, *op. cit.*, p. 57.

1055)　이성호, *op. cit.*, p. 70.

출 25:17-18을 보면, "순금으로 속죄소를 만들되 길이는 두 큐빗 반, 너비는 한 큐빗 반이 되게 하고, 금으로 그룹 둘을 속죄소 두 끝에 쳐서 만들되,"[1056]라고 하였다.

이 본문의 원문은 다음과 같다.

וְעָשִׂיתָ כַפֹּרֶת זָהָב טָהוֹר אַמָּתַיִם וָחֵצִי אָרְכָּהּ וְאַמָּה וָחֵצִי רָחְבָּהּ׃
וְעָשִׂיתָ שְׁנַיִם כְּרֻבִים זָהָב מִקְשָׁה תַּעֲשֶׂה אֹתָם מִשְּׁנֵי קְצוֹת הַכַּפֹּרֶת׃[1057]

'속죄 소'(17절)는 כַּפֹּרֶת(3727, 캅포레트) 이며, '속죄 소'[1058]의 뜻이 있다.

캅포레트는 카파르(כָּפַר, 3722)에서 유래했으며, '덮다, 가리다, 머리로 덮이다, 감추다, 용서하다, 용서를 얻다, 속죄하다, 보상하다, 가려지다, 면제되다, 지워지다, 속죄 소'[1059]를 의미한다.

이 단어는 어근이 지적하는 바, '자비'(mercy)와 관계가 없으며, 또한 어떤 '자리' seat를 가리키는 것이 아니라 '속죄하는 것'을 의미한다. 속죄 소는 성막의 지성소에 안치된 언약궤의 상부를 덮는 덮개를 가리키며, 1년에 1회, 대 속죄일에 대제사장이 지성소에 들어가 자기의 죄를 위해, 이스라엘의 죄를 위해 속죄를 하는 장소이다. 순금으로 만들어졌고, 양단에 마주하여 날개를 편 한 쌍의 '그룹'이 설치되었다(출 25:17, 출 25:18, 출 25:19, 출 25:20). 그 두 그룹 사이가 하나님의 보좌이며, 거기서 하나님은 사람을 만나기로 한 것이다(레 25:22, 레

1056)   개역한글 성경, *op. cit.*, 출 25. 17-18.
1057)   분해대조 성경, *op. cit.*, 출 25: 17-18.
1058)   김용환, *op. cit.*, p. 319.
1059)   *Ibid.*, p. 318.

30:6, 민 7:89.).[1060]

죄를 절대로 그냥 묵과할 수 없어 심판하시지만, 그렇다고 당신의 자녀를 죄 가운데 그냥 죽게 할 수 없어 구원의 길을 열기 위해 방주를 만드시는 사랑이 바로 증거궤에 그대로 녹아 있다는 것이다. 무엇보다 죄가 들어와서 그 영혼을 죽이지 못하도록 막아서고 그 죄를 덮어 주는 그것이 바로 '캅포레트', 곧 속죄소를 두신 하나님의 은혜인 것이다. 그리고 그 사랑이 구체적으로 예수 그리스도의 갈보리 십자가 사건으로 나타난 것이다.[1061]

교회는 속죄소를 "시은좌"(은혜의 자리)라고도 했다. 히브리어 "카포렛"에 대한 헬라어(힐라스테리온, ἱλαστήριον)와 라틴어(프로피티아토리움, propitiatorium) 번역을 마르틴 루터와 윌리엄 틴테일이 각각 "은혜의 자리"(Gnadenstuhl, Seat of Grace)로 번역하였다. "시은좌"(Mercy Seat, NRSV,NKJV)라는 번역은 거기에서 유래되었다. 이 "카포렛"을 "거기서 내가 너와 만나겠다"는 출 25:22와 연관 지어 생각해보라. 속죄소(카포렛)란 어떤 곳인가? 하나님의 보좌에서, 죄와 허물을 씻어주고 덮어 주는 은혜의 자리에서, 바로 "거기서 내가 너와 만나고 속죄소 위 곧 증거궤 위에 있는 두 그룹 사이에서 내가 이스라엘 자손을 위하여 네게 명령할 모든 일을 네게 이르리라"(출 25:22)고 하였다.[1062]

70인 역본에서 캅포레트에 해당하는 헬라어 힐라스테리온 ἱλαστήριον(2435)은 '화해시키는 것, 속죄하는 것, 화해의 수단, 속죄

1060)   이병철, *op. cit.*, 3727.
1061)   유진소, *op. cit.*, p. 49.
1062)   왕대일, *op. cit.*, p. 120.

소'라는 의미를 지닌다. 이 헬라어는 롬 3:25에서 예수 그리스도의 속죄를 나타내는 중요한 용어로 사용되었다. 하나님과 사람이 만나는 장소가 속죄소라는 상징은 히브리 종교의 심오한 신학 사상을 나타낸다. 여기서 1년 1회, 속죄일의 행사가 행해졌다(레 16장). 이것은 예수 그리스도의 속죄의 상징으로서 그리스도의 십자가 보혈에 의해 속죄가 완성된 것을 히브리서는 강조하고 있다(히 9:1-12).[1063]

"속죄소는 하나님께서 자기 백성을 만나 주시는 곳입니다. 속죄소는 하나님께서 죄를 덮으시고 용서하시는 곳입니다. 바로 예수 그리스도를 통하여 허물과 죄를 씻고 하나님의 거룩한 백성으로 살아가는 것입니다. 우리에게 속죄소가 없다면, 영생도 없고, 하나님을 바라볼 수도 없습니다. 속죄소 때문에 간음한 여인도, '삭개오'도 회개한 강도도, 수가 성 여인도 속죄함을 받을 수 있었습니다. 오직 하나님의 은혜로 값없이 받는 것입니다. 우리도 그 십자가의 구속의 은혜를 입은 거룩한 성도입니다. 하나님은 어떠한 죄도 다 덮으시고 용서하셔서 죄 없다고 십자가상에서 선언하셨습니다. 이제 우리는 죄인의 삶이 아니라 의롭다 하심을 입은 거룩한 성도입니다. 그리고 주님 다시 오실 때까지 그의 보호하심과 은혜를 입으며 영생의 복을 누리게 될 것입니다."[1064]라고 하였다.

(4) 대제사장(레 21:10-23)

제사장(the Priest)이란 다름 아니라 전 이스라엘 백성을 대표하여,

1063) 이병철, *op. cit.*, 3727.
1064) 이성호, *op. cit.*, p. 73.

또한 하나님과 이스라엘 회중 사이의 중보자로서 이스라엘 백성들이 하나님께 드리는 모든 제사 업무를 독점한 자들이었다. 그리고 이 아론 계열의 제사장 직무는 하나님에 의하여 직접 위임되었으며, 또한 하나님에 의하여 종신 세습적으로 인정 및 허가되었다. 따라서 제사장들은 일반 선민 이스라엘 회중 중에서도 다시 더 특별히 구분된 하나님의 종이요 백성들의 종교 지도자였다. 따라서 이들에게는 당연히 일반 백성들과는 또 다른 차원에서 더욱 고도의 철저한 성결이 요구되었다.[1065]

"대제사장은 하나님 앞에 정결해야 합니다. 오직 하나님 앞에 나갈 수 있는 사람은 대제사장 한 명 뿐입니다. 하나님께서 정하신 제사장은 레위 인이 자격을 받았습니다. 그것은 시내 산에서 모두가 금송아지 우상을 만드는데 동참했지만, 레위 지파만 참여하지 않았습니다. 그래서 하나님께서 레위 지파를 제사장 지파로 세워주셨습니다. 제사장의 자격 중에서 육체에 흠이 없어야 합니다. 육체에 흠이 있다는 것은 정상적이지 못한 사람입니다. 정상적이지 못한 사람은 가난한 사람입니다. 가난한 자는 백성을 도울 수가 없습니다. 또한 하나님을 섬기는데 덕이 되지를 못합니다. 제사장은 자기 백성 중의 처녀와 결혼을 해야 합니다. 과부나 이혼녀나 더러운 창녀도 금했습니다. 그리고 몸을 더럽히지 않는 사람이 제사장의 자격이 주어졌습니다."[1066]라고 하였다.

1065)   한성천. 김시열, *op. cit.*, p. 229.
1066)   이성호, *op. cit.*, p. 74.

첫째, 대제사장의 자격.

대제사장은 반드시 레위인이어야 한다.

레 21:10에 보면, "자기의 형제 중 관유로 부음을 받고 위임되어 그 예복을 입은 대제사장은 그의 머리를 풀지 말며 그의 옷을 찢지 말며,"[1067]라고 했다.

이 본문을 원문으로 보면 다음과 같다.

וְהַכֹּהֵן הַגָּדוֹל מֵאֶחָיו אֲשֶׁר־ יוּצַק עַל־ רֹאשׁוֹ שֶׁמֶן הַמִּשְׁחָה וּמִלֵּא אֶת־ יָדוֹ לִלְבֹּשׁ אֶת־ הַבְּגָדִים
אֶת־ רֹאשׁוֹ לֹא יִפְרָע וּבְגָדָיו לֹא יִפְרֹם:[1068]

'자기 형제 중… 대제사장은'(וְהַכֹּהֵן הַגָּדוֹל מֵאֶחָיו, 웨학코헨 학가돌 메에하이우)라고 했는데 '자기 형제 중'에 해당하는 '메에하이우'는 다음과 같은 의미로 쓰였다.[1069]

אָח(251, 아흐)는 '아우 형제, 골육, 남자형제, 생질, 동포, 동생'[1070]의 뜻이 있다.

이것을 직역하면 '그의 형제들 중에서 가장 큰 그 제사장' 이며 이것이 대제사장에 대한 호칭이다. 레위인 형제 중에 관유를 붓고 위임되어 예복을 입은 대제사장은 머리를 풀지 말며 그의 옷을 찢지 말아야 하는 것이다.[1071]

1067) 개역한글 성경, *op. cit.*, 레 21:10.
1068) 분해대조 성경, *op. cit.*, 레 21:10.
1069) 한성천. 김시열, *op. cit.*, p. 251.
1070) 김용환, *op. cit.*, p. 25.
1071) 한성천. 김시열, *op. cit.*, p. 251.

대제사장에게는 일반 제사장들(레 21:1-9)보다 더 엄격한 성결 규례
가 요구 되었다. 이는 대제사장이 특별히 구별된 자로서 하나님께 좀
더 가까이 나가서 섬겨야 했기 때문이다.[1072]

'관유로 부음을 받고'는 עַל־רֹאשׁ שֶׁמֶן הַמִּשְׁחָה(유차크 알 로쇼 쉐멘 함
미쉬하 엔데), 대제사장이 되는 예식 중에 세 가지를 부각시키고 있으
며 동시에 거룩해지는 세 부분을 강조해서 보여주고 있다. 본문은
그중 첫째로 머리 부분에 대해 언급한다. 여기 '관유'로 번역된 '쉐멘
함미쉬하'에서 '쉐멘'은 '일반적인 기름'을 가리키며 '미쉬하'(מִשְׁחָה)는 '붓
는 혹은 바르는 기름'을 뜻한다. 즉 '쉐멘 함미쉬하'는 아론과 그 아
들들을 위임할 때 부어서 바르는 기름을 가리키는 말로서 상등 향
품을 넣어 제조한 것이며 제사장 위임의 용도 외에 일반적인 목적으
로 사용되는 것이 엄격히 금지된 특별한 기름이었다. 만약 이를 사
사로운 용도로 사용할 경우 백성 중에서 끊어지는 벌을 받았다(출
30:32, 33). 또한 본문에는 한글개역 성경에는 번역되지 않은 '알 로쇼'
(עַל־רֹאשׁ)란 표현이 나오며 이는 '그의 머리 위에'라는 뜻이다. 이를
번역해주는 것이 문맥상 매우 중요하다. 왜냐하면 본 절이 머리에 대
해 특별히 규정하고 있으며 실제로 왜 대제사장은 슬픔을 당하여도
머리를 풀지 말아야 하는 지에 대한 이유를 본문이 암시하고 있기
때문이다.[1073]

'부음을 받고'는 יָצַק(3332, 야차크)이며, '붓다, 쏟다, 흐르다, 주조하다,

1072)　강병도, *op. cit.*, p. 246.
1073)　한성천. 김시열, *op. cit.*, p. 251.

굳다, 굳게 서다, 머금다'[1074]라는 뜻이 있다.

이 단어는 '붓다, 쏟다'를 의미하는데, 엘리사가 엘리야의 손에 물을 부은 것(왕하 3:11), 그릇에 기름을 부어 채우는 것(왕하 4:4, 왕하 4:5), 항아리에서 국이나 음식을 부어내는 것(왕하 4:40, 왕하 4:41)을 묘사한다. 의식적으로, 이 단어는 기름부음에 대해 사용되었다(출 29:7, 레 21:10, 왕하 9:3, 왕하 9:6, 삼상 10:1). 여기에는 성직 취임식이나 서품식의 원리가 분명히 포함되어 있다. 그러나 더욱 난해한 다른 원리, 즉 대리와 연대성의 원리가 암시되어 있는 것 같다. 시 133:2이 아론의 머리에서 수염과 그 제사장의 옷깃까지 흘러내린 기름에 대해 언급할 때, 그것은 이 제사장뿐만 아니라 백성들에게 내린 하나님의 축복을 상징하는 것이었다. 이 단어는 또한 '흐르다, 흘러나오다'를 의미한다.[1075]

"대제사장으로 부음을 받는 자는 형제 중 레위인 이어야 합니다. 이스라엘 백성 중에서 선지자와 왕이 없을 때가 있었습니다. 그런데 제사장은 없으면 안 됩니다. 바로 재앙이 임합니다. 하나님께서는 제사장의 대를 잇기 위해서는 아론의 자손을 지정하여 제사장으로 기름 부음을 받도록 했습니다. 기름부음을 받는 자는 레위 지파 아론의 자손입니다. 기름 부음은 예수 그리스도께서 십자가에 달려 죽기까지 이어져 가야 하는 것입니다. 예수 그리스도께서 제사장으로 기름 부음을 받았기 때문입니다."[1076]라고 하였다.

1074) 김용환, *op. cit.*, pp. 280-281.
1075) 이병철, *op. cit.*, 3332.
1076) 이성호, *op. cit.*, p. 74.

레 21:13-15를 보면, "그는 처녀를 데려다가 아내를 삼을지니, 과부나 이혼 당한 여자나 창녀 짓을 하는 더러운 여인을 취하지 말고 자기 백성 중에서 처녀를 취하여 아내를 삼아, 그의 자손이 그의 백성 중에서 속되게 하지 말지니 나는 그를 거룩하게 하는 여호와임이니라."[1077]라고 하였다.

원문은 다음과 같다.

וְהוּא אִשָּׁה בִבְתוּלֶיהָ יִקָּח׃

אַלְמָנָה וּגְרוּשָׁה וַחֲלָלָה זֹנָה אֶת־אֵלֶּה לֹא יִקָּח כִּי אִם־בְּתוּלָה מֵעַמָּיו יִקַּח אִשָּׁה׃

וְלֹא־יְחַלֵּל זַרְעוֹ בְּעַמָּיו כִּי אֲנִי יְהוָה מְקַדְּשׁוֹ׃[1078]

'그는 처녀를 취하여 아내를 삼을지니'(וְהוּא אִשָּׁה בִבְתוּלֶיהָ יִקָּח, 웨후 잇솨 비브틀레하 익카흐)라고 했는데, 본 절을 시작하는 '웨후'(וְהוּא)는 와우 접속사와 인칭 대명사 '후'가 합하여진 말로 '그리고 그는'이란 뜻이다. 이 말은 대제사장의 규례가 본문에서도 여전히 계속되고 있음을 알려주는 것임과 동시에 인칭 대명사를 독립적으로 표기함으로써 다른 사람이 아닌 바로 대제사장의 경우임을 분명하게 강조하고 있다.[1079]

'처녀'에 해당하는 히브리어 '베툴라'(בְּתוּלָה)는 '순수한, 분리된'이란 뜻으로 곧 남자와의 성적 관계로부터 엄격히 분리된 순결한 여자를

1077) 개역한글 성경, *op. cit.*, 레 21:13-15.
1078) 분해대조 성경, *op. cit.*, 레 21:13-15.
1079) 한성천, 김시열, *op. cit.*, p. 254.

의미한다. 이처럼 대제사장의 아내는 반드시 순결한 처녀이어야 했으며, 이것은 구속사적인 맥락에서 대제사장은 예수 그리스도를, 처녀인 아내는 그리스도의 신부 된 순결한 교회를 상징한다고 볼 수 있다(고후 11:2; 엡 5:27).[1080]

‘처녀를’로 번역된 ‘비브틀레하’는 ‘처녀성’(virginity)을 뜻하는 ‘빼틀림’(בְּתוּלִים)에 전치사 ‘빼’(בְ)와 여성 단수 접미어가 결합된 형태로 직역하면 ‘그녀의 처녀성에 있는’이다.[1081]

여기서 ‘빼틀림’(בְּתוּלִים)은 בְּתוּלִים(1331, 베투림)이며, ‘처녀성, 처녀, 공주’[1082]의 뜻이 있다.

이 단어는 베툴라(בְּתוּלָה, 1330)와 어원이 동일하며 ‘빠탈’(בָּתַל)에서 유래했으며, ‘분리시키다, 격리시키다, 떼어놓다, 구별하다’[1083]의 뜻이 있다.

“레위 지파의 대제사장은 과부나 다른 지파의 여자와 결혼할 수 없습니다. 대제사장은 다른 사람과 분리된 사람이기 때문에 처녀와 결혼을 해야 합니다. 처녀는 정절을 유지해야 하기 때문입니다. 제사장의 딸이 매춘 행위를 하면 화형에 처하도록 했습니다. 이것은 백성에게 치명적인 영향을 주기 때문입니다. 예수 그리스도께서도 이 땅에 오셔서 죽으시고 부활하셔서 다시 오실 때 영적 신랑으로 정결한 신부를 맞이하시는데 성도도 순결하고 정결한 신부로서 신앙을 유

1080) 강병도, *op. cit.*, p. 248.
1081) 한성천, 김시열, *op. cit.*, p. 254.
1082) 김용환, *op. cit.*, p. 113.
1083) 최현기, *op. cit.*, p. 141.

지해야 합니다."[1084]라고 하였다.

레 21:16-17에 보면, "여호와께서 모세에게 말씀하여 이르시되, 아론에게 말하여 이르라 누구든지 너의 자손 중 대대로 육체에 흠이 있는 자는 그 하나님의 음식을 드리려고 가까이 오지 못할 것이니라."[1085]라고 하였다.

원문은 다음과 같다.

וַיְדַבֵּר יְהוָה אֶל־ מֹשֶׁה לֵּאמֹר׃

דַּבֵּר אֶל־ אַהֲרֹן לֵאמֹר אִישׁ מִזַּרְעֲךָ לְדֹרֹתָם אֲשֶׁר יִהְיֶה בוֹ מוּם לֹא יִקְרַב לְהַקְרִיב לֶחֶם אֱלֹהָיו׃[1086]

하나님의 명령의 말씀은 모세를 통하여 지시하시고 그 지시의 말씀은 아론에게 내려진다. 육체의 흠이 있는 자는 하나님의 음식을 드리려고 가까이 오지 못하게 하셨다. '무릇 너의 대대 자손 중 육체에 흠이 있는 자는'(אִישׁ מִזַּרְעֲךָ לְדֹרֹתָם אֲשֶׁר יִהְיֶה בוֹ מוּם, 이쉬 밋자르아카 레도로탐 아쉐르 이흐에 보뭄)인데, 이 말은 직역하면 '그들의 세대들로 향해 있는 너의 자손 중에 어떤 사람'이다. 여기서 '그들의 세대들로 향해 있다'는 말은 계보가 계속 이어갈 것을 암시하는 표현으로서, 아론의 아들뿐만 아니라 그 아들의 아들로 이어지는 세대까지 지속적으로 적용된 규례를 주시고 있음을 보여 준다.[1087]

1084) 이성호, *op. cit.*, p. 76.
1085) 개역한글 성경, *op. cit.*, 레 21:16-17.
1086) 분해대조 성경, *op. cit.*, 레 21:16-17.
1087) 한성천. 김시열, *op. cit.*, p. 262.

'흠'이는 מאום(3971, 뭄)이며, NMS, '얼룩, 오점, 흠, 결점, 결함'[1088]을 의미한다.

뭄(מאום, 3971), 뭄(מום)은 다니엘과 그의 세 친구들(단 1:4 이하), 그리고 하나님의 제사장이 된 사람에게서(레 21:17 이하)는 발견되지 않았던 '육체적 결함'(physical defect)이나 '도덕적 결함'(moral defect, 욥 31:7, 욥 11:15, 신 32:5)을 의미한다. 하나님께 희생 제물로 바치는 짐승들은 결함이나 흠이 없어야 했다(레 22:20-21, 레 22:25, 민 19:2, 신 15:21, 신 17:1).[1089]

그보다 못한 것을 바치는 행위는 곧 하나님께 불순종하는 것이고, 인간의 죄를 대신하는 대속물 자체는 흠이 전혀 없어야 한다는 분명한 가르침을 무시하는 것이다.[1090]

'뭄'은 '육체적 결함' 뿐만 아니라 '도덕적 결함'까지도 포함하는 말이다(신 32:5; 욥 31:7). 하지만 본문에서는 '육체적 결함'만을 의미하므로 문맥으로 볼 때는 '온전하지 못함'으로 번역하는 것이 더 어울린다. 하나님께서는 사람의 결함 자체를 다루시려고 하신 것이 아니라 단지 사람이기 때문에 가지는 외형상의 온전한 모습이 하나님의 성소와 희생 예물의 온전함을 가장 잘 드러낼 수 있음을 알리시려고 하신 것이다. 즉 하나님께서 결함 있는 사람을 가치 없는 사람으로 취급하거나 결함을 트집 잡으려고 이러한 것을 말씀하신 것이 아니라는 것이다. 이는 동물과는 달리 사람의 경우에는 비록 신체상 부

1088) 김용환, *op. cit.*, p. 342.
1089) 이병철, *op. cit.*, 3971.
1090) R. Laird Harris,(eds), *op. cit.* p. 640.

족함이 있다 할지라도 그를 부정하다고 하지 않으셨다는 사실과 성소를 들어가는 일 이외에는 장애를 가진 자들이 여전히 제사장의 음식을 먹는 등 특권을 누릴 수 있었다는 사실에서 확실하게 확인되고 있다(레 21:22).[1091]

이성호 교수는 "대제사장의 자격은 엄격하게 율법으로 정해 놓았습니다. 자격이 되는 사람이 직분을 행할 수가 있습니다. 레위인이며 아론의 혈통이 제사장직을 할 수가 있습니다. 육체적으로 흠이 없는 자가 성소에 들어가서 하나님을 만나고 죄인의 중보 사역을 할 수 있습니다. 예수 그리스도께서 우리의 완전한 중보자입니다. 그 주님은 지금도 하늘 보좌 우편에서 역사하십니다."[1092]라고 했다.

둘째. 대제사장의 임무(히 8:3, 레 16:29).

제사장 직분에는 위계가 있었다. 가장 높은 직위는 대제사장이다. 대제사장은 일 년에 단 한 번 대 속죄일에 백성들의 죄를 구속받기 위해서 지성소에 들어갈 수 있었다. 두 번째는 제사장이다. 제사장직은 아론의 아들들이 세습했다. 이들은 성전의 제단에서 봉사하였으며, 정규적으로 희생 제사를 드렸다. 이외에 레위 지파의 나머지 사람들이 감당하던 제사장 직책이 있었다. 레위 지파 사람들은 제단에서 봉사할 수는 없었지만, 광야 생활 동안 성막을 운반하는 일을 담당하였으며, 다윗 시대에는 예배 음악을, 후에는 순회하면서 율법교사로서의 책임을 감당하였다. 레위 지파 사람들은 제사

1091)   한성천. 김시열, *op. cit.*, p. 263.
1092)   이성호, *op. cit.*, p. 78.

장들과 같이 하나님의 백성들이 드린 희생 제사의 제물과 십일조로 생활하였다.[1093]

"하나님께서 레위 지파에게 내리신 선물은 제사장의 직무를 맡게 하셨습니다. 그 임무는 하나님을 섬기는 모든 일을 하게 함으로써 백성이 죄를 지었을 때, 하나님 앞에 온전하지 못했을 때, 하나님과 관계를 회복하고 백성이 서로 화목할 수 있도록 인도하는 거룩한 임무를 맡았습니다. 성소에서 제사 드리는 일, 백성에게 율법을 가르치는 일, 백성을 위하여 하나님의 뜻을 묻는 일, 언약궤를 메는 일, 문둥병자를 식별하는 일, 소송, 죄악에서 떠나게 하는 일, 1년에 한 번 지성소에 들어가는 일, 우림과 둠밈으로 판결하는 일, 도피성으로 도망친 자를 살리는 일, 등등의 많은 임무가 주어졌습니다."[1094]라고 하였다.

히 8:3을 보면, "대제사장마다 예물과 제사 드림을 위하여 세운 자니 그러므로 그도 무엇인가 드릴 것이 있어야 할지니라."[1095]라고 하였다.

이것을 헬라어 원문을 보면 다음과 같다.

Πᾶς γὰρ ἀρχιερεὺς εἰς τὸ προσφέρειν δῶρά τε καὶ θυσίας καθίσταται· ὅθεν ἀναγκαῖον ἔχειν τι καὶ τοῦτον ὃ προσενέγκῃ.[1096]

'드림을'은 προσφέρω(4374, 프로스페로)이며, '가져오다, 드리다, 끌어

1093) 강병도, *op. cit.*, p. 254.
1094) 이성호, *op. cit.,*, p. 79.
1095) 개역한글 성경, *op. cit.*, 히 8:3.
1096) 분해대조 성경, *op. cit.*, 히 8:3.

오다, 섬기다, 올리다, 바친다'[1097]라는 뜻이 있다.

동사 '프로스페로'는 프로스(πρός, 4314: ~에, ~을 향하여)와 페로 (φέρω, 5342: 데리고 가다, 나르다)에서 유래했으며, '~에게 데려오다' 즉 '바치다'를 의미한다. 70인 역본에서 '프로스페로'는 대개 '제물을 가져오다, 제단에 바치다, 제사를 드리다'를 의미한다. 요세푸스는 '프로스페로'를 '가져오다, 대접하다'(음식, 술)는 일반적 의미와 '바친다'(제물)는 제의적 의미로 사용했다. 필로는 '프로스페로'를 '가져오다'와 중간태로 '취하다'(음식, 술)는 의미로 사용했다.[1098]

요 16:2에서 예수님은 사람들이 제자들을 죽이면서 이를 하나님께 대한 봉사의 제사로 생각할 것이라며 날카로운 비난을 하셨다. 히브리서는 구약의 제사 신학을 그리스도에 대한 증거로 사용한다. 예수님은 단 한번 제사를 드리되, 자신을 드리셨다(히 10:12; 9:14; 10:10.). 그의 제사로 단번에 완전히 성결케 하셨고(히 10:10), 새롭고 더 나은 언약에 근거하여 봉사의 사역을 하신다(히 8:6). 그러나 구약의 제사는 그의 완전한 제사를 예표하는 것이며(히 10:1), 예수님은 비록 반열은 다르지만 아론과 함께 하나님이 제정하신 대제사장의 직분을 함께 나누신다(히 5:1 이하). 그의 독특한 제사는 다른 모든 제사들을 찬미의 제사와는 거리가 먼 피상적인 것으로 만들어 버리는데(히 13:15), 이 찬미의 제사는 아벨과 아브라함의 본을 따라(히 11:4, 히 11:17) 믿음으로 드리는 제사이다.[1099]

1097)   김용환, *op. cit.*, p. 1153.
1098)   이병철, *op. cit.*, 4374.
1099)   *Ibid.*,

"대제사장은 죄인이 가지고 온 제물에 안수하고 피를 내어 뿔에 바르고 휘장에 일곱 번 뿌리며 나머지는 제단 밑에 묻습니다. 죄인들이 죄를 지었을 때 수시로 제물을 준비하여 하나님께 드렸습니다. 그 제물은 향기로운 향이 하늘의 하나님께 올라가는 것입니다. 제사를 드리는 목적은 하나님께 경배하며 영광을 돌리는 것입니다. 그리고 죄인들의 죄를 씻는 과정을 의미하는 것입니다. 그 제물과 제사는 제사장을 통하여 드려져야 합니다. 누구나 할 수 없는 임무입니다. 지정한 제사장만 할 수 있는 거룩한 직무입니다."[1100]라고 하였다.

'로고스'(λόγοs)이신 그리스도께서 태초부터 계속 존재하셨으며, 하나님과 계속 함께 계셨고, 계속 하나님이셨음을 묘사하신다. 그리스도의 제사장으로서의 사역은 이 땅에 계신 공생애 기간 동안에도 이루어졌다. 대표적인 사역으로는 스스로 제물이자 동시에 제사장으로서 십자가에서 자신을 드린 것이다(사 53:5; 엡 5:2). 그러나 이러한 제사장으로서의 사역이 이 땅에서 계속된 것이 아니라는 것이다. 왜냐하면 완전한 제사장으로서의 사역은 시간과 공간의 지배를 받는 이 땅에서 이루어질 수 없기 때문이다. 실로 그리스도의 제사장직의 특징은 오직 그리스도만이 유일한 참 제사장으로서 하나님과 사람 간의 화목을 가능케 한다는 것과(히 10:11-14), 더불어 제사장으로서의 중재 대언사역을 계속 수행하신다는 것이다. 그리스도의 구속 사역은 단회적이지만 그 효과를 지속시키는 중재 대언 사역은 영속성을 지니는데, 이러한 영속성을 지니기 위해서는 이 땅에 계속 머무시는 것이 아니라 성부 하나님 보좌의 우편에 머물면서 계속 중재 사역을

1100)　이성호, *op. cit.*, p. 79.

하서야 하는 것이다.[1101]

"대제사장은 예수 그리스도의 예표입니다. 대제사장은 하나님을 향하여 무엇인가를 드려야 합니다. 본문에서는 대제사장이 무엇을 드려 대속 사역을 했는지 기록하지 않고 있습니다. 그런데 9장에서 그 답을 찾을 수 있습니다. 예수님께서 드려진 제물이 흠 없는 자신의 몸과 피를 하나님께 드려 대속 사역을 이루셨습니다. 대제사장의 사역은 예수 그리스도의 모형이요 그림자입니다. 대제사장이 1년에 한 번 드려지는 짐승들의 피의 제사는 예수그리스도의 피를 상징하고 있기 때문입니다. 하나님께서 흠이 없는 몸과 피를 받으시고 죄인들의 죄를 용서하고 씻어주는 것입니다. 하나님과의 관계를 다시 맺고 예수 그리스도는 십자가에서 죄인들의 죄를 메고 나르시며 그의 의를 우리에게 전가시켜 주셨습니다."[1102]라고 했다.

레 16:29를 보면, "너희는 영원히 이 규례를 지킬지니라 일곱째 달 곧 그 달 십일에 너희는 스스로 괴롭게 하고 아무 일도 하지 말되 본토인이든지 너희 중에 거류하는 거류민이든지 그리하라."[1103]라고 하였다.

원문은 다음과 같다.

וְהָיְתָה לָכֶם לְחֻקַּת עוֹלָם בַּחֹדֶשׁ הַשְּׁבִיעִי בֶּעָשׂוֹר לַחֹדֶשׁ תְּעַנּוּ אֶת־נַפְשֹׁתֵיכֶם וְכָל־מְלָאכָה לֹא תַעֲשׂוּ

הָאֶזְרָח וְהַגֵּר הַגָּר בְּתוֹכְכֶם:[1104]

<hr>

1101)　한성천. 김시열, *op. cit.*, pp. 33-34.
1102)　이성호, *op. cit.*, p. 80.
1103)　개역한글 성경, *op. cit.*, 레 16:29.
1104)　분해대조 성경, *op. cit.*, 레 16:29.

대 속죄일(the Day of Atonement) 규례가 연례적으로 영구히 지켜져야 함을 강조하고 있는 부분이다. 세월이 흘러 이스라엘 백성의 신앙이 나태해진다면 대 속죄일이 지켜지지 않을 가능성은 얼마든지 있었다. 특히 대 속죄일의 규례가 대제사장인 아론의 장남과 차남인 나답과 아비후가 여호와께서 명하시지 않았던 다른 불로 분향하려다가 죽은 불순종의 사건에(10:1,2), 뒤이어 주어진 규례였기 때문에(16:1) 나약하면서도 태만한 인간의 불순종은 더욱 경계될 수밖에 없었다. 이러한 배경 하에서 본 구절은 히브리인들이 어떤 내용을 특히 강조하고자 할 때 자주 사용하는 문장 기법인 교차 대구법을 통하여 대 속죄일의 규례가 필히 연례적으로 영원히 지켜져야 한다는 사실을 강조하고 있는 것이다.[1105]

"대제사장은 하나님께서 정하신 규례를 지켜야 합니다. 7월 10일, 아무것도 하지 말고 본토와 거류민들도 모두 이 규례를 지켜야 합니다."[1106]라고 하였다.

'지킬지니라'는 הָיָה(1961, 하야)이며, '~이 일어나다, ~이 되다, 임하다, 장막을 치다, 계시다, 만나다, 섬기다, 성취하다, ~이다'[1107]의 뜻이다.

한글개역 성경에는 '지킬지니라'고 번역되어 있으나, 그와 같은 단어는 원문에는 없다. '웨하예타'(וְהָיְתָה)는 '있다', '…다'라는 뜻을 지닌 동사 어근 '하야'(הָיָה)는 칼 완료 3인칭 여성 단수형에 와우(ו) 접속사가 접두된 것으로 '그것은…이다'라는 뜻이다.[1108]

1105)   한성천. 김시열, *op. cit.*, p. 744.

1106)   이성호, *op. cit.*, p. 80.

1107)   김용환, *op. cit.*, p. 162.

1108)   강병도, *op. cit.*, p. 551.

대 속죄일에 대한 규례를 말하면서 '너희를 위하여'(라켐, לָכֶם)라는 표현이 세 번씩이나 반복되어 나온 것을 볼 때에도(29, 31, 34절), 지금까지 누누이 언급해 온 대 속죄일 규례를 지키는 일이 택한 백성 이스라엘에게 얼마나 중요한 일이었는지를 알게 된다.[1109]

"이스라엘 백성은 하나님이 정하신 규례를 1년에 한 번씩 대 속죄일에 영원히 지켜야 합니다. 그 규례는 예수 그리스도께서 십자가 사역을 하실 때까지 지켜야 하는 규례입니다. 대제사장은 홀로 지성소에 들어가서 백성을 대표해서 하나님께 죄를 용서받아야 합니다. 하나님은 계시를 통하여 이스라엘 백성의 일을 알려주시고 그 말씀을 이스라엘 백성들 모두가 순종하며 섬겨야 합니다. 성막은 하나님과 이스라엘 백성이 만나는 거룩한 장소입니다. 이스라엘 백성이 이 규례를 지킬 때 하나님의 뜻이 성취되는 것입니다."[1110]라고 했다.

'너희는 스스로 괴롭게 하고'(תְּעַנּוּ אֶת נַפְשֹׁתֵיכֶם, 테안누 에트 나프쇼테켐)에서 '스스로'라고 번역된 '에트 나프쇼테켐'(אֶת נַפְשֹׁתֵיכֶם)은 한정 목적어 '에트'(אֵת)와 '영혼' 또는 '인격'이라는 뜻의 '네페쉬'(נֶפֶשׁ)의 남성 2인칭 복수형이 결합된 형태이다. 여기서 '네페쉬'는 영혼만이 아니라 전 인격체를 뜻하는 말이다(레 2:1). 따라서 본문은 영혼을 괴롭게 한다는 추상적인 개념이 아니라 금식하는 것을 말한다(사 58:3,5). 그러나 본문에서 일반적으로 금식을 나타낼 때 쓰는 동사 '춤'(צוֹם) 대신에 '괴롭게 하다'라는 뜻을 갖는 '아나'(עָנָה)가 사용된 것은 음식을 먹지 않는 것 이상의 의미를 전달하기 위함이었다. 즉 괴롭게 하는 일에는

1109)   한성천. 김시열, *op. cit.*, p. 746.

1110)   이성호, *op. cit.*, p. 80.

금식과 동시에 굵은 베옷을 빕는 것과 통회하는 기도가 동반되었다
(시 35:13). 뿐만 아니라 '아나'에는 '스스로 낮추다'라는 뜻도 있다. 그러
므로 이는 전적으로 자기를 낮추며 하나님만을 절대적으로 높이고
신뢰하면서 그분께 모든 것을 맡기고 기도하는 실제적인 믿음의 행
위를 표현하는 단어이다. 괴롭게 하는 기간은 일곱 번 째달 구일 저
녁부터 이른 날 저녁까지였다(레 23:32).[1111]

유대인들은 그 달 초하루부터 대 속죄일인 10일까지를 '회개하는
10일'로 부르며 속죄일을 맞을 준비를 했다. '스스로 괴롭게 하고'란
표현은 죄를 회개하기 위한 금식과 근신의 생활을 의미한다(레 23:27;
민 29:7; 시 35:13). 이처럼 누구든지 하나님의 구원 은혜를 자기 것으로
받아들이려는 자는 반드시 그 죄를 철저하게 자각하며 회개하는 과
정이 있어야 한다.[1112]

레8:8을 보면, "흉패를 붙이고 흉패에 우림과 둠밈을 넣고"[1113]라고
하였다.

원문은 다음과 같다.

וַיָּשֶׂם עָלָיו אֶת־ הַחֹשֶׁן וַיִּתֵּן אֶל־ הַחֹשֶׁן אֶת־ הָאוּרִים וְאֶת־ הַתֻּמִּים:[1114]

필자가 위 본문을 살펴보니 '흉패를 붙이고'(וַיָּשֶׂם עָלָיו אֶת־ הַחֹשֶׁן וַיִּתֵּן,
와야셈 알라이우 에트 하호쉔)이다. '붙이고'에 해당하는 '야셈'은 שׂים(7760,

1111) 한성천. 김시열, *op. cit.*, p. 747.
1112) 강병도, *op. cit.*, pp. 554-555.
1113) 개역한글 성경, *op. cit.*, 레 8:8.
1114) 분해대조 성경, *op. cit.*, 레 8:8.

숨)이며, '두다, 정하다, 임명하다, 확립하다'[1115)]의 뜻이 있다.

숨(שׂים, 7760), 쉼(שׂום)(동사)은 '두다, 놓다, 세우다, 정(지정)하다, 임명하다, 설립하다, 배치하다, 만들다'를 의미한다. 숨은 부분적으로 중복되기도 하지만 대략 6가지 용법으로 사용되었다. 숨은 '어떤 장소에 두다'를 의미한다. 이 용법은 어떤 물건이 지정된 장소에 놓였음을 말하는 것이다. 예를 들면 삼상 17:54에서 다윗이 "갑주를 자기 장막에 두었다"거나 레 8:8에서 모세가 "아론에게 흉패를 붙였다"는 표현 등이다. 이런 식으로 하여 숨은 또한 하나님이 자기가 택한 장소에 자기 이름을 둔다는 뜻으로도 사용되었다(왕하 2:14).[1116)]

흉패(breastpiece)를 뜻하는 말은 חֹשֶׁן(2833, 호셴)이라는 말이 사용되었다.

חֹשֶׁן(2833, 호셴)은 '흉패'[1117)]의 뜻이 있다.

호셴은 חֹשֶׁן, 어근이 '아름답다, 장식하다, 내포하다, 번쩍이다'[1118)]의 뜻이 있다.

구약성경에서 호셴은 25회 나오며, 대제사장의 예복중의 하나이다. 흉패는 에봇과 동일한 재료로 만들어졌다(출 28:15). 이것은 귀퉁이에 금 고리를 단, 가장자리가 한 뼘(약 3인치)쯤 되는 직사각형 주머니였다. 여기에는 이스라엘 지파의 이름을 새겨 넣은 열두 개의 보석이 부착되어 있었다. 금줄은 위의 고리를 에봇의 견대에 있는 보석들에 연결시켰다. 이 흉패는 나라의 일치, 대제사장의 인격과 사역에

1115) 김용환, *op. cit.*, pp. 661-662.
1116) 이병철, *op. cit.*,
1117) 김용환, *op. cit.*, p. 236.
1118) 최현기, *op. cit.*, p. 310.

대한 백성들의 의존, 백성을 사랑하시는 하나님께 그들의 나아옴, 하나님의 뜻을 계시하는 통로를 상징했다. 흉패 안에 있는 우림(Urim)과 둠밈(Thummim)이 하나님의 뜻을 백성들에게 전달했다(출 28:15-30). 70인역본은 이것을 히브리어 '판결 흉패', '(신의) 결정의 흉패'에 대한 '판결의 신탁' oracle of judgment으로 지칭한다. 이것은 대제사장의 특이한 겉옷 중에서 가장 중요한 것으로 간주되었다.[1119]

'호쉔'(חשׁן)은 약 25센티미터 정방형의 크기로서 에봇과 같은 재료를 가지고 만들었으며(출 28:15), 이스라엘 열두 지파를 상징하는 열두 개의 보석으로 장식되어 있고 각 모퉁이에 있는 금 고리들에 금 사슬을 꿰어 에봇 위에 묶을 수 있도록 하였다. 또한 흉패는 두 겹으로 만들어졌으므로 우림과 둠밈을 그 속에 넣을 수 있었다.[1120]

'우림'은 אוּרִים(224, 우림) '우림'[1121]의 뜻이 있다.

우림은 우르(אוּר, 217)의 복수형이며, אוֹר(215, 오르)에서 유래 되었으며, '빛나다, 비추다, 밝게 하다, 빛을 주다'[1122]의 뜻이 있다.

우림은 아론, 대제사장의 흉패 안에 넣어 휴대한 보석을 가리킨다. 제사장이 하나님의 뜻을 알고자 할 때 그것을 꺼내어 보았다(삼상 14:41, 출 28:39, 신 33:8, 레 8:7, 민 27:21.). 우림과 둠밈, 이 둘 중 하나는 '가', 하나는 '부'로 표현했을 듯하다. 우림과 둠밈은 포로 이전에는 사용했으나(스 2:63, 느 7:65), 후대에는 예언자들이 하나님의 뜻을 알리기로 하고 폐지했다. 이 둘은 대제사장의 "판결 흉패" 안에 있었으며(출

1119)   이병철, *op. cit.*, 2833.
1120)   한성천. 김시열, *op. cit.*, p. 339.
1121)   김용환, *op. cit.*, p. 23.
1122)   *Ibid.*, p. 22.

28:30, 레 8:8) 하나님에게서 오는 신탁 판결을 획득하는 것에 포함되어 있었다(민 27:21).[1123]

"우림과 둠밈은 대제사장의 흉패 안에 넣어 휴대한 보석입니다. 제사장이 하나님의 뜻을 알리고자 할 때 그것을 꺼내어 보았습니다. 이것은 점을 치는 도구가 아닙니다. 하나님께서 이스라엘 백성에게 개입하시고 계시를 주신다는 것을 상징하고 있습니다. 우림은 동쪽과 빛의 지역을 의미합니다. 빛이 뜨는 곳은 밝아지는 곳입니다. 하나님께로부터 오는 신탁 판결을 획득하는 것에 포함되고 있습니다. 둠밈은 '완전함'이라는 의미를 지녔습니다. 그러므로 '우림이면 둠밈이고, 우림이 아니면 둠밈이 아니다.'라는 것입니다. 우림이 빛을 발하면 완전함을 증명하는 것입니다. 그러므로 빛과 완전을 뜻합니다."[1124]라고 하였다.

'둠밈'은 תֻּמִּים(8550, 툼밈)이며, '둠밈'[1125]의 뜻이 있다.

툼밈은 톰(תֹּם, 8537)에서 유래했으며, '온전함, 성실함, 완전히'[1126]의 뜻이다.

어근은 תָּמַם(8552, 타맘)이며, '완성하다, 끝마치다, 끝나다, 끊어지다'[1127]를 의미한다.

여기에 이 동사의 '완전함'이란 기본 개념이 나타난다. 타맘은 당연히 윤리적으로 '건전하다, 정직하다'는 의미를 나타낸다(시 19:13). 타맘

1123) 이병철, *op. cit.*, 224.

1124) 이성호, *op. cit.*, p. 81.

1125) 김용환, *op. cit.*, p. 721.

1126) *Ibid.*, p. 720.

1127) *Ibid.*, p. 721.

은 하나님의 명령과 함께 사용되어 그것을 이행하는 것을 의미한다 (수 4:10). 타맘은 돈 같은 것을 '다 소비하다'(창 47:15, 창 47:18)라는 개념을 지닌다. 타맘은 년과 같은 것이 '끝나게 되다, 끝나다'라는 의미도 지닌다(욥 47:18, 시 102:27).[1128]

"'둠밈'은 완전, 무결, 성실을 나타내는 의미입니다. '둠밈'도 하나님의 뜻을 묻는 데 사용했습니다. 대제사장은 바르게 판결하여 백성을 편안하게 해야 합니다. 대제사장이신 예수 그리스도는 공의와 사람으로 판결하시고 그의 백성이 영원한 평안과 안식을 주셨습니다. 우림과 둠밈은 하나이지만 전혀 다른 형태의 사역임을 주목해야 합니다. 빛으로 오신 무결하신 예수님께서 십자가의 구속의 은혜로 끝마치시고 사망의 권세를 물리치며 모든 죄를 멸절시키시고 새로운 생명으로 완성된 성도들이 말씀으로 새롭게 인식되어 완전한 말씀의 집이 완성됨을 의미하는 것입니다."[1129]라고 하였다.

출 21:13에 보면, "만일 사람이 고의적으로 한 것이 아니라 나 하나님이 사람을 그의 손에 넘긴 것이면 내가 그를 위하여 한 곳을 정하리니 그 사람이 그리로 도망할 것이며,"[1130]라고 하였다.

원문은 다음과 같다.

וַאֲשֶׁר֙ לֹא צָדָה וְהָאֱלֹהִים אִנָּה לְיָד֑וֹ וְשַׂמְתִּ֤י לְךָ֙ מָק֔וֹם אֲשֶׁר יָנ֖וּס שָׁמָּה׃[1131]

1128) 이병철, *op. cit.*, 8550.

1129) 이성호, *op. cit.*, p. 82.

1130) 개역한글 성경, *op. cit.*, 출 21:13.

1131) 분해대조 성경, *op. cit.*, 출 21:13.

'사람이 고의적으로 한 것이 아니라'는 וַאֲשֶׁר לֹא צָדָה(와아쉐르 로 차다)인데, '사람이 고의적으로 한 것이'라고 번역된 말이다.[1132]

'차다'(צָדָה)는 צָדָה(6658, 차다)이며, '숨어 기다리다, 매복하다, 황폐하게 하다, 해하려 하다'[1133]의 뜻이 있다.

이는 은밀하고도 의도적이며 치밀하게 타인을 살인하고자 하는 모습을 보여주는 표현이다. 그러나 본문에서는 강한 부정어 '로'가 함께 사용되어 의도적인 살인 행위를 가리키는 것이 아니라 고의성이 전혀 없는 실수에 의한 살인이나 혹은 자신의 생명을 보호하기 위한 정당방위 또는 공의로운 측면에서의 살인을 일컫고 있다.[1134]

하나님은 우연히 사람을 죽인 자에 대하여 한 곳을 정해 그곳으로 도피하도록 배려하였다. 곧 우연히 사람을 죽인 사람은 성전에 있는 제단 뿔을 붙잡고 무죄를 주장하거나(왕상 1:50-53; 2:38), 도피성으로 도망가야 했다(민 35:9-34; 신 4:41-43; 19:1-13; 수 20:1-9). 피신한 사람은 결백이나 유죄가 입증될 때까지 피신해 있다가 그의 죄가 무죄로 입증되었을 경우 자유롭게 풀려나게 되었다.[1135]

"당시의 도피성은 항상 열려 있어서 언제나 누구나 들어갈 수 있었습니다. 도피성은 특정한 자격만을 가진 사람만이 들어가는 곳이 아니었습니다. 지위 고하를 막론하고 위기에 처한 사람은 누구나 언제나 들어갈 수 있는 곳이었습니다. 부지중에 살인을 한 사람은 두려움에 떨게 됩니다. 그러나 도피성에서 종교 교사들과의 교제를 통

1132)　한성천. 김시열, *op. cit.*, p. 503.
1133)　김용환, *op. cit.*, p. 575.
1134)　한성천. 김시열, *op. cit.*, p. 503.
1135)　강병도, *op. cit.*, p. 485.

하여 그는 새로운 품성을 형성할 기회를 얻게 됩니다. 자신의 죄가 회복될 때까지 도피성에 숨어 기다려야 합니다. 그 도피성은 하나님 께서 계획하시고 준비하셨습니다. 황폐한 자들이 회복하는 장소가 도피성입니다."[1136]라고 하였다.

'내가 위하여 한 곳을 정하리니'(וְשַׂמְתִּי לְךָ מָקוֹם, 웨사므티 레카 마콤). '내 가 … 정하리니'라고 번역된 '웨사므티'는 직역하면 '그리고 내가 정할 것이다'이다. 또한 원문에는 '레카'(לְךָ) 즉 '너를 위하여'(for you)가 한글 개역 성경에서는 단지 '위하여'라고 번역되어 그 의미가 불명확하다. 따라서 본문을 직역하면 '그때에 내가 너를 위하여 한 장소를 정할 것이다'가 된다.[1137]

특히 '정하다'에 해당하는 '숨'(שׂוּם, 7760)은 '세우다, 두다, 짓다, 정 하다, 임명하다, 베풀다, 덮다, 보존하다, 거주하다, 가리다, 확립한 다'[1138]라는 뜻이 있다.

결국 하나님께서 친히 한 곳을 선택하여 그 정하신 곳을 하나님이 원하시는 대로 도망자가 생명을 보존할 수 있도록 건설하시고 정돈 하실 것이라는 의미가 담겨 있다고 하겠다. 하나님께서는 이 같은 선 언에 따라 고의적 살인자가 아닌 실수나 정당방위나 공의의 차원에 서 살인을 저지른 사람들을 위해 처음에는 거룩한 제단이 있는 성소 를 지정하셨고(14절), 후일에는 가나안 땅에 여섯 곳의 도피성을 마련 해주셨다(민 35:10-15).[1139]

1136)　이성호, *op. cit.*, p. 82.
1137)　한성천. 김시열, *op. cit.*, p. 504.
1138)　김용환, *op. cit.*, pp. 661-662.
1139)　한성천. 김시열, *op. cit.*, p. 504.

"하나님은 죄인들을 위하여 도피성을 즉시 준비하셨습니다. 자신의 의지와 상관없이 부지중에 죄를 지은 자들이 들어가는 곳입니다. 그러한 자들이 들어가도록 임명받은 것입니다. 여호와 하나님께서 은혜를 베푸신 장소입니다. 요단 서편: 게데스, 세겜, 헤브론, 요단 동편: 베셀, 길르앗 라못, 골란. 이 지역들은 가나안 전역에 골고루 분포되어 누구나(유대인, 이방인) 찾아올 수 있도록 배려한 흔적이 보입니다. 하나님은 모든 사람을 대상으로 도피성을 준비하셨습니다."[1140]라고 하였다.

'그 사람이 그리로 도망할 것이며'(אֲשֶׁר יָנוּס שָׁמָּה, 아쉐르 야누쓰 솸마)라고 하였다.

필자가 보니 '도망할 것이며'에 해당하는 '야누쓰'는 נוּס(5127, 누스)이다. נוּס(5127, 누스)는 '도망하다, 쇠하다, 달아난다'[1141]라는 뜻이 있다.

'누스'(נוּס)의 단순 능동(Qal) 미완료형이다. 이는 생명 보존을 위해 망설이거나 머뭇거림 없이 매우 신속하게 피할 것을 권고하는 의미를 담고 있다.[1142]

"도피성으로 들어간 죄인은 함부로 다닐 수가 없습니다. 고엘이 피의 복수를 위해 다니기 때문에 만약에 나갔다가 복수를 당해도 복수자는 아무런 죄가 없었습니다. 그래서 밖으로 나가면 안 됩니다."[1143]라고 하였다.

이러한 제도는 오늘날의 사형제도 보다 융통성이 더 많을 뿐만 아

1140) 이성호, *op. cit.*, p. 82.
1141) 김용환, *op. cit.*, pp. 433-434.
1142) 한성천. 김시열, *op. cit.*, p. 504.
1143) 이성호, *op. cit.*, pp. 82-83.

니라 인권을 존중하는 측면이 있다. 14절에서 살인자를 죽이라는 규례는 개인적으로 복수하거나 처벌하라는 의미가 아니다. 사형은 공적인 재판 절차를 거친 후 집행하여야 한다. 이 재판 제도를 실시하는 목적은 하나님의 공의를 밝히면서 동시에 처벌에 대한 두려움을 주어 범죄를 막으려는데 있었다.[1144]

하나님께서는 이러한 긴급 조치를 통해 무고한 생명이 살해되는 것을 방지하셨을 뿐 아니라 연이은 복수로 인하여 발생하게 될 살인의 악순환을 예방하시고자 하신 것이다. 한편 하나님께서 마련하신 이 도피성 제도는 장차 인류의 죄를 대신 지시고 십자가에 달려 돌아가실 예수 그리스도를 예표 한다. 즉 이 땅의 모든 죄인들은 자신들의 죄 값으로 치러야 할 영원한 죽음과 피의 보수자인 사단으로부터 자신들의 생명을 보존하기 위해 하나님이 선택하고 지정하신 '한 곳'으로 신속하게 달려 나가야 할 것인데, 그곳이 바로 예수 그리스도인 것이다(롬 6:8,9). 정녕 예수 그리스도의 품을 떠나서는 그 어디에서도 생명의 안전, 영생의 보장을 받을 수 없다(행 4:12; 요14:6).[1145]

이성호 교수는 "구약의 제사장은 특별히 하나님께서 내리신 임무입니다. 아무나 할 수 없는 레위 인들에게 주신 특별한 선물입니다. 제사장은 성소에서 봉사의 사역을 했습니다. 성소에서 제사 드리는 일, 백성에게 율법을 가르치는 일, 백성을 위하여 하나님의 뜻을 묻는 일, 언약궤를 메는 일, 문둥병자 식별, 소송, 죄악에서 떠나게 하는 일, 1년에 한 번 지성소에 들어가는 일, 우림과 둠밈으로 판결하

1144) 강병도, *op. cit.*, p. 485.
1145) 한성천. 김시열. *op. cit.*, p. 504.

는 일, 도피성으로 도망친 자를 살리는 일, 등등의 많은 임무가 주어졌습니다. 대제사장은 예수 그리스도를 상징하는 인물입니다. 구원받은 그리스도인들은 모두가 왕 같은 제사장으로 임명받았습니다. 성도는 교회에서 봉사하며 섬기는 제사장입니다. 아무나 할 수 없는 귀중한 직무입니다. 제사장이 하던 일은 오직 지정받은 자만 할 수 있도록 되어 있습니다. 그들은 모두 하나님을 기쁘게 해드리는 임무를 수행했습니다. 우리도 하나님을 영화롭게 하며 영원토록 기쁘게 해드려야 합니다.”[1146]라고 하였다.

셋째, 대제사장의 예복 Ⅰ(출 28:4-10).

여호와께서는 모세에게 제사장 직무를 수행할 자들을 지명하신다. 본 절에서 주목을 끄는 것은 여호와께서 모세에게 ‘네 형 아론을 위하여’(לְאַהֲרֹן אָחִיךָ, 레아하론 아히카)라는 표현을 사용하여 아론을 제사장에게 임명하도록 지시를 내리는 분분이다. 이것은 아론이 모세의 수준에서 여호와를 섬기도록 합법화시킨 것이라고 볼 수 있다. 아론은 모세의 형이기 때문에 이 과정은 그리 예외적인 성격을 띠지는 않는다. 그리고 아론의 대제사장직의 합법성에 대한 상징은 본장의 주제인 의복 제작에서 찾아볼 수 있다.[1147]

“모세는 첫 번째 대제사장의 직분을 맡은 아론을 위하여 하나님의 뜻을 따라 거룩한 옷을 지어서 영화롭고 아름답게 하라고 했습니다. 대제사장은 아무런 옷을 입지 않았습니다. 하나님께서 보여주

1146) 이성호, *op. cit.*, p. 83.
1147) 강병도, *op. cit.*, p. 442.

신 대로 옷을 만들어 입혀주셨습니다. 그래서 제사장의 옷은 하나님
께서 명하신 대로 만들어야 합니다. 그 옷은 성소에서 섬기기 위한
거룩한 옷입니다. 대제사장이 하나님께서 그르쳐 주신 옷을 입지 않
고 성소에 들어가면 죽게 됩니다. 그 옷은 반포 속옷, 겉옷, 에봇, 견
대, 관, 띠, 판결 흉패입니다. 우리도 왕 같은 제사장으로 임명받았습
니다. 우리도 예수님께서 입혀주신 옷이 있습니다. 바로 '의'의 옷입니
다. 우리도 하나님의 명령에 따라 순종하는 종이 되어야 합니다. 우
리는 화려한 복장으로 세상에 자랑하는 계급이 아닙니다. 하나님을
섬기고 교회를 섬기며 성도를 서로 섬겨야 합니다."[1148]라고 하였다.

출 28:4에 보면, "그들이 지을 옷은 이러하니 곧 흉패와 에봇과 겉
옷과 반포 속옷과 관과 띠라 그들이 네 형 아론과 그 아들들을 위
하여 거룩한 옷을 지어 아론이 내게 제사장 직분을 행하게 하라."[1149]
라고 하였다.

이것을 원문을 보면 다음과 같다.

וְאֵלֶּה הַבְּגָדִים אֲשֶׁר יַעֲשׂוּ חֹשֶׁן וְאֵפוֹד וּמְעִיל וּכְתֹנֶת תַּשְׁבֵּץ מִצְנֶפֶת וְאַבְנֵט וְעָשׂוּ בִגְדֵי־קֹדֶשׁ לְאַהֲרֹן
אָחִיךָ וּלְבָנָיו לְכַהֲנוֹ־לִי׃[1150]

필자가 위 본문을 살펴보니 '거룩한 옷을 지어'(וְעָשׂוּ בִגְדֵי־קֹדֶשׁ, 웨아수
비게데 코데쉬)라고 하였다.

1148)　이성호, *op. cit.*, p. 84.
1149)　개역한글 성경, *op. cit.*, 출 28:4.
1150)　분해대조 성경, *op. cit.*, 출 28:4.

‘비게데’의 원형 ‘뻬게드’(בֶּגֶד)는 בֶּגֶד(899, 베게드)이며, ‘의복, 옷, 성의, 예복, 보자기, 왕복, 속옷, 겉옷’[1151)의 뜻이 있다.

베게드는 바가드(בָּגַד, 898)에서 유래했으며, ‘배반하다, 잠행하다, 부정하게 행동하다, 억압하다’[1152)의 뜻이 있다.

이 단어는 ‘배반, 반역’(사 24:16, 렘 12:1). 렘 12:1에서는 패역하여 믿을 수 없는 사람을 가리킨다. 또한 이 단어는 ‘옷, 덮개’의 뜻으로도 쓰인다. ① ‘옷, 덮개’, 베게드는 어떤 종류의 옷이든, 대제사장의 거룩한 옷에서 나병환자의 누더기 옷, 부유하고 귀한 자의 값비싼 옷에서 가난한 자의 옷에 이르기까지의 옷에 대해 사용되었다. 베게드는 때때로 ‘겉옷’을 가리킨다.[1153)

모세가 아론을 위하여 만들라고 명령했던 “거룩한 옷”은 그가 여호와 앞에서 제사장 직분을 수행하는 동안 착용해야 하는 모든 것을 포함하고 있었다(출 28:4).[1154)

또 ‘코데쉬’는 קֹדֶשׁ(6944, 코데쉬)이며, ‘거룩하다, 구별되다’[1155)는 뜻이 있다.

그러나 히브리어에서는 명사에 이어 곧바로 명사가 또 나오면 뒤에 나오는 명사가 앞에 나오는 명사를 꾸며 주는 형용사의 역할을 한다. 따라서 본문에서 ‘코데쉬’도 형용사로 사용되어 ‘거룩한’(출 3:5), ‘성결한’(출 15:13)이란 의미를 지닌다. 따라서 ‘거룩한 옥’이란 ‘구별된

1151) 김용환, *op. cit.*, p. 76.

1152) *Ibid.*,

1153) 이병철, *op. cit.*, 899.

1154) 이병철, <u>성서원어 구약신학사전 Ⅰ</u>, (서울: 한국성서 연구원, 브니엘 출판사, 1989), p. 241.

1155) 김용환, *op. cit.*, p. 596.

옷', '성별된 고귀한 옷'이란 의미가 된다. 이렇듯 제사장에게 '거룩하게 구별된 존귀한 의복'을 지어 입히라고 하나님께서 명령하시는 이유는 제사장들이 이스라엘 일반백성들과는 구별되어 거룩한 직분을 수행하는 자들이요 나아가서 신령하고 성결한 삶을 살아야 하는 자들이기 때문이다. 마찬가지로 예수 그리스도의 구속의 사건으로 말미암아 하나님 앞에서 제사장으로 부름 받은 우리 성도들 역시 세상과는 구별되는 거룩한 존재들이다(벧전 2:9) 우리 성도들이 세상과 구별된 삶을 살아야 하는 이유가 바로 여기에 있는 것이다.[1156]

'흉패'는 חֹשֶׁן(2833, 호센) '내포하다, 번쩍이다, 흉패'[1157]의 뜻이 있다.

아라비라어 동족어들은 이 단어가 "아름다움"을 의미한다는 것을 보여 준다. 그 어의가 "아름다움"이라는 것은 대제사장의 거룩한 옷들 가운데서 갖는 가치와 중요성을 가리킨다. 흉패는 에봇과 똑같은 재료들로 만들었다(출 28:15). 흉패는 한 변이 길이(약 7.5cm)인 정사각형의 주머니였으며, 그 네 귀퉁이에는 금 고리가 하나씩 달려 있었다. 여기에는 이스라엘 지파들의 이름이 새겨져 있는 12개의 보석이 붙어 있었다. 금 사슬이 위쪽 고리들을 에봇 견대들에 붙어 있는 보석들에 단단히 붙들어 메었다. 흉패는 이스라엘 민족의 통일성, 그 백성들이 대제사장의 인격과 사역에 의존하는 것, 그들이 사랑받는 백성으로서 하나님 앞에 있다는 것, 그리고 하나님의 뜻에 대한 계시의 통로를 상징하였다.[1158]

1156) 한성천. 김시열, *op. cit.*, p. 163.

1157) 김용환, *op. cit.*, p. 236.

1158) R. Laird Harris,(eds), *op. cit.*, p. 416

“대제사장이 가슴에 붙이는 흉패는 두 겹으로 되어 있어서 그 바깥쪽에는 이스라엘 12지파를 상징하는 번쩍이는 보석을 붙여 놓았습니다. 그 안쪽에는 중요한 판결을 내릴 때 사용하는 ‘우림’과 ‘둠밈’이라고 하는 판결의 도구를 두었습니다. 대제사장이 가슴에 품고 있던 판결의 보석, 우림과 둠밈은 오늘날 우리에게 하나님의 뜻을 알려주는 하나님의 말씀을 상징하고 있습니다. 말씀을 통해 하나님의 뜻을 판단하고 그 판단에 순종해야 합니다. 대제사장이 우림과 둠밈을 항상 가슴에 품고 있었던 것처럼 성도들은 하나님의 말씀을 항상 가슴에 품고 살아야 합니다.”[1159]라고 하였다.

흉패에 사용된 보석은 모두 다른 종류의 보석들이었다. 즉 12가지 다른 종류의 보석으로 디자인되었다. 홍보석, 황옥, 녹주옥, 석류석, 남보석, 홍마노, 호박, 백마노, 자수정, 녹보석, 호마노, 벽옥이다. 이러한 보석들은 서로 다름 성질, 색깔, 그리고 서로 다른 가치와 아름다움을 가지고 있다. 그러나 하나님은 이 모두를 동일하게 가슴에 품도록 디자인 하셨다. 모든 성도들은 12보석과 같이 성질과 색깔 그리고 그들의 역할과 사역이 다르다. 그러나 12보석 모두를 가슴에 품듯이 성도를 같은 마음으로 사랑하도록 디자인하셨다.[1160]

‘에봇’은 אֵפוֹד(646, 에포드)이며, ‘에봇’[1161]의 뜻이 있다.

‘에봇’ אֵפוֹד은 אָפַד(640, 아파드)에서 유래했으며, ‘띠를 띠게 하다, 매

1159)   이성호, *op. cit.*, p. 84

1160)   김두현, <u>하나님이 디자인 하신 성막, 대제사장, 제사, 광야학교,</u> (경기도: 21C목회연구소, 2015), p. 163.

1161)   김용환, *op. cit.*, p. 57.

다'[1162]의 뜻이 있다.

이 옷은 본래 대제사장을 위해 만들어진 성의였다(출 28:4ff, ;39:2ff.). 아는 금실과 청색, 자색, 홍색실, 그리고 가늘게 꼰 베실로 만들어졌으며, 견대 둘로 고정되었고, 에봇 위에 매는 띠는 에봇에 붙여 짰다. 견대 위에는 이스라엘 열두 지파의 이름을 새간 호마노 두 개를 달았다. 에봇은 둔부 아래까지 내려올 수도 있었고, 허리까지만 내려올 수도 있었다. 4열로 배열된 열두 개의 보석을 붙인 흉패가 순금 사슬로 에봇에 부착되었다. 에봇 속에는 제사장의 발끝까지 내려오는 청색 에봇 받침 겉옷이 있었다.[1163]

"'에봇'은 푸른색 겉옷 위에 덧대어 입는 옷입니다. 에봇은 청색 자색 흰색 홍색 실에 금실을 섞어 아름답게 수를 놓아 에봇을 만들었습니다. 이 모든 것은 예수 그리스도의 인격과 사역을 상징하는 색입니다. 대제사장은 거룩하고 존귀하게 만들어진 옷을 걸치고 성소에 들어갈 때 하나님의 영광이 되는 것입니다."[1164]라고 하였다.

'겉옷' מְעִיל(4598, 메일)은 '의복, 겉옷, 외투'[1165]의 뜻이다.

'메일'은 מָעַל(4603, 마알)에서 유래했으며, '범죄 하다, 거스리다, 배반하다, 믿음이 없다, 남몰래 취하다, 반역하다, 비밀히 가져가다'[1166]의 뜻이 있다.

이 형태의 옷은 대제사장이 에봇을 덮기 위하여 입는 제사장 의

1162) 최현기, *op. cit.*, p; 42.

1163) R. Laird Harris,(eds), *op. cit.*, p. 78.

1164) 이성호, *op. cit.*, p. 84.

1165) 김용환, op. cit., p. 387,

1166) *Ibid.*, p. 388.

복의 일부를 지칭할 수 있다. 숄(shawl)처럼 중앙부에 구멍이 나 있었고, 따라서 머리 위로 푹 덮어 쓸 수 있었다. 그것은 또한 덕망 높은 사람들도 입었다.[1167]

에봇은 대제사장의 사역을 위해서 하나님께서 특별히 디자인하신 예복 가운데 가장 바깥쪽에 입었던 옷이다. 하나님은 대제사장이 성막이나 성전에서 일하는 동안 반드시 에봇을 입도록 하셨다. 그러나 이 예복을 성막이나 성전 밖에서는 입을 수 없었다. 그러므로 에봇은 대제사장의 사역을 위해서 필요했던 예복이라고 말할 수 있다.[1168]

'반포 속옷'은 우케토네트 타쉬베츠(וּכְתֹנֶת תַּשְׁבֵּץ)라고 하였다. '케토네트'(כְּתֹנֶת)란 '가리다'에서 유래된 말로 '소매가 짧고 무릎까지 내려오는 속옷'을 의미한다. '타쉬베츠'(תַּשְׁבֵּץ)는 '얼룩무늬로 짠 것'을 뜻한다. 이는 대제사장의 속옷이 검은빛을 띤 남색 실과 흰 실을 섞어 짠 무명 속옷임을 시사한다.[1169]

'케토네트'는 כְּתֹנֶת(3801, 케토네트) '긴 옷, 가죽옷, 속옷, 겉옷, 채색 옷, 무릎까지 내려오는 소매가 달린 속옷'[1170]의 뜻이 있다.

셔츠 같은 긴 옷(대체로 아마포로 만들어졌음). 아담이 입은 이 옷은 털로 만들어졌다(창 3:21). 이 옷은 여자들도 입었다(삼하 13:18; 아 5:3). 특히 제사장들이 이 옷을 입었다(출 28:4; 29:5; 39:27: 레 8:7; 10:5; 스 2:69; 느

1167) R. Laird Harris,(eds), *op. cit.*, p. 647,

1168) 김두현, *op. cit.*, p. 137.

1169) 강병도, *op. cit.*, p. 443.

1170) 김용환, *op. cit.*, p. 325.

7:70).[1171]

　"대제사장의 속옷은 흰 세마포로 만들어졌습니다. 흰 세마포의 옷을 입지 않으면 푸른색 겉옷을 입을 수 없습니다. 흰색은 의로움과 지 없음을 상징하는 색입니다. 대제사장은 의로움과 정결함이 있어야 합니다. 의로운 성도는 예수 그리스도의 의의 옷을 입어야 합니다. 제사장이 흰색의 속옷을 입지 않으면 사역을 할 수 없듯이 성도도 반드시 예수 그리스도를 통하여 받은 의의 옷을 입고 사역해야 하나님이 그 예배를 받으시고 기뻐하시는 것입니다."[1172]라고 했다.

　세마포의 원료는 아마(flax)이다. 아마에서 실을 만들어 천을 짜게 되고 이 천을 이용해 만든 옷을 세마포 옷이라고 한다. 이 때 만들어지는 세마포는 흰색이다. 성막에는 흰색, 청색, 자색, 홍색, 오직 4가지 색만 사용되었다. 4가지 색은 각각 고유한 의미를 가지고 '그리스도'를 상징적으로 나타냈는데 그 가운데 흰색은 다음과 같은 상징적 의미를 가지고 사용되었다. 흰색은 그리스도의 의를 상징한다. 성막에서 흰색은 깨끗함, 성결함, 순결함, 그리고 흠이 없음을 상징한다. 예수님은 죄 없으신 분으로 이 땅에 오셨고, 죄인들의 대속물이 되셨다(고후5:21). 그러므로 성막에 사용된 흰색은 죄 없으신 그리스도의 의를 상징한다. 이처럼 흰색은 그리스도의 의를 상징했다. 그래서 모든 백성들의 죄를 속죄하는 대 속죄일에 대제사장이 세마포 옷을 입고 지성소에 들어갈 수 있었던 것은 그리스도의 '의'만이 인간의 죄를 해결하고 하나님 앞에 설 수 있도록 하였기 때문이다(레

1171)　　R. Laird Harris,(eds), *op. cit.*, p. 568.
1172)　　이성호, *op. cit.*, p. 92.

16:4). 뿐만 아니라 그리스도의 의를 상징하는 흰색 세마포 옷은 그리스도의 의로 구원받은 성도들이 입는 옷으로 사용되었다. 하나님은 성도들에게 흰색 세마포 옷을 입도록 허락하신다(계 3:5)[1173]

'타쉬베츠'는 תַּשְׁבֵּץ(8665, 타쉬베츠)이며, '반포속옷, 바둑판 무늬로 된 제품'[1174]의 뜻이 있다.

타쉬베츠는 샤바츠(שָׁבַץ, 7660)에서 유래했으며, '함께 짜다, 바둑 모양, 그물 모양, 만들다, 물리다'[1175]의 뜻이 있다.

사전적 의미는 '반 물빛의 실과 흰 실을 섞어 짠 무영 속옷'이다. 따라서 공동 번역은 '자수 속옷'으로, KJV는 '수놓은 옷'으로 각기 번역하였다. 이것은 '에봇 받침 겉옷' 안에 입는 옷이다.[1176]

하나님은 성막에서 일하는 제사장과 대제사장의 가장 기본적인 옷을 세마포로 디자인 하셨다. 그러므로 성막에서 사역하는 동안 제사장은 항상 세마포 고의와 세마포 속옷(케토넷) 그리고 세마포로 만든 두건을 썼다. 비록 대제사장을 위해서 특별히 디자인하신 예복이 있었지만, 세마포 고의와 세마포 속옷(케토넷)을 입고 머리에 세마포로 만든 관을 쓰고 그 위에 예복을 입어야 했다. 오직 세마포 고의와 세마포 속옷과 세마포 관이 필요했다(레 16:3-4). 이처럼 세마포 옷은 성막에서 사역하는 제사장들을 위한 가장 기본적이고 가장 중요한 옷이며 특별한 의미가 부여된 옷이다.[1177]

1173) 김두현, *op. cit.*, pp. 131-132.

1174) 김용환, *op. cit.*, p. 730

1175) 김용환, *op. cit.*, p. 653.

1176) 강병도, *op. cit.*, p. 455.

1177) 김두현, *op. cit.*, p. 130.

‘관’은 מִצְנֶפֶת(4701, 미츠네페트)이며, ‘보석을 박은 관, 머리띠’[1178]의 뜻이 있다.

‘미츠네페트’(מִצְנֶפֶת)는 차나프(צָנַף, 6801)에서 유래했으며, ‘감다, 두르다, 굴러가다, 감싸다’[1179]의 뜻이 있다.

또한 이 단어는 צָנִיף(6797, 차니프)로도 나타나는데, ‘모자, 수건, 관, 왕관’[1180]의 뜻이 있다. 왕권의 상징이기도 하며 대제사장이 쓴 특수한 머리 장식이었다.[1181]

‘미츠네페트’(מִצְנֶפֶת)는 ‘머리띠’를 뜻하며, 대제사장이 머리에 쓰는 금관 모양의 사모를 가리킨다.[1182]

일반적으로 머리에 쓰는 관을 나타내는 히브리어 단어에는 세 가지가 있다. 이 세 가지 단어는 사용되는 용례와 용도가 아주 구별되어 나타난다.[1183]

먼저는, עֲטָרָה(5850, 아타라)이다. ‘관, 면류관’[1184]의 뜻이 있다.

‘아타라’(עֲטָרָה)는 עָטַף(5848, 아타프)에서 유래 되었으며, 둘러싸다, 관 씌우다, 호위하다, 에워싸다, 씌우다,[1185]의 뜻이 있다.

가장 일반적으로 사용되는 히브리어로 왕비(렘13:18), 귀족(에8:15), 또는 신랑(아3:11)이 쓰는 관을 나타내기도 하며 비유적으로 명예와

1178) 김용환, *op. cit.*, p. 396.

1179) *Ibid.*, p. 585.

1180) *Ibid.*,

1181) R. Laird Harris,(eds), *op. cit.*, p. 963.

1182) 강병도, *op. cit.*, p. 443.

1183) 김두현, *op. cit.*, p. 197.

1184) 김용환, *op. cit.*, p. 506.

1185) *Ibid.*,

권위를 가리키는 용어로 사용되어 우리말 성경에는 면류관으로 번역되었다. 특히 잠언에서는 백발(16:31), 손자들(17:6), 좋은 아내(12:4), 지혜(4:9) 등이 면류관으로 비유되어 사용되었다.[1186]

또한, '미츠네페'(מִצְנֶפֶת)가 있다. '미츠네페'는 성경에서 12번 사용된 단어이다. 특별히 출애굽기와 레위기에서 11번 에스겔 21:26절에서 1번 사용되었으며 대제사장의 머리에 쓰는 관을 나타내는데 사용된 특별한 단어이다. 두꺼운 세마포 천으로 만든 고대 동방의 왕들이 썼던 관 모양이나 페르시아 사람 또는 인도인이나 이슬람교도의 남자가 머리에 두르는 모양일 것으로 추측한다. 이 단어를 한글번역 성경에서는 일괄적으로 '관'이라고 번역했다.[1187]

מִגְבָּעָה(4021, 미그바아)는 '관, 제사장들의 모자'[1188]라는 뜻이 있다.

'미그바아'(מִגְבָּעָה)는 גִּבְעָה(1389, 기브아)에서 유래하였으며, '산, 언덕, 산마루, 준령, 고개, 멧부리, 작은 산'[1189]이라는 뜻이 있다.

'미그바아'(מִגְבָּעָה)는 '올리다', '높이다'를 의미하는 히브리어 동사에서 파생된 단어이다. 특별히 이 단어는 출애굽기와 레위기에서 4번 사용되었다(출 28:40, 29:9, 39:28, 레 8:13). 모두가 일반 제사장의 머리에 쓰는 장식물을 나타내기 위해서 사용되었다. 성막에서 사역하는 일반 제사장들은 머리에 세마포천으로 된 두건을 둘렀으며 끝이 볼록한 모형이었을 것으로 생각한다. 그러나 한글개역 성경에서는 이 단어를 두건 또는 관으로 번역했다. 하지만 미그바옷은 대제사장의 미츠

1186)   김두현, *op. cit.*, p. 198.

1187)   *Ibid.*,

1188)   김용환, *op. cit.*, p. 345.

1189)   *Ibid.*,

네페와는 분명히 구분되는 다른 모양이었다. 하나님은 특별히 성막에서 일하는 대제사장과 제사장에게 베실을 소재로 한 일종의 관을 디자인 하셨다. 그러나 대제사장과 일반 제사장들의 관을 동일한 세마포 소재를 사용했지만 서로 다른 모양으로 디자인 하셨다.[1190]

출 28:40절에 언급된 '관을'(וּמִגְבָּעוֹת, 우미그빠오트)라고 하였는데, 이것은 원형 '미그빠아'(מִגְבָּעָה)는 '산', '언덕'이란 뜻이 있는 '기브아'(גִּבְעָה)에서 유래하였다. 이 단어는 본 절과 출 29:9, 39:28, 레 8:13 등 성경에서 단지 4번만 사용되는 단어이다. 이는 대제사장의 관을 가리키는 '미츠네페트'(מִצְנֶפֶת)와는 구별되는 것으로 아마 위가 둥글고 볼록했던 모양을 반영하는 표현으로 보인다.[1191]

결론적으로 본문에서 다루고 있는 문제의 요지는 머리에 무엇을 쓰는 행위는 유대인들에게 있어서 자기보다 높은 권위를 인정하고 그 권위에 순복한다는 의미이다. 오늘날 종교적인 유대인들은 머리에 반드시 '키파'(머리를 가리는 간단한 덮개)를 착용한다. 이처럼 유대인들이 머리에 무엇을 올려놓는 것은 하나님의 존재나 자기보다 높은 권위를 인정하는 행위였으며, 그 권위에 순종하고 복종하는 겸손의 표시였다. 성막에서 사역하는 대제사장의 관은 대제사장으로서의 권위를 인정하는 동시에 하나님의 권위를 인정하고 그분께 순종한다는 겸손의 표시였다. 하나님께서 디자인하신 크리스천 리더는 권위와 동시에 겸손이 요구되는 사람이다.[1192]

1190)   김두현, *op. cit.*, p. 200.
1191)   한성천. 김시열, *op. cit.*, p. 214.
1192)   김두현, *op. cit.*, p. 202.

'띠'는 אַבְנֵט(73, 아브네트)이며, '띠, 허리띠(제사장들이 차는 것)'[1193]의 뜻이 있다.

'아브네트'는 אָבַן에서 유래했으며, '묶다', '매다'[1194]의 뜻이 있다.

"대제사장의 옷에는 반드시 허리에 띠를 띠고 사역을 해야 합니다. 제사장의 옷은 통으로 되기 있기 때문에 띠를 띠지 않으면 활동하는데 어려움이 많습니다. 대제사장이 성소에서 사역할 때 한번 실수하면 죽게 됩니다. 그래서 대제사장은 실수하지 않기 위하여 많은 연습을 하고 들어가야 합니다. 그리고 사역을 하는 동안에 모든 생각과 마음을 주님과 매여 있어야 합니다."[1195]라고 하였다.

에봇의 허리띠를 기능적인 측면에서 살펴본다면 크리스챤의 리더는 사역을 위해 준비된 사람이어야 한다는 것이다. 출애굽을 위해서 이스라엘 백성들을 준비시키는 하나님의 말씀에서 그 예를 발견할 수 있다(출 12:11). 첫 번째 유월절, 이스라엘의 모든 백성들은 긴 여행을 위한 모든 준비를 완료한 채 긴박한 상태에서 유월절 식사를 했다. 이처럼 허리에 띠를 띠는 일은 일을 위해 준비된 자세 또는 태도를 나타내고 있다. 허리에 띠를 띤 모습이 일을 위한 준비된 자세로 나타나는 또 다른 예를 예수님의 비유에서 살펴볼 수 있다. 예수님은 재림 시 종들이 어떻게 항상 깨어 준비하고 있어야 하는 가를 가르치시기 위하여 비유를 말씀하셨다(눅 12:35-40). 준비된 종의 모습은 허리에 띠를 띠고 등불을 켜고 서 있는 사람으로 묘사되고 있다.

1193)　김용환, *op. cit.*, p. 12.
1194)　최현기, *op. cit.*, p. 108
1195)　이성호, *op. cit.*, p. 92.

에봇의 띠는 그 기능적인 면에서 볼 때 일을 위한 준비된 자세를 의미한다. 또한, 크리스챤 리더는 봉사와 섬김의 사역을 하는 사람이라는 것이다. 수고와 봉사 즉 일 자체를 의미하기도 한다. 눅 12:35의 허리에 띠고 주인을 기다리는 종의 모습, 눅 12:37절의 주인이 허리에 띠를 띠고 시중하는 모습에서는 섬김을 발견할 수 있다. 눅 12장은 그 주제가 주님의 재림이다. 예수님은 사람들에게 준비된 자세로 깨어 있을 것을 말씀하셨다. 주님의 재림을 맞이하기 위해서 준비된 자세로 깨어있거나 또는 주님의 재림을 예비하라는 이 말씀의 내면에는 주님이 오실 때까지 항상 종의 자세로 섬김의 일을 멈추지 말라는 의미가 내포되어 있다. 또한 크리스챤 리더가 교회를 위해서 수고하고 봉사하며 섬기는 것은 주님께서 몸소 보여주시고 가르쳐 주셨기 때문이다(요 13:4-5) 크리스챤 리더는 수고와 봉사 그리고 섬김의 띠를 띤 주님의 종이다. 크리스챤 리더는 주님의 보냄을 받은 사람이다(요21:7). 종이 상전보다 크지 못하듯이 보냄을 받은 자가 보낸 자 보다 크지 않듯이 주님이 몸소 보여준 수고와 봉사 그리고 섬김의 도를 배우고 따라야 하는 사람들이다.[1196]

출 28:5-6을 보면, "그들이 쓸 것은 금 실과 청색 자색 홍색 실과 가늘게 꼰 베 실이니라. 그들이 금 실과 청색 자색 홍색 실과 가늘게 꼰 베 실로 정교하게 짜서 에봇을 짓되,"[1197]라고 하였다.

원문은 다음과 같다.

1196)　　김두현, *op. cit.*, pp. 190-194.
1197)　　개역한글 성경, *op. cit.*, 출 28:5-6

וְהֵם יִקְחוּ אֶת־ הַזָּהָב וְאֶת־ הַתְּכֵלֶת וְאֶת־ הָאַרְגָּמָן וְאֶת־ תּוֹלַעַת הַשָּׁנִי וְאֶת־ הַשֵּׁשׁ׃

וְעָשׂוּ אֶת־ הָאֵפֹד זָהָב תְּכֵלֶת וְאַרְגָּמָן תּוֹלַעַת שָׁנִי וְשֵׁשׁ מָשְׁזָר מַעֲשֵׂה חֹשֵׁב׃(1198

'그들이 쓸 것은'(יִקְחוּ וְהֵם, 웨헴 이크후)에서 '웨헴'은 '그들의'가 아닌 '그들이'라는 뜻을 가진 인칭 대명사인 '헴'(הֵם)과 '와우'(ו)가 결합된 형태이다.[1199]

필자가 살펴보니, 동사 '이쿠후'는 לָקַח(3947, 라카흐)이다.

לָקַח(3947, 라카흐) '취하다, 손에 넣다, 얻다(받다), 가져오다, 붙잡다, 운반하다, 아내로 삼다, 움켜쥐다, 구입하다'[1200] 등의 의미로 사용된다.

'쓰다'가 아니고 '취하다'이므로 '취할 것이다'라고 해야 한다. 따라서 본문을 직역하면 '그리고 그들은 취할 것이다(and they shall take)'이다. 이는 제사장의 예복을 만드는 기술자들로 이스라엘 백성들이 하나님께 드렸던 각종 아름다운 색실들을(출 25:4) 모세에게 받아 대제사장 예복을 만들게 하라는 의미이다.[1201]

'정교하게'는 חָשַׁב(2803, 하샤브)이며, VQPMS. '정교하게, 생각하다, 계획하다, 간주하다, 판단을 내리다, 계산하다,'[1202]의 뜻이 있다.

이 단어의 기본적인 개념은 사고 활동에 있어서의 정신의 일이다.

1198)   분해대조 성경, *op. cit.*, 출 28:5-6.

1199)   한성천. 김시열, *op. cit.*, p. 166.

1200)   김용환, *op. cit.*, pp. 339- 340.

1201)   한성천. 김시열, *op. cit.*, p. 166.

1202)   김용환, *op. cit.*, p. 233.

이 단어는 '이해력'보다는 새로운 사상의 창조를 언급한다.[1203]

"대제사장이 입은 '에봇'은 하나님께서 계획하신 대로 백성이 계산하여 정교하게 만들어야 합니다. 대충 생각 없이 만들면 제사장이 입을 수 없고 사역도 할 수 없습니다. '에봇'은 청색 자색 흰색 홍색 실에 금실을 섞어 아름답게 수를 놓아 '에봇'을 만들었습니다. '에봇'을 금실에 섞어서 정교하게 만들었다는 것은 '에봇'이 가장 아름답고 존귀하기 때문입니다. 이 모든 재료는 예수 그리스도의 인성과 신성을 상징하기 때문입니다. 예수님이 얼마나 존귀하신 분인지를 말씀하고 있습니다."[1204]라고 하였다.

출 28:9-10에 보면, "호마노 두 개를 가져다가 그 위에 이스라엘 아들들의 이름을 새기되그들의 나이대로 여섯 이름을 한 보석에, 나머지 여섯 이름은 다른 보석에 새기라."[1205]라고 하였다. 이것을 원문으로 보면 다음과 같다.

וְלָקַחְתָּ אֶת־שְׁתֵּי אַבְנֵי־שֹׁהַם וּפִתַּחְתָּ עֲלֵיהֶם שְׁמוֹת בְּנֵי יִשְׂרָאֵל׃
שִׁשָּׁה מִשְּׁמֹתָם עַל הָאֶבֶן הָאֶחָת וְאֶת־שְׁמוֹת הַשִּׁשָּׁה הַנּוֹתָרִים עַל־הָאֶבֶן הַשֵּׁנִית כְּתוֹלְדֹתָם׃[1206]

"대제사장의 견대에 호마노 두 개를 가져다가 그 위에 이스라엘 아들들의 이름을 새기되 그들의 나이대로 여섯 이름을 한 보석에,

---

1203)　이병철, *op. cit.*, 2803.

1204)　이성호, *op. cit.*, p. 86.

1205)　개역한글 성경, *op. cit.*, 출 28:9-10.

1206)　분해대조 성경, *op. cit.*, 출 28:9-10.

나머지 여섯 이름은 다른 보석에 새겨야 합니다.”[1207]라고 하였다.

필자가 살펴본 바로는 ‘호마노’는 אַבְנֵי־שֹׁהַם(아브네 쇼함)라고 하였다.

‘아브네’는 אֶבֶן(68 에벤)이며, ‘돌, 돌판, 바위, 광석, 에벤, 물매, 보석’[1208]의 뜻이 있다.

전승에 의하면 ‘호마노’는 붉은 줄무늬가 있는 홍옥수라는 보석으로 여겨지는데(Josephus) 공동 번역이 이 전승을 따르고 있다. 당시 이 보석은 애굽에서 아주 값비싼 도장의 재료로 이용되었다고 한다. 아무튼 에봇의 양 어깨의 견대는 각각 하나씩의 호마노가 물려 있었다.[1209]

“고대 히브리 민족에게 이 호마노 보석을 소유한 사람과 함께 있는 사람도 풍부한 재물과 복이 있다고 생각했습니다. 이 복은 시 1:1에 나타나는 ‘복’ 즉, ‘아세르’의 복을 의미합니다. 이 복은 하나님의 인도함을 따라서 살고 경건한 인격으로 하나님이 기뻐하시는 삶을 살아가는 사람을 가리킵니다. 성경은 강하고 단단한 이미지를 설명하려고 할 때 다이아몬드를 이용했습니다. 다이아몬드는 사람들의 용기와 충성과 승리를 상징할 때 사용하였습니다. 오늘 우리도 하나님께서 불러주시고 자녀 삼아주셨습니다. 그러므로 하나님 앞에 충성을 다하고 세상을 향하여 복음의 나팔을 불며 우리의 대제사장이신 예수 그리스도의 말씀으로 이 세상을 이기며 승리하는 신도가 되어야 합니다.”[1210]라고 하였다.

1207) 이성호, *op. cit.*, p. 86.

1208) 김용환, *op. cit.*, pp.11-12.

1209) 한성천. 김시열, *op. cit.*, p. 176.

1210) 이성호, *op. cit.*, p. 87.

'이스라엘 아들들의 기념 보석을 삼되'(אַבְנֵי זִכָּרֹן לִבְנֵי יִשְׂרָאֵל, 아브네 직카론 리브네 이스라엘, 12절)라고 하였다. '이스라엘 아들들의'라고 번역된 '리브네 이스라엘'은 병행 구절인 39:7에서는 '이스라엘의 자손들의'라고 되어 있다. 이는 한글개역 성경이 원어 성경을 일관성 없게 번역하였기 때문에 생긴 현상이다. 본문과 39:7의 병행 부분은 자구가 완전히 일치하며 문맥도 동일하기 때문에 KJV는 이를 모두 '이스라엘의 자손들의'(the children of Israel)라고 번역했다.[1211]

'기념'에 해당하는 단어는 זִכָּרוֹן(2146, 직카론)이며, '기념(물), 생각나게 하는 것, 기억, 회상, 기념비'[1212]의 뜻이 있다.

직카론은 자카르(זָכַר, 2142)에서 유래했으며, '생각하다, 기억하다, 기념하다, 마음에 두다, 자랑하다, 생각나게 하다'[1213]의 뜻이 있다.

'직카론'은 '기억하다'(창 9:15), '생각하다'(창 40:14), '권념하다'(창 8:1)는 뜻을 가진 동사 '자카르'(rk'z:)의 명사형이다. 따라서 '기념 보석(아브네 직카론)'이라는 말은 이스라엘 백성들을 기억나게 하는 보석이라는 의미이다. 제사장의 어깨 위에 달린 보석은 그 아름다움이 중요한 것이 아니라 그 보석에 기록된 이스라엘 자손들의 이름이 중요한 것이다. 즉 이스라엘 백성들은 직접 성소 안으로 들어갈 수 없었기에 하나님께서는 대제사장의 에봇 견대에 물린 호마노에 12지파에 이름을 새기도록 지시하심으로써 이스라엘 백성들이 간접적으로 당신 앞에 나오는 길을 허락하셨고, 또 당신 앞에서 영영토록 기억될 수

1211)   한성천. 김시열, *op. cit.*, p. 178.
1212)   김용환, *op. cit.*, p. 178.
1213)   *Ibid.*, p. 177.

있도록 하셨던 것이다. 이는 오늘날 죄인인 우리가 거룩하신 하나님 앞에 나아가고 하나님으로부터 그 이름이 기억되는 은혜를 입는 방법은 구약의 제사장직을 완성하신 예수 그리스도를 통하는 길밖에 없음을 예표하는 것이다(히 9:24). 정녕 우리는 예수 그리스도를 말미암지 않고서는 다른 어떤 방법으로도 하나님 앞에 나아갈 수 없고 은혜를 입을 수도 없다. 그래서 예수님은 친히 당신을 가리켜 하나님 앞에 나아가는 유일한 길이라 말씀하셨고(요 14:6), 사도 베드로 역시 예수 그리스도의 이름을 의지하지 않고서는 다른 어떤 이름으로도 구원을 얻지 못한다고 가르쳤다(행 4:12).[1214]

"대제사장은 하나님께서 정해준 예복을 입고 성소에 들어가서 사역을 해야 합니다. 그 옷을 준비하여 입지 아니하면 성소에 들어가지 못합니다. 그리고 백성의 죄를 중재 하지도 못합니다. 주의 종들도 예수님께서 입혀 주신 '의'의 옷을 입고 사역할 때 역사하심이 나타나게 됩니다. 성도들도 예수 그리스도께서 십자가에서 입혀주신 '의'의 옷을 입지 않으면 직분도 감당할 수 없고 천국에 들어갈 수도 없습니다. 우리도 이제 의의 옷을 입은 영적 제사장들입니다. 복음의 말씀을 붙잡고 세상과 열방을 향하여 거룩하게 외치는 영적 제사장이 되시기를 주님의 이름으로 축원합니다."[1215]라고 하였다.

넷째, 대제사장의 예복 Ⅱ(출 28:31-43).

이 부분에 언급되고 있는 내용은 대제사장이 입는 겉옷이다. 이

1214) 한성천. 김시열, *op. cit.*, p. 178.
1215) 이성호, *op. cit.*, p. 87.

옷은 '에봇 받침 겉옷'이라고 불린다. 그 이유는 이 옷을 에봇 속에 입었으며, 또한 흉패 속에 입었기 때문이다. 이 옷은 무릎 아래까지 내려오며, 이 옷의 하단부에는 석류자수와 금방울이 교대로 부착되어 있다.[1216]

"대제사장이 반드시 갖추어야 하는 것은 제사장의 에봇입니다. 성소에는 꼭 에봇을 입고 들어가야 합니다. 아론과 그의 아들들은 하나님의 명령으로 모세가 준비한 에봇을 입고 사역을 하였습니다. 에봇은 거룩하신 예수 그리스도를 상징하고 있습니다. 그렇기 때문에 그 옷은 거룩했습니다. 함부로 입거나 아무나 입지 못했습니다. 오직 지정한 레위 지파의 제사장만 입었습니다. 예수 그리스도께서 입혀주시는 의의 옷도 아무나 입히시지 않았습니다. 만세 전에 선택받은 그의 자녀들에게만 입도록 허락되었습니다. 그리고 그 옷은 천국에 들어갈 때도 입고 들어가야 합니다. 그때 예복을 입지 않으면 들어갈 수 없습니다. 그 옷은 주님께서 십자가에서 죽으실 때 모두 입혀주셨습니다."[1217]라고 하였다.

출 28:31-32를 보면, "너는 에봇 받침 겉옷을 전부 청색으로 하되, 두 어깨 사이에 머리 들어갈 구멍을 내고 그 주위에 갑옷 깃 같이 깃을 짜서 찢어지지 않게 하고,"[1218]라고 하였다.

원문은 다음과 같다.

1216) 강병도, *op. cit.*, p. 461.
1217) 이성호, *op. cit.*, p. 88.
1218) 개역한글 성경, *op. cit.*, 출 28:31-32.

וְעָשִׂיתָ אֶת־מְעִיל הָאֵפוֹד כְּלִיל תְּכֵלֶת׃

כְּפִי תַחְרָא יִהְיֶה־לּוֹ לֹא יִקָּרֵעַ׃[1219] וְהָיָה פִי־רֹאשׁוֹ בְּתוֹכוֹ שָׂפָה יִהְיֶה לְפִיו סָבִיב מַעֲשֵׂה אֹרֵג

'청색으로' תְּכֵלֶת(8504, 테켈레트)이며, '파랑, 청색'[1220]의 뜻이 있다. 테켈레트(תְּכֵלֶת, 8504). 파랑, 청(색), blue(ASV는 이와 비슷하게 번역함, RSV는 대개 'blue'로 번역하나, 렘 10:9에서는 'violet', 한글개역에는 "청색"으로, 겔 23;6에서는 'purple', 한글개역에서는 "자색"으로 번역한다). 사실상 최근의 모든 주석가들은 고대인들에 의해 사용된 염료가 다소 순수하지 못했다는 것과 그 당시 염색 결과의 불확실성 때문에 그들은 똑같은 색깔을 정확하게 다시 만들어 낼 수 없었다는 것에 동의한다. 그러므로 테켈레트(תְּכֵלֶת, 8504)와 아르가만(אַרְגָּמָן, 713)(그리고 이 단어들의 아카드어 동족어)과 같은 단어들은 밝은 붉은색에서 짙은 자주색에 이르는 영역의 색깔을 가리켰으며 '청색'(blue)은 단지 테켈레트(תְּכֵלֶת, 8504)의 상투적인 역어일 뿐이다.[1221]

청색은 사랑과 자비의 색인 동시에 하늘의 색이니, 에봇 받침 겉옷은 그리스도의 하늘 신성과 사랑의 성품을 상징하는 것으로 이해할 수 있다.[1222]

성막에 사용된 색깔은 흰색, 청색, 자색, 홍색 이 네 가지 색만 사용했다. 그런데 에봇 받침 겉옷을 위해서 하나님이 청색을 사용한 이유가 무엇인가? 모든 색깔들은 그 색깔이 상징하는 고유한 상징적

1219) 분해대조 성경, *op. cit.*, 출 28:31-32.
1220) 김용환, *op. cit.*, p. 718.
1221) 이병철, *op. cit.*, 8504.
1222) 강병도, *op. cit.*, p. 462.

의미를 가지고 사용되었다. 일반적으로 청색은 하늘과 생명을 의미하는 색으로 하나님이 거하시는 영광스런 하늘을 연상하는 동시에 우주의 주관자이신 하나님을 상징하며 또한 생명을 상징하는 색으로 사용되었다. 우주의 주인이신 하나님이 생명의 주관자이시기 때문이다.[1223]

"이스라엘 산지에서 하늘을 보면 맑고 청명했습니다. 그 푸르고 깨끗한 하늘에 거하시는 분이 여호와 하나님이셨습니다. 유대인들의 의식 속에 하나님이 계신 곳이 '성전'이고 '하늘'이었습니다. 그 이유는 모든 만물의 생사는 '비'와 '이슬'이라고 믿었기 때문입니다. 그리고 그 비와 이슬을 주관하시는 분이 하늘에 계시는 하나님이시라고 생각했습니다. 그러므로 푸른색은 하늘의 색이며 하나님의 색깔이었습니다."[1224]라고 하였다.

출 28:33-35에 보면, "그 옷 가장자리로 돌아가며 청색 자색 홍색 실로 석류를 수놓고 금 방울을 간격을 두어 달되, 그 옷 가장자리로 돌아가며 한 금 방울, 한 석류, 한 금 방울, 한 석류가 있게 하라. 아론이 입고 여호와를 섬기러 성소에 들어갈 때와 성소에서 나올 때에 그 소리가 들릴 것이라 그리하면 그가 죽지 아니하리라."[1225]라고 하였다.

원문은 다음과 같다.

1223)　김두현, *op. cit.*, p. 181.
1224)　이성호, *op. cit.*, p. 88.
1225)　개역한글 성경, *op. cit.*, 출 28:33-35

וְעָשִׂיתָ עַל־שׁוּלָיו רִמֹּנֵי תְּכֵלֶת וְאַרְגָּמָן וְתוֹלַעַת שָׁנִי עַל־שׁוּלָיו סָבִיב וּפַעֲמֹנֵי זָהָב בְּתוֹכָם סָבִיב׃

פַּעֲמֹן זָהָב וְרִמּוֹן פַּעֲמֹן זָהָב וְרִמּוֹן עַל־שׁוּלֵי הַמְּעִיל סָבִיב׃

וְהָיָה עַל־אַהֲרֹן לְשָׁרֵת וְנִשְׁמַע קוֹלוֹ בְּבֹאוֹ אֶל־הַקֹּדֶשׁ לִפְנֵי יְהֹוָה וּבְצֵאתוֹ וְלֹא יָמוּת׃[1226]

'한 금방울'은 זָהָב פַּעֲמֹן(파아몬 자하브)라는 말이다. 대제사장의 겉옷 하단에는 색실로 수놓은 석류와 함께 교대로 금방울이 달려 있었다.[1227]

'방울'이라고 번역된 '파아몬'은 פַּעֲמֹן(6472, 파아몬)이며, '방울'[1228]의 뜻이 있다.

파아몬은 파암(פָּעַם, 6470)에서 유래했으며, '감동하다, 괴로워하다, 번민하다'[1229]의 뜻이 있다.

이 본문에서 방울 소리는 에봇 받침 겉옷의 밑단에 달려있는 금방울이 울리는 소리입니다. 이 말씀에서 특별히 관심을 가지고 살펴보고자 하는 것은 성소에서 행하는 아론의 일과 관련된 히브리어입니다. 한글 성경은 아론의 일을 '섬김'으로 번역했습니다. '일'. 섬김을 의미하는 히브리어는 '아바드'(עָבַד, 5647)와 '사렛트'(שָׁרַת, 8334)가 있다. 아바드는 가장 일반적인 일을 나타내는 히브리어이다. 그러나 본문에서 사용된 아론의 일은 '사렛트'인데 히브리어 '아바드'와 구별되어 사용되는 단어이다. 그 용어 가운데 하나가 하나님과의 특별한 관계에 있는 사람들, 이를테면 제사장과 같은 사람들이 예배사역 또는

1226)　분해대조 성경, *op. cit.*, 출 28:33-35.

1227)　한성천. 김시열, *op. cit.*, p. 203.

1228)　김용환, *op. cit.*, p. 560.

1229)　*Ibid.*, p. 559.

성소에서의 사역을 지칭할 때 사용되는 단어이다(시 103:21, 101:6, 대상 6:17, 삼상 2:11, 욥 1:13, 민 4:12, 대하 24:14).[1230]

이는 방울이 사람의 행동이나 발자취를 알게 하는 수단으로 사용되었음을 보여 준다. 실제로 대제사장의 에봇 받침 긴 옷 아랫단에 달린 방울은 대제사장이 성소에서 직무를 수행하면서 움직일 때마다 소리를 내어 대제사장이 직무를 잘 수행하고 있음을 알려주었다. 방울 소리를 통해 제사장의 움직임을 열려 했던 이유는 대제사장이 직무를 수행하던 도중 부정한 행위나 마음가짐으로 인해 하나님으로부터 죽임을 당할 때는 방울 소리가 그치는 것으로 성소 밖에 있던 이스라엘 백성들은 대제사장의 죽음을 감지할 수 있었기 때문이다. 그래서 학자들은 에봇 받침 긴 옷 아랫단에 달린 '방울'에서 울리는 소리를 가리켜 '하나님의 궁전 문을 두드리는 소리'요, '하나님을 찬양하고 하나님께 경배드리는 소리'며, '하나님께서 택한 백성들과 대화하는 소리'라고 했다. 이런 경배와 찬양의 방울 소리가 제사장된 우리 성도들의 일상생활 가운데서도 날마다 울려 퍼져야 할 것이다. 이는 우리의 영적 생명이 살아 있다는 것을 증거하는 소리가 될 것이다.[1231]

'들릴 것이라'는(출 28:35) שָׁמַע(8085, 샤마)이며, '듣다, 준행하다, 순종하다, 들어가다, 청종하다, 찬송하다, 불러 모으다'[1232]이다.

하나님께서 에봇 받침 겉옷을 파란색으로 디자인 하신 이유가 바

1230) 김두현, *op. cit.*, pp. 180-181.
1231) 한성천. 김시열. *op. cit.*, pp. 203-204.
1232) 김용환, *op. cit.*, pp. 688-689.

로 여기에 있다. 대제사장은 하나님의 일을 하는 사람이며, 하늘에 속한 일을 하는 사람이다. 영광스런 일을 하는 사람이다. 대제사장은 하나님을 섬기는 사람, 즉 '샤렛트'(שרת)하는 사람이다. 그래서 하나님은 에봇 받침 겉옷을 특별히 파란색으로 디자인하셨다. 이와 마찬가지로 크리스천 리도 또한 특별한 사역을 하는 사람들이다. 사람을 살리고 세우는 일을 하는 사람들이다. 하나님의 나라를 확장하는 사람들이다. 하나님의 공의와 사랑을 세상에 실천하는 사람들이다. 크리스천 리더는 영광스러운 일을 하는 사람들이며 사렛트 하는 사람들이다.[1233]

'웨니쉬마'(ונשמע)는 '듣다'(창 3:10), '이해하다'(잠 21:28)라는 뜻을 가진 '쇠마'의 수동의 뜻이 강한 단순 재귀형(Niphal)에 접속사 '와우'(ו)가 결합된 형태이다. 또 '콜'(קול)은 '소리'라는 뜻이다. 따라서 본문을 직역하면 '그리고 그것의 소리가 들려질 것이다(RSV, and its sound shall be heard)이다. 이는 결국 제사장이 성소 안에서 자기에게 주어진 사역을 감당하기 위하여 움직인다면 자연스럽게 방울소리가 밖으로 들리게 된다는 뜻이다.[1234]

한편 혹자는 성소에서의 일반 제사장이 감당하였고, 대제사장은 지성소에서 백성들의 죄를 속죄하는 일을 하였으므로 본 절의 표현은 대 속죄일인 7월 10일에 대제사장이 지성소에 들어가서 행할 때의 상황을 전제로 한 것으로 보았다. 그러나 레위기 16장에 나오는 대 속죄일의 대제사장의 지성소 출입 규정을 보면 대제사장은 일반

1233)　김두현, *op. cit.*, pp. 181-182.
1234)　한성천. 김시열, *op. cit.*, p. 204.

복장을 하고 지성소에 들어간 것이 아니라 거룩한 세마포로 만들어진 특별한 복장을 하고 하나님 앞에 나아갔다(레 16:4). 그리고 지성소에서의 모든 의식을 마친 후에는 지성소에 들어갈 때 입었던 그 세마포 옷을 벗고 다시 일반 대제사장 복식을 갖춘 후 남겨진 직무를 수행하였다(레 16:23, 24). 그런데 대 속죄일에 대제사장이 지성소에 들어갈 때 입었던 복장에는 방울이 달린 겉옷은 없었다. 따라서 본 절은 대 속죄일의 상황을 전제한 것이 아니라 아론이 성소에 들어갈 때 상황을 염두에 둔 것으로 보아야 한다. 모든 백성을 대표하여 성소에 들어간 대제사장은 방울 소리를 들으면서 하나님께서 명하신 자신의 직무를 거룩하게 감당하여야 하였기에 하나님께서는 아론에게 이런 규례를 주셨던 것이다. 즉 하나님께서는 당신 앞에 나아오는 대제사장이 바른 마음을 가지고 자신의 직무를 충실히 감당하도록 하기 위하여 반드시 방울이 달린 옷을 입게 하셨고, 이 명령을 지키지 않을 때에는 죽을 것이라고 하셨던 것이다.[1235]

제사장이 제사 집전 시 어떤 행동을 취할 때마다 방울 소리가 울리게 되므로 삼가 신중하고 경건한 자세로 집례에 임하도록 해 줬을 것이다. 반면 그 안에서 들리는 방울 소리를 통해 성소에 들어갈 수 없는 일반 백성들은 대제사장의 움직임을 알 수 있고 따라서 자신들의 제사가 받아들여지는 것을 확인할 수 있었다.[1236]

"대제사장 아론이 성소에서 사역할 때 방울 소리가 계속해서 들렸습니다. 이 소리는 제사장이 사역을 잘 순종하며 준행하고 있다는

1235) *Ibid.*, pp. 204-205.
1236) 강병도, *op. cit.*, p. 462.

소리입니다. 밖에 있는 이스라엘 백성은 제사장의 사역을 볼 수 없습니다. 그러나 밖에서 소리를 듣고 제사장의 사역을 알 수 있습니다. 제사장의 그 사역이 형식적이지 않다는 것을 말해주고 있습니다. 그 소리를 듣는 백성은 제사장과 연합하고 있음을 알 수 있습니다. 그 사역의 소리가 믿는 백성에게는 증거가 되는 것입니다. 예수 그리스도께서 십자가에서 온전한 제물이 되시고 다 이루었다고 소리를 지르셨습니다. 우리는 그 소리를 들을 때 예수 그리스도와 연합하고 증인이 될 수 있었습니다. 그 소리는 하나님께서 들도록 역사하셨습니다. 아무나 들을 수 없는 생명의 소리입니다."[1237]라고 하였다.

출 28:36-37을 보면, "너는 또 순금으로 패를 만들어 도장을 새기는 법으로 그 위에 새기되 '여호와께 성결'이라 하고, 그 패를 청색 끈으로 관 위에 매되 곧 관 전면에 있게 하라."[1238]라고 하였다.

이것을 원문으로 보면 다음과 같다.

וְעָשִׂיתָ צִּיץ זָהָב טָהוֹר וּפִתַּחְתָּ עָלָיו פִּתּוּחֵי חֹתָם קֹדֶשׁ לַיהוָה׃

וְשַׂמְתָּ אֹתוֹ עַל־פְּתִיל תְּכֵלֶת וְהָיָה עַל־הַמִּצְנֶפֶת אֶל־מוּל פְּנֵי־הַמִּצְנֶפֶת יִהְיֶה׃[1239]

"순금으로 패를 만들고 그 패 위에 도장을 새기듯 '여호와께 성결'이라고 하고 패는 청색 끈으로 관 위에 메고 관 전면에 있게 해야 합니다."[1240]라고 하였다.

1237)　이성호, *op. cit.*, p. 90.
1238)　개역한글 성경, *op. cit.*, 출 28:36-37.
1239)　분해대조 성경, *op. cit.*, 출 28:36-37.
1240)　이성호, *op. cit.*, p. 90.

‘패’(ציץ, 치츠)는 ציץ(6731, 치츠) ‘꽃, 번쩍이는 것’[1241]의 뜻이 있다.

치츠는 추츠(צוץ, 6692)에서 유래했으며, ‘빛나다, 밝다, 융성하다, 꽃 피게 하다, 꽃, 번쩍이는 것, 빛나는 것’[1242]을 의미한다.

치츠는 순금으로 만든 “여호와께 성결이라고 새겨진 금속판”에 대해 사용되었다. 이 판은 청색실로 묶어 대 제사장의 관에 매달았는데(출 28:36 이하, 출 39:30, 레 8:9), 빛나거나 번쩍이는 것이었다. 치츠(ציץ, 6731)는 또한 순금으로 만들어 ‘여호와께 성결’이라 새겨진 판을 가리키는데 이 판은 청색실로 묶어 대제사장의 관에 매달았다(출 28:36 이하, 출 39:30). 그 패를 이마에 두어 아론은 성물이 여호와 앞에 열납되도록 그 성물들의 죄 건을 담당하였다(출 28:38).[1243]

‘여호와께 성결’(קֹדֶשׁ לַיהוָה, 코데쉬 라이흐와) 직역하면 ‘여호와를 향해 구별됨’(LB, consecrated to Jehovah), 혹은 ‘여호와를 향한 거룩’(KJV, Holiness to the Lord)이다. 이는 대제사장의 이마에 부착된 금패에 새겨진 글귀였다. 대제사장이나 이스라엘 백성들이 거룩하고 경건한 삶을 살아야 하는 대상이 바로 하나님이라는 사실을 교훈한다. 즉 대제사장이나 이스라엘 백성들이 거룩하게 살아 드려야 하는 목적이 개인적 이유에 있는 것이 아니라 바로 하나님을 위한 것임을 가르쳐 준다. 성도들이 세상에서 정결하고 거룩하게 살아야 하는 이유 역시 인간들에게 잘 보이기 위함이 아니라 하나님을 기쁘시게 하기 위한 것이어야 한다.[1244]

1241) 김용환, *op. cit.*, p. 580.

1242) *Ibid.*, p. 578.

1243) 이병철, *op. cit.*, 6692.

1244) 한성천. 김시열, *op. cit.*, p. 205

결과적으로 코데쉬의 가장 근본적인 사상은 구별이다. 세상의 그 어떤 것도 그 자체로서 하나님 앞에 거룩한 것은 없다. 모든 것이 하나님 앞에서는 허물을 가지고 있으며 부족하고 죄악된 것이다. 그러나 이것이 하나님 앞에 드려질 때 구별되고 그래서 하나님께 속한 것이 되며 거룩한 것으로 인정되는 것이다. 이것이 코데쉬의 사상이다.[1245]

"대제사장 관 위에 패를 만든다는 의미는 하나님께서 대제사장의 성결을 보증하신다는 의미입니다. 하나님께서 성결한 대제사장의 예물을 기뻐 받으시겠다는 것입니다. 성결한 성소의 제단이 융성하고 아름답게 꽃이 피는 것입니다. 대제사장이 인간적으로 성결하지 못하지만 하나님께서 인정하시면 성결한 대제사장으로 사역을 할 수가 있는 것입니다. 예수 그리스도께서는 만세 전부터 성결하시고 의로우신 하나님이십니다. 그래서 인간의 죄에 대해서 중보자가 되셨습니다. 그는 인간의 죄를 담당하셔서 부정해져서 십자가에 구속하셨지만 예수님은 거룩하시고 성결하시고 죄가 없으셔서 대속의 제물이 되었던 것입니다."[1246]라고 하였다.

출 28:39-40을 보면, "너는 가는 베 실로 반포 속옷을 짜고 가는 베 실로 관을 만들고 띠를 수 놓아 만들지니라. 너는 아론의 아들들을 위하여 속옷을 만들며 그들을 위하여 띠를 만들며 그들을 위하여 관을 만들어 영화롭고 아름답게 하되"[1247]라고 하였다. 원문은 다

1245)　김두현, *op. cit.*, p. 204.
1246)　이성호, *op. cit.*, pp. 90-91
1247)　개역한글 성경, *op. cit.*, 출 28:39-40.

음과 같다.

וְשִׁבַּצְתָּ֙ הַכְּתֹ֣נֶת שֵׁ֔שׁ וְעָשִׂ֖יתָ מִצְנֶ֣פֶת שֵׁ֑שׁ וְאַבְנֵ֥ט תַּעֲשֶׂ֖ה מַעֲשֵׂ֥ה רֹקֵֽם׃
וְלִבְנֵ֤י אַהֲרֹן֙ תַּעֲשֶׂ֣ה כֻתֳּנֹ֔ת וְעָשִׂ֥יתָ לָהֶ֖ם אַבְנֵטִ֑ים וּמִגְבָּעוֹת֙ תַּעֲשֶׂ֣ה לָהֶ֔ם לְכָב֖וֹד וּלְתִפְאָֽרֶת׃[1248]

'반포 속옷을' - 39절(הַכְּתֹ֣נֶת, 학케토네트). '베로 만든 속옷'이라는 뜻
을 가진다. 그러나 히브리 원문에는 כְּתֹ֣נֶת(3801, 케토네트), '반포 속옷을'
이라 했고, '속옷' - 40절 כֻתֳּנֹ֔ת(3801, 케토네트) NFP에서는 '속옷을'이라
했다.[1249]

케토네트(명여)는 '무릎까지 내려오는 옷, 속옷 같은 긴 옷, 가리
다'[1250]를 의미한다.

이 의복은 '가리 우다'는 말에서 유래하여 일상적인 '의복'(느 7:20)
을 의미한다. 그래서 KJV나 RSV는 모두 이를 '코트'(coat)로 번역하였
다. 이 의복이 한글개역 성경에서 '속옷'으로 번역된 이유는 대제사장
이 이 의복을 겉옷 안에 입었다는 이유 때문이다. 하지만 실제로 '속
옷'은 겉옷보다 더 길어 발등까지 내려왔고 반팔인 청색 겉옷 밖으로
도 소매 부분까지 드러났기 때문에 속옷이라고 할 수는 없다. 오히
려 대제사장은 속옷 안에 반바지 모양의 '고의'라는 옷을 입었는데
이 고의가 사실상 오늘날의 속옷에 해당한다(출 28:42).[1251]

이성호 교수는 다음과 같이 말하였다. "대제사장의 옷에는 반드

1248)   분해대조 성경, *op. cit.*, 출 28:39-40.
1249)   한성천. 김시열, *op. cit.*, p. 208.
1250)   김용환, *op. cit.*, p. 325.
1251)   한성천. 김시열, *op. cit.*, p. 208.

시 허리에 띠를 띠고 사역을 해야 합니다. 제사장의 옷은 통으로 되어 있기 때문에 띠를 띠지 않으면 활동하는 데 어려움이 많습니다. 대제사장이 성소에서 사역할 때 한 번 실수하면 죽게 됩니다. 그래서 대제사장은 실수하지 않기 위하여 많은 연습을 하고 들어갑니다. 그리고 사역을 하는 동안에 모든 생각과 마음을 주님과 매여 있어야 합니다."[1252]라고 하였다.

다섯째, 대제사장의 위임식(출 29:1-9).

아론과 그의 아들들은 백성들 사이에서 제사장 직분을 수행하기에 앞서 제사장 직분을 위한 위임을 받아야 했다. 실제 이 위임식은 후에 성막이 세워지고(출 40:17), 제사 규례가 주어진 다음(레 1-7장), 실행되었다(레 8장). 이것은 출애굽한 지 약 1년이 지나서의 일이었다(레 40:17; 민 10:11). 한편 제사장 위임식은 크게 다섯 부분으로 나누어졌다. 첫째 부분은 아론과 그 아들들이 옷을 입는 부분이며(출 29:1-9), 둘째 부분은 그들이 속죄 제사를 드리는 부분이고(출 29;10-14), 셋째 부분은 번제를 드리는 부분이며(출 29:15-18), 넷째 부분은 화목제와 소제를 드리는 부분이고(출 29:19-37), 다섯 째 부분은 매일 드리는 상번제를 드리는 부분이다(출 29:38-46). 이 중 아론과 그의 아들들에게 먼저 옷을 입히는 것은 그들을 거룩하게 분별하는 것을 의미하며, 속죄제는 구별해 놓은 그들의 죄를 속하는 것을, 번제는 죄가 속해진 그들으 온전한 헌신을, 회목제와 소제는 하나님과의 화목과 하나님께 대한 충성을 맹세하는 것을 의미한다.[1253]

1252)　이성호, *op. cit.*, p. 92.
1253)　강병도, *op. cit.*, p. 542.

"대제사장의 위임식은 매우 중요합니다. 아론의 자손이 모든 자격을 갖춘 후에라도 위임식을 거행하기 전에는 그 직분을 이행할 수 없습니다. 제사장의 위임식은 성스럽고 엄숙하게 되었습니다. 위임받는 제사장은 위임식을 준비하는 데 매우 피동적이었습니다. 모든 준비와 절차는 모세가 하도록 되어 있습니다. 위임식의 제사 절차 중에 제사장에게 감명을 준 것은 모세가 위임식에 수양을 잡아서 그 피를 제사장의 오른쪽 귓불과 오른쪽 엄지손가락과 오른쪽 엄지발가락은 각각 대표하는 부분으로서 하나님께 대한 순종, 그의 행동과 걸음걸이의 엄숙함, 즉, 제사장의 일거수일투족이 성별된 사람의 행위답게 엄숙히 당부하는 의미를 담고 있습니다. 모세는 관유를 가져다가 성막과 기구에 바르고 단에 일곱 번 뿌리고 아론의 머리에 부음을 행했습니다. 위임식은 7일 동안 계속되었고 위임받는 제사장은 회막 문에 나가서는 안 되었습니다. 7일간의 기간은 완전한 헌신과 전적인 위탁을 의미합니다. 위임식을 마친 제사장은 그 날로부터 평생 동안 하나님께 구별된 생애를 살아야 하였습니다. 거룩한 것과 속된 것을 잘 분별하고 정한 것과 부정한 것을 잘 식별할 수 있기 위하여 먹고 마시는 일에 언제나 주의하지 않으면 안 되었습니다."[1254] 라고 하였다.

또한, 대제사장의 위임식에 반드시 제물이 있어야 한다(출 29:1-3). 출 29:1-3을 보면, "네가 그들에게 나를 섬길 제사장 직분을 위임하여 그들을 거룩하게 할 일은 이러하니 곧 어린 수소 하나와 흠 없는 숫양 둘을 택하고, 무교병과 기름 섞인 무교 과자와 기름 바른 무교

1254)　이성호, *op. cit.*, p. 93.

전병을 모두 고운 밀가루로 만들고, 그것들을 한 광주리에 담고 그
것을 광주리에 담은 채 그 송아지와 두 양과 함께 가져오라."[1255] 라고
하였다. 원문으로 보면 다음과 같다.

וְזֶה הַדָּבָר אֲשֶׁר־ תַּעֲשֶׂה לָהֶם לְקַדֵּשׁ אֹתָם לְכַהֵן לִי לְקַח פַּר אֶחָד בֶּן־ בָּקָר וְאֵילִם שְׁנַיִם תְּמִימִם׃

מַצּוֹת וְחַלֹּת מַצֹּת בְּלוּלֹת בַּשֶּׁמֶן וּרְקִיקֵי מַצּוֹת מְשֻׁחִים בַּשָּׁמֶן סֹלֶת חִטִּים תַּעֲשֶׂה אֹתָם׃

וְנָתַתָּ אוֹתָם עַל־ סַל אֶחָד וְהִקְרַבְתָּ אֹתָם בַּסָּל וְאֶת־ הַפָּר וְאֵת שְׁנֵי הָאֵילִם׃[1256]

위 본문을 필자가 살펴보니 '나를 섬길 제사장 직분을 위임하여'
(לְכַהֵן לִי, 레카헨 리)라고 하였다.

'카한'은 כָּהַן(3547, 카한)이며, '제사장 직분을 수행하다, 제사장으로
활동하다, 예비하다, 예언하다, 사제가 되다,'[1257]를 의미한다.

'레카헨'은 '카한'의 부정사 연계형 '카헨'에 '~을 위한'이란 뜻의 전치
사 '레'(לְ)가 결합된 전치사구로 '제사장 직분을 위하여'라는 뜻이다.
또 '리'(לִי)는 '나를 위한'이란 뜻이다. 따라서 본문을 직역하면 '나를
위한 제사장 직분을 위하여'이다. KJV는 '섬기다'는 의미를 보충하여
'제사장 직분으로 섬기도록'(to minister unto me in the priest's office)으로
번역하였다. 또한 한글개역 성경은 좀 더 구체적으로 '위임하다'는 표
현을 첨가했다. 이는 본장이 제사장 위임식을 기록하고 있음을 반영
하기 위함이다. 한편 본문은 제사장 직분의 존재 가치가 바로 이 계
시를 직접 주시는 하나님을 위한 것임을 명백히 하고 있다. 즉 앞서

1255) 개역한글 성경, *op. cit.*, 출 29:1-3.
1256) 분해대조 성경, *op. cit.*, 출 29:1-3.
1257) 김용환, *op. cit.*, p. 302.

기록한 제사장 복식의 세밀한 규정이나 앞으로 기록될 제사장 위임식 규례 모두가 제사장이나 이스라엘 백성들을 위한 것이 아니라 오직 하나님을 위한 것이다. 우리 성도들에게 있어서도 예배는 물론 일상의 모든 일 역시 자신이나 인간들을 위한 것이 아니라 바로 하나님을 위한 것이 되어야 한다.[1258]

원어 성경에 보면 제사장 직분을 위임한다는 말은 없고, 단지 '나를 위해 제사장 직무를 수행하기 위하여'(לְכַהֵן לִי, 레카헨 리)라고 말하고 있다.[1259]

'흠 없는'은 תָּמִים(8549, 타밈)이며, '흠 없는, 완전한, 건전한'[1260]의 뜻이 있다.

타밈은 타맘(תָּמַם, 8552)에서 유래했으며, '완수하다, 마치다, 끊어지다, 멸망하다, 사망하다, 소멸되다, 진멸하다, 태우다, 완전한, 흠 없는, 온전한, 건전한, 정상적인'[1261]를 의미한다.

타밈은 제물에 관해 흠 없는(완전한) 동물들을 가리키는 데 사용되었다(출 12:5, 출 29:1, 레 1:3, 레 3:1, 레 4:23 등). 타밈은 이스라엘의 희생 제물이 될 수 있는 조건을 규정할 때 사용한다. 즉 이스라엘의 희생 제물은 흠이 없는 것이어야 했으며, 하나님의 점 없는 어린양 그리스도의 모형이기 때문에(벧전 1:19) 하나님께 열납 될 수 있도록 그 점에서 완전한 것이어야 했다(레 22:21-22). 타밈은 '완전한, 온전한, 정직한, 완

1258)   한성천. 김시열, *op. cit.*, 221.

1259)   강병도, *op. cit.*, p. 527.

1260)   김용환, *op. cit.*, p. 721.

1261)   *Ibid.*, pp. 721-722.

벽한' 등과 같은 관련 형용사로 사용되었다.[1262]

'택하고'는 לָקַח(3947, 라카흐)인데, '바르다, 옮기다, 축복하다, 영접하다, 따르다, 보복하다, 의지하다, 취한다, 인도한다, 구원하다, 불려가다, 잡혀가다, 의지하다, 넘기다'[1263]라는 뜻이 있다.

"제사장은 하나님께 드릴 제물을 잘 선택해야 합니다. 어린 수고하나와 흠 없는 숫양 둘을 택하고 광주리에 무교병과 기름 섞인 무교과자와 기름 바른 무교전병을 모두 고운 밀가루로 만들어 가져와야 합니다. 그리고 송아지와 두 양과 함께 가져와야 합니다. 제물은 제사장으로 부름을 입었어도 죄인이기 때문에 하나님 앞에 죄 용서를 받는 제사를 먼저 드려야 합니다. 그래서 아론과 그 아들들이 송아지 머리에 안수하고 자신들의 죄를 제물에 옮기고 제물을 취하여 제단에 드렸습니다. 그 제물은 율법에 규정한 제물을 반드시 드려야 합니다."[1264]라고 하였다.

하나님께서 바치라고 명하신 흠 없는 희생 제물이란 단지 결함만 없는 상태를 의미하는 것이 아니라 가장 좋은 최고의 것을 의미하는 것이다. 이는 하나님께서 최고 양질의 제물을 원하셔서가 아니라 바로 희생 제물을 드리는 자의 마음과 정성을 보시기 위함이다. 진정 하나님께 가장 귀한 마음으로 나아온다면 상하고 다쳐서 아무짝에도 쓸모없고 농사에도 도움이 되지 않아 도살 직전에 있는 짐승을 드릴 수는 없을 것이다. 어찌 그런 자가 자기 하나님을 최고의 분으

1262) 이병철, *op. cit.*, 8549.
1263) 김용환, *op. cit.*, pp. 339-340.
1264) 이성호, *op. cit.*, p. 94.

로 섬긴다고 말할 수 있겠는가? 정녕 물질이 있는 곳에 마음이 있다
는 예수님의 가르침을 생각할 때(마 6:21) 하나님을 자기 인생의 최고
로 모시는 자는 당연히 자신의 소유 가운데 가장 좋고 아름다운 최
고의 것을 드리게 될 것이다.[1265]

그다음으로 위임할 제사장의 몸을 씻기고 에봇을 입혀야 한다(출
29:4-5). 출 29:4-5를 보면, "너는 아론과 그의 아들들을 회막 문으로
데려다가 물로 씻기고, 의복을 가져다가 아론에게 속옷과 에봇 받침
겉옷과 에봇을 입히고 흉패를 달고 에봇에 정교하게 짠 띠를 띠게
하고"[1266]라고 하였다. 원문은 다음과 같다.

וְאֶת־ אַהֲרֹן וְאֶת־ בָּנָיו תַּקְרִיב אֶל־ פֶּתַח אֹהֶל מוֹעֵד וְרָחַצְתָּ אֹתָם בַּמָּיִם׃

וְלָקַחְתָּ אֶת־ הַבְּגָדִים וְהִלְבַּשְׁתָּ אֶת־ אַהֲרֹן אֶת־ הַכֻּתֹּנֶת וְאֵת מְעִיל הָאֵפֹד וְאֶת־ הָאֵפֹד וְאֶת־ הַחֹשֶׁן

וְאָפַדְתָּ לוֹ בְּחֵשֶׁב הָאֵפֹד׃[1267]

'물로 씻기고'(וְרָחַצְתָּ אֹתָם בַּמָּיִם, 웨라하츠타 오탐 빰마임)를 직역하면 '그
리고 너는 그 물로써 (그들을) 씻기라'(KJV, and shalt wash ⟨them⟩ with
water)이다.[1268]

'씻기고'는 רָחַץ(7364, 라하츠)이며, '씻다, 씻어내다, 목욕하다'[1269]를 의
미한다.

1265)   한성천. 김시열, *op. cit.*, pp. 221-222.

1266)   개역한글 성경, *op. cit.*, 출 29:4-5.

1267)   분해대조 성경, *op. cit.*, 출 29:4-5.

1268)   한성천. 김시열, *op. cit.*, p. 223.

1269)   김용환, *op. cit.*, p. 632

즉 여기 '빰마임'은 '물'이라는 뜻의 '마임'(מים)에 수단이나 도구를 나타내는 전치사 '빼'(ב)와 특정한 사물을 지칭하는 정관사 '하'(ה)가 결합된 형태로써 '바로 그 물을 가지고'라는 뜻이다. 이는 결국 제사장을 씻기는 물이 특정 장소에 있는 물, 즉 성소 안 물두멍에 있는 바로 '그물'이어야 함을 보여 준다.[1270]

"제사장 위임식의 집례는 모세입니다. 아론과 그의 아들들은 의뢰에 따라 위임식 예식을 준행해야 합니다. 깨끗하고 정결하게 준비해야 하기 때문입니다. 제사장 위임식의 절차는 거룩하신 하나님의 뜻이고 자신을 온전히 하나님께 바치는 결단의 예식입니다. 규정에 따라 행할 때 하나님께 가까이 갈 수 있는 자격이 되는 것입니다."[1271] 라고 했다.

"레위기의 제사에서 희생 동물의 살도 씻었습니다. 이스라엘 백성은 청결을 중요하게 생각했습니다. 그래서 자신의 집에 찾아오는 손님에게 물을 대접한다는 것은 최고의 대접입니다. 특히 씻는다는 의미는 정결을 의미합니다. 정결하지 않으면 하나님 앞에 나갈 수 없기 때문입니다. 부정을 씻는 다는 의미도 있습니다. 예수님도 마지막 날에 제자들의 발을 씻겨 주셨습니다. 정결하지 않으면 안 되기 때문입니다. 그들의 부정을 씻긴다는 의미입니다. 그래서 제사장 위임식에는 반드시 몸을 씻고 위임을 받아야 합니다. 예수님의 세례의 의미는 예수님도 요단강에서 세례 요한에게 물로 세례를 받았습니다. 예

1270) 한성천. 김시열, *op. cit.*, p. 223.
1271) 이성호, *op. cit.*, p. 94.

수님의 세례는 율법의 성취를 의미합니다."[1272]라고 하였다.

한편, 제사장이 위임식에 앞서 우선 몸을 씻어 정결케 하는 이유는 일차적으로 제사장의 거룩한 의복을 입기 전에 단순히 몸을 육체적으로 깨끗하게 하기 위한 목적이 있었다. 하지만 보다 궁극적으로는 거룩하신 하나님 앞으로 나아가기 위해 자신의 더러운 죄를 씻는다는 상징적 의미가 더 컸다. 그래서 사도 바울은 고린도 교회 성도들을 향해 하나님의 일꾼으로 부름 받는 자의 자격에 대해 다음과 같이 가르쳤다. "그런즉 사랑하는 자들아 이 약속을 가진 우리가 하나님을 두려워하는 가운데서 거룩함을 온전히 이루어 육과 영의 온갖 더러운 것에서 자신을 깨끗케 하자"(고후7:1).[1273]

'입히고'는 לָבַשׁ(3847, 라바쉬)이며, '임하다, 감동시키다, 베풀다, 꾸미다, 옷을 입다'[1274]라는 뜻이 있다.

제사장의 위임식의 두 번째 순서로서 착의식에 대해 설명하는 부분이다. 먼저 아론과 그의 아들들을 씻긴 다음에(4절) 착의식이 거행된다. 이 부분에서 원문상 주목할 사하들은 다음과 같다. 맛소라 본문의 '에봇 받침 겉옷과 에봇을 입히고 흉패를 달고 에봇에 공교히 짠 띠를 띠우고'(5절)에 해당하는 사마리아 오경은 다음과 같이 읽고 있다. "그리고 너는 그 사람에게 띠를 매어 주고 그에게 겉옷을 입히고 에봇과 흉패를 붙여 주고 에봇 주위를 정교하게 만든 띠로 매어 주어라."[1275]

1272) *Ibid.*, pp. 94-95.
1273) 한성천. 김시열, *op. cit.*, p. 223
1274) 김용환, *op. cit.*, pp. 330-331.
1275) 강병도, *op. cit.*, pp. 529-530.

"제사장의 예복은 자격의 표시와 거룩함을 상징하고 있습니다. 제사장이 에봇을 입음으로써 그의 수치를 가리고 구별된 사람을 나타냅니다. 제사장의 에봇은 대제사장용으로 만들어진 거룩한 의복입니다. 이것은 금실, 청색, 자색, 홍색실과 가늘게 꼰 베실로 만들어졌습니다. 양편 어깨에 고정되었고 거기에 에봇을 매는 허리띠를 엮었습니다. 에봇은 하나님께서 제사장에게 베풀어주신 거룩한 옷입니다. 그 예복을 입는 대제사장은 감동시키기에 충분했습니다. 그리고 제사장의 사명과 결단의 마음이 임하게 되는 것입니다."[1276]라고 하였다.

머리에 관을 씌우고 관유를 머리에 부어야 한다(출 29:6-8). 출 29:6-8을 보면, "그의 머리에 관을 씌우고 그 위에 거룩한 패를 더하고 관유를 가져다가 그의 머리에 부어 바르고 그의 아들들을 데려다가 그들에게 속옷을 입히고,"[1277]라고 하였다. 원문은 다음과 같다.

וְשַׂמְתָּ הַמִּצְנֶפֶת עַל־רֹאשׁוֹ וְנָתַתָּ אֶת־נֵזֶר הַקֹּדֶשׁ עַל־הַמִּצְנָפֶת׃

וְלָקַחְתָּ אֶת־שֶׁמֶן הַמִּשְׁחָה וְיָצַקְתָּ עַל־רֹאשׁוֹ וּמָשַׁחְתָּ אֹתוֹ׃

וְאֶת־בָּנָיו תַּקְרִיב וְהִלְבַּשְׁתָּם כֻּתֳּנֹת׃[1278]

'씌우고'는 שׂים(7760, 숨)이며, '두다, 놓다, 세우다, 정(지정)하다, 임명하다, 설립하다, 배치하다, 만들다'[1279]를 의미한다.

1276)   이성호, *op. cit.*, p. 95.
1277)   개역한글 성경, *op. cit.*, 출 29:6-8.
1278)   분해대조 성경, *op. cit.*, 출 29:6-8.
1279)   김용환, *op. cit.*, pp. 661-662.

대제사장의 의복이 그 착용 순서대로 소개되고 있다. 대제사장의 의복은 제일 먼저 무릎 바로 위까지 오는 반바지 모양의 '고의'를 입었고 그 위에 발등까지 내려오는 '속옷', 그리고 그 위에 무릎 아래까지 내려오는 '에봇 받침 겉옷', 그리고 그 위에 조기 모양의 '에봇', 그 위에 우림과 둠밈을 담는 주머니가 있는 '흉패'를 입었다. 또한 에봇 허리 쪽은 등 부분과 가슴 부분이 '띠'로 연결되어 있었다. 한편 대제사장의 머리에는 터번 형식의 관이 씌워졌다. 그리고 그 관의 이마 전면에는 '여호와께 성결'이란 성패가 부착되어 있었다(6절).[1280]

"머리에 관을 씌우는 것은 세상의 생각과 행동을 덮어 버리고 하나님의 생각과 규정에 따라 예식에 임하라는 것입니다. 제사장은 그 규정을 보존하고 변하지 말아야 합니다. 구원받은 백성들도 구원의 투구를 써야 합니다. 구원의 투구를 쓰고 거룩하신 하나님을 의지하고 변함없는 제사장의 역할을 해야 하는 것입니다."[1281]라고 하였다.

'부어 바르고'는 מָשַׁח(4886, 마샤흐)이며, '칠하다', '기름을 바르다(붓다)', '기름부음(바름)을 받다'[1282]를 의미한다.

'기름을 붓다'에 해당하는 히브리어는 '마샤흐'(מָשַׁח)이며, 이 동사에서 '기름부음을 받은 자'를 뜻하는 '메시야'(시 21장; 22장; 45장; 72장; 미 5:2; 눅 2:4-7; 요 1:41)라는 말이 나왔다. 이것은 왕과 제사장과 선지자인 예수 그리스도의 직분에 대한 예언이 되었을 뿐 아니라, 예수 그리스도를 가리키는 호칭이 되었다(사 7:14; 단 9:25; 마 1:22, 23; 벧전 2:4-7).[1283]

1280)　한성천. 김시열, *op. cit.*, p. 224
1281)　이성호, *op. cit.*, p. 95.
1282)　김용환, *op. cit.*, p. 408.
1283)　강병도, *op. cit.*, p. 532.

"제사장 위임식에는 관유를 즉시 바릅니다. 관유는 규정에 따라 제조되며 제사장의 머리에 부어졌습니다. 관유는 거룩한 것으로 묘사되었습니다. 기름 바른 제사장은 행위에 있어서 제약을 받았습니다. 관유를 머리에 바른다는 의미는 그가 제사장의 사역에 자격을 얻었다는 것입니다. 예수님도 기름 부음을 받았기 때문에 제사장의 사역을 사셨던 것입니다. 아론은 기름 부음을 받았기 때문에 하나님의 거제물을 몫으로 받았습니다."[1284]라고 하였다.

종유식을 설명하는 부분이다. 제사장의 위임식은 '아론의 착의식 - 종유식- 아들의 아들들의 착의식' 순으로 되어 있다. 종유식은 아론과 그의 아들들의 착으식 중간에 행해진다. 여기서 주목할 만한 사실은 '그 머리에 부어 바르고'라는 대목이다. 이에 해당하는 맛소라 본문 '웨야차크타 알 로쇼 우마샤흐타 오토'(אֹתוֹ וּמָשַׁחְתָּ עַל־רֹאשׁוֹ וְיָצַקְתָּ)는 직역하면 '그리고 너는 그의 머리에 부어라. 그리고 너는 그에게 기름을 바르라'이다. 여기서 명사 '로쇼'(רֹאשׁוֹ, '그의 머리')와 '오토'(אֹתוֹ, '그에게')는 모두 3인칭 남성 단수 접미어가 붙어 있다. 그러면 '그'는 누구를 가리키는가? 아론의 아들들이 아니라 아론이다. 여기서 아론만이 기름부음을 받으며, 종유식이 실행된 레위기 8:12에서도 마찬가지이다. 그러나 28:41과 30:30에는 그의 아들들에게도 기름을 부으라는 언급이 있다. 40:13-15와 레위기 21:10에는 아론의 기름부음과 그의 아들들의 기름부음에 차이가 있다는 것이 암시되어 있다. 이것을 전체적으로 고려해 볼 때, 대제사장 아론만 기름(관유)을 부음받았고, 나머지 아들들은 이마에 바

1284)　이성호, *op. cit.*, p. 96.

른 것으로 여겨진다.[1285]

"아론과 그의 아들들에게 띠를 띠우고 관을 씌워 영원한 제사장의 규례가 되게 해야 합니다. 그 거룩함의 기간은 예수 그리스도께서 이 땅에 내려오셔서 십자가의 구속의 은혜를 내리실 때까지 지켜야 합니다. 제사장의 위임은 예언적 말씀으로 끝나는 것이 아니라 그 거룩함을 이루고 완성하여 하나님을 증거하는 최종적인 성취에 충만함을 의미합니다. 제사장의 위임이 거룩한 것입니다. 그 거룩함을 온전함으로 확증하는 것입니다."[1286]라고 하였다.

또한, 계속해서 말하기를, "우리도 드려야 할 영적 예배가 있어야 합니다. 그 예배는 누가 대신 드려주지 않습니다. 내가 하나님 앞에 직접 나와서 찬양과 경배를 드려야 합니다. 그리고 예수 그리스도의 '의'의 옷을 입고 거룩한 백성으로 그 사명을 준행하는 성도가 되어야 합니다. 제사장은 세상과 구별된 삶을 살았습니다. 구원받은 백성은 세상과 구별된 삶을 살아야 합니다. 주일을 거룩하게 지켜야 합니다. 함부로 세상을 살면 안 됩니다. 주님의 울타리 안에서 보호를 받고 안식의 은혜를 누리며 소망의 삶을 사는 거룩한 성도가 되어야 합니다."[1287]라고 하였다.

기름 부음은 하나님께서 대제사장에게 성령을 부어 주심을 상징하였다. 이처럼 기름은 성령을 상징한다(삼상 10:1; 16:13, 14; 사 61:1; 행 4:27). 나아가 이 기름 부음은 장차 오실 예수께 성령이 무한히 임하

1285) 강병도, *op. cit.*, p. 531.
1286) 이성호, *op. cit.*, p. 97.
1287) 이성호, *op. cit.*, p. 97.

실 것을 예고하였다(눅 4:18; 요 3:34). 일반 제사장들도 기름부음을 받았다는 사실에서 성도들 모두 성령을 받음을 알 수 있다.[1288]

3) 성막은 구약의 움직이는 거룩한 공동체(교회)였다

성막은 세상 가운데 있으나, 세상에 속하지 아니한 교회, 즉 광야 상태에 있는 하나님의 교회의 모형이기도 하다.[1289]

성막은 하나님이 이스라엘 백성 가운데 오셔서 "거하시는" 공간이다. 출애굽기 25:1-31:17이 소개하는 이스라엘의 하나님 "여호와"(야훼)는 어느 일정한 붙박이 건물에 "좌정하고 계시는" 하나님이 아니다. 25:1-31:17이전하는 야훼 하나님은 자기 백성 이스라엘을 찾아와 만나서 함께 걸으며 동행하시는 하나님이다.[1290]

"하나님은 이스라엘 백성들이 이방인 땅 애굽에서 400년간 괴롭힘을 당하여 고통을 당하고 4대만에 가나안 땅으로 돌아오리라고 말씀하고 계십니다(창 15:13-16). 이스라엘 땅에 기근으로 인하여 야곱의 70명의 가족이 애굽으로 모두 이주를 합니다(창 46:26-27). 고센 땅에 우거하면서 애굽의 종살이를 시작합니다(주전 1876년).노예생활 430년 만에 하나님은 모세를 부르시고 그에게 이스라엘 백성 200만 명의 출애굽의 사명을 주십니다. 드디어 주전 1446년 1월 15일(유

1288)　강병도, *op. cit.*, p. 532.
1289)　John Ritchir, *op. cit.*, p. 17.
1290)　김지찬, *op. cit.*, p. 181.

월절) 이스라엘 백성들은 430년간의 종살이에서 벗어나 약속의 땅을 향하여 출애굽을 시작합니다(민 33:3)."[1291]라고 하였다.

광야의 끝 에담에 장막을 쳤으나, 가나안 본향과 그들 사이에 펼쳐질 노정의 한 걸음의 앞도 모르고 있던 그들에게 내려온 구름기둥은 그들의 마음을 얼마나 기쁘게 했겠는가! 요청하지도 않았고 기대하지도 않았다고 말할 수 있으나, 하나님께서는 그들의 인도자가 되시기 위하여, 도한 그들과 걸으시고, 그들을 보위하시고, 그들의 동반자가 되시기 위하여, 구름기둥으로 강림하셨다.[1292]

성막은 거룩하신 하나님이 "거하시는" 곳이다. 하늘의 하나님이 이 땅에 내려와 "머무시는" 곳이다. 회막은 하나님과 이스라엘 만나서 소통하는 성소이다. 성막. 회막은 말 그대로 "이동식"(portable sanctuary)이다.[1293]

그들이 사막을 걸어 나갈 때 그것은(구름기둥. 불기둥) 그들의 앞에서 나아갔고 쉴 곳을 찾아주었다(민 9:17). 또한 성막에서 그것은 그들 중에 머물렀다(출 40:34). 여호와는 그들의 인도자였으며, 또한 왕이셨다. 명령은 하나님의 일이었으며 복종하는 것은 그들의 일이었다. 그는 목자였으며 그들은 그의 양들이었다. 또한 불기둥과 구름기둥으로 삭막한 사막을 건너 이스라엘을 인도하신 그분은 우리를 홀로 있게 버려두지 않으셨다.[1294]

성막. 회막은 "여호와"(야훼) 하나님의 왕국을 종교적. 영적 측면에

1291)　이성호, *op. cit.*, p. 11.
1292)　John Ritchie, 한혜동옮김, <u>애굽에서 가나안까지</u>, (경기도 고양: 전도출판사, 2016), p. 63.
1293)　김지찬, *op. cit.*, p. 182.
1294)　John Ritchie, *op. cit.*, p. 65.

서 해설하는 장치이다. 언약공동체(출 19-24장)가 하나님이 다스리시는 왕국을 정치적. 사회적. 경제적 측면에서 규정했다면, 성막. 회막 공동체(출 25-31장)는 하나님의 왕국을 신앙적 측면에서 해설하고 있다. 바른 삶 위에 바른 신앙이 펼쳐져야 한다. "바름"(19-24장) 위에 "믿음의 장막"(25-31)이 세워져야 한다. 성막은 "언약의 피"로 하나님과 "맺어진"(24:4-8) 자들이 세우게 된다. 언약공동체의 토대 위에 신앙공동체가 창조되는 것이다.[1295]

그들은 필자가 앞에서 살펴본 바와 같이 하나님께서 보여주신 식양대로 하나님의 처소인 성막을 제작하게 되고 그 성막을 중심으로 진을 치게 되고 성막을 중심으로 행군을 하며 그들의 모든 삶이 성막을 중심으로 한 삶이 진행되었던 것이다. 철저하게 하나님의 말씀에 근거하여 움직이며 진을 치며 한 치의 오차도 없이 움직이는 광야 교회의 모습을 보여주고 있는 것이다.

(1) 진을 치는 방법(민 2:1-34)

여호와의 명령을 따라 성막을 제작한 후에 이스라엘 백성들은 회막을 중심으로 진을 쳤다. 동서남북에 그 진을 치는 위치가 지파별로 지정되어 쳤다. 각 지파가 진칠 때와 행진할 때의 위치에 대하여 말하고 있다. 여기서 중요한 것은 각 지파가 성막을 중심으로 직사각형 모양으로 진을 친다는 삿ㄹ이다. 군대 배치가 B.C 20시기에는 원형이었으며 그중앙에 성막이 있었다. 성막은 하나님께서 왕으로서

1295)　김지찬, *op. cit.*, p. 182.

좌정하사 임재하신 장소이다.[1296]

민 2:1-2를 보면, "이스라엘 자손이 애굽 땅에서 나온 후 둘째 해 둘째 달 첫째 날에 여호와께서 시내 광야 회막에서 모세에게 말씀하여 이르시되, 너희는 이스라엘 자손의 모든 회중 각 남자의 수를 그들의 종족과 조상의 가문에 따라 그 명수대로 계수할지니,"[1297]라고 하였다. 원문으로 보면 다음과 같다.

וַיְדַבֵּר יְהוָה אֶל־ מֹשֶׁה וְאֶל־ אַהֲרֹן לֵאמֹר:
אִישׁ עַל־ דִּגְלוֹ בְאֹתֹת לְבֵית אֲבֹתָם יַחֲנוּ בְּנֵי יִשְׂרָאֵל מִנֶּגֶד סָבִיב לְאֹהֶל־ מוֹעֵד יַחֲנוּ:[1298]

'여호와께서 … 일러 가라사대'(וַיְדַבֵּר … יְהוָה … לֵאמֹר, 와예답베르 예호와 … 레모르). 이 말은 직역하면 '그러자 여호와께서 말씀하셨다 … 말씀하시기를'이다. 이는 본 내용들이 사람이 지어낸 이야기가 아니고 모세가 여호와 하나님의 말씀을 받아 그대로 전달한 것임을 분명히 밝히기 위한 전형적인 표현 방식이다.[1299]

광야에서 모세와 아론이 행하는 모든 일들은 그들 자신의 생각과 지혜에서 비롯된 것이 아니라, 하나님께로부터 직접 나온 것임을 강조하고 있는 것이다. 출애굽 사건 자체가 하나님의 놀라운 구원 행위였으며, 약속의 땅으로 인도하시는 광야의 여정까지도 신적인 사건

1296)　강병도, 카리스종합주석15. 민1-9장, (서울: 기독지혜사, 2004.), p. 169.
1297)　개역한글 성경, *op. cit.*, 민 2:1-2
1298)　분해대조 성경, *op. cit.*, 민 2:1-2.
1299)　한성천. 김시열, *op. cit.*, p.110.

의 연속임을 보여주는 것이다.[1300]

위 본문을 필자가 살펴보니 '사방으로 치라'는(מִנֶּגֶד סָבִיב, 민네게드 싸비브)라고 하였다.

'사방으로'는 '싸비브'는 סָבִיב(5439, 사비브)이며, '사면으로, 주변, 주위, 둘레에'[1301]의 뜻이 있다.

사비브는 사바브(סָבַב, 5437)에서 유래했으며, '에워싸다, 두르다, 둘러서다, 순찰하다, 호위하다, 두루 행하다, 두루 다니다'[1302]의 뜻이 있다.

이스라엘 백성들의 삶의 중심은 회막이었다. 이는 하나님을 중심으로 모시고 그분의 말씀대로 살아야 했음을 의미한다. 레위기에는 성소를 공경하라는 명령이 있다(레 19:30). 그러나 이는 회막 자체를 공경하라는 말이 아니고 하나님의 임재를 항상 깨닫고 그분의 뜻대로 거룩한 삶을 영위하라는 뜻이다. 철저히 하나님의 성막을 중심으로 진을 배치하고 진행하는 이스라엘 공동체의 모습을 보며 오늘날의 성도들도 하나님 중심의 신앙으로 하나님을 내 삶의 주인으로 모시고 그분의 말씀대로 살아야 하게겠다. 그러할 때 하나님께서 이스라엘에게 약속하셨던 복을 성도들에게도 베푸실 것이다(신 5:33).[1303]

이처럼 이스라엘 백성들은 항상 회막을 중심으로 하여 회막을 바라보는 위치에 주거지를 정하였고 회막을 바라보면서 생활하라는 명령을 받았다(레 19:30). 이 명령이 지니는 영적 교훈은 오늘날 성도들

1300) 강병도, *op. cit.*, p. 184.
1301) 김용환, *op. cit.*, p. 469.
1302) *Ibid.*, pp. 468-469.
1303) 강병도, *op. cit.*, pp. 186.-187.

에게도 동일하게 적용된다. 성도들은 삶 속에서 항상 그리스도를 마음 중심에 모시고 예수 그리스도를 바라보며 그의 말씀에 순종하는 삶을 살아야 한다.[1304]

첫째, 제1군은 동쪽에 진을 쳤다(유다, 잇사갈, 스불론 = 총 186,400명).[1305]

> (민 2:3) 동방 해 돋는 쪽에 진 칠자는 그 진영별로 유다의 진영의 군기에 속한 자라 유다 자손의 지휘관은 암미나답의 아들 나손이요.
>
> (민2:4) 그의 군대로 계수된 자가 칠만 사천육백 명이며
>
> (민2:5) 그 곁에 진 칠자는 잇사갈 지파라 잇사갈 자손의 지휘관은 수알의 아들 느다넬이요
>
> (민2:6) 그의 군대로 계수된 자가 오만 사천사백 명이라
>
> (민2:7) 그리고 스불론 지파라 스불론 자손의 지휘관은 헬론의 아들 엘리압이요
>
> (민2:8) 그의 군대로 계수된 자가 오만 칠천사백 명이니
>
> (민2:9) 유다 진영에 속한 군대로 계수된 군인의 총계는 십팔만 육천사백 명이라 그들은 제일대로 행할지니라.[1306]

'동방 해 돋는 편에'(2:3)라고 하였다. 유다 자손은 동방 해 돋는 편에 진을 치라는 명을 받는다, '동방 해 돋는 편에'에 해당하는 히브

1304)　한성천. 김시열, *op. cit.,* p.110.

1305)　이성호, *op. cit.,* p. 8.

1306)　개역한글 성경, *op. cit.,* 민 2:3-9.

리어 '케데마 미즈라하'(קֵדְמָה מִזְרָחָה)는 직역하면 '동쪽에 해 돋는 편에'이다.[1307]

'동쪽'은 קֶדֶם(6924, 케뎀) '동방, 동쪽, 태초, 옛날, 건너편, 만세전'[1308]의 뜻이 있다.

'케뎀'은 קָדַם(6923, 카담)에서 유래했으며, '앞서다, 영접하다, 도망하다, 대항하다, 임하다, 나아가다,[1309]의 뜻이 있다.

'케데마'(קֵדְמָה) '동쪽'을 의미하는 '케뎀'(קֶדֶם)에 방향과 장소를 나타내는 '헤'(ה)가 첨가된 부사로 '동쪽에'라는 뜻이다. '미즈라하'(מִזְרָחָה) 역시 방향과 장소를 나타내는 '헤'(ה)가 첨가된 남성 단수명사로 '해 돋는 편에'를 의미한다. 그러므로 '케데마 미즈라하'(קֵדְמָה מִזְרָחָה)는 문자적으로 '동쪽에 해 돋는 편에'라는 뜻이다.[1310]

이는 위치상으로서의 '앞면'(시 139:5)이란 뜻도 가지고 있으나 4방위 가운데 가장 으뜸으로 생각하였던 '동편'(창 3:24; 출 27:13; 수 19:12)을 가리키는 말로 주로 사용되었다.[1311]

성경에서 '케뎀'(קֶדֶם)은 특별한 신학적 의미를 지닌다. '케뎀'(קֶדֶם)의 용례를 살펴보면 다음과 같다. 먼저, '케뎀'은 '고대'나 '이전'이라는 시간적인 개념을 가지고 있으며 목가적인 상태를 나타낸다(신 33:15; 시 55:19). 메시야에 대한 진술과 영원한 언약에 대한 말씀에서 이 단어가 사용되었다(미 5:2; 7:2). 또한 '케뎀'은 '동편'이라는 뜻으로 사용될

1307)　강병도, *op. cit.*, p. 187.

1308)　김용환, *op. cit.*, p. 594.

1309)　*Ibid.*,

1310)　강병도, *op. cit.*, p. 187.

1311)　한성천. 김시열, *op. cit.*, p. 111.

때는 때때로 좋지 않은 개념으로 쓰였다. 이곳은 바벨탑을 쌓았던 사람들의 본 고장이며(창 11:2), 이스라엘의 적대적인 종족을 뜻하기도 한다(민 23:7; 삿 6:3). 그리고 또한, 고대인들과 마찬가지로 히브리인들에게 있어서 동편은 해가 돋는 곳, 곧 희망과 생명을 유지시키는 원천이었고 반면에, 서편은 '바다'를 의미한다(민 1:8). 히브리인들은 페니키아인들이나 애굽인 들처럼 해양족이 아니었기 때문에 전통적으로 바다와 석양을 등지는 습관이 있었다. 그러므로 하나님께서 선도적인 역할을 맡은 세 지파를 동편에 배치한 것은 이 같은 배경을 고려했기 때문인 것으로 보인다. 민수기 저자는 그것을 의도적으로 강조하기 위하여 '동방'과 '해 돋는'을 함께 사용한 동어 반복법(tautology)을 사용하여 유다지파의 우월성을 강조하고 있다. 유다 지파가 선봉 대열 중에 가장 선두주자로 설 수 있었던 것은 규모 때문이 아니라 무엇보다도 야곱의 예언이 성취되었기 때문이며(창 49:10), 유다 자손 중에 메시야가 나올 것을 예표하기 위함이라고 할 수 있을 것이다(히 7:14). 따라서 여기에는 언약에 신실하신 하나님의 섭리가 잘 나타나 있다.[1312]

둘째, 제2군은 서쪽에 진을 쳤다(르우벤, 시므온, 갓 = 총 151, 450 명)[1313]
(민 2:10) 남쪽에는 르우벤 군대 진영의 군기가 있을 것이라 르우벤
자손의 지휘관은 스데울의 아들 엘리술이요
(민2:11) 그의 군대로 계수된 자가 사만 육천오백 명이며

1312) 강병도, *op. cit.*, p. 187.
1313) 이성호, *op. cit.*, p. 9.

(민2:12) 그 곁에 진 칠자는 시므온 지파라 시므온 자손의 지휘관은
수리삿대의 아들 슬루미엘이요

(민2:13) 그의 군대로 계수된 자가 오만 구천삼백 명이며

(민2:14) 또 갓 지파라 갓 자손의 지휘관은 르우엘의 아들 엘리아삽
이요

(민2:15) 그의 군대로 계수된 자가 사만 오천육백오십 명이니

(민2:16) 르우벤 진영에 속하여 계수된 군인의 총계는 십오만 천사
백오십 명이라 그들은 제이대로 행진할지니라.[1314]

'남편에는' הֵימָנָה(테마나)인데, תֵּימָן(8486, 테만)이며, '테만', '남쪽, 남방,
남풍, 오른쪽에 위치한'[1315]의 뜻이다.

תֵּימָן(8486, 테만)은 יָסַף(3254, 야사프)에서 유래했으며, '더하다, 크게 하
다, 많아지다, 번창하다, 증가시키다, 첨가되다, 장수하다'[1316]의 뜻이
있다.

어근 '테만'의 어원적인 의미는 '오른쪽'이다. 그런데 '오른쪽'이 '남
쪽'이란 의미로 바뀌게 된 데는 태양이 떠오르는 위치와 밀접한 관계
가 있다. 고대 근동에서는 태양이 떠오르는 동쪽을 바라보며 '오른
손' 쪽을 남편으로 규정하고, '왼손' 쪽을 북편으로 규정하였다. 히브
리적 사고에 있어서 '오른쪽'은 '힘', '능력', '영광', '빛', 또는 '축복'을 상
징하였다(출 15:6, 12). 이런 점에서 볼 때 '능력'이요, '기력의 시작'이라
일컬음 받는 르우벤 진영(르우벤, 시므온, 갓 지파)이 남편에 위치하게 된

1314)   개역한글 성경, *op. cit.*, 민 2:10- 16.
1315)   김용환, *op. cit.*, p. 717.
1316)   *Ibid.*, p. 273.

것은 결코 우연이 아님을 알 수 있다.[1317]

셋째, 중앙의 회막과 레위인 진영(행군 배치도 참조).

민 2:17에 보면, "그다음에 회막이 레위인의 진영과 함께 모든 진영의 중앙에 있어 행진하되 그들의 진 친 순서대로 각 사람은 자기의 위치에서 자기들의 기를 따라 앞으로 행진할지니라."[1318]라고 하였다. 원문은 다음과 같다.

[1319]וְנָסַע אֹהֶל־מוֹעֵד מַחֲנֵה הַלְוִיִּם בְּתוֹךְ הַמַּחֲנֹת כַּאֲשֶׁר יַחֲנוּ כֵּן יִסָּעוּ אִישׁ עַל־יָדוֹ לְדִגְלֵיהֶם:

행군배치도[1320]

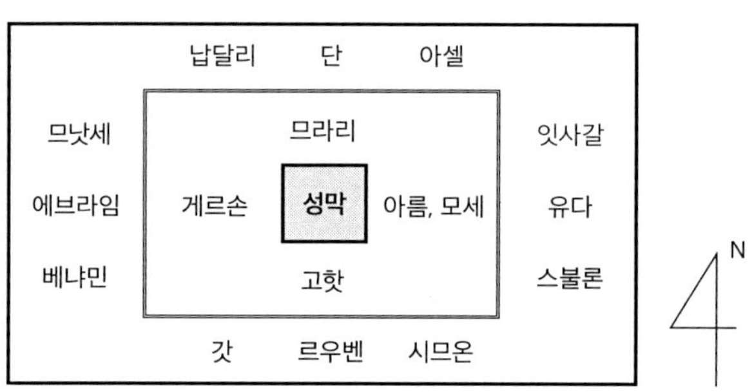

'회막'의 기능은 여호와께서 자신의 임재를 나타내시고 이스라엘 백성들에게 당신께서 함께하심을 확인시켜 주는 것이었다. 또한 '회

1317)   한성천. 김시열, *op. cit.*, p. 116.
1318)   개역한글 성경, *op. cit.*, 민 2:17
1319)   분해대조 성경, *op. cit.*, 민 2:17.
1320)   이성호, *op. cit.*, p. 8.

막'으로 불리워지게 된 것은 이스라엘 민족 중에 거하는 하나님께서 이스라엘 민족의 모든 장정들을 향해 정한 때에 장막 앞으로 나와서 하나님과 만나도록 명령한 것과도 관련을 가진다. 그래서 KJV는 이 회막을 '모임의 장막'(the tabernacle of the congregation)으로, NASB, NIV, RSV 등은 '만남의 장막'(the tent of meeting)으로 번역하였다.[1321]

한편, 본문의 '회막'은 문맥상 단순히 회막 그 자체만을 가리키는 것은 아니다. 왜냐하면 레위지파 가운데 게르손 자손과 므라리 자손이 성막 및 장막의 덮개와 회막 문장과 뜰의 휘장 및 그에 다른 줄들과 성막에 필요한 널판 및 기둥과 받침 등을 가지고 유다 진영 뒤를 따라 이미 이동하였으며(민 10:17), 그 뒤를 이은 르우벤 진영의 뒤를 따라 고핫 자손이 성소의 가장 중요한 성물들, 즉 제사장들이 만 앞에서 메고 가는 증거궤를 제외한 지성소 휘장, 단들, 상, 등대 등 제사에 직접 사용되는 각종 기구를 가지고 이동하였기 때문이다(10:21). 거름에도 불구하고 이 성물들을 모두 합하여 '회막'이라고 부른 것은 위에서 열거한 성물들이 회막의 중심적인 기물이기 때문이다.[1322]

넷째, 제3군은 서쪽에 진을 쳤다(에브라임, 므낫세, 베냐민 = 총 108,100명).[1323]

(민2:18) 서쪽에는 에브라임의 군대의 진영의 군기가 있을 것이라
에브라임 자손의 지휘관은 암미훗의 아들 엘리사마요

1321)　한성천. 김시열, *op. cit.*, p. 120.
1322)　*Ibid.*,
1323)　이성호, *op. cit.*, p. 9.

(민2:19) 그의 군대로 계수된 자가 사만 오백 명이며

(민2:20) 그 곁에는 므낫세 지파가 있을 것이라 므낫세 자손의 지휘
관은 브다술의 아들 가말리엘이요

(민2:21) 그의 군대로 계수된 자가 삼만 이천이백 명이며

(민2:22) 또 베냐민 지파라 베냐민 자손의 지휘관은 기드오니의 아
들 아비단이요

(민2:23) 그의 군대로 계수된 자가 삼만 오천사백 명이니

(민2:24) 에브라임 진영에 속하여 계수된 군인의 총계는 십만 팔천
백 명이라 그들은 제삼대로 행진할지니라[1324]

'서편에는'(יָמָּה, 얌마). 원뜻은 '바다 쪽에는'이다. 여기서 바다는 팔레
스타인 서쪽에 위치한 지중해를 가리킨다. 한편 비평적인 학자들은
이러한 표현이 팔레스타인에 살았던 자에 의해 사용되었을 것으로
보고 본서의 모세 저작설을 부인한다. 그러나 비록 모세가 팔레스타
인에 거주하지는 않았을지라도, 이스라엘의 조상인 아브라함과, 이
삭, 야곱이 기거했던 가나안 땅을 소망 중에 바라보며 가나안 서편
의 지중해를 '서쪽'이라고 지칭했다고 볼 수 있다.[1325]

'서편'은 יָם(3220, 얌)이며, '바다, 해변, 서편, 바닷물, 파도'[1326]의 뜻이
다. '얌'은 מָאֵן(3985, 마엔)에서 유래했으며, '거절하다, 거역하다, 싫어하
다, 꺼려하다, 마음이 내키지 않는'[1327]의 뜻이다.

어근 '얌'(יָם)은 구약 성경에서 '바다'를 가리키는 말로 300회 이상,

1324) 개역한글 성경, *op. cit.*, 민 2:18-24.
1325) 강병도, *op. cit.*, p. 202.
1326) 김용환, *op. cit.*, p. 270.
1327) 최현기, *op. cit.*, p. 500.

그리고 '서쪽'이라는 뜻으로 70회 이상 사용되었다. 이처럼 '바다'란 뜻과 '서쪽'이란 뜻이 혼용되는 것은 당시 가나안 사람들의 입장에서 볼 때 큰 바다인 지중해가 팔레스틴의 서쪽에 있기 때문이다. 따라서 가나안 땅을 삶의 기반으로 하는 히브리 사람들에게 '얌'(יָם)은 '해가 지는 곳' 즉 '바다 쪽'이라는 의미가 있다.[1328]

'에브라임'(אֶפְרַיִם)은 אֶפְרַיִם(669, 에프라임)[1329]의 뜻이다.

'에프라임'은 에프라트(אֶפְרָת, 672)에서 유래했으며, '열매를 많이 맺음'[1330]의 뜻이다.

'에프라트'는 פָּרָה(6509, 파라)에서 유래했으며, '생육하다, 번성하다, 결실하다, 무성하다, 창대하다'[1331]의 뜻이다.

서편에는 에브라임 군대의 진 기가 있었고, 므낫세와 베냐민 지파의 군대, 즉 라헬의 모든 자손들이 그 진기 아래 속하였다. 에브라임 지파의 진 기 아래 속한 108,100명의 군대는 제3대로 진행하였으며(24절), 성막 정면을 선두로 하여 왼편이 되었다. 회막을 중심으로 해서 서편 진에는 에브라임과 므낫세, 그리고 베냐민 지파의 군대가 배치됨으로써 야곱이 가장 사랑하던 아내 라헬의 모든 자손들이 한곳에 망라되었다. 여기서 본 단락의 특징을 살펴보면 다음과 같다. 먼저는 앞서 언급된 동편과 남편 진처럼 예외 없이 서편 진영에서도 가장 가까운 친척 지파들끼리 모였다(창 30:24; 35:18; 48:8-14). 하나님께서는 각 방향에 지파의 진영을 배치하시는 원칙으로 가까운 친척끼리

1328)　한성천 김시열, *op. cit.*, p. 121.
1329)　김용환, *op. cit.*, p. 59.
1330)　*Ibid.*,
1331)　*Ibid.*, p. 563.

모으는 방식을 취하셨다. 이는 불필요한 인간적인 마찰과 지파들 간의 갈등의 소지를 어느 정도 원천적으로 봉쇄하기 위한 의도에서 비롯된 것으로 보인다. 또한, 역시 다른 진영의 배치 형태와 관계있는 것으로서, 선두 지파를 혈육의 순서가 아니라 예언의 성취 형태로 배치하였다는 점이다. 순서대로 한다면 형인 므낫세 지파가 서편 진영의 주도권을 잡아야 했을 것이다. 그러나 야곱이 손을 어긋맞게 얹고 므낫세와 에브라임에게 축복한 대로 하나님께서는 에브라임이 므낫세보다 더 높은 지파의 조상이 되게 하셨을 뿐만 아니라(창 48:17-20), 인원도 훨씬 크게 증가시키셨다. 여기에서 우리는 언약에 신실하신 하나님의 섭리를 확인하게 된다.[1332]

에브라임이 비록 요셉의 아들 가운데 둘째 아들(창 41:52)이기는 하지만 그의 조부 야곱이 에브라임과 므낫세를 축복할 때 에브라임에게 능력의 상징인 오른손을 얹어 장자인 므낫세보다 더 큰 족속이 되리라고 축복하였기 때문이다(창 48:8-22). 실제로 후일 에브라임 지파에서는 여호수아(수 24:30), 드보라(삿 4:5), 사무엘(삼상 1:11)등 이스라엘의 위대한 지도자들이 많이 배출되었다.[1333]

다섯째, 제4군은 북쪽에 진을 쳤다(단, 아셉, 납달리 = 총 157, 600명).[1334]

(민 2:25) 북쪽에는 단 군대 진영의 군기가 있을 것이라 단 자손의

1332) 강병도, *op. cit.*, p. 201.
1333) 한성천. 김시열, *op. cit.*, p. 122.
1334) 이성호, *op. cit.*, p. 9.

지휘관은 암미삿대의 아들 아히에셀이요

(민 2:26) 그의 군대로 계수된 자가 육만 이천칠백 명이며

(민 2:27) 그 곁에 진 칠 자는 아셀 지파라 아셀 자손의 지휘관은 오그란의 아들 바기엘이요

(민 2:28) 그의 군대로 계수된 자가 사만 천오백 명이며

(민 2:29) 또 납달리 지파라 납달리 자손의 지휘관은 에난의 아들 아히라요

(민 2:30) 그의 군대로 계수된 자가 오만 삼천사백 명이니

(민 2:31) 단의 진영에 속하여 계수함을 받은 군인의 총계는 십오만 칠천육백 명이라 그들은 기를 따라 후대로 행진할지니라 하시니라.[1335]

'북편에는'(צָפֹנָה, 차포나)이다. צָפוֹן(6828, 차폰)은 '북쪽, 북풍, 북문, 북향'[1336]의 뜻이다.

'차폰'은 צָפַן(6845, 차판)에서 유래했으며, '숨기다, 잠복하다, 가리다, 품다, 엿보다, 숨겨지다, 은밀하다'[1337]의 뜻이다.

어근 '차폰'(צָפוֹן)은 '숨기다'(출 2:2; 수 2:4)라는 뜻을 가진 동사 '차판'(צָפַן)에서 유래하여 '북'(수 15:7; 삿 2:9; 전 1:9), '북편'(출 26:20; 수 8:11; 삿 7:1)이란 뜻으로 사용되었다. 이 말이 왜 북편을 의미하게 되었는지 확인하기 어려우나 북편에 신들의 집회 장소가 숨겨져 있었다는 가나안 신화에서 비롯되었다고 추측할 수 있다. 한편, 이스라엘 사람들에게

1335) 개역한글 성경, *op. cit.*, 민 2:25-31.
1336) 김용환, *op. cit.*, p. 587.
1337) *Ibid.*, p. 588.

있어 북쪽은 좋지 않은 방위로 생각되었다. 이스라엘 민족이 거주하게 될 가나안 땅을 중심으로 하여 볼 때 동쪽으로는 아라비아 사막이 위치하고 있고 서쪽으로는 바다인 지중해가 있었기 때문에 이스라엘을 침공하러 오는 나라들은 남쪽 아니면 북쪽으로 들어와야 했다. 이런 이유 때문에 실제로 가나안 동쪽에 위치하고 있던 바벨론까지도 가나안을 침범하는 나라라는 의미에서 북방 나라로 불렸던 것이다(렘 1:14-15; 6:1, 22). 본문에서는 회막을 기준으로 볼 때 북쪽에는 단 진영, 즉 단 지파와 아셀 지파, 그리고 납달리 지파가 위치하고 있었음을 밝히고 있다.[1338]

제4대의 진 기를 잡은 지파는 단 지파였다. 단 지파의 전체적인 역사를 볼 때 광야에서 단 지파의 위치가 빼어난 사실은 주목할 만하다. 단 지파는 예수님의 열 두 제자 중 가룟 유다가 속한 지파이다. 그들은 가나안 땅 안에서 기업 분배를 받았으나, 오히려 그곳 주민들에게 그곳을 빼앗기고 북방 '라이스'로 이동했으나, 결국 이방 족속들에게 동화되어서 이스라엘 열두 지파 가운데서 사라지게 되었다(삿 1:34; 18:1). 이로 인해 단 지파는 요한계시록의 '새 예루살렘'에서도 기업이 없게 된다(계7:5-8).[1339]

'단 군대의 진 기가'(דֶּגֶל מַחֲנֵה דָן ... לְצִבְאֹתָם, 떼겔 마하네 단 … 레치브오탐). 직역하면 '단 진영의 기가 그들의 군대들을 위하여(북쪽에 있을 것이다)'이다. 단 진영은 단, 아셀, 납달리 지파를 말하는 것이다. 이들은 광야를 행진할 때에는 에브라임 진영의 뒤를 따르는 제사대에

1338)　한성천. 김시열, *op. cit.*, 126.
1339)　강병도, *op. cit.*, p. 204.

속했다. 그리고 행진을 멈추고 정주할 때에는 회막을 중심으로 북쪽에 위치하였다. 그런데 이들 세 지파는 각각 라헬의 몸종 빌하(단, 납달리)와 레아의 몸종 실바의 후손(아셀)들로서 몸종들의 후손이라는 공통점을 갖고 있었다(창 30:6-13). 그렇기 때문에 이들 세 지파는 그들 나름대로의 유대감과 단결성을 가질 수 있었다. 특히 이들 세 지파 중 단 지파는 임종 시 야곱이 단에 대하여 예언했듯이(창 49:17), 그리고 또한 모세가 그의 후손들에 대하여 언급했듯이(신 33:32) 전투적 기질이 강하고 용맹스러웠다. 따라서 처음에는 아셀 지파와 같이 변방(북쪽 지방)에서 이스라엘을 방어하는 역할을 수행하였다. 그러나 후에는 오히려 이스라엘의 다른 지파를 헤치는 악한 일을 행하였다(삿 18:17-19). 그리하여 결국 단 지파는 훗날에 이스라엘의 열두 지파 중 구원의 인을 맞은 수에서 제외되는 비극을 맞고야 말았다(계 7:5-8).[1340]

이스라엘 12 지파의 진영 한 가운데에는 레위지파가 진영을 구축했다. 레위지파는 게르손, 고핫, 므리리 자손으로 구분되는데 이 중에 아론과 그의 아들들은 모세와 함께 별도로 배치되었다.

동쪽(민 3:38) - 모세와 아론, 그리고 그의 아들들이 진을 쳤다. 이스라엘 민족 전체의 중심이 되는 성막 앞 동편에는 이스라엘의 두 지도자인 모세와 아론 그리고 그의 아들들인 제사장들이 위치하였다. 여기에는 모세와 아론 등 지도자 집단이 동편에 위치한 유다 진영의 보호를 받으며(민 2:3) 이스라엘 민족 전체를 이끌고 간다는 상징적인 의미가 있다. 특히 이스라엘 백성들이 가나안 땅을 향하여 나

1340)　한성천. 김시열, *op. cit.*, p. 126.

아갈 때에는 항상 법궤를 멘 제사장들이 이스라엘 모든 진영의 맨 앞쪽에서 행군하였다는 사실이 이를 뒷받침했다. 성막 앞 동편은 모든 진영의 중심이 되므로 모세는 이곳에서 정치 지도자로서의 역할을, 아론과 그의 아들들은 제사장으로서 성막에 관한 모든 업무와 이스라엘 민족의 영적 지도자로서의 역할을 수행하였다.[1341]

서쪽(민 3:23) - 게르손의 자손들이 진을 쳤다. 게르손 자손들은 성막, 장막, 덮개, 성막 문장, 뜰의 휘장, 성막과 제단 사면에 있는 뜰의 문장과 그 모든 것에 쓰이는 줄들을 맡았다. 성막 서편에 진을 친 게르손의 자손들은 거주 위치 및 업무 면에서 볼 때 두 번째에 속하였으나, 장자였기에 가장 먼저 기록되었다. 이처럼 하나님께서는 질서를 존중하시는 분이시다. 사도 바울도 모든 것을 질서 있게 하고 적당하게 하라고 권고하였다(고전 14:40).[1342]

남쪽(민 3:29) - 고핫의 자손들이 진을 쳤다. 고핫 자손들이 레위의 둘째 아들의 후손들임에도 불구하고 다른 형제들의 자손들보다 더 중요한 위치에 장막을 친 것이나(29절), 성막 업무에 있어서 장자 계열의 게르손 자손들이 맡은 업무보다 더 중요한 업무인 성막 본체를 관리하는 일을 맡게 된 것은 그들이 다른 자손들(게르손, 므라리)보다 뛰어난 재능이나 업적이 있어서가 아니고 전적으로 하나님의 주권적인 선택으로 말미암은 것이다.[1343]

북쪽(민 3:35)- 므라리 자손들이 진을 쳤다. 므라리 자손들이 맡은

1341) 한성천. 김시열, *op. cit.,* pp. 209-210.

1342) 강병도, *op. cit.,* p. 276.

1343) 한성천. 김시열, *op. cit.,* p. 202.

성소의 기물들은 성막의 널판들과 그 가름대들과 기둥들과 받침들과 뜰 사면 기둥들과 받침들, 말뚝들, 줄들 등이었다. 이러한 성물들은 가장 무거운 것에 해당하였다. 므라리 자손들은 광야에서 이동할 때와 정주할 때 이것들을 거두고 설치하는 임무를 수행해야 했다. 그러나 므라리 자손들은 고핫 자손들과 게르손 자손들보다 숫자가 적었다. 므라리 자손들은 레위 지파의 자손들 중 미미했지만 가장 힘든 임무를 할당받았다. 그럼에도 불구하고 므라리 자손들은 하나님의 지시에 그대로 순종하였다. 므라리 자손들은 이스라엘 역사에 있어서 중심 세력은 아닐지라도 하나님의 명령을 묵묵하게 순종하였다.[1344]

민 2:34에 보면, "이스라엘 자손이 여호와께서 모세에게 명령하신 대로 다 준행하여 각기 종족과 조상의 가문에 따르며 자기들의 기를 따라 진 치기도 하며 행진하기도 하였더라."[1345]라고 하였다. 원문으로 보면 다음과 같다.

וַיַּעֲשׂוּ בְּנֵי יִשְׂרָאֵל כְּכֹל אֲשֶׁר־ צִוָּה יְהוָה אֶת־ מֹשֶׁה כֵּן־ חָנוּ לְדִגְלֵיהֶם וְכֵן נָסָעוּ אִישׁ לְמִשְׁפְּחֹתָיו עַל־ בֵּית אֲבֹתָיו׃[1346]

'명하신 대로 다 준행하여'(וַיַּעֲשׂוּ כְּכֹל אֲשֶׁר־ צִוָּה, 와야아수 … 케콜 아쉐르 차와)라고 하였다. '전체', '전부', '모두'를 뜻하는 '콜'(כֹל)이 사용된 것은

1344)   강병도, *op. cit.*, p. 280.
1345)   개역한글 성경, *op. cit.*, 민 2:34.
1346)   분해대조 성경, *op. cit.*, 민 2:34.

1차 군대 계수의 전과정이 하나님께서 명령하신 그대로 모두 이루어졌다는 것을 강조하고 있다. 또한 '행하다'(민 14:11; 창 8:21; 대하 7:21), '만들다'(출 20:11; 왕상 15:13)란 뜻을 가진 '아사'(עָשָׂה - וַיַּעֲשׂוּ)의 미완료형과 함께 계속적 와우(the waw consecutive)가 사용되어 여호와께서 명령하신 내용이 조금도 지체되지 않고 곧바로 실행되었다는 점을 강조하고 있다. 또한 '명령하다'(삼하 18:5; 암 9:9), '시키다'(애 8:9)란 뜻을 가진 '차와'(צָוָה)가 사용되어 하나님께서 모세를 통하여 명령하신 것을 이스라엘 백성들이 철저하게 순종하였음을 강조한다(민 1:54). 이는 인간이 하나님 앞에서 취할 수 있는 가장 아름다운 모습으로서 실로 인간은 순종과 겸손을 통하여 하나님과 긴밀한 관계를 유지할 수 있음을 보여준다(삼상 15:22).[1347]

'그 기를 따라 진 치기도 … 진행하기도'(כֵּן חָנוּ לְדִגְלֵיהֶם וְכֵן נָסָעוּ, 켄 하누 레디글레헴 웨켄 나싸우). 이 단순한 행동 속에 이스라엘 백성의 나머지 38년간의 광야 생활이 함축되어 있다. 실로 이스라엘은 하나님께서 설정해주신 행동의 규범을 따라 기나긴 광야 여정을 진행해 갈 수 있었다. 이는 오늘날 우리 성도들 역시 하나님 나라에 들어가기 위해서는 이 땅에 거하는 동안 주의 말씀의 뜻에 따라 살아야 한다는 당위성과 필연성을 제공한다(시 119:105). 한편 유대 전승에 의하면 이스라엘의 전체 진 규모 면적은 12평방 마일(약 19.308㎢) 정도였다고 한다.[1348]

'진 치기도 하며 진행하기도 하였더라.'는 이 짧은 표현 속에는 이

1347)　한성천. 김시열, *op. cit.*, p. 131.
1348)　강병도, *op. cit.*, p. 204.

스라엘 백성들이 가나안 땅으로 들어가기까지 출애굽 이후의 38년
간의 광야 생활의 모습이 함축되어 나타나고 있다(신 2:14). 특히 '그
기를 따라(레디글레헴)' 광야 여정을 진행하거나 정지했다는 표현은 오
늘날 광야와 같은 이 땅에 거하는 주의 백성들이 어떻게 살아야 할
것인지에 대한 해답을 보여 준다고 할 수 있다. 성도는 이 땅에 살아
가면서 우리의 영적 깃발이 되시는 주님의 십자가를 바라보며 늘 영
혼을 거스리는 육체의 정욕을 이겨 나가기에 힘쓰는 자들이 되어야
할 것이다(벧전 2:11).[1349]

이스라엘 백성의 진행은 완전히 하나님의 뜻에 따라 이루어졌다.
성막 위에는 낮애는 구름 기둥이 있었고, 밤에는 불기둥이 있었으
며, 구름 기둥이 성막에서 떠오르면 그들은 하나님께서 진행하라고
명령하는 것으로 알고 곧 진을 거두어 나아갔다. 구름 기둥은 진 앞
에서 나아가는 방향을 인도하다가 그 자리에 멈추면, 레위 지파는
그 구름이 멈추고 있는 바로 그 밑에 성막을 치고 그 주위에 진을 쳤
다 구름이 오내 머물면 그들도 오래 유진하고, 구름이 잠시 머물면
그들도 잠시 머물다가 구름이 이동에 따라 다시 이동했다. 다시 말
해 언약궤의 덮개, 즉 속죄소에 조각된 그룹 위에 뒤덮인 구름의 진
행 방향이 곧 이스라엘의 진로로 결정되었다. 그러므로 언약궤가 이
스라엘을 앞서간 것은 우리가 하나님의 말씀을 앞세우고 살아야 할
것을 교훈해 준다. 개혁 신앙은 '하나님의 말씀이 가는 곳까지 가고
하나님의 말씀이 멈추는 곳에서 멈춘다'고 하는 말씀 추종의 삶을

1349)　한성천, 김시열, *op. cit.*, pp. 131-132.

요구한다.[1350]

(2) 행진하는 방법(민 9:15-23, 10:1-28, 33-36)

하나님은 이스라엘 백성들이 행진할 때에도 일정한 질서를 유지하도록 명하셨다.

명을 따라, 여호와께서 그들 앞서 가시며 진 칠 곳을 찾으셨다. 출 12:41에 "사백삼십 년이 끝나는 그 날에 여호와의 군대가 다 애굽 땅에서 나왔은즉". 이스라엘 백성들은 오합지졸들이 아니었다. 철저하게 질서대로 움직이는 조직된 공동체였다. '여호와의 군대가 다' (כָּל־צִבְאוֹת יְהוָה, 콜 치브오트 예흐와)라고 했는데, 출애굽 한 이스라엘 백성들을 '여호와의 군대'라 호칭한 것은 그들이 광야 생활 중에 각 지파를 단위로 해서 군대 편제로 계수되었기 때문이다(민 1:52). 그들은 실제 무장을 하였고 출애굽 여정 가운데서 전쟁을 수행하기도 하였다(출 17:8-13; 대하 26:11-15.). 한편 이스라엘의 군대에서 가장 중요한 것은 본 구절이 증거하고 있는 것처럼 여호와께서 사령관이 되신다는 것이다. 이스라엘 백성들은 여호와의 명령에 따라 하나님 나라의 영토를 정복하기 위해 성전(Holy War)을 치르려고 애굽을 떠나는 군대였다(민 1: 2, 3; 26:2). 이처럼 만군의 여호와 하나님께서 그들의 사령간이 되시기 때문에 그들이 하나님의 명령을 바로 수행하는 한 그들은 아무것도 두려워할 필요가 없었다(출 14:14; 민 22:3).[1351]

광야의 이스라엘 백성은 오직 여호와의 명을 좇아 유진하고 진해

1350) 강병도, *op. cit.*, p. 205.

1351) 한성천. 김시열, *op. cit.*, p. 31

하였다. '여호와의 명을 좇아 진행하였으며'(민 9:20)라고 하였는데, 이에 해당하는 맛소라 본문 '웨알 피 예호와 이사우'(וְעַל־פִּי יְהוָה יִסָּעוּ)는 직역하면 '그리고 그들이 여호와의 명령을 따라서 야영지를 옮겼다'이다.[1352]

필자가 본 바로는 저들은 철저하게 명령대로 움직이는 거대한 공동체요 군대였다(민 15-23)

신 1:33을 보면, "그는 너희보다 먼저 그 길을 가시며 장막 칠 곳을 찾으시고, 밤에는 불로, 낮에는 구름으로 너희가 갈 길을 지시하신 자이시니라."[1353]라고 하셨다.

이 본문을 히브리어 원문으로 보면 다음과 같다.

הַהֹלֵךְ לִפְנֵיכֶם בַּדֶּרֶךְ לָתוּר לָכֶם מָקוֹם לַחֲנֹתְכֶם בָּאֵשׁ לַיְלָה לַרְאֹתְכֶם בַּדֶּרֶךְ אֲשֶׁר תֵּלְכוּ־בָהּ וּבֶעָנָן יוֹמָם:[1354]

'그는 너희보다 앞서 행하시며'(הַהֹלֵךְ לִפְנֵיכֶם, 하호레크 리프네켐)라고 하였는데, '그는 … 행하시며'로 번역된 '하홀레크'에 붙어 있는 정관사 '하'(h')는 앞절에 나온 '너희 하나님' 즉 '엘로헤켐'을 받는 말로서 관계사적 역할을 하며 '~하는 분'(who)으로 번역할 수 있다. 즉 앞 절과 본절은 정관사 '하'에 의해 그 내용이 연결되어 있다.[1355]

'찾으시고'는 תּוּר(8446, 투르)이며, C. P, VQNG. '찾다, 찾아내다, 선택

1352)   강병도, *op. cit.*, p. 798.
1353)   개역한글 성경, *op. cit.*, 신 1:33
1354)   분해대조 성경, *op. cit.*, 신 1:33.
1355)   한성천. 김시열, *op. cit.*, p. 106.

하다, 조사(탐사)하다, 수색하다, 몰래 조사(탐사)하다, 탐구하다'[1356]의 뜻이 있다.

즉, '라투르'는 여호와께서 이스라엘 자손들보다 앞서 행하신 이유를 설명하는 말이다. 하나님은 이스라엘이 거하기에 적당한 장소를 찾기 위해 그들보다 앞서서 가셨던 것이다. 본문은 이 단어를 사용하여 여호와 하나님께서 가나안 땅을 정탐하러 갔던 정탐꾼처럼 이스라엘 백성들이 장막 칠 곳을 '탐지하기' 위해 앞서 다니셨음을 보여주는 것이다. 그리고 한글개역 성경은 번역을 생략했지만, 원어 성경은 그 근본적인 이유를 '라켐'(9003, 레) לָכֶם 전치사-2인 남성 복수, (너희를 위하여) 이란 말에서 분명히 밝히고 있다. 원어 성경에는 '너희를 위하여'란 뜻이 있는 '라켐'이 따라오기 때문에 탐지하는 행위가 전적으로 이스라엘 백성들을 위한 하나님의 행동이었음을 알 수 있다.[1357]

민 9:18에 보면 "이스라엘 자손이 여호와의 명령을 따라 행진하였고 여호와의 명령을 따라 진을 쳤으며 구름이 성막 위에 머무는 동안에는 그들이 진영에 머물렀고,"[1358]라고 했다. 이것을 히브리 원문을 보면 다음과 같다.

עַל־פִּי יְהוָה יִסְעוּ בְּנֵי יִשְׂרָאֵל וְעַל־פִּי יְהוָה יַחֲנוּ כָּל־יְמֵי אֲשֶׁר יִשְׁכֹּן הֶעָנָן עַל־הַמִּשְׁכָּן יַחֲנוּ:[1359]

1356) 김용환, *op. cit.*, p. 714.
1357) 한성천. 김시열, *op. cit.*, p. 106.
1358) 개역한글 성경, *op. cit.*, p. 민 9:18.
1359) 분해대조 성경, *op. cit.*, 민 9:18.

필자가 위 본문을 살펴보니 18절에 '여호와의 명을 쫓아'(עַל־פִּי יְהוָה,
웨알 피 예흐아)라고 하였다. '피'(פִּי)는 פֶּה(6310, 페)이며, '입, 명령, 먹이, 말,
자루, 구멍, 말씀, 증인, 증거, 입구, 입술, 입김, 좁은 곳'[1360)의 뜻이다.

이 명사 '페'는 여러 전치사와 함께 쓰여 특별한 의미를 나타내는
데 본문과 같이 전치사 '알'과 함께 쓰이게 되면 '레피'(לְפִי)와 마찬가
지로 '~에 따라서(according to)', '~에 비례하여'(레 27:18)라는 뜻을 지닌
다. 그리고 '페'가 특별히 '말'이나 '명령'의 의미를 지닐 때에는 '~의 명
령에 따라' 즉, '~ 명령에 복종하여'란 뜻을 갖게 된다(창 41:10). 그러므
로 '웨알 피 예흐와'는 한글개역 성경의 번역처럼 '여호와의 명을 쫓아'
로 해석되게 된다. 이러한 관용적 표현은 특히 모세 오경에 집중되
어 있는데 이는 하나님의 말씀의 절대 권위를 잘 보여 준다(출 17:1; 레
24:12; 신 34:5).[1361)

민 9:19를 보면, "구름이 성막 위에 머무는 날이 오랠 때에는 이스
라엘 자손이 여호와의 명령을 지켜 행진하지 아니하였으며,"[1362)라고
하였다. 히브리 원문은 다음과 같다.

וּבְהַאֲרִיךְ הֶעָנָן עַל־הַמִּשְׁכָּן יָמִים רַבִּים וְשָׁמְרוּ בְנֵי־יִשְׂרָאֵל אֶת־מִשְׁמֶרֶת יְהוָה וְלֹא יִסָּעוּ:[1363)

'여호와의 명을 지켜'(וְשָׁמְרוּ ··· אֶת־מִשְׁמֶרֶת יְהוָה, 웨샤메루 ··· 에트 미쉬메레
트 예흐와). '명'에 해당하는 히브리어는 앞 18절과는 달리 '페'(פֶּה)가 아

1360)   김용환, *op. cit.*, p. 546.

1361)   한성천. 김시열, *op. cit.*, p. 549.

1362)   개역한글 성경, *op. cit.*, 민 9:19.

1363)   분해대조 성경, *op. cit.*, 민 9:19.

니라 '미쉬메레트'이다.[1364]

이는 מִשְׁמֶרֶת(4931, 미쉬메레트)이며, '경계, 주의, 망봄, 감시, 지킴, 책무, 명령'[1365]의 뜻이 있다.

미쉬메레트는 미쉬마르(מִשְׁמָר, 4929)의 여성형이며, שָׁמַר(8104, 샤마르)에서 유래하였으며, '지키다, 준수하다, 보존하다, 감시하다, 주의하다, 순찰하다, 보호받다, 살피다, 행하다, 방비하다, 파수꾼'[1366]의 뜻이 있다.

이 단어는 유월절 어린 양(출 12:6), 만나(출 16:32-34), 붉은 암송아지의 재(민 19:9) 등과 같이 간직하거나 보존하는 것을 묘사한다.[1367]

이 명사는 두 가지의 중요한 의미로 사용된다. 첫 번째의 뜻은 행해야 되는 "의무"나 "봉사"이고, 두 번째 뜻은 출애굽기 12:6, 16:32-34에서의 유월절 어린 양이나 만나, 민수기 19:9에서의 붉은 암송아지의 재 등과 같이 보존되거나 간직되어야 할 무엇과 관계가 있다.[1368]

따라서 본문은 구름이 떠오르면 진행하고 머무르면 진을 치는 문제가 단순히 하나님의 명령을 존중한다는 정도의 문제가 아니라 지키지 않으면 안 되는 언약 백성의 책무를 수행하는 문제임을 보여주고 있다. 하나님의 법을 지키는 것은 단지 지적으로 동의하는 것에 만족하거나 마지못해 추종할 문제가 아니라 반드시 행해야 한다는 의식 하에 실제적으로 행해야 하는 것이다. 그래서 구약 성경에는

1364)   한성천. 김시열, *op. cit.*, p. 549.

1365)   김용환, *op. cit.*, pp. 412-413.

1366)   *Ibid.*, p. 690.

1367)   이병철, *op. cit.*, 4931.

1368)   R. Laird Harris,(eds), *op. cit.*, p. 1175.

'지키라'란 말에 '행하라'는 표현까지 자주 첨가된다(레 19:37; 20:8, 22; 22:31; 신 4:6; 5:1; 겔 37:24).[1369]

민 9:21-22를 보면, "혹시 구름이 저녁부터 아침까지 있다가 아침에 그 구름이 떠오를 때에는 그들이 행진하였고 구름이 밤낮 있다가 떠오르면 곧 행진하였으며, 이틀이든지 한 달이든지 일 년이든지 구름이 성막 위에 머물러 있을 동안에는 이스라엘 자손이 진영에 머물고 행진하지 아니하다가 떠오르면 행진하였으니"[1370]라고 하였다. 원문은 다음과 같다.

וְיֵשׁ אֲשֶׁר יִהְיֶה הֶעָנָן מֵעֶרֶב עַד־בֹּקֶר וְנַעֲלָה הֶעָנָן בַּבֹּקֶר וְנָסָעוּ אוֹ יוֹמָם וָלַיְלָה וְנַעֲלָה הֶעָנָן וְנָסָעוּ׃ אוֹ־יֹמַיִם אוֹ־חֹדֶשׁ אוֹ־יָמִים בְּהַאֲרִיךְ הֶעָנָן עַל־הַמִּשְׁכָּן לִשְׁכֹּן עָלָיו יַחֲנוּ בְנֵי־יִשְׂרָאֵל וְלֹא יִסָּעוּ וּבְהֵעָלֹתוֹ יִסָּעוּ׃[1371]

위 본문을 필자가 살펴보니 '저녁부터 아침까지'(מֵעֶרֶב עַד־בֹּקֶר, 메에레브 아드 보케르)라고 하였다.

'메에레브'는 עֶרֶב(6153, 에레브)이며, '저녁, 일몰, 해질 때, 저녁때, 석양'[1372]의 뜻이 있다.

'에레브'는 עָרַב(6150, 아라브)에서 유래했으며, '지다, 저녁이 되다, 사라지다. 방황하다, 어두워지다'[1373]의 뜻이 있다.

'에레브' 에 '~부터'란 뜻의 전치사 '민'(מ)이 결합된 형태이다. '아드'

1369) 한성천. 김시열, *op. cit.*, pp. 550-551

1370) 개역한글 성경, *op. cit.*, 민 9:21-22.

1371) 분해대조 성경, *op. cit.*, 민 9:21-22.

1372) 김용환, *op. cit.*, p. 532.

1373) *Ibid.*, p. 531.

는 '~까지'란 뜻의 전치사이다. 그리고 '뽀케르', בֹּקֶר(1242, 보케르)는 명사 남성 단수로 '아침, 새벽'이란 뜻이 있다. 따라서 '저녁부터 아침까지'란 이 말은 채 하루도 안 되는 짧은 시간을 나타내는 것으로 이스라엘 백성들이 단지 하루 저녁 잠만 자고 그다음날 곧바로 천막을 거두어 바쁘게 출발했음을 나타내고 있다.[1374]

애굽에서 인도해 내신 기적의 순간부터 광야에서의 숱한 고난의 여정을 겪으면서 백성들은 여호와의 명에 순종해야만 살 수 있다는 사실을 깨달았을 것이다. 눈에 보이는 것 없고 손에 잡히는 것 없는 광야에서 오직 여호와의 말씀만이 그들의 위로와 희망이 되었을 것이다. 그러므로 여호와께서 '가라' 하시면 밤이든 낮이든 가고, 이틀이든지 한 달이든지 일 년이든지 '머물라' 하시면 머물러야 했다(22절).[1375]

'밤낮 있다가'(וָלַיְלָה יוֹמָם, 요맘 왈라일라)라는 한글개역 성경은 '밤낮'으로 번역하여 구름이 '하루 종일' 혹은 '항상' 머물렀거나 '밤부터 낮까지' 혹은 '밤과 낮 동안' 머물렀다는 등 여러 가지 오해를 일으키게 한다. 그리고 이러한 번역은 원어 성경의 어순과도 일치하지 않는다. 본문에서 '요맘'은 '날', '낮'을 뜻하는 명사 '욤'(יוֹם)에서 유래된 부사로서 '낮 동안에'란 의미를 지닌다(출 13:21). 그리고 '왈라일라'는 '밤'을 뜻하는 명사 '라일라'에 접속사 '와우'가 결합된 형태이다. 따라서 본문을 직역하면 '낮 동안에 그리고 밤에'로서 구름이 낮 동안만 머물다 밤에 떠오르는 경우를 말하는 것이다. 이는 저녁부터 아침까지 구름이 머물 때보다 더 여행하기 곤란한 상황을 암시한다. 아무리

1374)　한성천. 김시열, *op. cit.*, p. 552.
1375)　강병도, *op. cit.*, p. 799.

불기둥이 그들을 인도할지라도 낮보다는 진행하기 어려웠을 것이고
게다가 잠을 잘 시간에 온 식구와 짐승들을 데리고 이동한다는 것
은 힘든 일이었음이 분명하다. 그럼에도 그런 어려운 상황 속에서도
이스라엘 백성이 하나님의 명을 쫓았음을 말하고 있는 것이다.[1376]

여호와의 말씀 속에 생명이 있음을 아는 것이 참 지혜이다. 하나
님의 뜻은 선하시어 당신의 백성들이 실족하지 않고 구원에 이르기
를 원하시기 때문이다(딤전 2:4; 딛 2:11). 여호와의 말씀을 쫓아 행하는
자에게는 누구나 생명으로 인도하신다.[1377]

'이틀이든지 한 달이든지 일 년이든지'(אוֹ יָמִים אוֹ חֹדֶשׁ אוֹ יָמִים, 오 요
마임 오 호데쉬 오 야밈)라고 하였는데, '요마임'은 '날'을 뜻하는 יוֹם(3117, 욤)
의 쌍수로서 '이틀'을 뜻하며, '호데쉬'는 '달'(month)을 뜻하는데 정관
사 없이 단수 명사로 쓰일 때는 '하나'(one)란 의미를 내포하기 때문에
'한 달'이란 뜻을 지닌다. 그리고 '야밈'은 '욤'의 복수로서 '여러 날'을
뜻하지만, 한글개역 성경의 번역과 같이 '일 년'(창 41:1; 삼상 2:19)을 뜻
하는 말로도 사용된다.[1378]

이스라엘 백성들에게 있어서 한 곳에 짧게 머무는 것보다는 오래
머무는 것이 더 견디기 힘들었을 것이다. 왜냐하면 그들은 지금 하
나님께서 약속하신 젖과 굴이 흐르는 가나안 땅으로 가고 있는 중이
었기 때문에 짧게 머무는 것은 몸이 힘들고 피곤해도 자신들이 소망
하는 땅으로 빨리 들어갈 수 있게 된다는 기대감이 동반되는 데 반

1376)   한성천. 김시열, *op. cit.*, p. 552.

1377)   강병도, *op. cit.*, p. 799.

1378)   한성천. 김시열, *op. cit.*, p. 553.

해 오래 머무는 것은 그러한 기대감이 희석되는 한편 광야 생활의
어려움이 가중될 수 있기 때문이다. 더군다나 그들은 모세가 40일
동안 시내 산에 머물면서 하나님으로부터 율법을 받을 때도 그가 더
디 내려옴으로 인하여 금송아지 우상을 만들었던 사람들이었다(출
32:1-5). 그럼에도 불구하고 그들이 하나님의 구름기둥이 인도하는 대
로 따랐으며 오랜 기간을 불평 없이 머물 수 있었다는 것은 대단한
믿음의 성장이라 볼 수 있다. 물론 하나님의 임재를 눈으로 볼 수 있
는 가시적인 증거인 구름 기둥이 있었고 또한 지도자인 모세가 그들
과 함께하였기에 그러한 일이 가능했겠지만 그러한 기다림 속에서도
그들이 모세를 원망했다는 말이 한 마디도 기록되지 않은 것을 볼
때 그들의 믿음에 발전이 있었음이 분명하다.[1379]

이스라엘이 행진하는 순서는 먼저 구름기둥과 불기둥을 따라 이
동하였다(민 9:15 이하, 10:1-28.). 구름기둥과 불기둥이 옮겨 가는 것을
보면 성막은 이동을 해야 하고 제사장들은 즉시 나팔을 불어야 했
다. 진행 순서는 구름기둥 - 법궤(레위 인들중 고핫 자손이 메고 떠났다) -
동편 진(유다, 잇사갈, 스불론) - 게르손 자손과 므라리 자손(마차로 성물을
날랐다) - 남편 진(르우벤, 시므온, 갓) - 고핫 자손(성막의 성물들을 어깨에 메
고 날랐다) - 서편 진(에브라임, 므낫세, 베냐민)- 북편 진(단, 아셀, 납달리). 이
순서는 광야 생활 동안 단 한 번도 바뀐 적이 없었다. 언제나 질서가
있었고 흩으러 짐이 없었다. 그것이 여호와 하나님의 명령이었기 때
문이다.[1380]

1379)　한성천. 김시열, *op. cit.*, p. 553.
1380)　강문호, *op. cit.* p. 396.

필자가 민 9:17-23을 살펴본 바와 같이 이스라엘 백성들은 구름이 성막에서 떠올라 진행하면 진행하고 구름이 성막 위에 머무르면 진을 쳤다고 했다. 또 이를 달리 표현해서 이스라엘 백성들이 하나님의 명을 좇아 진을 쳤다고 했다. 즉 이스라엘 백성들은 광야를 행군하면서 오직 하나님과 그의 말씀의 인도를 받으며 거기에 절대 순종한 것이다. 본문은 이러한 사실을 강조하기 위해 '여호와의 명을 좇아'라는 말을 무려 8번이나 반복하고 있다. 이와 같이 오늘날 천국을 향해 나아가는 성도들은 오직 하나님의 말씀의 인도를 받으며 거기에 절대 순종해야 한다. 하나님의 말씀이 가라고 명하시면 가고 머물라고 하시면 머물러야 하는 것이다. 하나님께서 우리에게 주신 말씀은 두 가지로 된다. 그것은 '하라'는 명령과 '하지 말라'는 명령이다. 그러므로 성도는 하나님의 말씀이 하라는 것은 행하고 하지 말라는 것은 행치 아니함으로 하나님의 말씀에 대한 절대적인 순종의 삶을 살아야 하는 것이다.

(3) 42진을 치게 하셨다

이성호 교수는 "출애굽을 하여 최초로 진을 친 곳인 숙곳으로부터 마지막 가나안 길갈까지의 여정이 총 42번을 진을 쳤습니다. 하나님께서 광야 40년 동안 42번의 진을 이스라엘 백성들에게 옮기게 하신 목적이 무엇일까? 구약은 장차 신약에 오실 예수 그리스도의 예표로 말씀하고 계십니다."[1381]라고 하였다.

마 1:17에 보면, "그런즉 모든 대 수가 아브라함부터 다윗까지 열네

1381)　이성호, *op. cit.*, p. 11.

대요 다윗부터 바벨론으로 사로잡혀 갈 때까지 열네 대요 바벨론으로 사로잡혀 간 후부터 그리스도까지 열네 대더라.”[1382)고 했다. 이것을 헬라어 본문을 보면 다음과 같다.

Πᾶσαι ουαί γενεαὶ ἀπὸ ’Αβραὰμ ἕως Δαυὶδ γενεαὶ δεκατέσσαρες, καὶ ἀπὸ Δαυὶδ ἕως τῆς μετοικεσίας Βαβυλῶνος, γενεαὶ δεκατέσσαρες, καὶ ἀπὸ τῆς μετοικεσίας Βαβυλῶνος ἕως τοῦ χριστοῦ, γενεαὶ δεκατέσσαρες.[1383)

“이미 마태는 신약에 예수님께서 왕의 족보로 42대 만에 오실 것을 말씀하고 있습니다. 이스라엘 백성들은 반드시 42번의 진을 옮김으로 인하여 출애굽 속에 이미 예수 그리스도를 통하여 출애굽의 여정이 시작 되었던 것입니다.”[1384)라고 하였다.

다윗은 דוד(1732, 다위드) ‘다윗’[1385)의 뜻이다. 이러한 다윗의 이름을 숫자로 풀어 보면 다윗의 이름 속에 이미 14라는 숫자를 기록하고 있다.

$$ㄱ (4) + ㅣ (6) + ㄱ (4) = 14$$

구원받은 백성들을 위하여 죽으시고, 구원하여 주신 예수님처럼,

1382) 개역한글 성경, *op. cit.*, 마 1:17.
1383) 분해대조 성경, *op. cit.*, 마 1:17.
1384) 이성호, *op. cit.*, p. 11.
1385) 김용환, *op. cit.*, p. 145.

다윗은 십자가의 못 박히신 예수그리스도의 거룩한 문을 통과하고, 겸손하며, 십자가의 희생을 배우고, 자신의 희생으로 사명을 완수한 자라는 상형적의미가 이름 속에 나타나고 있다.[1386]

민 33:5에 보면, "이스라엘 자손이 라암셋을 떠나 숙곳에 진을 치고."[1387]라고 하였다.

"하나님의 언약 속에 이스라엘은 백성들은 모세를 중심으로 라암셋을 떠나 젖과 꿀이 흐르는 가나안을 향하여 출애굽을 시작합니다. 민 33:3에 보면, "그들이 첫째 달 열다섯째 날에 라암셋을 떠났으니 곧 유월절 다음 날이라 이스라엘 자손이 애굽 모든 사람의 목전에서 큰 권능으로 나왔으니", 라고 하였다. 이스라엘 백성들의 출애굽의 시작이 1월 15일 유월절입니다."[1388]라고 하였다.

필자가 살펴본 바로는 전 날 14일 저녁에 유월절을 지켰고, 아침에 (15일) 출발한 것이다.

한글개역 성경에서는 한 번밖에 나오지 않지만 원어 성경에서는 '정월'에 해당하는 '하리숀'(הָרִאשׁוֹן)을 두 번이나 사용하여 출애굽이 이루어졌던 그 달이 이스라엘의 모든 월력의 처음이라는 사실을 강조하고 있다. 원어 성경의 강조점을 살려 본 절을 번역하면 '그들이 정월에 라암셋에서 발행하였으니 곧 유월절 다음날 정월 십오일에 이스라엘 자손이…'이다.[1389]

'유월절'은 פֶּסַח(6453, 페사흐) '유월절'의 뜻이며, 페사흐는 파사흐(פֶּסַח,

1386)　이성호, *op. cit.,* p. 20.

1387)　개역한글 성경, *op. cit.,* 민 33:5.

1388)　이성호, *op. cit.,* p. 12

1389)　한성천. 김시열, *op. cit.,* p. 412.

6452)에서 유래했으며, '넘어가다, 뛰어넘다, 통과하다'[1390]의 뜻이 있다.

"하나님은 10가지 재앙을 예수 그리스도의 어린양 되시는 피로 통과한 자에게는 죽음의 심판이 넘어가고, 그 피로 하나님의 선택받은 자녀로 인정해주시는 것이다. 그리고 그들은 출애굽의 행렬에 함께 참여할 수 있는 자들이다. 라암셋을 떠나 숙곳을 향해 행진을 시작하게 된다.[1391]

'라암셋'은 רַעְמְסֵס(7486, 라메세스), '라암세스, 라암셋'의 뜻이 있으며, 라메세스는 רָעַם(7481, 라암)에서 유래했으며, '천둥치다, 큰 소리를 내다, 화나게 하다, 약 오른다, 격분하다, 통곡하다'[1392]는 뜻이 있다.

라암셋은 애굽의 델타 동북부에 있던 요새 도시였다. 야곱 자손이 애굽에서 이곳에 거주했으며(창 47:11), 이스라엘 사람이 건축한 애굽의 국고성이다(출 1:11). 출애굽 때 이스라엘 자손이 이곳에서 출발했다(출 12:37, 민 33:3, 민 33:5).[1393]

"10대 재앙으로 장자를 잃은 애굽의 왕과 신하 및 모든 백성들은 천둥소리와 같은 큰 소리로 통곡을 하며 슬퍼하고 있습니다. 이스라엘 백성 200만 명을 빼앗긴 바로왕은 화가 나고 매우 약이 오른 상태입니다. 그러나 이 날은 이스라엘 백성들의 430년의 노예생활과 고통에서 해방되는 즐겁고 기쁜 날입니다. 이 기쁨은 오직 어린양 되시는 예수 그리스도의 피의 은혜입니다. 그러나 예수 그리스도의 피의 은혜를 믿지 아니한 애굽 백성들은 고난과 심판의 고통을 당하는 것

1390) 김용환, *op. cit.*, p. 558
1391) 이성호, *op. cit.*, p. 12.
1392) 김용환, *op. cit.*, p. 640.
1393) 이병철, *op. cit.*, 7486.

입니다. 이제 유월절 어린양 되시는 예수 그리스도의 구원의 은혜를 받고 42진의 진("출애굽과 광야노정" 지도 참조)을 통하여 힘들고 긴 여정을 시작합니다."[1394]

1) 숙곳(민 33:5), 2) 에담(민 33:6), 3) 믹돌 앞(민 33:7), 4) 마라(민 33:8), 5) 엘림(민 33:9), 6) 홍해가(민 33:10), 7) 신광야(민 33:11), 8) 돕가(민 33:12-13), 9) 알루스(민33:13), 10) 르비딤(민 33:14), 11) 시내 광야(민

1394)   이성호, *op. cit.*, p. 12.

33:15), 12) 기브롯 핫다아와(민 33:16), 13) 하세롯(민 33:17), 14) 릿 마
(민 33:18), 15) 림몬 베레스(민 33:19), 16) 립 나(민 33:20), 17) 릿사(민
33:21), 18) 그헬라다(민 33:22), 19) 세벨산(민 33:23), 20) 하라다(민 33:24),
21) 막헬롯(민 33;25), 22) 다 핫(민 33:26), 23) 데라(민 33:27), 24) 밋 가
(민 33:28), 25) 하스모나(민 33:29), 26) 모세롯(민 33:30), 27) 브네 야아
간(민 33:31), 28) 홀 하깃갓(민 33:32), 29) 욧바다(민 33:33), 30) 아브로나
(민 33:34), 31) 에시온 게벨(민 33:35), 32) 가데스(민 33:36), 33) 호르산(민
33:17), 34) 살모나(민 33:41), 35) 부 논(민 33:42), 36) 오 봇(민 33:43), 37)
이에 아바림(민 33:44), 38) 디본 갓(민 33;45), 39) 일몬 디블라다임(민
33:46), 40) 아바림 산(민 33:47), 41) 모압 평지(민 33:48-49), 42) 길 갈(수
4:19). 모두 42진이었다.[1395]

필자가 살펴본 바로는 주목할 것은 '진을 치고'(민 33:5)라는 말이 חָנָה
(2583, 하나) וַיַּחֲנוּ 와우 계속법-칼 미완 3인 남성 복수(CW. VQIZMP)이다.
하나(동사)는 기본어근이며, '기울다, 구부리다, 진을 치다'를 의미한
다. 처음 진을 친 '숙곳'(민 33:5)부터 '모압 평지'(민 33:48-49)까지는 모두
가 '미완료 형'으로 진을 쳤지만. 마지막 진을 진 '길갈'(수 4:19)은 '길갈
에 진을 치고' חָנָה(2583, 하나) וַיַּחֲנוּ 와우 계속법-칼 미완 3인 남성 복수
(CW. VQIZMP)이다. '미완료형'으로 되어 있으나, 앞에 와우 계속법이
있기 때문에 '완료형'으로 해석해야 한다. 때문에 길갈에 진을 진 것
은 '완료형'으로 진을 쳤다는 것이다. 가나안 땅에 도착한 후 더 이상
진을 옮길 이유가 없었던 것이다.

1395)　이성호, *op. cit.*, p. 96.

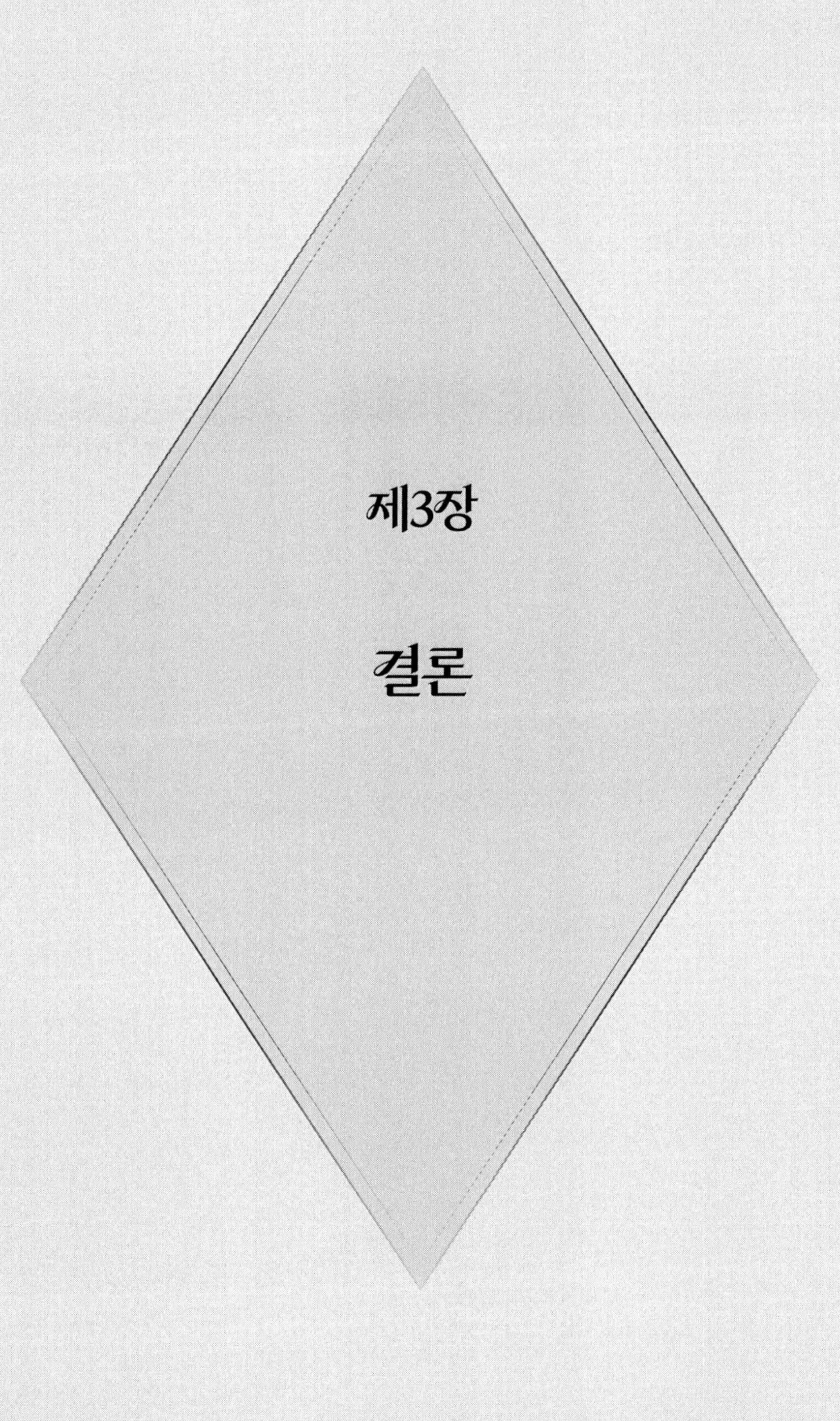

제3장
결론

교회는 거룩한 공동체이다

거룩한 공동체에 관한 연구를 시작하면서 전통적인 보수주의 견해를 따르면서도 원어를 중심으로 더 새로운 접근을 시도를 해보았다. 교회(즉, 거룩한 공동체)는 언제부터 시작되었을까 하는 것이 가장 크게 두드러지게 의문점이 들었었다. 그것은 이미 살펴본 대로 창 1:1에서부터 시작되었음을 살펴보았다. בְּרֵאשִׁית는 한글개역 성경에 '태초에'라고 번역 되는 용어이지만 더 살펴보면 이 용어 안에 왕이 계시고(ראשׁ), 왕국이 있고(בית = ב), 아들 예수님도 계신다(ה). 여호와의 집이란 내가 여호와의 이름 안으로 들어간다는 것이다. 그 집은 물리적인 집이 아니라 내 안에 하나님의 진리, 하나님의 나라를 짓는 것이다. 하나님은 '베레쉬트'라는 말씀을 통해서 이제 내가 너희 안에 내 집을 짓겠다고 선언하시고 약속하시는 것이다. 그것이 언약이다. 그 집은 십자가로 완성되는 집이다. 창조의 목적 중에 하나가 하나님

의 거룩한 집 안에서 하나님의 진리를 배우며 거룩하게 살기를 원하
셨다. 구약과 신약 성경에 나타난 수 여러 용어들을 어원적으로 살
펴보면서 용어 속에 나타난 하나님의 의도를 살펴보았다. 또한 앞서
간 믿음의 조상들이 개인적으로, 가정적으로 어떻게 거룩한 공동체
를 이루며 섬기며 살아갔는가를 살펴보았다. 경건한 조상들의 가정
들, 즉 셋의 가정, 마할랄렐의 가정, 에녹의 가정들을 살펴보며 저들
의 귀한 신앙 전수가 이루어지는 가정 공동체를 고찰하였다. 노아의
방주를 통해서 진멸하시는 중에서도 경건한 씨를 남기시려는 하나
님의 섭리를 보았고, 아브라함이 쌓은 제단들 즉, 세겜, 벧엘, 헤브론,
모리아를 통해서도 거룩한 공동체를 위한 모습들을 고찰하였다. 또
한 이스라엘 백성들이 모세를 통해서 민족적인 거룩한 공동체를 형
성하고 특히 성막을 통해서 거룩한 공동체를 가장 분명하게 세우시
고 나타내셨다. 성막은 움직이는 거룩한 공동체였고, 움직이는 교회
였다. 이스라엘 백성들이 행진했던 광야생활이 곧 거룩한 공동체의
생활이었다.

42번의 진을 치면서 거룩한 공동체의 머리되시고 왕이 되시는 예
수그리스도를 확실하게 나타내었다. 그 예수 그리스도는 다윗(דוד, 즉
ד (4) + ו (6) + ד (4) = 14)의 후손으로 오시는 것을 예표 하였다(마1:17).
광야 42 진을 통해서 장차 오실 예수 그리스도를 예표 하였을 뿐만
아니라 그들이 섬겼던 성막과 행군생활을 바로 거룩한 공동체(교회)
를 가장 분명하게 나타내었다. 예를 들면, 18번째 진을 쳤던 '그헬라
다'(민 33:22)은 출애굽 후 18번째 친을 친 곳이며(릿마) 가데스에서 징
벌 받고 4번째로 진을 친 곳이다. 이 그헬라다의 뜻을 보면, '그헬라
다'는 קְהֵלָתָה(6954, 케헬라타)이며, '그헬라다'의 뜻이며, '케헬라타'는 קָהָל

(6950, 카할)에서 유래했으며, '함께 모이다, 소집하다, 모여들다'[1396]라는 뜻이 있다.

카할은 카할(קהל, 6951)에서 유래했으며, '모으다, 소집하다'[1397]를 의미한다. 구약성경에서 이 단어는 38회 나온다(출 32:1, 출 35:1, 레 8:3, 대상 15:3, 에 8:11, 겔 28:7 등). 모임이 다음과 같은 목적에서 이루어졌다. 공동 방어를 위해(에 8:11, 에 9:2, 에 9:15-16, 에 9:18), 전쟁을 하기 위해(수 22:12, 삿 20:1), 예배드리기 위해(대하 20:26), 아론에게 기름을 붓기 위해(레 8:4), 회막을 세우기 위해(수 18:1), 법궤를 성전에 옮기기 위해(왕상 8:2, 대하 5:3) 모였다.[1398]

"그헬라다의 장소는 지금까지의 죄를 회개하고 성화의 삶을 살았던 이스라엘 백성들이 하나님께 하나로 모여 예배를 드리는 장소가 되었습니다. 바로 교회를 상징합니다. 그헬라다의 카할은 문법이 여성. 단수 명사형을 사용했습니다(여성은 수동의 의미가 있다. 복수가 아닌 단수는 지극히 제한되고 선택 된 자만이 모인다는 의미이다 -- 필자). 하나님의 말씀을 듣기 위해 가족과 같이 적은 수의 모임이 모이고, 하나님의 뜻을 따라 소집된 것입니다. 하나님의 백성들은 반드시 교회로 모여 예배를 드려야 합니다. 구원을 받았다고 교회를 무시하고 자신 스스로 예배를 드리는 행위는 하나님은 인정하지 않습니다. 교회는 반드시 구원받은 백성들이 모여야 하는 곳입니다. 이 모임을 많은 무리가 모여서 드리는 예배를 의미하지는 않습니다. 작은 수의 인원이 하나님

1396)   김용환, *op. cit.*, p. 507.
1397)   *Ibid.*,
1398)   이병철, *op. cit.*, 6951.

의 이름으로 모인 자들을 의미합니다. 진정과 신령한 마음으로 모여 예배하는 자를 의미합니다(마 18:19-20)." [1399]라고 하였다.

또한, 필자가 살펴본 바로는 이스라엘 백성들이 21번째 진을 진 곳이 '막헬롯'이었는데, '막헬롯'의 뜻을 보면, '막헬롯'은 מַקְהֵלֹת(4722, 마크헬로트)이며, '막헬롯'의 뜻이다.

마크헬로트는 מַקְהֵל(4721, 막헬)에서 유래했으며 '모임, 집회, 회중, 성회. 찬양대' [1400]의 뜻이 있고, קָהַל(6950, 카할) '모으다, 모이다, 모여들다, 소집하다' [1401]의 합성어이다.

"'그헬라다'에서도 하나님은 이스라엘 백성들을 교회로 모이게 했습니다. 이때의 모임은 소규모의 모임, 즉 가족과 같이 적은 무리가 모여진 것을 말한다면, 막헬롯의 카할은 여성 복수 명사를 사용하고 있습니다. 많은 무리의 인원이 모여 집회를 하고 말씀을 들으며 하나님께 찬양하는 찬양대까지 동원 된 것을 말씀하고 있습니다. 광야의 여정에서 힘들고 지칠 때에 이스라엘 백성들 모두가 나와서 많은 무리의 사람들이 하나님께 찬양하며 성회를 거행하는 것입니다. 찬양대를 만들어 하나님을 높이고 주님을 찬양하는 것을 의미합니다. 교회생활을 하면서 지치고 힘이 없을 때 교회에서 부흥성회를 통해 하나님께 부르짖고 성도들이 함께 모여 말씀을 나누는 것을 말합니다." [1402]라고 하였다.

행 7:38에 보면 "시내 산에서 말하던 그 천사와 우리 조상들과 함

1399) 이성호, *op. cit.*, p. 47.
1400) 김용환, op. cit., p. 397.
1401) *Ibid.*, p. 597.
1402) 이성호, *op. cit.*, p. 53.

께 광야 교회에 있었고 또 살아 있는 말씀을 받아 우리에게 주던 자가 이 사람이라"라고 했다.

'광야교회'(믿음과 성령이 충만했던 스테판이 순교 직전에 했던 설교에서 언급한 용어)의 '광야' ἔρημος(2048, 에레모스), ἐρήμω는 형용사(대) 여격 여성 단수로 '버림받은(abandoned), 고독한(solitary), 황막한(desolate), 황폐한(deserted)의 뜻이며, 에레모스는 '버림받음, 포기'를 뜻하며, 따라서 '적막하거나 사람이 별로 살지 않은 지역'을 의미하게 되었고, 그다음 보다 엄격한 의미에서 '황무지, 광야'를 의미하게 되었다.[1403]

고대 세계에서 광야는 물과 식물이 없으므로, 주민이 살 수 없는 땅일 뿐만 아니라 또한 황폐하게 되어 주민이 이동한 지역, 버려진 혹은 목초지, 즉 유기된 지역이다. 고대 그레코 로마 세계에서 외딴 곳에서 신의 계시를 기다렸으며, 또한 귀신들의 거주지로서 광야를 무서워했다.[1404]

'교회' ἐκκλησία(1577, 엑클레시아), ἐκκλησία는 명사 여격 여성 단수이자 '교회, 집회, 회중, 교회'의 뜻이며, 명사 엑클레시아는 에크(ἐκ, ἐξ, 1537: …로부터)와 칼레오(καλέω, 2564: 부르다, call)에서 유래되었으며, 따라서 이 단어는 '불러낸 자들(의 전체)'라는 의미를 가진다.[1405]

필자가 살펴본 바와 같이 막헬롯은 광야교회를 말하는 것이며 찬양대를 만들어 하나님을 높이고 주님을 찬양하는 것을 의미한다. 교회생활을 하면서 지치고 힘이 없을 때 교회에서 부흥성회를 통해

1403) 이병철, *op. cit.*, 2048.

1404) *Ibid.,*

1405) 이병철, *op. cit.*, 2048.

하나님께 부르짖고 성도들이 함께 모여 말씀을 나누는 것을 의미한다. 막헬롯은 바로 교회에 특별히 모여 하나님을 찬양하는 것을 의미한다.

필자가 살펴본 대로 광야의 교회에서 이스라엘 백성들이 지치고 힘들 때에 특별히 모여 하나님을 위해 찬양하면서 영광을 돌렸던 것이다. 이제 우리도 신앙생활 가운데 힘들고 지칠 때가 있다. 이때 특별한 기도회나 부흥성회를 통해 하나님의 말씀으로 재충전하고 새로운 힘으로 가나안 땅까지 가는 힘을 얻게 되는 것이다. 바로 천국까지 가는 길은 험난하고 어려운 것이다. 인생의 앞길도 모른다. 이럴 때에 하나님으로부터 특별한 날을 통해 은혜를 체험하면서 포기하지 않고 마지막 까지 천국의 증인 되어서 끝까지 그 사명을 잘 감당하여 천국까지 달려가게 되는 것이다. '그헬라다'와 '막헬롯' 두 곳 뿐만 아니라 광야생활 전체가 움직이는 거룩한 공동체요, 교회였다. 하나님을 만나는 곳이며 거룩한 백성들이 예배하는 곳이었다.

거룩한 공동체의 본질을
회복해야 한다

거룩한 공동체라는 주제를 가지고 본서를 쓰면서 원어로 연구할 수 있었던 것은 이성호 교수님의 탁월한 지도의 힘이 컸었다. 특히 '태초'라는 의미의 단어에서 이미 교회가 시작 되었다고 볼 수 있는 눈을 열어 주신 것이다. 앞에서도 언급을 하였지만 교회는 이미 태초에 시작되었다. בְּרֵאשִׁית는 한글개역 성경에 '태초에'라고 번역되는 용어이지만 더 살펴보면 이 용어 안에 왕이 계시고(ראשׁ), 왕국이 있고 (בַּיִת), 아들 예수님도 계신다(ר). 여호와의 집이란 내가 여호와의 이름 안으로 들어간다는 것이다. 그 집은 물리적인 집이 아니라 내 안에 하나님의 진리, 하나님의 나라를 짓는 것이다. 하나님은 '베레쉬트'라는 말씀을 통해서 이제 내가 너희 안에 내 집을 짓겠다고 선언하시고 약속하시는 것이다. 그것이 언약이다. 그 집은 십자가로 완성되는 집이다. 창조의 목적 중에 하나가 하나님의 거룩한 집 안에서 하나님의 진리를 배우며 거룩하게 살기를 원하셨다. 구약과 신약

성경에 나타난 수 여러 용어들을 어원적으로 살펴보면서 용어 속에 나타난 하나님의 의도를 살펴보았다. 또한 앞서간 믿음의 조상들이 개인적으로, 가정적으로 어떻게 거룩한 공동체를 고찰하면서 지금의 한국교회가 처한 상황을 생각해보지 않을 수 없었다. 성경을 통해서 본 바 대로 하나님께서 작정하시고 계획하신 거룩한 공동체는 작금의 한국교회와는 전혀 다른 거룩한 공동체였다. 너무나도 많이 성경에서 탈선 되어진 교회를 바라보면서 몇 가지 조심스럽게 제언을 해보고자 한다.

첫째, 교회의 본질을 회복해야만 한다.

우리가 지금의 교회를 바로 진단하고 앞으로 나아가야 할 방향을 모색하는 이유는 다름 아닌 한국교회의 현실 때문이다. 한국교회는 날이 갈수록 중세교회를 그대로 닮아가고 있고 이미 어쩌면 똑같은 모습으로 변질되어 버렸다.

교역자나 교회가 어느 특정한 교단 교회에 속해 잇다는 것을 자랑스럽게 생각하는 것이나 각각의 신앙생활은 성경 말씀 위주의 신앙생활이 아니라 특수한 신학사상, 교리 중심의 신앙생활로 변질되어 있으며 장소와 건물로서의 교회가 강조되고 있다. 직무 중심의 교역자 상이 퇴조하고 한 인간이 신성시되고 있다. 교회는 보이지 않는 고유의 힘, 영적인 능력이 아니라 눈에 보이는 구조, 조직에 의해 유지된다. 조직으로서의 교회는 눈덩이처럼 불어나며 스스로 군림하기도 하고 세속적인 세력과 자주 야합하기도 한다. 교회란 믿는 사람들이다. 혹은 믿는 사람들의 모임이다. 교회란 개념은 긍정적으로만 쓰일 수 있는 개념이다. 그것은 믿는 듯이 보이는 무리는 아니다. 믿는다고 공언하는 무리들도 아니다. 교회란 예수를 전적으로 믿고 따르는, 그를 신뢰하는 사람들이 모인 무리이다. 불신자들의 사회에서 믿는 자로 자신을 구별하여 그리스도께 깨끗하게 바치기 위한, 혹은 믿는 자들에게서 믿지 않은 자들을 구별하여 배제하기 위한 끊임없는 몸부림을 수반해야 한다. 작금의 한국교회에서 발견되는 여러 어두운 면들은 그 자체가 교회임에 의문을 던지는 것이며 오염되고 있는 모든 부분들에게서 교회의 본질을 회복하기를 간절히 바라본다.

둘째, 말씀의 권위가 회복되기를 바란다.

말씀하시는 분이 있으니 그 말씀에 철저하게 따라가는 것이 필요하다 이스라엘 백성들은 '여호와의 명에 따라 움직이는 거룩한 백성들이었다. 말씀을 아전인수격으로 자의적으로 잘못 해석하는 오류에서 벗어나 여호와의 말씀을 바로 증거 해야 할 것이며 그 바른 진리의 말씀에 온전히 순종하는 공동체가 되어야 할 것이다. 칼빈도 루터도 용기 있는 자가 아니었다. 루터는 자신이 써 붙인 95개 조항도 겁이 나서 몇 번이나 떼어냈던 사람이다. 이런 식으로 겁을 먹었던 사람은 루터뿐만이 아니었다. 그들은 겁이 없었기 때문에 개혁을 시도한 것이 아니었다. 그들의 양심이 그들로 하여금 그렇게 하도록 만들었던 것이다. 그래서 루터는 결국 교황을 보고 적그리스도하고 말했던 것이다. 칼빈이 개혁을 하게 된 것도 바로 이 양심 때문이었다. 그가 1536년에 쓴 「기독교 강요」 책은 당시 프랑스를 통치하고 있던 프랑시스 1세에게 보낸 편지를 모은 것이었다. 프란시스 1세는 신자들을 심하게 박해했기 때문에 칼빈은 그것이 잘못된 일임을 편지로 써서 보낸 것이었다. 이 책에서 그는 양심의 자유가 무엇인지 모르는 사람은 진정한 그리스도인이 될 수 없다고 말하면서 특히 그리스도인의 자유는 죄에서 속죄함을 받은 자유며 이 자유의 정신은 누구도 결박할 수 없는 진리의 힘임을 강조하고 있다. 칼빈은 만약 이 자유의 진정한 의미를 이해하지 못한 사람은 구원이 무엇이며 복음이 무엇인지조차 이해할 수 없다고 강하게 말하고 있다. 이러한 칼빈도 이름을 아홉 번이나 바꾸어 가면서 도망을 다닌 사람이다. 그는 결코 용기 있는 사람이 아니었다.[1406)

그렇지만 그는 성경에서 발견한 진리의 말씀대로 살지 않으면 그리스도인으로서의 삶을 살 수 없다는 양심의 소리 때문에 죽을 고생을 하면서 종교개혁을 시작했던 것이다.

하나님의 말씀이 하게 하시니 순종했을 뿐이었다. 살아 운동력이 있는 말씀을 바르게 전하는 말씀의 권위가 회복되기를 바라마지 않는다(히 4:12).

셋째, 예배가 회복되기를 바란다.

구원을 받았다고 교회를 무시하고 자신이 스스로 예배를 드리는 행위는 하나님은 인정하지 않는다. 교회는 반드시 구원받은 백성들이 모여야 하는 곳이다. 이 모임을 많은 무리가 모여서 드리는 예배를 의미하지는 않는다. 작은 수의 인원이 하나님의 이름으로 모인 자들을 의미한다. 진정과 신령한 마음으로 모여 예배하는 자를 의미한다(마 18:19-20). 구원받은 백성들은 이제 구약의 동물의 제사가 아니라 예수 그리스도를 통해 신령한 예배를 드려야 한다. 오직 십자가

1406)　최인식, *op. cit.*, p. 81.

의 보혈이 있는 곳이 교회가 되었다. 우리의 몸이 하나님이 거하시는 신령한 성전이다. 우리의 몸을 하나님이 기뻐하시는 거룩한 신 제물로 드려야 한다. 교회에 모이지 않으면 신령한 제사가 되지 않는다. 어떤 사람들은 무 교회를 주장하는 사람들이 있으며, 교회가 필요 없다고 주장한다. 이들은 주님의 몸 된 교회를 거부하는 자들이다. 각 개인이 혼자 예배를 드린다고 하나님께 상달되는 것이 아니다. 그렇다면 하나님께서 왜 구약에 교회를 만들어 놓으시고 특정한 장소 '여호와의 이름을 두신 곳'으로 부르시는 가 말이다. 우리가 주일에 한 곳에 모여 예배를 드리는 것이 교회의 머리는 예수 그리스도께 드리는 것이다. 교회에 나와서 예배를 드리는 것은 피로사신 예수 그리스도를 높이는 것이며 구원자 되시는 주님께 찬양과 경배와 영광을 돌리는 것이다. 우리는 교회를 건물로 보지 않는다. 구원받은 자들이 예수님과 함께 모이는 신령한 모임을 교회라고 하는 것이다. 구원받은 백성들은 반드시 교회에 모이기를 힘써야 할 것이다. 바라기는 필자의 이 작은 연구가 거룩한 공동체를 연구하는 자들에게와 한국교회에 작은 청량제가 되기를 바란다.

참고 문헌

I. 한서

1. 단행본

김두현, 하나님이 디자인 하신 성막, 대제사장예복, 제사. 광야학교, 경기도: 21C 목
　　　회연구소, 2015.

김봉환. 손승복, 조직신학(교회론) 신학의 진수, 용인: 한국개혁주의, 2011.

강정훈, 평신도를 위한 조직신학, 서울: 늘빛 출판사, 1990.

______, 핵심 교의신학, 서울: 지혜문학사, 1990.

요한 칼빈 500주년 사업회, 안영준 편, 칼빈과 한국교회 제1권, 서울: SFC 출판부,
　　　2010.

______, 안영준 편, 칼빈의 성경해석과 신학 제2권, 서울: SFC 출판부, 2010.

______, 안영준 편, 칼빈의 구원론과 교회론 제3권, 서울: SFC 출판부, 2010.

______, 안영준 편, 칼빈의 목회와 윤리,사회참여 제4권, 서울: SFC 출판부, 2010.

한국조직신학회 엮음, 한국조직신학회 기획시리즈1, 교회론 Ecclesiology, 서울: 대
　　　한 기독교서회, 2009.

김의환, 개혁주의 신앙 고백집, 서울: 생명의 말씀사, 1984.

박아론, 기독교 변증학, 서울: 기독교문서선교회, 1988.

______, 현대신학 연구, 서울: 기독교문서 선교회, 1989.

박영선, 교회론 I, 서울: 도서출판 엠마오, 1989.

박형룡, 교의신학, 서론, 서울: 은성출판사, 1969.

______, 교의신학, 신론, 서울: 은성출판사, 1969.

______, 교의신학, 인죄론, 서울: 은성출판사, 1969.

______, 교의신학, 기독론, 서울: 은성출판사, 1969.

______, 교의신학, 구원론, 서울: 은성출판사, 1969.

______, 교의신학, 교회론, 서울: 은성출판사, 1969.

______, 교의신학, 말세론, 서울: 은성출판사, 1969.

이건호, 신적작정과 예정론, 서울: 도서출판 바실래, 1995.

______, 핵심 조직신학, 서울: 도서출판 바실래, 1992.

김지찬, 너와 네 온집은 방주로 들어가라:노아언약의 신학적이해, 서울: 생명의 말
      씀사, 2019.

이성호, 구원론, 서울: 도서출판 헤세드, 2016.

______, 성막론, 서울: 도서출판 헤세드, 2016.

______, 12지파 12보석 12제자, 서울: 도서출판 헤세드, 2016.

______, 절기. 제사론, 서울: 도서출판 헤세드, 2016.

______, 십대재앙. 십계명, 서울: 도서출판 헤세드, 2016.

______, 원어의미, 서울: 도서출판 헤세드, 2016.

______, 이스라엘 진, 서울: 도서출판 헤세드, 2016.

______, 나도 원전 설교 할 수 있다. 설교 I 권, 서울: 도서출판 헤세드, 2017.

______, 나도 원전 설교 할 수 있다. 설교 II 권, 서울: 도서출판 헤세드, 2017.

이근삼, 개혁주의 신학과 교회, 서울: 기독교문서선교회, 1985.

이신건, 조직신학입문, 서울: 한국 신학연구소, 1992.

이종기, 간추린 교리사, 서울: 세종 문화사, 1993.

______, 간추린 조직신학, 서울: 세종 문화사, 1993.

임종만, 조직신학(서론), 서울: 성광문화사, 1980.

______, 조직신학(인간론), 서울: 성광문화사, 1980

______, 조직신학(기독론), 서울: 성광문화사, 1980.

______, 조직신학(구원론), 서울: 성광문화사, 1980.

______, 조직신학(교회론), 서울: 성광문화사, 1980.

______, 조직신학(성령론), 서울: 성광문화사, 1980.

______, 조직신학(내세론), 서울: 성광문화사, 1980.

조영업, 기독교정통교리 신론, 서울: 사)기독교문서 선교회, 1992.

______, 기독교정통교리 기독론, 서울: 사)기독교문서 선교회, 1992.

______, 기독교정통교리 교회론, 서울: 사)기독교문서 선교회, 1992.

______, 기독교정통교리 구원론, 서울: 사)기독교문서 선교회, 2004.

______, 기독교정통교리 인죄론, 서울: 사)기독교문서 선교회, 2014

______, 기독교정통교리 성령론, 서울: 사)기독교문서 선교회, 2013.

______, 기독교정통교리 종말-내세론, 서울: 사)기독교문서 선교회, 2004.

정주채, 우리는 그리스도의 교회인가?, 서울: 도서출판 생명의 양식, 2017.

정훈택 외, 세상을 변화시키는 기독교, 서울: 도서출판 대장간, 1993.

차영배, 개혁교의학, 서울: 총신대학 출판부, 1982.

______, 조직신학 서론, 서울: 한국로고스 연구원, 1983.

______, 조직신학 신론, 서울: 한국로고스 연구원, 1983.

______, 조직신학 인간론, 서울: 한국로고스 연구원, 1983.

______, 조직신학 기독론, 서울: 한국로고스 연구원, 1983.

______, 조직신학 구원론, 서울: 한국로고스 연구원, 1983.

______, 조직신학 교회론, 서울: 한국로고스 연구원, 1983.

______, 조직신학 내세론, 서울: 한국로고스 연구원, 1983.

하문호, 기초교의신학 서론, 서울: 한국로고스 연구원, 1983.

______, 기초교의신학 신론, 서울: 한국로고스 연구원, 1983.

______, 기초교의신학 인간론, 서울: 한국로고스 연구원, 1983.

______, 기초교의신학 기독론, 서울: 한국로고스 연구원, 1983.

______, 기초교의신학 구원론, 서울: 한국로고스 연구원, 1983.

______, 기초교의신학 종말론, 서울: 한국로고스 연구원, 1983.

서철원, 서철원박사 교의신학 신학서론, 서울: 쿰란 출판사, 2018.

______, 서철원박사 교의신학 하나님론, 서울: 쿰란 출판사, 2018.

______, 서철원박사 교의신학 인간론, 서울: 쿰란 출판사, 2018.

______, 서철원박사 교의신학 그리스도론, 서울: 쿰란 출판사, 2018.

______, 서철원박사 교의신학 구원론, 서울: 쿰란 출판사, 2018.

______, 서철원박사 교의신학 교회론, 서울: 쿰란 출판사, 2018.

______, 서철원박사 교의신학 종말론, 서울: 쿰란 출판사, 2018.

김동훈, 히브리어의 비밀 1, 서울: 버드나무, 2018.

______, 하나님의 디자인 히브리어, 서울: 이스트윈드, 2017.

김구원, 구약의 꿀팁, 서울: 홍성사, 2016.

강사문, 구약의 하나님, 서울: 도서출판 한국 성서학, 1999.

______, 구약의 역사이해, 서울: 도서출판 한국 성서학, 2002.

______, 구약의 자연이해, 서울: 대한 기독교서회, 2005.

김홍규, 구약에 나타난 예수 그리스도, 서울: 도서출판 영문, 2013.

김병원, 구약에 예표된 예수 그리스도, 서울: 사)기독교문서선교회, 2005.

박종칠, 구속사적 성경해석, 서울: 사)기독교문서선교회, 1986.

김철현, 구약신학, 서울: 성광문화사, 1994.

김희보, 구약신학논고, 서울: 대한기독교서회, 1983.

______, 구약 이스라엘사, 서울: 총신대학출판부, 1983.

강익수, 언약으로 본 창세기, 충남: 홀리메이슨, 2016.

김영철, 성경신학 입장에서 본 노아홍수, 서울: 여수룬, 1991.

염동욱, 한국과 이스라엘, 역사의 비밀, 서울: 사) 기독교문서선교회, 2017.

이병렬, 다트 이스라엘, 서울: 교민사, 1982.

______, 후일에 네 자손이 묻거던, 서울: 신우인쇄사, 1984.

______, 아담 너는 누구인가, 서울: 신우인쇄사, 1983.

______, 이스라엘의 신앙고백, 서울: 요단 출판사, 1985.

______, 에레쯔 이스라엘, 서울: 요단출판사, 1987.

______, 이스라엘의 역사와 지리, 서울: 요단 출판사, 1995.

______, 히브리민족의 원역사, 서울: 페트라 성경 연구원, 1986.

______, 내 백성 이스라엘아!, 서울: 페트라 성경 연구원, 1988.

______, 이스라엘의 예언자들, 서울: 페트라 성경 연구원, 1990.

______, 인간을 찾으시는 하나님, 서울: 페트라 성경 연구원, 1995.

______, 예언자를 부르시는 하나님, 서울: 페트라 성경 연구원, 1996.

왕대일, 신명기 강의, 약속의 땅으로 가는 길, 서울: 대한기독교서회, 2017.

______, 신앙공동체를 위한 구약성서이해, 서울: 성서연구사, 1983.

______, 다시 듣는 토라, 서울: 도서출판 한국성서학, 1998.

______, 성막이 된 하늘 성전, 서울: 대한기독교서회, 2019.

______, 창조신앙의 복음, 창조신앙의 영성, 서울: 기독교서회, 2016.

______, 엑소도스, 하나님의 성소를 이루기까지, 서울: 도서출판 kmc, 2018.

양명호, 참으로 예배하고 싶다, 서울: 생명의 말씀사, 2019.

______, 보다 아름다운 예배를 꿈꾸다, 서울: 생명의 말씀사, 2020.

서철원, 하나님의 구속경륜, 서울: 성문당, 1993.

유진소, 성막에서 예배를 배우다, 서울: 사단법인 두란노서원, 2020.

윤영탁 역편, 구약신학 논문집 제2권, 서울: 성광문화사, 1981.

______, 구약신학 논문집 제3권, 서울: 성광문화사, 1985.

윤용진, 여호와의 전쟁신학, 서울: 도서출판 그리심, 1998.

한민수, 신명기와 땅, 서울: 도서출판 그리심, 2008.

______, 고대근동과 성경의 우상, 서울: 사) 기독교문서선교회, 2018.

김명호, 희년연구, 서울: 새순출판사, 1992.

손석태, 창세기 강의, 서울: 성경 읽기사, 1993.

______, 이스라엘의 선민사상, 서울: 성광문화사, 1991.

______, 요엘서 강의, 서울: ESP, 2001.

______, 여호와, 이스라엘의 남편, 서울: 도서출판 솔로몬, 2010.

염명수, 디다케 성경주해 민수기.신명기, 서울: 도서출판 요나미디어, 1997.

변순복, 시내산에서 들려오는 거룩한 음성. 토라(상), (중), (하), 서울: 도서출판 대서,
2010.

강문호, 피흘림이 없은즉, 서울: 주)한국가능성 개발원, 1994.

______, 거기서 너와 내가 만나고, 서울: 주)한국가능성 개발원, 1994.

______, 네 줄로 보석을 물리되, 서울: 주)한국가능성 개발원, 1995.

______, 번제, 서울: 주)한국가능성 개발원, 1994.

______, 소제, 서울: 주)한국가능성 개발원, 1995.

______, 대 속죄일, 서울: 주)한국가능성 개발원, 1995.

______, 문둥병과 죄, 서울: 주)한국가능성 개발원, 1995.

______, 십계명 강해, 서울: 주)한국가능성 개발원, 1996.

______, 물벽 사이로 가나안이 보인다. 서울: 주)한국가능성 개발원, 1996.

______, 성막(단행본), 서울: 주)한국가능성 개발원, 1996.

______, 성전(단행본),서울: 주)한국가능성 개발원, 1996.

______, 성막으로 예수를 말한다, 서울: 주)한국가능성 개발원, 1998.

______, 수전절, 서울: 주)한국가능성 개발원, 1996.

______, 유월절(가정예식서), 서울: 주)한국가능성 개발원, 1996.

______, 유월절(성전예식서), 서울: 주)한국가능성 개발원, 1996.

______, 초막절, 서울: 주)한국가능성 개발원, 1996.

______, 쉐마(이렇게 입고 기도하라, 이렇게 읽고 읽어라), 서울: 주)한국가능성 개발원,
1996.

______, 광야를 극복하는 비결, 서울: 주)한국가능성 개발원, 1996.

2. 성경류

개혁 한글판, 성경전서, 서울: 대한 성서공회, 1956.

김용환, 스트롱코드 원어분해대조 성경, 서울: 도서출판로고스, 2011.

스테판원어성경, 서울: 원어성서원, 1994.

3. 사전류

聖書大白科辭典, 서울: 성서교재 간행사, 1980.

R. Laird Harris,(eds), 번역위원회 옮김, 舊約原語神學辭典(上),(下), 서울: 요단출판사,
1986.

Gerhard Kittel, et al., 번역위원회 옮김, Theological Dictionary of the New
Testament. 신약성서 신학사전, 서울: 요단 출판사, 1986.

김상기.이재오, 히.헬 원어 사전, 서울: 로고스, 1989.

이동환 편저, 신구약 原語隱喩大辭典,제5권, 서울: 도서출판 로고스, 2003.

______, 原語隱喩大辭典,제6권, 서울: 도서출판 로고스, 2003.

______, 신구약 原語隱喩大辭典,제8권, 서울: 도서출판 로고스, 2003.

______, 신구약 原語隱喩大辭典,제9권, 서울: 도서출판 로고스, 2003.

______, 신구약 原語隱喩大辭典,제10권, 서울: 도서출판 로고스, 2003.

최현기, 히브리어語根分解辭典, 서울: 도서출판 기쁜날, 1990.

______, 헬라어 語根分解辭典, 서울: 도서출판 기쁜날, 1990.

한국성서연구원, 聖書原語大典 구약편(상),(하), 서울: 브니엘, 1988.

김용환, 스트롱코드, 히브리어, 헬라어사전, 서울: 도서출판 로고스, 2011.

이병철, 성경원어해석대사전 바이블렉스 10.0, 브니엘성경연구소, 2018.

______, 성서원어 구약신학사전 I, 서울: 브니엘 출판사, 1989.

______, 성서원어 구약신학사전 II, 서울: 브니엘 출판사, 1989.

______, 성서원어 신약신학사전 I,II,III, 서울: 브니엘 출판사, 1989.

______, 성서원어 헬한완벽사전 I,II,III,IV, 서울: 브니엘 출판사, 1989.

4. 주석류

John Calvin, 존 칼빈성경주석 출판위원회 편역, 창세기I, 서울: 성서교재 간행사, 1982.

______, 존 칼빈성경주석 출판위원회 편역, 창세기II, 서울: 성서교재 간행사, 1982.

______, 존 칼빈성경주석 출판위원회 편역, 츨애굽기,레위기,민수기,신명기 3 ,서울: 성서교재 간행사, 1982.

______, 존 칼빈성경주석 출판위원회 편역, 츨애굽기,레위기,민수기,신명기 4 ,서울: 성서교재 간행사, 1982.

______, 존 칼빈성경주석 출판위원회 편역, 츨애굽기,레위기,민수기,신명기 5 ,서울: 성서교재 간행사, 1982.

김시열.한성천, 옥스퍼드 원어 성경대전 창세기 1, 서울: 제자원, 2005.

______, 옥스퍼드 원어 성경대전 출애굽기 서울: 제자원, 2005.

______, 옥스퍼드 원어 성경대전 레위기서울: 제자원, 2005.

______, 옥스퍼드 원어 성경대전 민수기서울: 제자원, 2005.

______, 옥스퍼드 원어 성경대전 신명기서울: 제자원, 2005.

______, 옥스퍼드 원어 성경대전 사사기서울: 제자원, 2005.

______, 옥스퍼드 원어성경대전 036 역대하제21장-36장, 서울: 제자원, 2005.

______, 옥스퍼드 원어성경대전 고린도 전서, 서울: 제자원, 2005.

______, 옥스퍼드 원어성경대전 히브리서, 서울: 제자원, 2005.

강병도, 카리스종합주석 1. 창 1-6장, 서울: 기독 지혜사, 2003.

______, 카리스 종합주석 2.. 창 7-15장, 서울: 기독 지혜사, 2003.

______, 카리스 종합주석 3. 창 16-23장, 서울: 기독 지혜사, 2003.

______, 카리스 종합주석 16, 고린도전서 1- 16장, 서울: 기독지혜사, 2007.

Frank E. Gaebelein, (eds), The Expositor's Bible Commentary, 엑스포지터스 성
　　경연구주석. 고린도전서, 서울: 기독지혜사, 1983.

천사무엘, 대한기독교서회 창립 100주년 기념 성서주석 1 창세기, 서울:대한기독교
　　서회, 2001.

민영진, 대한기독교서회 창립 100주년 기념 성서주석 2 출애굽기, 서울:대한기독교
　　서회, 2001.

김상기, 대한기독교서회 창립 100주년 기념 성서주석 3 레위기 Ⅰ, 서울:대한기독교
　　서회, 2001.

이환진, 대한기독교서회 창립 100주년 기념 성서주석 3 레위기 Ⅱ, 서울:대한기독교
　　서회, 2001.

왕대일, 대한기독교서회 창립 100주년 기념 성서주석 4 민수기, 서울:대한기독교서
　　회, 2001.

장일선, 대한기독교서회 창립 100주년 기념 성서주석 5 신명기, 서울:대한기독교서
　　회, 2001.

박윤선, 창세기, 서울: 영음사, 1978.

＿＿＿, 출애굽기, 서울: 영음사, 1978.

＿＿＿, 민수기, 서울: 영음사, 1978.

＿＿＿, 신명기, 서울: 영음사, 1978.

카일.델리취, 김득중 옮김, 구약주석. 출애굽기2, 서울: 기독교 문화사, 1984.

5. 논문류, 미간행물

이성호, 나도 원전설교 할 수 있다. "누가 벗었음을 알렸느냐"(창 3:7-11), 서울: 도서
　　출판 헤세드, 2016.

＿＿＿, 나도 원전설교 할 수 있다. "불 순종의 댓가"(창 3:16-19), 서울: 도서출판 헤세
　　드, 2016.

＿＿＿, 나도 원전설교 할 수 있다. "아라라트 산"(창 8:4-5), 서울:도서출판 헤세드.
　　2017.

＿＿＿, 나도 원전설교 할 수 있다. 설교Ⅰ권 "모리아 땅"(창 22:1-13), 서울: 도서출판
　　헤세드, 2017.

＿＿＿, 나도 원전설교 할 수 있다. 설교Ⅱ권, "무지개 언약을 기억하라", 서울: 도서

출판 헤세드, 2017.

______, 나도 원전설교 할 수 있다. "세겜 땅"(창 12:5-7), 서울: 도서출판 헤세드.

II. 외서

1. 번역서

Leon Wood, 김의원 옮김, 이스라엘의 역사, 서울: 기독교 문서 선교회, 1985.

John Bright, 박문재 옮김, 이스라엘의 역사, 서울: 크리스챤 다이제스트, 2016.

Donald Macled, 지상우 옮김, 성령세례와 개혁주의 성령론, 서울: 여수룬. 1988.

John E. Hunter, 김용화 옮김, 타락한 사회의 그리스도인, 서울: 기독지혜사, 1988.

Jacques Ellul, 자크 엘룰 번역위원회 옮김, La Subversion du Christinisme 뒤틀려진 기독교, 서울: 도서출판 대장간, 1990.

Martin Ralph De Haan, 조무길 옮김, 성 막, 서울: 생명의 말씀사, 2019.

John Ritchie, 김병희 옮김, 광야의 성막, 경기도 고양: 전도출판사, 2016.

______, 한혜동 옮김, 애굽에서 가나안까지, 경기도 고양: 전도출판사, 2016.

J. Daniel Hays, 홍수연 옮김, 하나님의 임재와 구원. 구속사로 본 성막과 성전, 서울: 새물결플러스, 2020.

Joachim Jeremias, 한국신학연구소 번역실 옮김, 예수시대의 예루살렘, 서울: 한국신학 연구소, 1988.

James L. Kugal, 김은호. 임승환 옮김, 모세오경, 서울: 사) 기독교문서선교회, 2003.

Cornelius Van Til, 이승구 옮김, 개혁주의 신학서론, 서울: 사)기독교문서선교회, 2016.

Coneils Vanderwaal, 명종남 옮김, 구속사관점에서 본 반더발 성경연구 1, 서울: 연합선교회, 1991.

______, 명종남 옮김, 구속사관점에서 본 반더발 성경연구 2, 서울: 연합선교회, 1991.

______, 명종남 옮김, 구속사관점에서 본 반더발 성경연구 3, 서울: 연합선교회, 1991.

Herman Bavinck, 이승구 옮김, 개혁주의 신론, 서울: 사)기독교문서선교회, 2016.

______, 김기홍 옮김, 조직신학 신론, 서울: 양문 출판사, 1990.

______, 김영규 옮김, 하나님의 큰일, 서울: 기독교문서선교회, 1984.

Anthony Andrew Hoekema, 류호준 옮김, 개혁주의 서론, 서울: 사)기독교문서선
　　교회, 2016.

______, 류호준 옮김, 개혁주의 신론, 서울: 사)기독교문서선교회, 2016.

______, 류호준 옮김, 개혁주의 인간론, 서울: 사)기독교문서선교회, 2016.

______, 류호준 옮김, 개혁주의 교회론, 서울: 사)기독교문서선교회, 2016.

______, 류호준 옮김, 개혁주의 구원론, 서울: 사)기독교문서선교회, 2016.

______, 류호준 옮김, 개혁주의 종말론, 서울: 사)기독교문서선교회, 2016.

Robert Lewis Reymond, 나용화 옮김, 개혁주의 기독론, 서울: 사)기독교문서선교
　　회, 2016.

Gerrit Cornelis Berkouwer, 나용화.이승구 옮김, 개혁주의 교회론, 서울: 사)기독
　　교문서선교회, 2016.

Millard J. Erickson, 신경수 옮김, 복음주의 조직신학 서론.신론(상), 서울: 크리스
　　챤 다이제스트, 2000.

______, 현재규 옮김, 복음주의 조직신학 인간론.기독론(중), 서울:크리스챤 다이제
　　스트, 2000.

______, 신경수 옮김, 복음주의 조직신학 구원론.교회론.종말론(하),서울:크리스챤
　　다이제스트, 2000.

Ron Susek, 장혜영 옮김, 교회의 갈등과 회복, 서울: 포이에마, 2010.

Archibald Alexander Hodge, 김종흡 옮김, 웨스트민스터 신앙고백해설, 서울: 크
　　리스챤 다이제스트, 2010.

______, 고영민 옮김, 하지조직신학 서론, 서울: 기독교교문사, 1981.

______, 고영민 옮김, 하지조직산학 신론, 서울: 기독교교문사, 1981.

______, 고영민 옮김, 하지조직신학 인간론, 서울: 기독교교문사, 1981.

______, 고영민 옮김, 하지조직신학 기독론, 서울: 기독교교문사, 1981.

______, 고영민 옮김, 하지조직신학 구원론, 서울: 기독교교문사, 1981.

______, 고영민 옮김, 하지조직신학 교회론, 서울: 기독교교문사, 1981.

______, 고영민 옮김, 하지조직신학 종말론, 서울: 기독교교문사, 1981.

______, 고영민 옮김, 하지조직신학 성례론, 서울: 기독교교문사, 1981.

S. G. De. Graaf, 박권섭 옮김, Promise & Deliverence. 약속 그리고 구원 제 1권, 서울: 크리스챤 서적, 1985.

______, 박권섭 옮김, Promise & Deliverence. 약속 그리고 구원 제 2권, 서울: 크리스챤 서적, 1985.

______, 박권섭 옮김, Promise & Deliverence. 약속 그리고 구원 제 3권, 서울: 크리스챤 서적, 1985.

______, 박권섭 옮김, Promise & Deliverence. 약속 그리고 구원 제 4권, 서울: 크리스챤 서적, 1985.

Brad Harper, Paul Louis Metzger, 이상은 옮김, 복음주의 교회론, 서울: 사)기독교 문서선교회, 2019.

Hans Kung, 이홍근 옮김, 교회란 무엇인가, 서울: 분도출판사, 1978.

______, 성염 옮김, 신은 존재하는가 I, 서울: 분도출판사, 1978.

______, 정한교 옮김, 왜 그리스도인가, 서울: 분도출판사, 1978.

______, 이종한 옮김, 그리스도교, 서울: 분도출판사, 1978.

Richard B. Gaffin, Jr. 권성수 옮김, 성령은사론, 서울: 기독교문서선교회, 2012.

David N. Steele, Curtis C. Thomas, 김철직 옮김, 칼빈주의의 5대 강령, 서울: 생명의 말씀사, 1982.

Loraine Boettner, 홍의표.김남식 옮김, 칼빈주의 예정론, 서울: 보문출판사, 1990.

Leon Wood, 김의원 옮김, 이스라엘의 역사, 서울: 기독교 문서 선교회, 1985.

Louis Berkhof, 고영민 옮김, 조직신학 서론, 서울: 기독교 교문사, 1983.

______, 고영민 옮김, 조진신학 신론, 서울: 기독교 교문사, 1983.

______, 고영민 옮김, 조직신학 인간론, 서울: 기독교 교문사, 1983.

______, 고영민 옮김, 조직신학 기독론, 서울: 기독교 교문사, 1983.

______, 고영민 옮김, 조직신학 구원론, 서울: 기독교 교문사, 1983.

______, 고영민 옮김, 조직신학 교회론, 서울: 기독교 교문사, 1983.

______, 고영민 옮김, 조직신학 종말론, 서울: 기독교 교문사, 1983.

John Calvin, 신복윤 외 옮김, 기독교 강요(상), 서울: 생명의 말씀사, 2004.

______, 김종흡 외 옮김, 기독교 강요(중), 서울: 생명의 말씀사, 2004.

______, 김종흡 외 옮김, 기독교 강요(하), 서울: 생명의 말씀사, 2004.

_____, 고영민 옮김, 기독교 강요(상), 서울: 기독교문사, 2006.

_____, 고영민 옮김, 기독교 강요(상), 서울: 기독교문사, 2006.

_____, 고영민 옮김, 기독교 강요(상), 서울: 기독교문사, 2006.

John Murray, 하문호 옮김, 구속론, 서울: 성광 문화사, 1979.

_____, 박문재 옮김, 조직신학 I, 크리스챤 다이제스트, 2001.

_____, 박문재 옮김, 조직신학 II, 크리스챤 다이제스트, 2001.

_____, 나용화 옮김, 칼빈주의 성경관과 주권사상, 서울: 기독교 문서 선교회, 1994.

William Barclay, 서기산 옮김, 성령의 약속, 서울: 기독교문사, 2006.

William L. Hendriksen, 원세호 옮김, 조직신학, 서울: 국종 출판사, 1985.

Abraham Kuyper, 박영남 옮김, 칼빈주의, 서울: 세종문화사, 1971.

Francis A. Schaeffer, 기독교 철학 및 문화관, 서울: 생명의 말씀사, 1995.

_____, 기독교 성경관, 서울: 생명의 말씀사, 1995.

_____, 기독교 영성관, 서울: 생명의 말씀사, 1995.

_____, 기독교 교회관, 서울: 생명의 말씀사, 1995.

_____, 기독교 사회관, 서울: 생명의 말씀사, 1995.

John Stott, 박성호 옮김, 중심되신 그리스도, 서울: 여수룬, 1989.

재인용 서적

Westminster Confession of Faith, ch.25. V.1, 2.

August H. Strong, Systematic Theology, Judson, 1976.

Herman Hoeksema, Reformed Dogmatics, Grand Rapids, 1976.

Nahum M Sarna, Genesis. The JPS Torah Commennttary, Philadelphia: The Jewish Publication Sociity, 1989.